情欲、伦理与权力

香港两性问题研究报告

何式凝
[加]曾家达
——•著•——

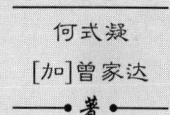

著作权合同登记图字：01-2012-2495号

图书在版编目（CIP）数据

情欲、伦理与权力：香港两性问题研究报告 / 何式凝，(加)曾家达著.
—北京：中国社会科学出版社，2012.9（2014.9重印）
ISBN 978-7-5161-0676-1

Ⅰ.①情… Ⅱ.①何…②曾… Ⅲ.①性问题—研究报告—香港
Ⅳ.①D676.588.1

中国版本图书馆CIP数据核字(2012)第053526号

English edition © Hong Kong University Press 2012
This edition is published by arrangement with Hong Kong University Press and is for sale only in mainland territory of the People's Republic of China, excluding Hong Kong, Macau and Taiwan.
本书中文简体版由香港大学出版社独家授权中国社会科学出版社在中国大陆地区（不包括香港、澳门和台湾地区）出版和发行上述作品。

出 版 人	赵剑英
责任编辑	武　云　侯苗苗
责任校对	韩天炜
责任印制	王　超

出版发行	中国社会科学出版社
社　　址	北京鼓楼西大街甲158号（邮编100720）
网　　址	http://www.csspw.com.cn
	中文域名：中国社科网　010-64070619
发 行 部	010-84083685
门 市 部	010-84029450
经　　销	新华书店及其他书店

印　　刷	北京市大兴区新魏印刷厂
装　　订	廊坊市广阳区广增装订厂
版　　次	2012年9月第1版
印　　次	2014年9月第2次印刷

开　　本	710×1000　1/16
印　　张	21.25
插　　页	2
字　　数	404千字
定　　价	59.00元

凡购买中国社会科学出版社图书，如有质量问题请与本社联系调换
电话：010-64009791
版权所有　侵权必究

CONTENTS 目录

序一：感同身受 殊途同归 潘绥铭 / 1

序二 黄耀明 / 1

自序一：我在理论中 何式凝 / 1

自序二：太初有欲，欲创造了世界 曾家达 / 27

引言 / 31

导引 | INTRODUCTION

迷失性欲：精英话语和日常语言中的性与性欲 / 34

身体 | BODY

从女孩的经验重看香港性教育 / 56
从女性性器官的命名到重掌身躯 / 71

身份认同与权力 | IDENTITY

香港男同性恋者的身份认同：一种社会建构 / 90
不仅仅是一个男同性恋者：香港的政治身份认同的繁衍流变 / 105
靓太不易做：香港"师奶"的故事 / 121
永恒的母亲还是灵活的家庭主妇？——香港的中年已婚华人妇女 / 140
崩溃抑或突围：理解香港女性抑郁症的另一种方式 / 171
还看世代：论香港女人"三十世代"香港新师奶 / 187

关系多元性 | RELATIONSHIPS

把弄光环的法则：从对多元关系的反思重新审视"性的阶序层级" / 192
期望值并不高：香港的性与家庭主妇 / 209

欲望：金钱、快乐与自我 | DESIRE

"私房钱"——香港华人女性的退休计划策略 / 232
香港"师奶"情欲再表述 / 251
师奶的小狗、情欲与理想 / 271
香港师奶的色与欲 / 275
网络自我中心？——香港年轻女性及其个人网站 / 280

附录：访谈选例 / 293

后记一　何式凝 / 327

后记二　何翘楚 / 333

序一：感同身受 殊途同归

潘绥铭

一位研究者、一本学术著作，能够让同行与读者感到很亲切，非常不容易。可是我读这本书的时候却感同身受、情动肺腑。为什么？很简单，何老师与曾老师把自己的生活体验如水银泻地般地渗透在自己的研究之中，栩栩如生，呼之欲出。

一切研究，或者首先发源于对自己的剖析，或者最终归于对自己的再认知，尤为难能可贵的是，能够清晰地领悟到而且在学术研究中呈现出自己价值观的发展与研究进程之间的关系。仅此一点，无论研究的具体结论是什么，首先就在方法论的高度实现了其学术价值。这些，何老师的著作都完美地做到了，不愧为这方面的一个样板。

性研究正在中国蓬勃发展，越来越多的年轻研究者开始投入这一领域。我们这些前人有必要也有义务把自己在这方面的心得体会传授下去，至少应该为后人提供一个可以参考的路线图。正是在这个意义上，何老师的这个著作就具有了更加宝贵的价值。

我与何老师可以说是殊途同归，也有类似的心路历程，因此读她的书不仅倍感亲切，而且完全就是精神享受与心灵生发。我要郑重地感谢何老师与曾老师，并且希望更多的读者能够分享这种美好的境界。

序二

黄耀明

1982年初认识何式凝，我们同是商业二台"突破时刻"的义工。1988年，我告诉她我是个同性恋者，自此她开始了研究同性恋的课题。三十年的友谊，不但成就了我俩各自的成长，也开启了她在香港大学的性学与同志研究。很高兴能见到这本书在国内面世，与友荣焉。

自序一：我在理论中

何式凝

一直以来，我都想写一本关于性与性别话题的中文书，为自己二十几年来所做的研究作个总结。出版中文书的念头在我心中已萦绕多年，却因为缺乏体制上的认同和鼓励，只能一拖再拖。身在充满殖民地色彩的大学与都市中，我不得不以英文进行教学和研究，希望能在西方学术界为自己争得一席之地。但是，这些西方的、英文的学术写作规范使我的许多思想和情感都难以被淋漓尽致地表达。时至今日，我仍然看不到这些桎梏有什么明显的改变。逝者如斯，坐言起行，于是我下定决心，特意请了整整一个学期的学术长假，来完成自己的这个心愿。

本书收录的是我和曾家达从1995年到2009年在学术期刊上发表的若干代表性论文，涵盖了1991年同性恋行为在香港非刑事化的过程、1996年平等机会委员会的设立、1997年香港主权变更等历史事件。其中《香港男同性恋身份：一种社会建构》（Male Homosexual Identity in Hong Kong: A Social Construction）（Ho,1995）一文，是我在1990年提交的硕士毕业论文《男同性恋人际关系研究》（A Study of Interpersonal Relationships of Male Homosexuality）(Ho, 1990) 的修改稿，所以本书也体现了从1990年到2010年这二十年里我在性与性别范畴的学术历程。

本书的正文将分为四个部分：（1）身体；（2）身份认同与权力；（3）关系多元性；（4）欲望：金钱、快乐与自我。当然，这些讨论的问题并不是割裂的。事实上，这四个部分的内容均涵盖和反映了一些纵贯全书的主题：作为香港人，我们如何体验殖民统治？这种体验与统治是如何受肤色、性别、性取向以及阶级影响的？

我们如何超越物质空间与符号空间，从而定位自己？我们如何在这个具有多重偶然性的世界中感受与经历矛盾复杂的人生并整合自己从中体验到的意义？二十年来，我一直在思考这些问题。幸运的是，在我一力奋战的过程中，经常能够在与曾家达教授的对话中得到启发。由于各种原因，在本书简体版中仅能收入四篇我与曾教授合著的文章，这与曾教授为我们之间的学术合作与理论交流所作出的贡献是不相称的。但此书依然反映与凝练了我们相互扶助、不断交流、共同前行的学术历程。因此，我很荣幸能与曾教授一起成为本书的合著者。

● 个人经历与学术取向：把性作为研究主题

作为我和曾家达对情欲立场的注脚，这本书代表了我们的观点甚至"偏见"。更重要的是，它能反映我们多年来对情欲的想法和立场的转变。这种转变也很平常。在个人的成长和学术的发展中，我不断提醒自己，不需要对背弃过去曾拥护的立场和想法感到恐惧。我们今天是在修正甚至摒弃过往的观点，而今天所信所讲也未必是我们未来定然会坚持的观点。这本书只不过总结了我们在过去二十年中持续讨论的若干结果；在又一个二十年后，我们的想法、立场和观点，也极有可能会有所改变。

我和曾家达之所以选择了性和性别作为自己的研究主题，是因为下列原因：

第一，性具有颠覆性，它渗透在各种个人经历和社会活动之中，看似无色无味，但一旦显露与爆发出来，就有可能赋予我们力量，让我们有勇气和决心去超越各种既定的界限。

第二，性在这个社会体制中受到的压抑和歧视太多，在这个世界上"被禁止"的部分太多。耐人寻味的是，性给身份、关系、思想等带来的细微裂缝，足以让我们看清自己内心深处的潜能与悸动以及人性的坚韧与脆弱。

第三，性和欲望被社会的各种规条、规范、规则刻意隐藏。深入了解和研究人的性选择、性经历、性行为，并不是为了满足好奇心和窥视欲，而是为了探究性被隐秘化、污名化、禁忌化的过程，从而更好地了解整个社会真实的一面。

性的诸般变化与变迁，恰恰表明了性别（sexuality）与欲望（desire）的多维特质，以及善用各种路径、渠道、形式对其进行研究的必要性。我们通过观察个人如何创造出自己的性身份、如何与社会的预期相抗争，就可以发现关于身份认同/存在、反抗、颠覆与改变的各种可能性。

我们如何作为一个有性别的个体在社会上生存？我们又应如何面对个人和社会

赋予我们的挑战？"性"（sex），从来只是一个切入点，但这个切入点，却让我们可以尝试超越界限的可能，重获自由的感觉。在性行为、性身份、性取向、性关系方面的选择，不过是种种人生抉择中的一面。和其他方式的自我表达和自我书写一样，都是认识自己、创造自己和超越自己的途径。我期望的是，通过此书提供的理论资源与实践例证，让读者在人生舞台上能找出适合自己的关系模式和思维模式，为自己扩展更多的空间，更有个性地演绎合乎自己性情的剧本。

● 个人经历与学术取向：从黄耀明到同志研究

一方面，这些文章表现与揭示了我们所经历的种种社会变迁、社会潮流、社会运动与社会进程，反映了殖民性的现实，以及我们对性别与欲望的经验如何受到广泛的、全球的、社会—政治力量的限制与影响。

另一方面，这些论文体现了我自己在生活史、学术生涯以及研究重点方面的变化，这正好说明了：当面对个人的、宏观的、学术的转向时，身为一名华人学者，而她的个人历史在当中所占的位置又如何。

回想自己二十年的经历与经验，我深知要敢于挑战学术世界的习惯，我期望发掘新知识和深化个人思维，我相信只有用开放的心智去反思与重建，才能增进学术发展与个人历程之间的相互理解。二十年间，我不断诘问和反思学术界固有的条条框框，同时不断尝试和采用新思维新理论；我每天都会对个人经历和人际关系作深入的反省。我终于明白，理论建构与个人生活是紧密相连的。由于我们对生活的思想和态度会随着身边的人和事物而改变，所以个人经历不应成为论文中偏见的来源，反而应该是某种有力的论证。

在我过往的学术生涯中，1990年是一个重要的转折点。当时我以香港男同性恋者作为自己硕士论文的研究对象，讲述三名男同性恋者的生活史。以同性恋者作为研究对象，主要是因为我一位最好的朋友——歌手黄耀明在1988年正式对我透露了自己同性恋的身份，引起我对同性恋研究的兴趣。我的世界仿佛在一夜之间就截然不同了。我开始明白，生活的真相远比它展现给我们看的表面复杂得多。许多人无法诚实地向别人展示自己的真实生活，因为社会本身不允许他们那样做。那么，这些人又如何去处理自己与家庭、朋友、同事之间的关系呢？正因如此，我怀着年轻人的责任感和使命感，以同性恋者的人际关系作为自己硕士论文的主题。

在撰写论文的过程中，我发现当时的男朋友竟是一名同性恋者，而他的伴侣是位欧洲男士。我当时感到非常苦恼：为什么一个男人会爱上另一个男人？一个香港人又为什么会爱上一个西方人？与此同时，我还发现，当时很多香港的华人男同性恋者都偏爱外国男士，这让我对研究跨种族的同性恋关系产生了兴趣。

在1992—1996年期间，我以男同性恋非刑事化为题材，在英国艾赛克斯大学（The University of Essex）撰写自己的博士论文《身份认同的政治化：香港的男同性恋非刑事化过程与男同性恋身份认同的出现》（*Politicizing Identity: The Decriminalization of Male Homosexuality and the Emergence of Gay Identity in Hong Kong*）(Ho, 1997)，从政治和社会等宏观的层面研究男同性恋者以及他们在香港的情境下跨种族的同性恋关系与生活。

当时，港英当局急于在香港回归前，依照《人权法案》完成同性恋非刑事化等一系列政治权利的立法。如果没有这种由上而下的政治推动，本地社团尤其是基督教团体的强烈反对足以使同性恋非刑事化无法实现。这个例子表明：个人会受到政治压力的负面影响，但也有可能会因为政策的变化而获得解放。

最有趣的是，在1997年香港回归前后，西方人士在香港同性恋社群里的失势状况非常明显。华人同性恋者也开始发现，香港的回归与中国大陆的崛起，使他们发现自己不必继续处于受支配的地位。由此可见，性也是受制于政治的，我们个人的性偏好也是与政治有关的。

在研究的过程中，我曾受到来自受访者、朋友与学术期刊同行评议者的各种质疑。曾有一名同性恋知名人士在拒绝我的访问时说："我信不过你这支笔。"他又问："你有没有进过男更衣室？"这让我至今记忆犹新。起初，我感到被这个圈子拒绝和排斥，我想告诉他们一个异性恋的女人也能以她的方法明白和理解同性恋者。后来，我慢慢发现，原来自己的这种态度并不正确——我的身份/性别确实在一定程度上会制约我的研究。来自外界的这些意见、看法、异议与挑战，有助于我自己去质疑，而不是全盘接受既有的概念与理论。我曾一度认为，他们的不友好源于对一个异性恋女性学者的排斥。如今的我则能感激别人的批评，并且希望通过相互学习来提高自我。我能有今天的成绩，不得不感谢他们。

另一方面，我的同性恋朋友普遍认为，我的博士研究中缺少了对同性恋人士的性的研究。于是，我决定重新访问受访者的性生活和性经历。

我在投稿过程中的经历曾让我感到沮丧，但又对我有所助益。当我向*Sexualities*学刊投稿时，被编辑质疑为什么没有将本地同性恋的西方伴侣纳为研究的一部分。于是我又对一些本地同性恋者的西方伴侣进行了访谈。在经过了各种努力后，一篇关于跨种族同性恋伴侣关系的肛交行为的论文最终在2000年得以发表。我开始认识到，要让自己的论文在学刊上刊载发表，要经过多么艰辛的努力。我也开始明白，这种严格的学术要求让任何一名学者——尤其是经验不多的初学者——都不能无视或者逃避各种批评。

另一篇有关香港男同性恋身份认同的论文作为一个篇章收录于《话语理论与政治分析》(*Discourse Theory and Political Analysis*)(Howarth, Norval and Stavrakakis, 2000)中，这本书由我的博士生导师阿雷特·诺瓦尔（Aletta Norval）教授和我在艾赛克斯大学的朋友编辑。我曾向许多学刊提交这篇论文，但均被拒绝发表。我很高兴它最终能成为该书的一个章节。香港大学这个学术界的学术评价体系规定，收入书中的章节并不像刊载于学术期刊上的论文那么有价值。但我依然把这篇论文视为自己曾写过的最为重要的文章之一，因为这是我第一次明确地提出"身份认同的繁衍流变"(proliferation of identity）这一概念，以强调身份是流动不定的、是政治行动。在现代社会中，新的术语与新的身份总是会不断地涌现出来。当有的人称呼自己为同性恋者时，"同志"或其他名目也会被创造出来，以各种差异来区分自己与他人。创立身份的这个过程，既是为了找到自己的同路人，又是为了在这些同路人中显示与凸现自己的独特与不同。

在那篇论文中，我还指出，我们不应当只将社会运动看作是由某些群体组织的运动形式，因为那些不去投票、不注册为选民、不正式参与任何组织、不在公众论坛发表自己看法的人们，也有可能是政治行动者，这甚至包括了那些明确表示自己对政治毫无兴趣的人——他们也可以用自己的生活方式以及自己的各种选择、关系和社会实践去质疑现存的种种社会规范。我希望能通过这本书，让更多的人读到我的这篇论文，并帮助他们去理解：身份的创造过程也是一种政治运动，而且政治运动可以拥有多种表现形式。如今回首，这两篇论文对我的学术思想的形成影响甚大，我特此将它们收录于此书中。

在此之前，我曾经以相同的议题发表过两篇文章：一篇是关于男同性恋者的社会建构（Ho,1995），脱胎于我的硕士论文；另一篇则根据我为一名男同性恋者和他母亲提供社工咨询辅导的经历而写成 (Ho, 1999)。值得一提的是，那次社工经验以及之后与这对母子的继续交流，让我体会到同性恋人士寻找自我价值观时所面对的痛苦；更重要的是，我看到了香港的母亲是如何挣扎着去接受自己的同性恋儿子，并如何在这些挣扎中重新创造她们的自我。这对我日后的学术研究发展，尤其是对中年女性的生活开展的研究，亦有莫大帮助。

上述种种，连同随后几年被学刊接受并发表的论文，都反映了香港性观念的发展和改变。虽然社会对同性恋者的看法有所变化，但事实上既有的性别角色依然存在，家庭与社会依然对那些无法按社会期望的方式与标准去生活的男女施加压力。

可喜的是，在二十年后，同性恋不再属于禁忌，"同性恋"（homosexual）这一术语在香港已逐渐普及，而男女"同志"的身份认同亦日趋明显。但是，存在于同性恋者之间的复杂情感并不能得到舒缓。总的来说，香港社会对于同性恋的观念依然有改变和发展的空间。我也欣喜地看到，其他身为同性恋的学者或者不是同性恋的学者参与到这些研究中去，让"性少数人群"的声音得以表达。

⬤ 个人经历与学术取向：对酷儿理论的新解读

近年来，西方学界出现了更多研究"酷儿（queer）理论"的学者。对于"酷儿理论"，通常我们只把它等同于西方酷儿领域涵盖的某些理论，通常指伊夫·塞奇威克（Eve Sedgwick）或朱迪思·巴特勒（Judith Butler）的学说。事实上，很难对其进行一个历史性的概述。正如伯兰特和沃纳（Berlant & Warner, 1995）所说："酷儿理论并不专指某一类东西的理论，也没有一个专门的目录或谱系来涵盖与其相关的著作。"

"酷儿"一词来自英语的"queer"，本义与"weird"、"odd"等相近，表示"古怪的"、"不寻常的"等意思。这个词曾是对同性恋者及其他性少数人群带有贬损意味的称呼，后来被同性恋人群广泛使用来为自己"正名"及重建身份。酷儿理论就是一种源于后结构主义的思潮，对"酷儿"进行研究。而对我来说，酷儿理论最吸引的地方在于它是"反认同的政治"（anti-identitarian politics）。

人群之间（包括少数人群之间）常常存在的立场和价值观的矛盾与冲突以及相互排斥，其实正是对身份认同及其背后相应利益的执著，反映的是一种身份上的不安全感，而正是这种不安全感使人们用排他的方式来肯定自己。这种排他的身份建立模式通常都带有暴力性，以否定他人来肯定自己。

我们应当认识到，作为"少数人群"的一员，不应仅仅牢记个体的与某一个独特的身份代表的某一类"少数人群"（如同性恋、双性恋、变性人等）曾遭受的压迫与伤害，更应牢记作为整体的"少数人群"曾共同遭受的压迫与伤害，并共同对制度作出批判。正是出于这种自省的精神，我不但在理论上更深入地批判"身份"的迷思，甚至还改换了研究对象，拓宽了研究视野，开始将自己的目光从表面上的"小众"（如同性恋人群）转而投向多元性关系、"师奶"中年已婚妇女等看似较为被社会接纳但实际上同样是受到歧视的人群。

酷儿理论在香港的发展，情况其实非常复杂。跟台湾的情形不同，香港还不存在能与台湾对等的、能被命名为"酷儿理论"的架构。在香港，关于性少数群体的学术研究只是零散地分布在几个学科（如社会工作、社会学、文化研究、性别研究)的边缘地带,其数量并不足以形成一个专属领域。虽然酷儿的学术理论在香港明显不足,不少非学术性的文章所涉及的议题却超越了已有理论曾探讨的范围。梁学思的文章分析了三个香港作者从1984年到2000年的酷儿写作;重点分析了这些文字档案和其中的酷儿情感表达,并相信它们已能集成为一个表达酷儿情感的文库。这些文章集中表达了酷儿生活的不安和焦虑,这些酷儿情感也为理论的探讨提供了丰富的材料。所以关于酷儿的讨论不应被限制在现有学术理论的框架内(Leung, 2007)。梁学思从情感而非身份认同的角度展开了自己的研究,我对此深表欣赏,因为这样恰恰反映了"酷儿"精神的本质:对难于言说的种种"古怪的"、"不寻常的"思想感情的尊重与肯定。我们现在所做的工作,正是通过一种创造性的、酷儿的手法,将酷儿理论本土化。为了实现这个目标,我们主要采用以下两种方法:

(一)目前大多数关注酷儿理论的学者把研究重点放在非异性恋研究上面,而我们希望通过一种不同的角度来参与到这个学术领域中,即把"正常"的身份、行为与情感"酷儿化"。我们研究的对象是"正常的'反常者'"——异性恋的中年女性;我们关注的是"正常的"女性,而非那些明显越界甚至是"离经叛道"的性少数人群,但我们发现这些"正常的"异性恋女性同样通过她们各自有趣的方式在越界和"离经叛道"(Ho, 2011)。

(二)许多酷儿理论学者以文本分析方法来对小说、电影等进行分析与研究。我们认识到文本分析的重要性,但我们对酷儿研究的主要切入点与他们并不相同:我们认为,实证研究对酷儿研究领域也很重要。研究者必须对所有的理论提出质疑,将西方理论用于研究本土人群时,这一点尤为关键;研究者还必须认识到这些西方理论在概括我们的生活经验、欲望和幻想时总会有欠缺与不足。作为有社工背景的研究者,我们意识到在探索性和欲望的相关问题时,单纯运用理论是远远不够的。因此,我们在研究中总是优先考虑研究对象和他们的实际经验。我们乐观地相信这些工作与酷儿探讨的精神是一致的——致力于质疑刻板印象和模糊各种"性的界限";我们也希望,本书中关于这些问题的理论探索与实证案例之间的互动,能让更多的人参与到这场讨论中来。

● 个人经历与学术取向:"越界"的可能性

回顾过去的学术著作,我发现自己多年来都提倡与重视种种"越界"的可能性。从表面上看,社会对我们各类研究对象的接纳程度有所不同;但深入的研究会发现,我们其实可以找到他们的共同之处:没有谁甘愿成为完全被驯服的个体;每个人都会在自己的日常生活中，采取不同的抵抗策略，尝试挑战社会的既有观念与规范（Ding & Ho, 2008; Ho, 2007a, 2007b; Ho, 2011; Ho, in press; Pei, Ho & Ng, 2007; Wang & Ho, 2007; Wang & Ho, 2007b; Wu, Fore, Wang & Ho, 2007）。事实上，我研究工作中的主要部分就在于对这些策略的研究与分析。

在2001—2002年，我决定在男同性恋这个研究议题之外，以女大学生、抑郁症妇女和"师奶"（中年已婚妇女）群体作为新的研究对象。我希望利用自己的女性身份，研究与自己贴近但又并不完全相同的女性，尝试接触自己未曾走过的人生道路，更好地认识和了解自己。除了研究各种"离经叛道"的性，我还开始关注和研究那些表面上没有问题但其实内里依然"越界"的对象。作为大学教师，女大学生是我比较容易开展研究的群体（Ho & Tsang, 2002, 2005）；之后，我开始对抑郁症妇女进行研究（Ho, 2001）；后来，曾家达提出要研究师奶这些看起来正常的妇女。

身为单身女人，我对"未曾走过的人生道路"也相当感兴趣，所以希望去了解已婚女士的生活。基于我以异性恋女性身份去研究同性恋男性所吸取的经验，我已预备接受新的"身份"考验。

值得一提的是，每一位学者和作者都有各自的立场和价值观，与研究对象在性别、性取向、阶级、教育背景等方面都不会完全相同。我曾认为，这样又有什么问题呢？我曾相信，社会科学研究者经常需要以"他者"的角度开展研究，他们从这些与圈内人不同的"身份"出发，有时可能提出不同的观点、发现被忽略的现象。受访者在接受"一无所知的局外人"的访问时，需要更为详尽地向研究者介绍各种背景知识。研究者因此往往能得到更多的资源与材料，这些经历也展现出关于身份认同与存在、反抗、颠覆及改变的各种可能。

遗憾的是，这只是理论研究者一厢情愿的想法。我曾备受同性恋人士的质疑，认为我这个局外人无法清楚了解不同群体的心声。"你有没有进过男更衣室？"这句拷问使我感到不安与不忿，但这个问题也一直促使我反思：作为不属于被研究群体的局外人，我的研究会有什么优势？又会有什么欠缺与不足？如今的我，会更加重视探讨这些欠缺与不足。

我选择研究师奶，除了因为她们是香港本地学者较少关注的对象，最主要的原因是我在日常生活中发现，身为已婚女性的师奶表面上被社会认同和接纳，但她们自觉地位低微，别人对自己的尊重只是一种社会的恭维。人们真的清楚这些女性如何生活吗？真的了解她们希望做些什么吗？她们对社会而言是有益、有用、有建设性的，并非是什么"社会问题"，因此社会反倒忽略了她们。我认为师奶在香港的地位是"被边缘化"的，只不过没有同性恋者的"被边缘化"那么明显而已。

在研究香港师奶的过程中,我发现了许多中年师奶被伴侣遗弃,越来越多的香港男性转而与来自内地的女性交往结合。香港回归后,大陆与香港两地沟通交流机会的增加、通关的便利化、自由行的出现,都使跨境的婚姻、爱情、性关系更有可能发生。这促使我最近又开始转向研究这些香港中年男性与年轻内地女性的跨境关系。

对多性伴侣的男女的研究 (Ho, 2006) 也对我们有所启发:在进行相关研究时,不应只是关注男同性恋人群,还应关注"正常"群体的"反常"现象或非常态行为。我试图探讨人们如何超越常规的界限,从而突破简单的性群体划分。例如,异性恋的女性分享她们与同性暧昧对象之间的故事,同性恋的男性讲述他们怎样通过选择异性婚姻和承担父亲的角色来得到身份认同。表面上并不"酷儿"的人,其实也很怪异——这个发现,让酷儿理论的研究对象和"正常的"异性恋人群之间的界限更加模糊,也让整个世界都变得更"酷"了!

◉ 个人经历与学术取向:个人的就是政治的

回顾自己多年的学术生涯,我重新审视个人经历与我研究对象的关系。我发现,个人经历、政治的影响和我的学术选材(对研究对象与理论视角的选取)之间有着重要的联系(见图1)。

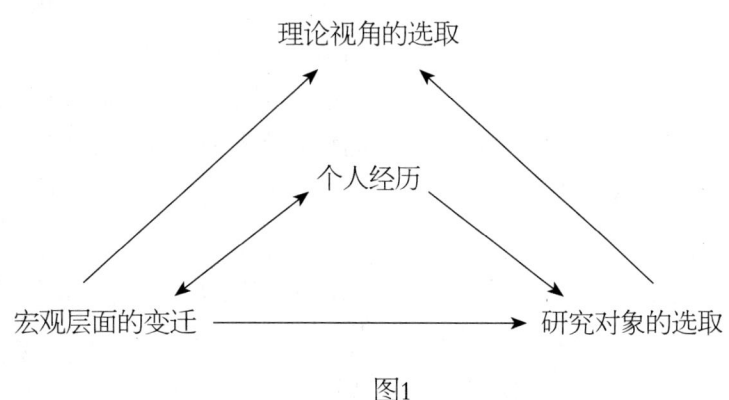

图1

起初,若不是好友黄耀明的"出柜"(宣布自己为同性恋者)以及男友的性取向,我不会踏上研究同性恋者的行列。而同性恋在香港的非刑事化、香港的回归问题所造成的西方同性恋人士的失势,都构成了我学术选材的重要考虑因素。我必须承认,在这样一个拥有特殊的性规范与性政治的社会里,我之所以选择这样的研究课题与理论视角,是为了探求知识以解决我自身的疑问,是为了找到一种能让自己隐忍求活的、有价值的生活方式。

二十年间，在研究重点上的转变，显示了男同性恋——各种女性群体——跨境的男性群体这一轮回，真是体现了前述的说法——我的生活史、学术生涯以及研究重点的变化，正好说明了：当面对个人的、宏观的、学术的转向时，身为一名华人学者，如何定位自己，如何善用知识来解决各种与公众有关的个人议题。这恰恰印证了女性主义者们的说法："个人的，就是政治的！"

● 个人经历与学术取向：理论的就是个人的

理论绝不是冷冰冰的、抽离所有个人因素的工具与手段；它源自鲜活真实的生命，有血有肉的生活。一个尊重知识的学者，应该有勇气去承认，自己对某种理论的选择、认同与支持，源自个人的执著与因缘。

为何我当时会深受社会建构理论与后结构主义这些当时被学界中人认为是前卫的理论吸引？因为我觉得，这些理论让我看见了人的思想、心态、行为甚至性取向发生改变的可能性。我曾希望，当时的男朋友终有一天能由一名同性恋者变为异性恋者。但我渐渐明白，同性恋的身份及其背后反映的社会建构早已在他的个人生活史与性史上留下了难以磨灭的印记。不过，我依然希望这些理论能够启发与鼓舞我们，让我们有希望与勇气去放开怀抱，重塑自己，让我们找到一种适合彼此的新的关系模式。

我在艾赛克斯大学时，为了能更全面、深入地掌握与探讨这些理论，由社会学系毅然转入政治学系，攻读专门研究如何运用欧陆哲学理论来分析政治现象的哲学博士学位。许多人对此感到惊讶：我曾接受过多年社会工作方面的理论训练与实务历练，为何会选择研究一个被认为与当时的社工领域毫无交集的课题？为何又会从一个社会科学的实务性学科义无反顾地转向更为形而上的政治哲学研究？其实，一切都是为了曾爱上一位同性恋者。

不过，这其实也是为了自己。作为女人，我希望能放下执著，找到新的角度与方法去了解自己，释放自己，建立自己新的身份、关系和世界。同时，我和他也希望，我们开拓出的新模式，可以为面对类似境况的男男女女提供一个范例。

二十年间，我在人生路上的兜兜转转，也影响了我在研究理论、对象与方法上的发展：面对感情的、生活的、私人的问题时，身为一名女性学者，如何定位自己，如何善用知识来解决各种与自己有关的问题。这又恰恰印证了后现代主义者们的说法："理论的，就是个人的！"

而从我个人的变化到社会上的各种变迁，又正好表明了性、性别或情欲的多维特质，因此我们需要善用各种路径、渠道和形式去进行研究。

◉ 理论上的自我修正

我和曾家达在本书中收录的调查报告，都是在深度访谈与焦点小组基础上开展的质性研究。我们对这些个体与人群进行的访谈，改变了我们对一个不断发展变化的领域的理解，之前我们曾一度希望用西方关于性的话语来捕捉这一领域的特质。这些访谈也促使我们反思自己的理论定位与方法。通过聆听上百位男女受访者亲口讲述的自身故事，我们对自己进行的关于人们口述生活史的研究的价值与重要性有了更深的理解，而这可能与我们起初的定位、假设与论点并不全然一致。这些经历与反思为我们带来了学术上的重要转变，让我们回顾，二十年来，自己以及作为整个学界的"我们"做错了什么、修订了什么、改正了什么。我们认识到，对自己所使用的语言、概念和理论提出质疑，是多么重要的一件事情。我们越来越关注以中文为母语的人士在用英语表达、述说与沟通关于性的经历与观念时的各种问题。

Sex与gender的区别

Sex指的多是生物学意义上的性与性别。gender则涉及社会意义与文化意义上的性别身份认同、性别意识、性别政治等，是社会、政治、文化等因素对性与性别的生物学意义进行的重新建构。

作为男/女性别的sex，受到上述非生物性因素的影响，也具有gender的某些含义？例如，香港地区的男男女女，和中国其他地区的男女相比，在需要与需求、形象风貌、社会角色、梦想与志向等方面都有相当大的差别。这说明了性别的表达与展现会因不同的社会与文化而变化。

关于sexuality

Sexuality与sex和gender所指称的范畴是类似的，都包括了生理、心理、科学、社会、政治、哲学等范畴。但sexuality更深入、更多维、更正规，更多地指代那些性的、情色的、与欲望有关的活动。

本书一位译者在对论文"Lost in Translation: Sex and Sexuality in Elite Discourse and Everyday Language"（Tsang & Ho, 2007）进行翻译时，针对sexuality这个词，在不同地方采取了"性"、"性欲"、"性学"、"性机制"、"性行为"等不同译名，这恰恰说明了sexuality的丰富内涵。

身为研究者，我们在不得不用中文与华人谈论sexuality这个英文单词的范畴时，会发现连我们自己的研究范畴都很难清楚说明。我们在论及这个问题时，通常都会引用格罗兹和普罗宾（Grosz & Probyn）的观点，认为sexuality能够从四个角度去理解，即：作为动力（drive）的sexuality；作为行为（act）的sexuality；作为身份认同（identity）的sexuality；作为不同的取向、立场和欲求（different orientations, positions, and desires）的sexuality (Grosz & Probyn, 1995：viii)。

我们一般会将sex 翻译为"性"，这并没有什么问题。但当我们要翻译sexuality这个词的时候，就会出现混乱，在日常用语中，sexuality一般也都翻译成"性"，那么sex跟sexuality 两个词的意义，就不能区分了。

Sexuality，一直被大陆学者翻译或理解成"性之性质"，所以，有人把其翻译为"性性"。这种翻译，尽管符合了英文的构词法并且满足了英文的原来含义，可是，却不符合中文的表达习惯并且不能用来与其他单字和/或词组构成新的术语。阮芳赋认为：sexuality的"这个（性性）译法，既'信'且'达'，但毕竟不'雅'。重复连用两个同形同音异义字，实在有点别扭，也不便于进一步造词"。所以，他建议将其译为性。潘绥铭曾把sexuality翻译成"性存在"(1994)。近年来，他认为，应直译为一个加引号的"性"为好。

由此看出，翻译sexuality是很困难的。曾家达在1990年的《性与德育》一书里也曾讨论过这个翻译的难题，并引出了另外一个问题，那就是：我们对性本质的论述，是受制于英语的语理结构。在华人社会里，"性"作为一个相对英文sex意思的用语，只是在近八十年至一百年间才出现的。潘光旦 (1946) 在20世纪前半叶翻译《性心理学》时，就已经直接使用"性"这个词，显示出当时的中国知识界已普遍接纳"性"作为sex的对应翻译，亦颇为了解sex的含义。

无论是普通民众，抑或是曾接受西式教育的精英分子，在西方的"性"的观念传入华人社会的过程中都受到了冲击。显而易见的是，"性"观念更容易被精英分子接受和认同，而普通民众中的情况则很不同。我们可以推想，精英群体所谈及的"性"观念在当时老百姓的日常用语中并不一定普遍流行。

在20世纪70年以前的香港，一般市民很少把"性"作为sex的对应翻译。当时的人只会说"男女关系"，譬如家长会问"你们有没有发生关系"，而不会直接说"性关系"。在20世纪70年代前出版的字典和辞典里，在"性"这个词条下大多没有包含sex的意思，只是把"性"定义为"本质"。重提这段历史，是想指出直至20世纪70年代，直接讨论"性"仍是一种社会禁忌。但这并不代表一般人没有谈论有关"性"的事情，只是人们采用了自己的日常语言，去谈论诸如"恋爱"、"相爱"、"喜欢"等范畴。我们相信人们在私人生活中肯定要处理与性相关的各种问题,只是没有在公众领域里直接谈论罢了。当时社会上也有一些专业人士倡议将性放到公众领域展开讨论,认为要公开承认这个生活现象,开拓论述空间,不要回避"性"这个词。

时至今日,公众议论中对"性"的禁忌有所减少,有关"性"的表述和讨论也越来越多。然而,在这个表面上拓宽了的论述空间里,"性"依然受到一定的限制:社会上一直存在的保守力量,以及长期主导甚至垄断了公众讨论的专业人士,通过主要由西方引进的科学理论和学术语言系统去制订有关性的规范和守则,试图操控与规限人类的性行为。

在西方有关"性本质"的讨论中,存在着几种立场。其中之一是医疗科学的立场,另一种则是诠释社会科学(interpretive social science)的立场。

医疗科学立场的取向由自然科学衍生而来,认为性本质上是一个客观存在的事实,可通过科学方法去研究,而且有清晰界限去划分研究范围。基于这种立场,"性"被视为可以通过非道德化、价值中立的方式来加以讨论和研究。金赛(Kinsey)、马斯塔与琼森(Masters & Johnson)的研究,就是这方面的典型代表,金赛甚至认为研究人类的性行为与研究动物是没有分别的,两者都可当做生物行为来研究。

基于这种立场去处理人类的情欲问题是利弊参半的:从某种程度上说,这代表了一种进步,让"性"从禁忌的话题转变成可供公众讨论、可用科学角度探究的议题,从而开拓了论述空间;但是,这样也过度强化了科学论述的权威,让专业精英借助这种权威垄断了情欲讨论,他们以专家的身份来设计和操控"性"的论述和生活体验。

在20世纪80年代,曾家达也曾参与这方面的讨论,并扮演这类"医疗科学"的专家角色,如以临床心理学家或大学讲师身份出席公开论坛,讨论跟"性本质"有关的课题,为社工和教师作有关培训、参与性研究,等等。当时曾家达也认为"性"有清晰可辨的讨论范围,包括了生物、心理、社会和文化各个层次(Tsang, 1986)。我们曾相信,"性本质"就是包括了这些不同部分,有清晰的界限和具体明确的内容,更可透过科学方法去研究、了解,从而掌握这些知识。作为学者、专家、研究员、社工等专业人士,就有责任把这些"知识"传递给公众人士,这也是曾家达在那个时期在香港积极参与这个讨论时所采取的立场。

可以说,20世纪80年代的社会运动和我们所采纳的立场,是应当时的社会政治环境而产生的。那时,曾家达已察觉到自然科学的限制,开始探讨现象学和诠释学科的理论,并意识到"性本质"这个概念是社会建构的产品,而社会上亦存在不同的看法和语言系统,而我们在20世纪80年代后期亦已开始使用社会建构理论来研究同性恋现象,但当时我们依然没完全放弃以"性本质"作为在研究、教学和公众讨论时使用的基本概念和思维模式。

这种专业精英立场虽然有限制和偏差,但在当时也曾发挥了推动社会运动的功能。例如同性恋非刑事化,就是当时精英政治的产品。我们利用了当时香港的精英政治环境,推动精英分子接纳更开放、更合理的情欲安排。在这个过程中,曾家达便一直以"性专家"的身份参与这场讨论。事后再三反思,这种社会运动也遇到了限制、步入了困境,加强了两个阶层的分化,强化了专家精英集团摆布一般市民的情欲世界的权威。到了20世纪90年代,我们开始批判这场社会运动背后的精英话语立场。

当我们继续进行学术反思及渐渐转向诠释社会科学(interpretive social science)取向时,愈来愈感觉到"性本质"这个概念的限制,并发现其他观点和语言系统的价值,于是开始参考其他学科的理论。我们在文学批评、妇女研究、政治科学等多个不同学科和理论系统中,发现desire(欲望、情欲)也是常被使用的词汇,而这个词跟其他如wish(愿望)、eros(情欲)、passion(热情、激情)等概念关系密切。

如今,我和曾家达不再执著于使用"性本质"的语言,反而更想知道一般普通民众如何陈述在他们生活中被我们界定为"性本质"的部分,是否将他们的日常生活世界划分为"性"和"非性"的部分。我们已超越了"性本质"的语言,了解到它不是我们文化传统的一部分,而是近代才引进的观念,也未达到完全普及化。事实上,在一般人的生活中,并不一定需要用"性"这个名词来陈述相应和有关的经验。

我们现在的研究取向,是探讨普通人怎样使用日常语言去理解和组织自己的生活世界。当然,我们知道"性"已成为大多数人能够明白的一个词汇,但我们不能肯定人们在自己生活中是否真的体验到某个所谓"性"的范畴。我们愿意探讨他们在"性"的语言体系之外,究竟如何去理解和陈述相关的生活部分。例如,我们曾开展了一系列的研究,对象包括男大学生、女大学生、多伦多的老人等,通过分析他们的论述,了解他们如何组织生活经验或是如何陈述关于"性本质"的经验。

关于desire

我和曾家达发现,很难用sexuality的范畴去涵盖我们的研究领域与人的种种经验。正因如此,我们尝试使用desire这个不一样的范畴。

Desire与sexuality一样,是更深层面、更多维度的,但desire所涵盖的要比sexuality更宽广(Cameron & Kulick, 2003)。desire不是sexuality的替代物,而是补足物。desire弱化了sexuality中科学语言的意味,更多地体现了"杂语"、"众声喧哗",即巴赫金(Bakhtin, 1981)所说的"heteroglossia"的意味。现在我们使用desire语言，并非因为它更完美，而是因为使用desire语言能够更加方便地捕捉到sexuality中隐藏的、非理性的、非肉体的东西。desire本身是指一种欲望，不一定和性有关。

Desire的中文译名为"欲"或者"欲望"。在"欲望"中，"欲"包括了生理与心理的意味，"望"包括了希望、盼望、愿望、期望等意思。在这本书里，我们更希望从"情欲"这个意义上去理解desire。其中的"情"包含了感情上、心理上、关系上等与情感有关的意味。在师奶的话语中，她们所谈论的，既有"情欲"，也有"欲望"，包括了性意味的"肉欲"意义上的"欲望"。

读者可以在本书中发现，有的文章全篇使用"情欲"，因为其原文便是中文，所以我们仍尊重原文用法；有的文章全篇使用"欲望"，因为该篇由英文译出，我们更倾向于直接翻译为"欲"或者使用"欲望"这个字眼，但我们希望读者能从我们提出的"情欲"这个意义上去理解desire与"欲望"。

Desire有时候会被译作"情欲"，所指涉的更多是在心理、情感方面；有时候则会被译作"色欲"，所指涉的更多是在生理上的性欲或者肉欲。这将我们指向探讨不同维度上的欲。

必须强调的是，"情欲"是多向度的，没有等级的。等级是由社会划分的，随着社会文化的转变，这种划分也会转变，因此也是无常的。因为"情欲"的流动性、隐喻性与包容性，结果"情欲"几乎无所不包，涵盖了许多日常生活层面上看似与性无关的部分(Jackson, 2008)。当社会模糊与打破了"性欲"和其他"欲望"之间的界限时，某些混沌一片、难以言表的经验就有机会被表达出来。

我和曾家达相信，每个人都有一股与生俱来的动力，推动自己与他人建立联系，并在这一过程中完善自我。我们现在所使用的"情欲"这一表述，只是暂时的、过渡性的，因为在当下找不到更贴切的词语。如果我们以后能找到更适当的表述，这一旧有表述自然会被边缘化甚至被取代。日常世界的语言不断转变、发展，或许到了某个时空，新的语言出现了，我们就应该和这些语言保持交流、互动。可以说，这种语言的繁衍转变，与我们此前提及并一直强调的"身份认同的繁衍转变"，是一脉相承的。

值得注意的是，sex、gender、sexuality、desire这四个术语是相互联系、彼此关联的，没有任何一个术语可以完全涵盖与概括其他术语的所指，所以它们需要互相补充。它们难以处理、难以翻译、难以捉摸、难以言说、难以定义，我们很难用简单的字眼去形容与解释它们涉及的范围和我们所研究的范围。我们在此的"说文解字"只是一种抛砖引玉，以提醒研究者们未来在进行这个研究时更加注意。只有在不同的范畴里寻找不同的切入点，只有超越当前面对的这个表面的、形成中的、转变的世界，才能去理解本质的、客观的、存在的世界。

我们必须注意到，英文中的"desire"这个概念，与它在中文里的用法，有着微妙的区别。"情欲"的用语，与中国传统的"情"与"理"是不同的。"欲"能否独立于"理"的世界而单独存在呢？我们相信这种情况很少出现。我们突出"情欲"的论述，是想将已边缘化的情欲论述，推向中央，迈向正常化。使用"情欲"作为论述策略有若干好处：它是非技术化语言，不属于某一学理传统；它可与精英论述衔接，又可以在常理世界被充分理解，并能轻易转化为技术性的术语。西方的 desire，可翻译为"欲"或者"欲望"。相对来说，西方没有"情"的观念，他们在讨论"性"的时候，经常将"性"与"爱"和"婚姻"相连，有一种隐晦的社会期望：人先有爱情，然后发生性关系；如果不是这样，便成为少数异端，会被边缘化。在这本书中讨论的"情欲"，就是融合西方的desire"欲"和中国的"情"（Wong, 1969）所达致的意境。

永有不足，永不知足

人的性经历，代表的不仅仅是人的性行为、性经验、性身份，更是多维的生活经验与生活史。不断地借助研究受访者的视角与思路来挑战和质疑自己，不断地引入其他学科的概念和理论作为补充，不断地将简单化、抽象化的理论扩展和修正以解释复杂的现实，这就是我们的学术历程。

但是，我们必须认识到，从知识生产的角度看，过于自信地尊崇精英话语和理论，是多么可笑的一件事情。毫无疑问的是，理论上的理解丰富了我们的经历，我们研究项目的受访者的日常话语改变了我们对一个不断发展变化的领域的理解。我们曾希望用西方关于sexuality的语言来捕捉这一领域的特质。我们并不想去论证理论语言与日常语言孰优孰劣，但我们希望能警惕在权力场中生产出来与流转出去的精英话语的特权，以及理论帝国主义 (Schegloff, 1997; Stokoe, 2005) 的危险性。

在日常生活的各个层次中聚合交汇的、不同形式的表达实践的增殖繁衍，促使我们去反思自己身为社会科学学者的假设与方法。我们希望通过这些研究，为被压制的各种声音创造出一个逐步开放的空间，以及让声音的主体逐渐受到重视。

欲望是难以形容和难以捕捉的。无论使用何种分类，都只能表达它的某个侧面。词汇就意味着定义，定义就意味着限制。通过不断借用其他范畴的词语，拓宽认识的界限，这就是学术的过程，就是跨学科融合的过程，就是概念发展的过程

（Tsang & Ho, 2007）。

● 方法论上的自我修正：质性研究

在方法论方面，我和曾家达的研究多数采用实证形式、案例分析，而不像以往sexuality的研究领域中的许多研究那样从哲学、宏观、政策制定与评价等方面去入手；我们的实证研究多数采用的是质性研究的方法，分析大量的故事，并迫使自己去思考其中包含的复杂性。在早期的sexuality研究中，大多只是集中关注受访者的性行为，相应的，他们采取的是调查问卷的形式，或者在访谈中使用了许多标准化的问题。

我们发现性行为并不等于性生活。即使是性生活这个范畴，也不能完全涵盖情感、情绪、感觉、感受、感知等内容。所以，我们开始综合使用多种质性研究方法，在访谈中注重观察受访者生活的多面性，包括他们的社交关系、情感世界、工作情况等影响他们的各种因素。

在我们进一步将欲望作为自己的研究对象后，发现它更为微妙，要用其他的媒介方式予以记录、分析和研究：这包括了录音、录像、戏剧、音乐、诗歌以及多媒体手段等。我们近来更多地吸收了艺术的形式，将新媒体与文字形式结合，或者将其称为学术与艺术的结合（Neilsen, 2005）。

我们感谢所遇到的这些各种各样的挑战，它们让我们更好地意识到从研究者与被研究对象之间关系引发出来的各种议题的重要性。透明度、权力、控制者这些议题，比我们自己是同性恋者抑或异性恋者、是已婚者抑或未婚者这种种身份确认都更为重要。

我们对合作研究更感兴趣，并且尝试更为深刻地反思自我。这种反思的过程，也是学习的过程，对于处理我们与研究对象之间关系的各种新方式来说尤为重要。我们在研究的初期采取的是一种专家—客体的研究定位，但随后便更多地让我们的研究对象参与其中，并用纪录片以及其他方式让研究对象的声音得以听见。我们开始去探索倾听人们故事的新方式，以及知识生产的新形式。

但仅仅这样还是不够的。其实，正如我们在之前所说过的那样，"词汇就意味着定义，定义就意味着限制"（Tsang & Ho, 2007），当我们关注的概念转变时，方法论也要有相应的转变，因此，我们的研究在诉诸文字之外，还需要借助其他形式的媒介。而媒介手段的多元化，又使我们的入手点更为丰富。值得注意的是，我们在方法论上的这些修正，与我们对自我反思的认识和理解密切相关。

◉ 方法论上的自我修正：对自我反思（self-reflexivity）的再思考

自我反思理论指出了研究者在设计研究问题、研究情境以及研究成果过程中扮演的重要角色和发挥的重要作用，研究者需要认识到自己的这一角色和这些作用，并在研究中对其潜在影响不断地进行思考。我们希望自己的作品能够对质性研究和性学研究领域所倡导的自我反思精神和对话有所发展。我们在这篇序言中的独白与自传式小注，只不过是这个探索过程的开始。

一些学者相信，具有自我反思精神的聆听和写作，可以让研究者设身处地地看清自己，并认识到自身经历对整个研究过程的影响，从而使研究更为"精确"和"真实"（Altheide & Johnson, 1998; Ball, 1990）。但我们基于自己的研究经验，发现研究对象所讲述的故事往往会被我们用特定的理论工具和知识框架进行重新解构，什么是"事实的真相"非常难以界定。因此，研究的精确性和真实性通常难以成为研究目标。对研究进行反思，不仅有助于产出更为贴近现实世界的知识，还让我们看清这些知识的生产过程以及当中的人为性和复杂性（McCarthy, 1994; Hertz, 1997 & Davies, 1999）。

首先，自我反思让我们检视自己在研究中的角色。

我们的个人立场和主观阐释将会影响到我们提出的各种问题和在研究过程中安排的各种程序步骤。值得注意的是，自我反思包含两个层面上的意义：自我反思也许会变成一种界定自我的简单剖析，或是成为一段告白式的个人故事，以揭示研究者自己的社会背景或个人经历；自我反思能拉近研究者与研究对象之间的距离。对消除研究者与研究对象之间差异的渴望，以及对增加两者之间"同一性"的希冀，会促使研究者不断挖掘他/她们与研究对象之间相似的个人经历。正如艾丽斯·玛丽恩·扬（Iris Marion Yong, 1997）所指出的那样，"了解他人就是发现自己与他人的共通之处"（p.52）。认识到我们在这两个层面上扮演的角色是基本的要旨，但这仅仅是起点。我们需要更进一步对自己的专业框架提出质疑。

其次，自我反思让我们质疑自己的专业语言、假设和推想。

二十年来，通过研究不同的群体，我们一次又一次地发现自己总是被原有的理论体系和专业语言束缚和牵制；与此同时，我们又不断地被研究对象的故事感动和触动。我们被来自两个不同方向的拉力撕扯。这种拉力带来了《翻译的迷失》(Tsang & Ho, 2007)一文。在那篇文章里，我们指出反思的过程如何让我们意识到自身的精英情结，而这种情结往往会成为我们与研究对象进行日常对话的一个障碍。自我反思使我们能够看到所谓的"专家语言"带来的限制，即：它会让我们不能更好地去了解他人，去理解他们为何会以不同的方式谈及自己的生活。于是我们认识到，我们要去聆听我们研究对象的声音，重视他们所选择的词汇和语言，而不是将我们预设的类属套用到他们身上。通过这样的方式，我们才能更为接近他们，并有可能发现自己与他人的共通之处。这些共通之处在于，我们在表达自己复杂感情和当中的矛盾与冲突时，都体验和经历了各种困难。因此，为了创造自我表达的空间，我们和研究对象会不断尝试新的语言甚至尝试新的关系，以及采用不同的形式或者其他手段来表达自己。

再次，自我反思让我们检视自己与研究目标之间的关系。

自我反思对于建立平等的研究关系也具有积极的意义。女性主义学者对自我的反思，常常通过对本体论和方法论的反思来推动（Clough, 1992; Fonow & Cook, 1991）。他们经常提出：研究者怎样建立与研究对象平等的、更少利用色彩的关系？我们如何赋权自己的研究对象？他们经常提倡去捕捉研究主体之间的互动，研究者与研究对象通过平等的对话与聆听一起开展研究，而不是研究者从自身视角出发去审视和质询研究对象。受此启发，我们也常常向自己提问：如何才能与包括研究助理在内的不同研究合作者建立更为平等的关系？

近年来，在女性主义关注下的反思不再局限于分析研究者与研究对象不平等的权力关系。女性主义学者同样感兴趣的是研究者在研究中应该如何创造出赋权于研究对象的环境，同时也开始探讨如何在研究中采用不同的研究方式和方法。这种提议源于女性主义学者对传统研究方法中伦理与政治立场的质疑和思考（Oakley, 1981），当认识到研究主体（包括研究者和研究对象）是有情感、有思想、有回应能力的鲜明个体时，我们的研究方法和体系以及写作技巧就会试图反映出这种人性及其互动的复杂性。

此外，自我反思会促进我们探寻更多更新的研究方式和表现方式。

反思行为消解了研究者在研究和写作过程中的主导和权威地位。这样的实践通常还会促进"多声部"的文本的出现以及数据及主体之间的相互引证。近年来，许多学者已经尝试使用不同的写作方法和表现方式来呈现他们的研究，如剧本、故事或对白等新方法（Eisner, 1997; Lather & Smithies, 1997; Richardson, 1994; Sanders, 1999; CahnMan & Taylor, 2008）。这些"文本式的反思"（textual reflexivity）（Macbeth, 2001）就是对艺术表现方式的有力探寻。

2007年，我的右手意外受伤，在相当长的一段时间里，我不能操作键盘，无法写作。这种意外的受伤，也成为我探索新的记录方式的契机。我开始拍摄纪录片，希望能用另一种语言和研究方法，了解和探讨自己和受访者的人生历程，在文字以外，重新体现影像、声音和其他媒介的力量。我与我的研究助理莫颂灵于2008年成立了二人女子录像创作组合"The Sik Ying Ho & Jolene Mok Production"，中文名谐曰"筷子姊妹花"。我们在三年间，仅以一部家庭式便携DV，搜集到了22位年龄介于40岁至60岁之间的"女主角"演绎的真实故事。到2011年初，我们已经制作出超过30部纪录短片。我将它们收入名为《香港廿二春：师奶列传》的一套四张DVD中，作为自己探讨香港中年女性"第二春"的学术研究项目的延伸作品。它不仅丰富了学术文献的多样性，还带来了一系列经过整理和剪辑的影像资料。我们制作的另一套短片《母女对对配》，通过拍摄纪录发生在多对母女之间的故事，来描绘年轻女子与中年母亲两面代女性的关系。

● 方法论上的自我修正：知识生产的新路向

通过引入新媒体形式，我们的研究有了一些新的变化：为受访者创造出受关注感、明星感、中心感；拓展了定量研究数据收集的方式和质性研究资料的多样性；重新定义了访谈的过程与程序，将访谈进一步延伸到能被影像记录下来的事前计划、联络、安排、访谈开始的寒暄与破冰、事后取舍与剪辑、分析等阶段；让我们的研究成果可以传播、复制、放映、互动；从某种意义上将访谈参与者的内涵由单纯的受访者范畴拓展开去。例如，在我们的影片中，受访者常常都养有猫、狗等宠物，这些宠物有时如同情人，有时情比子女。在这种情况下，宠物虽然不是受访者，但却是整个访谈过程的参与者。这种学术与艺术的结合，质疑了现存知识生产的局限性，希望探索出一种关于知识获取的新颖、互动、平等的途径，以重视受众的话语权、扩大评价者的范畴、丰富知识生产的形式与场所。

我之前一直采取的质性研究方法是一种既艰巨又微妙的、"手艺式"的技巧，类似于那些只能靠师徒传承才可以保留下来的"非物质性遗产"。我常常不得不一个人在家做学问，一个人外出进行田野调查，一个人接触为数不多的受访者和研究样本，一个人开展深度访谈，一个人与曲折的书写过程和投稿流程相抗争。这其实非常符合"琢磨"这个词的原意，也就是像雕刻和磨制玉石那样，不断磨砺自己的学术研究、提炼自己的学术思想，反复加工、精雕细琢、精益求精。拍摄影片和书作出版，恰恰是这种技巧的载体，或者说是质性研究的成果，让其他人能突破时空的限制，更深入地了解质性研究的方法，并且有机会去进一步发展质性研究的技巧。

在近几年里，我们通过运用文字以外的媒介，寻找到新的研究方式和方法，

《香港廿二春：师奶列传》中的30部短片就是这样一个产出。通过这个产出，我们也探索出知识生产的四种不同方式和方法。

第一，把学术会议作为民族志。

我们组织了不同形式的学术会议，《点止开会咁简单》（《不仅仅是会议那么简单》）的短片记录了我们的学术活动，以及我们如何邀请研究对象参与到其中，让她们与学者们在会议上进行对话。在我与研究对象的长期互动中，我们不仅同为研究的主体，也是知识的共同创造者，所以都应该在研究中和学术活动中发挥着不同的作用。通过这种新的学术会议活动安排，研究对象不再只是论文中一个匿名的人物。

第二，把自传作为知识的合法来源。

通过采用自拍自传的研究方式和记录手段，我们希望研究者自己也能置身于研究之中，《我跟团，我不跟团》和《24岁》这两出短片就是我们在这一研究方向上的全新尝试。我们希望展现的是，这不是一种自恋行为，而是通过与受访者分享各自的个人经历、情路历程、婚恋观等，为研究过程中知识的产生提供重要的资源和资料。

第三，把反思研究过程作为知识的合法来源。

在本书中和影片中，我们让大家看到自己在不同阶段的自我反思。这些反思并不仅仅是研究的背景信息，同时也是重要的知识来源。例如，在《贝蒂闯世界》系列短片中，我们希望展示自己在研究的不同阶段作为研究者与个人的挣扎和矛盾。

第四，重构与研究助理的伙伴关系。

另外一种自我反思的实践方式就是重新梳理与研究助理之间的关系，通过与研究助理莫颂灵建立"The Sik Ying Ho and Jolene Mok Production"，我希望让作为知识生产过程中的重要伙伴之一的研究助理也能发出自己的声音、拥有自己的成果、作出自己的贡献。

上述活动都与我们如何理解知识生产的过程密切地联系在一起，呈现出我在知识论和研究方法论立场上对伦理与政治立场的自我反思。通过这样的反思方式，我们希望去挑战各种认为需要保持自己研究的真实度、可信度以及研究的权威性的想法。在此基础上，我们希望进一步将自己在研究中的个人立场和主观阐释更为直观地展现给更多的观众，而不仅仅是为了期刊的编辑和极少数的同行评议者而写作。

我们希望指出，自我反思并不是一味地自我告白，而是要去质疑我们的一些假设和推想。就像佳亚特里·斯皮瓦克（Gayatri Spivak, 1984）所言，"对自身的所作所为要时时保持警觉"（p.184）。这种警觉可以让我们在进行田野调查和质性研究的过程中批判性地审视原来的假设和推想，通过反思来剖析和研究让自身感到陌生和不适的地方，避免将反思当做一种自我告白和自我疗伤工具或是例行公事（Pillow, 2003）。尤其在涉及人类性经验的问题上，尽管我们对一些事情已经了然于心，我们始终难以用文字表现一些难以明言的东西和体验。而这种对文字局限性的深刻认识，促进我们探寻其他更好的研究方式，包括分析解读数据与资料的方式，以及进行知识传播的方式。

值得指出的是，在此前的多年中，我从未获得过超过5万港元的单笔研究资助，我为自己能在预算约束下开展各种研究而感到自豪。在2007年，我在获得了来自香港研究资助局（Hong Kong Research Grant Council）较大金额的研究资助后，并不想扩大研究样本的数目与研究的范围，而是希望更深入地发掘研究对象的世界，加强与族群/社区的接触，更好地"接地气"，用更为丰富的方式呈现这种"手艺式"的技巧。因此，我选择了去开始一段新的冒险历程，去探索新的研究方法，让我自己变得既是一名学者，又是一位艺术家。

◉ 三个愿望

我最近启动了一项新的研究计划 "Hong Kong Calling Tokyo"（"东都密语"）通过向香港与日本女性询问她们的三个愿望。有趣的是，有些女性将她们的所有三个愿望都用在祈求子女健康和家人幸福之上，而另一些女性却不愿完全动用自己的三个愿望，或者不愿清楚明晰地表达出应该许下哪些重要的愿望，因为她们要么不想试探与驱使命运，要么不想用言语表达各种显然难以被满足的需要与欲求。

在被日本女性研究对象问到自己的三个愿望时，我开始明白，基于与上述类似的各种原因，表达自己的各种个人渴望/渴求/欲求原来是件非常困难的事情。从某种意义上说，这本书可以说是旨在表达我此前不能清晰明言各种愿望的诸般尝试之一——通过跨越学术的常规边界去讲述我的故事、经验与观察，创造出更多的叙述空间来谈及我自己的观点，正如我在本序中所做的那样。我们会继续探索关于个体欲求的政治（Ho, 2011），这些个体包括我们自己在内；此外，我们还会努力处理不同的社会力量，并寻找合适的语言与空间去表达这些社会力量。尽管我们将本书视为对自己过去数十年生活与学术工作的一个阶段性总结，但我们依然期待着未来更深入的学识与发展，并希望在这样的过程中能继续充满愉悦、欢乐与幸福。

参考文献

Altheide, David., & Johnson, John (1998). Criteria for Assessing Interpretive Validity in Qualitative Research. In N. Denzin and Y. Lincoln (Eds.), *Collecting and Interpreting Qualitative Materials* (pp. 283–312). Thousand Oaks, CA: Sage.

Ball, Stephen J. (1990). Self-doubt and Soft Data: Social and Technical Trajectories in Ethnographic FieldWork. *Qualitative Studies in Education*, 3(2), 157–171.

Bakhtin, Mikhail M. (1981). *The Dialogic Imagination: Four Essays, (Ed.)* Michael Holquist; translated by Caryl Emerson and Michael Holquist Austin: University of Texas Press.

Berlant, Laurent, & Warner, Michael (1995). *What Does Queer Theory Teach Us about X?* PMLA, 110(3), 343–9.

CahnMann-Taylor, Melisa, & Siegesmund, Richard (Eds.) (2008). *Arts-based Research in Education. Foundations for Practice.* New York: Routledge.

Cameron, Debora., & Kulick, Don (2003). *Language and Sexuality*, Cambridge: Cambridge University Press.

Clough, Patricia T. (1992). *The End(s) of Ethnography: From Realism to Social Criticism*. Newbury Park, CA: Sage.

Davies, Charlotte A. (1999). *Reflexive Ethnography: A Guide to Researching Selves and Others.* Routledge: New York.

Ding, Yu., & Ho, Petula Sik Ying. *Beyond Sex Work: An Analysis of Xiaojies' Understandings of Work in the Pearl River Delta Area, China.* In S. Jackson, J. Liu, & J. Woo (Eds.), *East Asian Sexualities: Modernity, Gender & New Sexual Cultures* (pp. 123–138). UK: Zed Books.

Eisner, Elliot (1997). *The Promise and Perils of Alternative Forms of Data Representation.* Educational Researcher, 26(6), 4–10.

Fonow, Mary M., & Cook, Judith (1991). *Back to the Future: A Look at the Second Wave of Feminist Epistemology and Methodology.* In M. M. Fonow and J. Cook (Eds.), *Beyond Methodology: Feminist Scholarship as Lived Research* (pp. 1–15). Bloomington: Indiana University Press.

Grosz, Elizabeth, & Probyn, Elspeth (1995). *Sexy Bodies: The Strange Carnalities of Feminism.* London and New York: Routledge.

Hertz, Rosanna (1997). *Introduction: Reflexivity and Voice*. In R. Hertz (Ed.), *Reflexivity and Voice* (pp. xii-xviii). Thousand Oaks, CA: Sage.

Ho, Petula Sik Ying (1990). *A Study of Interpersonal Relationships in Male Homosexuality*. (Unpublished Master of Social Work thesis). The University of Hong Kong.

Ho, Petula Sik Ying (1995). *Male Homosexual Identity in Hong Kong: A Social Construction*. *Journal of Homosexuality*, 29(1), 71-88.

Ho, Petula Sik Ying (1997). *Politicizing Identity: Decriminalization of Homosexuality and the Emergence of Gay Identity in Hong Kong*. (Unpublished Ph.D. thesis).University of Essex, UK.

Ho, Petula Sik Ying (1999). Developing a Social Constructionist Therapy Approach in Working With Gay Men and Their Families in Hong Kong. *Journal of Gay and Lesbian Social Services*, 9(4), 69-97.

Ho, Petula Sik Ying (2001). Breaking Down or Breaking Through: An Alternative Way to Understand Depression Among Women in Hong Kong. *The Journal of Ethnic and Cultural Diversity in Social Work*, 10(3),89-106.

Ho, Petula Sik Ying., & Tsang, Adolf Ka Tat (2000). Negotiating anal Intercourse in Inter-racial Gay Relationships in Hong Kong. *Sexualities,* 3(3), 299-323.

Ho, Petula Sik Ying., &Tsang, Adolf Ka Tat (2002). The Things Girls' Shouldn't See: Relocating the Penis in Sex Education in Hong Kong. *Sex Education*, 2(1), 61-73.

Ho, Petula Sik Ying (2006). The (Charmed) Circle Game: Reflections on Sexual Hierarchy Through Multiple Sexual Relationships. *Sexualities*, 9(5), 549-566.

Ho, Petula Sik Ying (2007). Money in the Private Chamber - Hong Kong Chinese Women's Way of Planning for Their Retirement. *Affilia: Journal of Women and Social Work*, 22, 84-98.

Ho, Petula Sik Ying (2008). Squaring the "Charmed" Circle: Normality and Happiness of Married Women in Hong Kong, *Asian Journal of Women Studies*, 14 (2), 30-58.

Ho, Petula Sik Ying (Director + Producer), & Mok, Jolene (Director + Producer)(2011) 22 Springs: [DVD Box Set]. Hong Kong .

Ho, Petula Sik Ying (2011). Recognition Struggle: One Woman's Politics of Iconogenesis. *Asian Journal of Women's Studies,* 17 (1): 7-33.

Ho, Petula Sik Ying (in press) . Hong Kong Men's Stories of Intra-national Cross

Border romances. *Asian Pacific Journal of Social Work and Development.*

Howarth, David, Norval, Aletta J., & Stavrakakis, Yannis (2002). Beyond Being Gay: The Proliferation of Political Identities in Colonial Hong Kong. *Discourse Theory and Political Analysis.* UK: Manchester University Press.

Jackson, Stevi (2008). Ordinary Sex, *Sexualities*, 11, pp. 33–37.

Lather, Patti., & Smithies, Chris (1997). Troubling the Angels: Women Living With HIV/AIDS. *Boulder*, CO: Westview Press.

Leung, Helen Hok-Sze (2007). Archiving Queer Feelings in Hong Kong. *Inter-Asia Cultural Studies,* 8(4),559–571.

Macbeth, Douglas (2001). On "Reflexivity" in Qualitative Research: Two Readings and a Third. *Qualitative Inquiry*, 7(1), 35–68.

McCarthy, Thomas (1994). On the Idea of a Critical Theory and Its Relation to Philosophy. In D. Couzens Hoy and T. McCarthy, *Critical Theory* (pp. 7–30). Cambridge, MA: Blackwell.

Neilsen, Lorri (2005) Lorri Neilsen [Online] (Updated February 2007). Available at: *http://iirc.mcgill.ca/txp/index.php?id=47neilsen-lorri* [Accessed March 6, 2008].

Oakley, Ann (1981). Interviewing Women: A Contradiction in Terms? In H. Roberts (Ed.), *Doing Feminist Research* (pp. 30–61). New York: Routledge.

Pei, Yuxin., Ho, Petula Sik Ying., & Ng, Man Lun (2007). Studies on Women's Sexuality in China since 1980 - A Critical Review. *Journal of Sex Research*. 44 (2), 1–11.

Pillow, Wanda S. (2003). Confession, Catharsis, or Cure? Rethinking the Uses of Reflexivity as Methodological Power in Qualitative Research. *Qualitative Studies in Education ,* 16(2),175–196.

Richardson, Laurel (1994). Writing: a Method of Inquiry. In N. Denzin and Y. Lincoln (Eds.), *Handbook of Qualitative Research* (pp. 516–529). Thousand Oaks, CA: Sage.

Sanders, Julie (1999). Dissertation as PerforMance [Art Script] (Take Three). *International Journal of Qualitative Studies in Education*, 12(5), 541–162.

Schegloff, EmManuel (1997). Whose Text? Whose Context?, *Discourse and Society*, 8, 165–187.

Spivak, Gayatri Chakravorty (1984–1985). *Criticism, Feminism and the Institution.* Thesis Eleven, 10/11, 175–189.

Stokoe, Elizabeth H. (2005). Analyzing Gender and Language. *Journal of*

Sociolinguistics 9(1): 118-133.

Tsang, Adolf Ka Tat (1986). Sexuality: the Chinese and the Judeo-Christian Traditions in Hong Kong, *Bulletin of the Hong Kong Psychological Society*, 19/20: 19-28.

Tsang, Adolf Ka Tat., & Ho, Petula Sik Ying (2007). Lost in Translation: Sex and Sexuality in Elite Discourse and Everyday Language, *Sexualities*, 10 (5): 623-644.

Wang, Xi Ying., & Ho, Petula Sik Ying (2007a). Violence and Desire in Beijing: A Young Chinese Woman's st Rategies of Resistance in Incest and Dating Relationships. *Violence Against Women*, 13(12), 1319-1338.

Wang, Xi Ying., & Ho, Petula Sik Ying (2007b). My Sassy Girl: Women's Aggression in Dating Relationships in Beijing. *Journal of Interpersonal Violence*, 22, 623-638.

Wu, Weihua., Fore, Steve., Wang, Xi Ying., & Ho, Petula Sik Ying (2007). Beyond Virtual Carnival and Masquerade: In-game Marriage on the Chinese Internet. *Games and Culture*, 2(1), 59-89.

Wong Siu Kit (1969). Ch'ing in Chinese Literary Criticism. Ph.D dissertation, Oxford University.

[英]霭理士：《性心理学》，潘光旦译注，商务印书馆1946年版。

潘绥铭：《社会学概论新修》（第九章："家庭、婚姻、性与社会性别"），中国人民大学出版社1994年版。

阮芳赋：《中美性科学的现状与未来》，见杨振宁、霍金等《学术报告厅：求学的方法》，陕西师范大学出版社2002年版。

文思慧、曾家达、吴敏伦：《性与德育》，三联书店1990年版。

自序二：太初有欲，欲创造了世界

曾家达

> 太初有欲，欲创造了世界。
> 无欲则萎，反常合道。

● 为什么对性如此执迷？

过去三十年来不少人问过我这个问题。我的反应是：为什么你们对性和情欲那么不认真？

我写这序在何式凝之后，所以先看了她的，我们多年来能合作合写合编不同的东西，当然有很多近似的观点和经验，1979年时我是何式凝社工实习导师，当时搞的是社区发展，跟性和情欲关系好像不大，但我们可能都算是性情中人吧，兜兜转转老是回到这个课题上，80年代中期我们同时在港大社工系任教，有更多沟通交流的机会，何式凝在生活上有她特殊的遭遇，而我自己也有很多不同的经历和反思，交错中就把我们两个受香港基督教捆绑多年的人解放了出来。有关这论文集学术方面的交代，她已经说得很好，我其实没有什么必须加上的补充，我估计可能更有意思的，是跟读者们说一两句心里话。

我成长在一个性压抑的文化社会环境里，那可能没有什么特别，大部分人大概都在性压抑的环境里成长，世界上在性和情欲问题上真正解放的社会没几个，对情欲的压抑造成人性的扭曲，个人和社会都会付出很大的代价。在香港，历史上传教士带来的原教主义（或称基要派或福音派）基督教，加上被脱政治化的所谓中国文化传统，和华南农村小镇保存下来的封建习俗，综合成为一种反智、内向和狭隘的世界观，孕育出一种畸形的情欲恐惧和性压抑的文化环境，和大批口是心非，讲一套做一套的情欲恐惧症患者。我到长大之后才接触到中国近代的知识分子、政治家、思想家、社会运动家和革命者对情欲的探讨和反思，及他们身体力行的体验，让我可以从"中国人就是保守"这个思想枷锁里走出来。

情欲的释放可以有社会文化层次的理解，但也是个人的事，这论文集就反映了我和何式凝个人的经历和想法，同时也反映了我们所处的社会和时代。

就我个人而言，心理治疗是一个重要的历程，心理治疗让我可以对别人和自己的内心世界进行深入的探讨，包括我们如何去处理或接受不同的想法、经验和欲望，它是一个诚实面对自己的过程，就算发现自己是伤痕累累、支离破碎，或者是充满黑暗、怨恨、恶毒、愚昧无知，甚至发现"我"只是虚相，是众多因缘起合因应而生的，始终是走了这一程。在这过程中对我帮助最大的就是来找我做心理治疗的案主们，他们在面对人生种种的挑战、苦难或试炼（考验）时表现出的抗逆力和勇气，在面对心灵的黑暗时发挥出人性高贵和神圣的一面，在孤单无助时坚持着的信念和盼望，都成为我的启发和鼓舞。在情欲问题上他们陈述了不同的经历和挣扎，有不少人是因为内化了社会上主导的文化或宗教价值，把自己的情欲需要看作罪恶或病态，否定自己真实的部分变成了生活条件，压抑和自欺成为生活习惯，因而付出了蒙蔽甚至出卖自己灵魂的代价，生活在痛苦黑暗中。在心理治疗历程中我们一同面对情欲，诚实地处理内心世界中种种不同的力量和人际关系中交错的爱恨纠缠，结果可以欣然拥抱情欲，接纳自己，享受多向多样的亲密关系，走出常理世界的牵绊。

心理治疗的另一个启发在于对知识、语文和生活之间的关系的启发，常理世界假设我们的知识可以指挥我们的行动，我们花了很多的时间和资源来开发知识和教育，假设教育可以改变行为和生活，现在甚至可以说人类历史已经进入了知识经济阶段，知识和教育变成了庞大的产业，而语言和文字就是知识产业的重要媒介，我在大学里面混了三十多年，大概可以说对于文字知识生产这游戏有一点了解，搞社会理论的人喜欢把语言和文字想象为生活世界里面最重要的结构，投入不少的精力时间去分析话语和叙事，我们出版这文集大概也是在这个层面上吧，语文当然重要，但也有它的限制，在情欲生活的空间内最好体会语言和文字的限制，在这里，我们用语文编成的网经常不能把身体、感官、需求、欲望、情绪、感情等等都打进去，对我来说这就是情趣和精妙所在。

心理治疗里的认识，是躯体承载的认识，是体验性的，要把思想、价值、信念、认知、身体、感官、需要、欲望、情绪、感情、对环境的了解和经验等等都融合起来，我们知道知和行之间有多大的距离，知道人在自己所知所信和自己的实际行为之间有多么激烈的挣扎，语文是工具，虽然它有建构现实的功能，但它并不能完全覆盖我们躯体承载的经验，我对文字能达成的效果，尤其在写与读之间，并不抱太多的幻想，加上社会文化和学术圈对于出版的东西都在进行多方面的监控管制，比如我们透过学术出版社来出版，就得通过他们的审稿过程，用中文出版，很多有关性和性交的具体描绘也有避讳的地方，真正畅所欲言的空间，还得往别处找，与心理治疗空间里面那种透过个体临场，动用了身体、情绪、眼泪等等来说话的情景差距甚远，与在自我释放、两情相悦、灵肉一致那种另类空间内的体验更无法比拟，我最终关怀的是我们能否透过对自己情欲的探讨来重整生活世界，让我们活得更实在、更丰盛，包括可以享受更加多彩多姿的情欲生活。

也许我这种济世情结就是我学术生活的弱点所在，但我归根到底是个务实主义者，老是想做点事。我认为人和生活世界是本，知识是工具，文字知识只是知识的一种，要是它能在我们的生活世界里多打开一点空间，就更好了。

引 言

何式凝与曾家达在过去二十多年，对情欲、亲密关系、同性恋、权力，以及身份认同等议题非常关注，并且进行了一系列的研究并发表了有关文章。

由于我们处身学术圈子，这些研究报告和文章大部分都是以英文在学术期刊里发表，但许多研究对象却是香港的华人，这些议题更与普罗大众息息相关，所以将这些文章结集成书，以简体中文出版，期盼能创造更广阔、包容和开放的讨论空间。我们更希望让精英论述能融入生活世界的讨论里，从而丰富生活世界的体验，令这种思维在生活世界里更流通。

回望自己曾走过的学术路程，这本书结集了我们在不同阶段里产生出的转变和调整的反思。本书共分四部分，包括导引、身体、身份认同与权力、关系多元性及欲望。

导引 INTRODUCTION

　　首先我们要讨论人们描述、表达和传达使用中文的人士对英文词语"sex"与"sexuality"的体验。我们发觉当精英话语不能完全描述生活经验时，它本身说话的方式便会表现出日常用语的创造性与颠覆性潜能。我们以往曾一度尝试以西方的性语言去捕捉这不断进化的领域，可是我们的研究却改变了我们的这一理解，也使我们重新思考自身的理论立场和理论方法。我们最终对研究的价值和意义有了更为深刻的理解，而我们的研究也能与人们表达生活经验的实情衔接，即使这可能与我们最初的立场、假设和论据相反。对于权力现场所创造出来和散布开去的精英话语，我们既希望能避免毫无异议的推崇备至，也希望避免出现学术帝国主义。

迷失性欲：精英话语和日常语言中的性与性欲

本文讨论我们运用语言描述、表达和传达使用中文的人士对英文词语sex与sexuality的体验。我们发觉当精英话语不能完全描述人们的生活经验时，它本身说话的方式便会表现出日常用语的创造性与颠覆性潜能。我们以往曾一度尝试以西方的性语言去捕捉这不断进化的领域，可是我们的研究却改变了我们对此的理解，也令我们重新思考自身的理论立场和理论方法。我们最终对研究的价值和意义有了更为深刻的理解，而我们的研究也能与人们表达生活经验的实际情况衔接，即使这可能与我们最初的立场、假设和论据相反。对于权力现场所创造出来和散布开去的精英话语，我们既希望能避免毫无异议的推崇备至，也希望避免出现学术帝国主义。

◉ 谈谈性：性语言与欲望语言

本文的目的在于反思我们身为社会科学学者的自我实践，并对我们在这些事件中所使用的语言提出疑问。换言之，我们决定撰写本文，不仅仅是为了报告与讲述，更是为了质疑我们本身报告和讲述的方式。更具体地说，我们将会探索大众如何运用语言去描述、表达和传达英文所指的sex和sexuality的体验。我们希望能表明，社会科学的语言或曰专业语言作为精英话语的某种形式（Schneider & Jacoby, 2005; Van Dijk, 1993），如何与研究对象所使用的普通的、日常的用语互相关联和互相影响。这一探讨是建立在我们过去20年来的研究的基础之上，而我们的研究对象主要是使用中文的人士。从我们的经验中可以得知，每当专业语言不能描述人们的生活经验时，人们所说的话就会表现出日常用语的创造性和颠覆性潜能。

当社会科学语言被应用于我们的研究对象身上时，我们的研究显示出了社会科学语言的双重限制。首先，这一做法显示的是"局外人"的观点以及"遥距感知经验"的概念，而不是与之大为不同的、研究对象在日常生活中所使用的"局内人"的观点和"贴近感知经验"的概念（Geertz, 1983; Parker, 1995; Parker, et al., 2000）。其次，中文和英文两种语言在意义互换时也会引发更多问题。这些问题关系到语言以及语言和人们生活经验二者之间的关系。人类经验中与sex这个词，或者说与更为专业的sexuality这个概念所联系的领域，是一个棘手的题目。即使采用了多重的语义网络，也总是会有所遗漏。例如，在英语中，对sexuality一词的精确定义常常也要（重新）厘定，而其所指称的范围依然是含糊的。当我们把这一概念用于别的语言社会——如中文，问题就会变得更加明显（Chow, 2000; Ho & Tsang, 2002, 2005; Tsang, 2001）。本文所要去探究的问题，就是如何用语言去理解关于"性的"（sexual）事，又或者可以说，如我们所称的那样，关于"性语言"。我们注意到流行的关于性、性别以及欲望的观念是如何广泛地"受到殖民主义思想的影响"，而这些观念所假设的"跨文化的刚性"、"性范畴的一致性"以及"地理与文化分界的持久性"，都是由西方学者强加于我们身上的（Mandeson & Jolly, 1997; Parker & Easton, 1998; Parker & Gagnon, 1995）。

我们选择以"欲望"一词作为出发点。当然，过往已经有许多作者使用过这个词，例如弗洛伊德（Freud, 1949）、克里斯蒂娃（Kristeva, 1980）、伊瑞加雷（Irgaray, 1985）、西苏（Cixous, 1994）、费里（Fuery, 1995）、德勒兹与加塔利（Deleuze & Guattari, 1987）、哈维与沙洛姆（Harvey & Shalom, 1997）、卢坎（Lacan, 1982）、兰卡斯特（Lancaster, 2003），以及卡梅隆与库利克（Cameron & Kulick, 2003）。我们并非认为，与我们过往使用"性语言"去进行描述的尝试相比，"欲望语言"能更好地和更为全面地描述人类经验的广度。但欲望语言却形成了一道缺口，为日常生活典型经验的不同层面——如主观的、非理性的和肉体的层面——提供了更多的空间（Burkitt, 2004; Lefebvre, 2000 [1971]; Probyn, 2004; Voloshinov, 1973）。在类似的情况下，社会人类学家和文化人类学家也呼吁改变概念的工具，将其从关注语言和性转变为关注"语言和欲望"（Kulick, 2000: 272-277; Cameron & Kulick, 2003）。卡梅隆与库利克（Cameron & Kulick, 2003）为此提供了两个原因：其一，欲望的语言承认性是"环绕着情欲"的（2003: 106）。这个说法看似不言而喻，但实际上"根据'身份'范式而构想的研究并非以此为中心"，那些研究的核心问题反而是"社会分子如何以使用语言去表示自己是某一特定群体的成员"（2003: 106）。其二，以欲望而非身份为中心，有助于我们去探索"由不同力量所塑造的情欲生活，这些力量并不是全然是理性的，也并不能被完全察觉"（2003: 107）。

我们也希望，以"欲望"作为出发点，能够超越特定的、自我独立的学术领域，不论那是性学研究还是社会科学。正如伯尔斯道夫和利普（Boellstorff & Leap）所提出的那样，人类学对性的研究中最为深远的贡献之一便是说明了"性的交叉性"（2004：10）。他们补充道："正如我们认为不能把语言完全视为独立自足的领域一样，我们也不能把欲望理解为独立自足的领域。"（2004：10）文化领域不仅仅在单一文化中交叉构成，还在"文化之间的表达"中构成（2004：11），他们这一想法别具启示。我们也希望强调，在表述关于欲望现实的人类经验时，我们需要不同的话语系统。这里涉及韦斯顿（Weston, 1998）的论述，她反对把情欲从社会科学诸学科的思想史以及从表面上"更为宏大的社会科学调查主题"（1998：3）中抽离。韦斯顿（Weston, 1998）反对将性边缘化，反对把性作为"学科的附属领域"予以分割或者隔离。这鼓励了我们拓宽性讨论的社会空间，从"人口迁移、劳动、亲属关系、民族主义、反身性理论"以及社会科学学者所说的许多"更为广泛"的论题着眼（1998：26）。

在我们看来，不同领域的学者尝试延展欲望的语言，将其与不同领域的、广阔范围的意义相交接。这些领域以往只是在一种割裂了物理的、心理的、社会—政治的等各种意义的形而上学基础上，通过性这单一的语言组织起来。这些近来的理论贡献凸显了西方学者和专业语言的发展及其深层次的转变。我们相信，这些发展中的增加和补充的过程是可以进一步详尽解释的。我们也希望能在本文中提出，社会科学语言或者专业语言如何与研究对象的日常用语互相关联、互相影响。我们将这一研讨定位于特定的情境之中，即：学术语言由殖民统治引入，外语（英文）成为相对而言更为优越的表达系统，用以表述和处理在另一种语言（中文）里的生活经验。我们将会表明，研究对象在我们的各种研究计划中所使用的日常语言（中文），如何与我们所使用的专业语言（英文）互动。

● 从性、欲望切入日常生活

德里达（Derrida）认为，对任何经验的表述都不可能全面。如果从他的这一观察（1981，1982，1991）思路来看的话，我们几乎可以确定，性语言以及它本应表述的生活经验二者之间不可能是完全对应的。对于欲望的语言或者任何在其后发展的语言来说，上述对性语言的分析同样适用。意义必须在情境中去感受，而情境本身有可能不断地重新表述。因此，任何表达由于总是不足以或者不能全面地去描绘经验，故而总是需要去不断补充、完善。但补充并不能使记叙完整，而只会显现出原本表述的"不足"。用德里达（Derrida）自己的话来说，"如果替补在进行补充,如果它在填补,它就像在填补真空"。但替补并不对在场的积极因素进行单纯的补充,而是暗示出"原有的某些不足"(Derrida,1976,145)。正如加舍(Gasché,1986)所提出的那样,"由于起点可能需要补充,它早已被补充的负面性所占据。因此,起点不只是简单的起点,更是不足之处的替代性补充"(1986:211)。

身为社会科学学者,我们感兴趣的不仅仅是所研究的各种经历,还包括了用以表述这些经历的语言。我们透过别人的叙述记事得知他们的经历,在这一过程中,我们经常意识到自己所用的语言本身多有不足。我们在研究的过程当中也发现,我们身为社会科学学者所使用的语言经常被我们的研究对象的日常用语扰乱了。虽然我们创造语言、生产知识,借此帮助人们廓清他们自己的经历,但我们自己的不足、缺失或者真空却在这一过程中显露无遗。这一研究的最大挑战来自我们的研究对象,他们使用的是一套建基于他们自己日常生活的、与我们的专业语言大不相同的语言。正如勒费布尔(Lefebvre)所说:

> 日常生活与所有活动息息相关,也包含了它与所有活动的所有差别与矛盾;日常生活是所有活动交遇之所、联系之地和相似之处。人类,以及每一个人,作为一个有其形其状的整体,都是在日常生活中由各种关系的总和构造而成(1991:97)。

日常性的特性显示了它本身的中立和不容置疑的状态。可是,日常生活却不包含人们生活世界的所有。这就像生活中的语言,总是局部的、不完整的。有的学者尝试将日常生活定位于极其确定和不可预知、波澜不惊和变故良多之间(Seigworth & Gardiner,2004:141)。由于性、欲望正好位于日常与异常的交界,我们认为这是理解人类生活的一个不错的出发点。性/欲望关系到"友谊、同伴情谊、爱情、沟通需要、玩乐(Lefebvre,1991:97),以及超越于此的更多含义。性、欲望时常也有着违逆日常习俗或扰乱既定社会秩序的潜能,并会因此受到监管。正是它这种破坏性的潜能,让许多社会对性/欲望都特殊看待。要忽略性/欲望并不容易,要平常待之也并不容易。和其他日常生活相比,性/欲望是最容易凸显出来的,也永远不能用日常语言来描述清楚。性/欲望是一片特定的领域,它存在于至少两套语言体系——非正式的日常生活语言和正式规矩的社会科学语言——的间隙之中。有时候,人们要想确切无误地交流彼此的性经验会非常费劲,因为他们会发现即使用他们所熟悉的日常生活语言来交流也会有困难。哈维和沙洛姆(Harvey & Shalom,1997)以拉康(Lucan)的研究理论为基础,提出了自己的看法。他们认为,一般的性欲望以及各种"被社会污名化的"性欲望,人的经历的这一方面一直不足以用语言恰当地去描述。这也是人们会向专业人士和行家能手咨询提问的部分原因所在，因为他们认为那些专家有着另一套语言体系，因此有可能去讨论和理解这些人的经验和问题。因此，这种我们在其中生活着与工作着的现实，就是巴赫金（Bakhtin）所描述的"杂语"（heteroglossic——译为"众声喧哗"）：

> 杂语能够进入小说之中。其中每一个基本的布局结构统一体都允许有多种社会的声音，而不同社会声音之间会有多种联系和关系（总是在某种程度上构成对话的联系和关系）。不同话语和不同语言之间存在这类特殊的联系和关系，主题通过不同语言和话语得以展开，主题可分解为社会杂语的涓涓细流。主题的对话化——这些便是小说修辞的基本特点。（Bakhtin, 1973：263）

巴赫金（Bakhtin）在此论述的主要是小说所表现的现实，而我们正在研究的则是研究对象和当事人的叙述所呈现之物。在多重表达的情境中，我们不断尝试去理解、表达、呈现、重新呈现、沟通以及作出改变，而这多重表达中的每一重都有着自身的语言特点。正如兰卡斯特（Lancaster, 2003）所说，"欲望并不是某一个对象"。科学家们将欲望理解成是一个固定的、被多个部分组合起来的、充满了基本的和不变的特性的客体，所以科学家们从来未曾真正理解过欲望是什么（2003：267）。幸运的是，我们自己的生活经验时常引领我们超越专业话语的实践。而且，我们同时还消费了小说、电影、报纸、电视节目、杂志、话剧、音乐剧、音乐会等等不同的文化产品。这些本身就是表达系统的文化产品同样也成了学术研究和分析的对象（Lau, 2003）。我们的经验提醒我们注意到，我们与这些"日常"表述实践的关系是不稳定的，这挑战了在前述场合里引入专业学术或者专业话语的充分性。

我们在过去许多年间一直开展各种研究，尝试去了解男性的和女性的亲密体验角度。我们的研究对象包括了香港男同性恋者（Ho, 1990, 1995, 1997, 1999）、香港男同性恋者与他们的西方伴侣（Ho & Tsang, 2000a, 2000b）、大学学生（Ho & Tsang, 2002, 2005）、香港的师奶（中年已婚妇女）（Ho, 2003a; Ho, 2008; Ho et al., 2005）。我们的研究和分析一再表明，日常语言与学术话语这两套语言体系之间的互动常常能增进我们对研究课题和研究对象的理解。以下便是一些表现了日常语言与学术话语之间关系的具体案例。

◉ 反思香港同性恋权利运动的专业话语

当我们试着举例说明日常语言和学术话语之间错综复杂的关系时，就立即碰上了我们正好想要说明的问题。起初，我们认为可以从对香港的华人男同性恋者和同性恋权利运动的共同研究入手。可是我们很快就发现，这一用语更能反映我们现在是如何重新解构过去的。我们在20世纪80年代初刚刚开始研究时，通常还是使用"同性恋"一词（Ho，1990）。在那时的同性恋圈中，只有几位公开的领袖，而且他们几乎都是专业团体的成员，如学者、医生和其他专业人士（Ho，1997）。当时港英当局开始引入和执行首部有关男同性恋的法律。但那部法律却是落后过时的。根据那部法律，至少从字面意义上看，如果男性与同性发生了性行为，将会被判终身监禁。这部法律中的歧视问题在当时备受争议。学界将大体上由西方引入的自由主义的科学语言体系加以延伸发挥，以应对其他话语体系提出的异议。我们把自己在那时所使用的整套科学专业语言称作是价值中立的和政治中立的。由于香港传道传统而修正了部分教义的基督教原教旨主义者们，也从科学研究文献中翻查论据并用以支持本身的主张（Ho，1997）。虽然当时科学话语显然尚不足以从容应付道德、个人权利、政府立场等基本问题，却作为一种权威的意见去被尊崇和优待，并且得到了自由主义在语言上和象征意义上的支持，使其功能更加完善。

学者与专业人士的意见在社会中一直都享有特权（Foucault，1976，1977）。在性研究的范畴，专业的话语习惯助长了主要的政治运动和社会运动。这些运动从马克思主义、心理分析、女性主义以及其他重要的理论那里得到鼓舞和启发。社会对知识本质和知识产生过程的（错误）理解，往往是专业话语表述强有力主张的依据所在。当相关专业团体的某一成员发表有关性的言论，我们就能预料到公众会认为这些话建基于"更为卓越的"知识之上。我们身为社会研究人员，深知专业人士以研究和调查报告等方式进行的干预，会如何令公众的种种"呼声"渐获社会认可。即使是一般的民意也需要被转化为民意调查才能被了解得知，而负责实行这些民意调查的通常又是专业人士，并且往往由有权有势人士、特权知识分子和决策分子的利益所主导。专业人士可以收集获取弱势群体的意见，然后代其发言。虽然我们并不是说"人们"或"公众"就最为了解自己，或者就懂得用最合适的方式来表达自己的现状，但我们认为专业话语确然有所不足并亟须补充完善。我们一直以来都想详尽地记录下自己是如何参与到专业话语的产生、补充和替换过程之中的，但这已经超出了本文的范围。不过我们仍然有可能在此描述一下专业话语在性话题上的一些特点，并将其与在这一话题上的日常用语加以比较。

专业话语的使用者通常归属于各种根据不同的实质性问题和研究方法而划分出来的学科专业。各个学科在一定时期的发展后都创设出了属于自己的语言体系，其中又包括了专用词汇、对话习惯和话语风格。几乎全部学科都强调自身在内容、本体论和知识论等基础上的逻辑组织的连贯性。当面对可能威胁到自身连贯性和统一性的因素时，这些学科都倾向于把那些因素排除在外（Derrida，1981，1982）。

德里达（Derrida, 1981, 1982）认为，理论系统为了让自己能在其他各种表达中突显不同，普遍地都会试着去注重所涉及范围的"全面性"与"一元化的终结"。可是这种全面和单一的主张永远都有不足和缺陷。在尝试去理解性的过程中，我们原来使用的是较为经验主义—实证主义的语言。后来，我们才转而采取更为阐释性的、建构主义的和认识论的立场。我们也试着去"表现"研究对象的各种"呼声"，并将之与专业话语的理论表述进行互动。在这一过程中，我们发现自己如何拥有了一种特权，能够自由选择数据、将数据转化为专业话语、写出满足专业话语所要求的出版习惯标准的文章。我们自己的经验显示出这存在着学术帝国主义的危险（Schegloff, 1997; Stokoe, 2005），或者有可能用研究人员的框架去取代了研究对象表述出来的他们自身的实际状况。

当我们反思专业话语体系与日常话语之间的对话交流时，我们感到诧异，因为日常会话在绝大部分的情况下会作为"原材料"被纳入我们所偏重的理论与概念结构之中。当相对而言更具有政治倾向的语言体系进入到占据支配性地位的专业科学话语中时，具有政治倾向的语言体系渐渐便会推翻和取代专业科学话语。例如，"性取向"的概念一开始被定义为一种由生理因素所决定的取向，这样因同性恋获罪便体现出"因生理因素所决定的取向而获罪"的荒谬之处。但是，随后所衍生出的一连串关于"性取向"的话语，却将这一概念重新定义为关乎弱势群体权益和个人选择的政治性议题，从而替代了生理决定因素的重要性。

我们近期的研究更为看重的是政治因素。我们得以追溯到1997年——香港受殖民统治时期的最后日子，从中看出跨种族同性恋伴侣之间的权力机制的转变（包括他们在性交中所采用的体位）如何同步对应于西方人士日渐减少的权力影响。但这样的分析结果相当于全盘接受了肛交时"在上"和"在下"体位（对应于种族阶序）的重要性。而有些研究对象的看法则相当富于启发性，他们对肛交体位所表现出来的意义的理解变动无常。他们中的某些人甚至断言性的愉悦感是部分地来自于能够为对方制造欢愉，并且质疑机械化地将两个人的身份区分为"抽插—容纳"或是"支配—服从"的做法。他们的想法令身为研究人员的我们难以界定谁在担当着支配者的角色、谁处于更为有利的位置（Ho, 1997; Ho & Tsang, 2000a, 2000b）。这样看来，权力似乎并不局限于通过"在上"体位来获得，也可以通过为对方制造欢愉而实现。研究对象的多样化的表达让我们超越了简单化的"压迫—自由"或是"规训—抵抗"的二分法。研究对象也揭示了一套涉及将支配话语内化、复制并重新商议相关的意义和替代的表述方式的复杂机制。因此我们必须完成一种范式的变迁：不能再用"支配—服从"的眼光去看待他们的关系，而要将其视为一种复杂的、跨民族的、同性恋的兼容关系。

　　研究对象多样化的经验和身份认同策略，也让我们不能简单化地概括香港的"男同性恋者"。事实上，"男同性恋者"这个称呼只是一种笼统、不准确的说法，而且被大大地延伸发挥，以便容纳香港存在的不同标签。这些标签包括了："同性恋"（homosexual）、"基"（gay）、"基佬"（gay-men）、"成员"（member）、"姊妹"（sisters）、"同志"（comrade）等（Ho & Tsang, 2000b）。在对这个多元化群体进行研究时，我们调查了怎样通过"同性恋语言的话语习惯"，让"同性恋研究对象的地位，同时获得重新建构和改变"（Baellstorff & Leap, 2004: 12），并调查了使用同性恋话语的人如何"吸纳利用"这些意识形态的资源去建构自己的身份认同（Cameron & Kulick, 2003: 136）。与之相反，很多同性恋者努力地想去识别的一套特别的"同性恋言语"，其实只是一种意识形态的建构，是想象中的"同性恋社群"的象征（Wong et al., 2002: 4）。

　　与社会科学研究者在政治上与意识形态上的强调相反，有些受访者明确地表达了去政治化的立场，并且提倡另一种同性恋的生活方式：着重享受和快乐，同时也刻意回避政治行动（Ho & Tsang, 2000b）。这导致在1999年同性恋合法化后，出现了不同的新同性恋团体。这一发展要求我们除了注意政治层面上的同性恋权益外，还要注意同性恋生活的其他不同层面。我们也发现在新同性恋团体组成时，某些新因素得到了强调。正如自在社（Isvara）与逍遥派的存在，让我们不得不去探讨男同性恋者正在转变的欲望和需要。例如，逍遥派的"逍遥"概念代表了一种无负担、无义务的自由状态（而政治运动就常常要求承受负担、履行义务），以及悠闲地闲荡漫游。Isvara是梵语，意为"自在天"。自在社凸显了男女同性恋佛教徒的形象，成员们对自己的性取向和追求佛道之心都感到自在。这些研究对象也提醒了我们自身过度专注于对政治和意识形态的分析。这也令我们更加留意，研究对象如何通过一连串的不同身份和运动，建构本身各式各样的生活方式。因此，我们对运动的概念化过程从过往专注于政治权利转变为包括更加广泛的想法。这种想法涵盖了身份创造、另类文化表达、专注于个人需要的社交安排、对愉悦的追求、特意创造出去政治化的空间，等等。因此，我们需要一套理论概念，能够记录较为明显的和更为微妙的政治进程之间的不断变化（Ho & Tsang, 2000b: 136）。

● 研究对象的发言：年轻女性讲述本身的性经验

　　日常生活具有自己的开放性。正如哈维（Harvey）所说，我们的生命由"种种不同的社会生态和政治经济条件"所组成，这些条件将真正的生命经验变得多样化和多元化（Burkitt，2004）。日常生活是"当代文化的越界行为的一大重要来源"（这是一种拒不服从的、存在主义的、无声无息的日常，暴露了专家教条、习惯和传统的限制）（Sandywell，2004：169）。性是日常生活中一件特别的事情，因为欲望的操演能够扰乱和动摇日常生活，或者让日常生活显示出自身的异质性。人们在用日常语言去谈论性时，就为自己创造出一个特别的空间，而他们的人生再也不会平淡无奇。我们在进行关于大学生的研究时（Ho & Tsang，2002a，2002b，2005），邀请研究对象讲述有关身体性部位的自我体验。她们的叙述让我们不再只是沉迷于去寻找一套关于性或者欲望的适当语言，而是重新去评估衡量使用诸如阴道、阴蒂以及她们被假设拥有的身体体验等精确术语的意义何在（Ho & Tsang，2005）。这扩宽了我们的思路，让我们更加了解女性身体中关于性的多变面貌，也让我们更加了解其中所涉及的能指与所指之间的关系。她们对自己经验的多样化表述，也让我们发现表述的过程结合了数种各不相同的语言体系。

　　由于医学语言在传播上的优势，大部分香港年轻女性都了解恰当的医学—解剖学标签。可是，她们中的大多数反而会选择使用其他词语。例如，她们会使用"下体"、"私处"、"嗰度/那里"、"下面"、"唇唇"、"小唇"、"BB"、"妹妹"、"髀罅"（双脚中间）和"鸡鸡"等字眼。研究对象在描述身体的性器官时，医学解剖和生理学的语言会被吸收到研究对象的多元化语言习惯中去，并在这一过程中有所变化。在将西方医学性器官的标签翻译为中文的过程中还显现出所谓"得当的"语言的复杂动态（Cheng，2004；Ho & Tsang，2005）。大部分与性有关的器官的"得当的"医疗标签在中文里都有自己的对应词语。这些词语包括了"阴"或"阳"两个词干，虽然我们可以肯定"阴"、"阳"的抽象结构并未存在于各个英文原词之中，例如：阴道是"阴部的隧道"，阴蒂是"阴部的根蒂"，阴唇是"阴部的口唇"，阳具或阴茎是"阳刚的器具"或是"下阴的茎部"，而阴囊则是"下阴的皮囊"。

　　值得注意的是，很多人认为"阴"常常说的是女性，而"阳"则常常指代男性。可是在"阴阳"的体系里，所有现象都同时具有"阴"的一面和"阳"的一面。如前所述，阳具或阴茎可以指"阳刚的器具"或是"下阴的茎部"。阳具是"阳刚"的器具，源于性交时男（阳）和女（阴）的角色关系。而当我们将其视为"下阴"的茎部时，则与其敞开性、外露性相反，强调它是具有私密性、隐蔽性的器官。同样的法则也适用于分析艾滋病测试的"阳性"和"阴性"反应，因为它们分别对应着形容事物的"外露"和"隐藏"的性质。在中文里，关于肉体亲密行为和欲望的大多数话语都融入了传统的阴阳玄学意识。在殖民统治的情境下，西方医学的科学语言被宣称为优越的知识而加以引进。此时，传统的阴阳玄学经过词性转换、文字配对以及翻译的程序，终于进入了这一全新的词汇表中。医学和学术界所推崇的"得当的"术语，由于被传统词汇预先影响，未必能与它们在西方语言中的对应语词那样具有同样的语言属性。当一位女性用英语说出"vagina"这个词而另一位女性用粤语说出"阴道"这个词时，我们不能过于简单化地假设她们指的是同一种意思。

让我们假设：清楚地、准确地将性器官标签化，或者使用准确的医学—解剖学语言，对驾驭身体以及与自我之间建立正面关系来说会很重要。在这一假设下，如果研究对象使用的是粤语的日常词语，就意味着研究对象可能缺乏正确的性教育。但在同一假设下，研究对象也有可能出于委婉的理由而使用日常词语，并反映出她们不能直接谈论与性有关的话题。不过换一种思路看，这也可能标志着她们能动地引入了一种由主体驱动的语言，这语言可以在与亲密伴侣到"私人"场所相聚时产生出来。如果只采用医学—解剖学的视角，那么再不管怎么以其学识主张和规范习惯而见称的女权话语，都会限制女性去重新想象和重新描绘自己身体的推论空间。我们想提出的问题是：标准化的医学词汇和视角如何支持传统的身体想象，又如何支持长存不变、体制化了的学科习惯。

格罗兹（Grosz, 1994a, 1994b）认为，性不容易被抑制，不会被拘束在任何特定的空间之内，而总是试图逾越界限，涉足本不为其而设的范围。格罗兹（Grosz）在她自己的研究中批评医学专家所用的实证生理学语言有局限性，她因此转而采用了欲望的语言：

> 马斯塔与琼森（Masters & Johnson）针对人类的性而开展的实证研究只能测量和记录生理上的转变、反应、响应以及身体的改变：这几乎完全不能用来描绘"欲望"。"欲望"的概念不断衍变妨碍了它本身被编码为各种符号、含义和意义。但"欲望"的不变之处在于它发自内心深处、能表达感受。这也就是说，我们无论如何也不能把对欲望的研究缩小到生理学的范畴（Grosz & Probyn, 1995: 286）。

根据格罗兹（Grosz）的观点，性能够从四个角度去理解，即：作为动力的性；作为行为的性；作为身份认同的性；作为不同的取向、立场和欲求的性（Grosz & Probyn, 1995: viii）。我们确实有可能根据这些分类来分析研究对象的描绘表达，但这些分类在研究对象的叙述架构中有着不同的组织方式。例如，性这个词本身就从未被研究对象提及。在同一研究中研究对象的叙述更令人怀疑关于性的语言是否充足。研究对象们确实谈到了自己的性经验，但其叙述内容却并不与惯常的概念类别完全相符。她们描述了各种各样的活动和经验，例如：观赏露体癖好者，看着父母做爱，发现父亲、叔伯或者表兄弟的阳具勃起，把避孕套当做气球来玩耍，等等。她们的许多人都参与到各种违反了年轻华人妇女的刻板成见特性——她们只是被动的性欲工具——的不同活动中去。这些活动包括：主动说出她们身体的各个部位，在镜子前凝视自己的性部位，抚摸和探索自己的身体，阅读赤裸裸的性读物，观看色情影视作品，与自己的男/女朋友探索性爱。他们的相当一部分叙述都强调了究竟什么是性、什么不是性这一界限的模糊。

我们所谓的性或欲望，并不与连贯的、自洽的理论的叙述架构完全相符。它所具有的异质性和多重性，它的表现方式与操演方式的多面性和易变性，它在各种个体的和社会的场合中的无所不在，令我们不能仅仅用某种单一的理论架构去捕捉其本质。德波（Debord）的《景观社会》（*Society of the Spectacle*）（1995）一书所集中讨论的宏大的"关于寻常的理论"，其实是一种术语上的矛盾，因为寻常恒久不变、早已有之并回避所有的理论语言。就算我们能够建构跨学科的、多重理论的网络，我们的叙述和元话语之间始终会存在差异。而当我们努力扩宽和发展理论上的和概念上的网络以便更为深入地去了解这难以理解的名曰性或欲望的题目时，有时会感到讶异：那些我们将其理解为性或欲望的事情，这些年轻男女能轻松地谈论当中的不同面貌，以及他们在各种并非被认为是典型的性的生活处境中的多样存在与具体表现。

● 研究对象的发言：身为香港师奶谈师奶

"师奶"（从字面上说是"师傅的妻子"的意思）曾经是一个尊称，在今日的香港，却已经沦为一个贬义词，专门用来称呼中年的、已婚的而且通常是无知的、超重的、贪小便宜却未必精明的妇女。她们对讨价还价孜孜不倦，喜欢飞短流长。除了取悦丈夫、让子女开心外，她们便没有更加高远的人生目标。因此，她们有时觉得被人称为"师奶"是对自己的极大羞辱，这种想法绝不奇怪（Sin, 2004）。当香港的华人妇女依照传统的人生剧本活出自己的人生时，她们便会成为"师奶"。她们的平凡让她们不太显眼，而她们的生活应该是安稳的、平静的。但这些师奶研究对象的叙述却促使我们去反思，我们的分析框架是否假设了一种稳定的、规范的话语和实践，而拒斥了某种可能存在的另类/别样的身份与生活方式。在这些被认为应当是平常、顺从的妇人的口中，她们的"日常"生活却充满了偶然、变化和冲突。这些"师奶"的叙述让我们我们难以继续使用二元的分析方法去处理常态与异常、中心与边缘、异性恋与同性恋、以高潮为重的情欲享受与并非以高潮为重的情欲享受等各对概念。她们也让我们在性和身份认同上超越了原有的眼界，并将我们的注意力重新放在她们的生活世界中的——无论是否与情欲有关——关系的重要性上。

根据鲁宾（Rubin, 1992[1984]）的观点，这些异性恋的、已婚的妇女被认为应当有着良好的、正常的、自然的因而是"快乐的"性爱。但当我们更为深入地观察时，就会发现她们的情爱生活和性生活结构并不是一致的，而是散布于鲁宾（Rubin）所谓的"魅力光环"的不同位置。她们中的部分人甚至更为倾向于在逾越界限。我们在对"师奶"的研究中得知：有一位女性为了帮补家计而兼职提供电话性爱，同时借此学习更多性爱知识；有一位已离异的女性更加偏爱与女同性恋者"待在一起"，而不是与男性相处；有很多女性表示自己有婚外情，其中一位有外遇的女性每天尽责回家，尽力顺从家人对自己的一切期望，但她的感情生活事实上却是受她与最近偶然遇到的初恋情人的幽会所主宰。什么是"正常的"其实并非尽如我们所想，这些女性每天都会跨越专业话语在想象中划下的界限。逾越界限看起来并不仅仅是离经叛道之人或变态反常之徒所特有的行为，也会牵涉到最为"寻常的"和顺从的妇人。我们不得不去直面欲望的矛盾本质，尤其是注意到欲望怎样去寻找自己的实现之道，而有限的概念分类并不能完全记录下欲望的这种实现之道。这些师奶的希望与梦想，是"活在制度技术的裂缝之间、尚能被少数非建制网络接纳的寻常人的想法"（Burkitt, 2004: 219）。我们不能忽视异性恋女性的不满（Miller, 2005），也不能忽视那些让某些欲望难以言明的非规范性的欲望形式（Valentine, 2003）。

当被问及她们真正追求的是什么时，这些中年已婚女性只是不断地在说，她们追求的并不是性本身，而是温柔与浪漫（Ho, 2003a; Ho et al., 2005）。一名年近50岁的华人女性研究对象忆述了自己曾经与前夫相处时感觉最为强烈的其中一瞬间。结婚以后，她很少有机会与丈夫单独外出——总是会有小孩和家人在他们身边。有一次，他俩需要一起出席某位近亲的葬礼。她清楚地记得他们长久以来能够单独外出的那唯一一次机会。那天，她必须先乘坐小巴到丈夫的公司附近与他相会，然后再一起乘坐出租车前往殡仪馆。她说：

> 就算只是说出来，我也觉得尴尬。为什么那次去葬礼，我会觉得那么开心？当我与他坐进出租车时，我的心就跳得很厉害。我期待这个时刻已经很久很久，就好像我要去约会一样。

她的这段叙述可以很容易地套入许多不同的解释性框架或者现有理论的叙述语域中去。我们可以把欲望的增强说成是欲望被剥夺的结果，也可说这反映了丈夫与妻子的权力平衡关系、体现了心跳加速与情欲经验体现的关系、说明了女性身体的肉体需要、表现了性爱与死亡的错综复杂的关系。但这位女性当时打动我们的，却是她所使用的语言的简单朴素（当中并没有使用很多性学词汇表中的重要术语）、她所感受到的张力的直接有效以及她这一经验的情欲本质（Ho，2003a）。从某种意义上说，她成功地通过叙述表达了自己，而这些话本来是难以启齿的——至少从正式陈述或者对定义情欲的角度看，这很难说出口。当中的情欲并未被直接说出来或者表现出来，而是通过"尴尬"和"开心"等字眼暗示出来。那种相互矛盾的各种感觉的存在——尤其是社会"正确"和个人贴身需要之间的张力——被表现得活灵活现。其实，我们的研究对象和当事人所采用的、看似"简单"的叙述，挑战和扩展了我们对欲望和性世界的理解与想象。我们面对着一大批以令人着迷的、"杂语"的方式道出的个人故事。这些师奶对于高潮的不同体验，可能也有助于表明这一过程。

许多西方作者都强调，女性对性愉悦的体验是以高潮为中心的（例如：Dodson，2001；Heath，1982），有的作者的观点甚至上升到了规范性的层面——高潮被视为"性欲的真谛"，并被看做是异性恋终极的（或是唯一的）健康衡量准则。帕兹（Potts）尝试揭示出高潮所获得的这种地位的强制性。她希望通过"扰乱高潮"，能够探索"那种脑中（身体）没有预设目标、没有（性学所指定的）组合次序、只是仅仅享受欲望可能性的性爱潜力"（Potts，2000：71）。我们专注于研究对象的叙述，因而留意到这些叙述中缺乏对从公认的、约定俗成的标准上说任何堪称高潮感受的表述（Ho，2003a；Ho et al.，2005）。这也提醒了我们主流准则如何成了专业话语的产物。在如何协调性爱愉悦、如何反抗主流观念、如何抵抗对自身欲望的规训与限制等方面，研究对象都有着不同的描述。她们不但没有依从公认的惯例，还在她们各自的生活世界中将高潮置于不同的位置、赋予不同程度的重要性。例如，对她们中的很多人来说，性愉悦本身是由一段长期稳定的关系所左右的。正如其中一位女性研究对象所认为的那样："为什么要计较单独某一次性体验的得与失？这是长期的关系，甚至是持续终生的关系，所以没有必要每一次做爱都去计算思量。"这段引语否认了女性对高潮的欲望。我们当然可以将其解读为是父权规范抑制性爱的产物。但这位女性本身却是非常积极好动。她会通过旅游、社交、品尝佳肴美食、购物以及享受工作和性爱生活等不同方式来寻求个人的欢愉。我们身为研究人员，必须承认这位女性自己所表明的事项优先次序，但这种先后排序并不意味着将性愉悦的重要性绝对地排除在外，而是将性愉悦的重要性置于更多的喜悦事件和更长的时段中去考察（Ho, 2003a; Ho et al., 2005）。因此，研究对象的表述为我们提出了一些问题。这个社会或者说大多数人都真的那么重视高潮、却漠视了高潮之前和高潮之后的时间吗？那种包括"插入后必须获得高潮"在内的"以男性中心视角的、强调阳刚的性爱"，其中究竟有多少是源于理论家们的建构？高潮怎样变成了了解女性愉悦经验的"超验所指"，甚至是在女性主义的科研项目中也是如此？现有的对女性sexuality和欲望的理论化是怎样围绕着某些信条、推论与形而上学的标准建构而成的？这些形而上学的标准包括了高潮的重要性、性交的重要性、伴侣的重要性、高潮的阶序（濒临高潮、性交高潮、手淫高潮）、关于"亲密"的西方文化（其他方式引致的高潮），却没有考虑到（华人以及西方）女性自己的声音（Ho, 2003b; Ho et al., 2005）。因此，我们认为亚裔的或者西方的女性（甚至男性），都有追求愉悦的欲望，而这包括了性高潮快感的追求。但是，这样的欲望却被社会规条、惩戒习惯所压抑和限制（惩戒习惯包括了以恐惧作为惩戒工具——对怀孕、性病、失贞、自制以及其他方面的恐惧）。有些女性或会因此而不去积极追求以高潮或快感为重的性爱，我们可以把这种情况看做是面对强大压迫时的一种妥协，也可以视为尝试/抗拒保持个人能力和生活空间的一种策略，又或者是寻找愉悦和追求快乐的一种策略（Ho & Tsang, 2005; Ho et al., 2005）。我们并没有对各种生活空间套用某种单一的分析框架，并没有把每个人看做是在性的阶序层级上拥有大致稳定的位置，而是主张采用一种多维度的框架。鲁宾（Rubin, 1992[1984]）所论述的性价值或性实践只是我们在理解人们的生活和性经验时需要注意的其中的一个维度而已，我们需要考虑的其他因素还包括了性别、阶级、教育和文化（例如在对"传统华人"的情境设置中）等。

● "异性相吸"：当精英话语遇上日常语言

在过去数年间，虽然学术体系和专业体系享受了精英话语和政府的支持的双重优势，我们还是见证了日常语言如何去抵抗学术话语和专业话语的压迫和支配。而这种抵抗的特点在于其补充性。这不仅仅促使精英话语有所改变，还模糊了精英的表述体系与日常生活用语之间的界限。日常的语词不像专业话语那样被表述为一种理论。日常的语词并没有受僵化的认识论和本体论所累。日常言辞对碎片化、语意不清甚至矛盾都颇能容忍。对语言的不准确使用在学术和专业话语中会被视为弱点，但这种不准确却拓宽了指涉的、寓意的与比喻的功能。专业话语会试图去确定和捍卫自己的抽象范围；与之相比，日常用语却更为宽泛、更能容纳。正如前述各例所示，任何单一的表述体系都不太足以描述人类经验的复杂性。就像俄罗斯语言学家沃罗辛诺夫（Voloshinov, 1973）所认为的那样，正式与非正式的编码方式和表达形式并不是两个彼此分离的领域，这两个领域是公开的、可进入的和相互依存的。

有多组华裔人士曾在我们的研究计划中谈及自己的"性"经验。这一研究环境本身就变成了合情合理的社交场所，让研究对象得以用在其他地方不容许的各种方式来表达自己（Ho & Tsang, 2002）。通过单独一人的或者一起进行的对自己故事的描述，研究对象的表述经历了相互的融合，而其中也包含了研究人员的表述。我们的研究通常以这些对话的文字记录作为依据。这些文字记录是出于专业目的而创造出来的社会文本的特殊形式。当我们用自己的理论框架去处理这些文字记录时，我们清楚地认识到那是研究对象作为著者的投入。他们所使用的日常语言通常包括了多种类型；他们不仅仅能够随意运用丰富的文化资源和符号资源去讲述自己的故事，还创造出让欲望得以操演和实现的另一个社会空间。我们在处理这些文字记录时采用了自己的社会理论、话语分析方法与叙述分析方法，但我们又不得不超越了我们理论本身被规限的语言。

不同组别的研究对象的语言与表述体系相互融合，衍生出更多的社会文本。这挑战了我们关于社会如何通过在人们应该怎样想、怎样感受和怎样做等方面创设准则来规管对性的理论理解。主流的父权论述话语或者西方女性主义话语所指定的任何准则，几乎都无可避免地会遇到抵抗，并且需要被补充。殖民统治下的复制与再现，即使通过诸如学术知识和人性化服务等形式被更富善意地表达出来，也从未能获得全盘接纳。我们使用的日常语言和学术语言之间存在着创造性的张力。例如，在过去数十年间，绝大多数香港市民从将同性恋行为说成是一种行为方式，转变为把同性恋爱说成一种性取向，即使伴随着它的依然是一大堆另类的身份与标签。关于"性"和"性存在"的语言虽然在翻译后成为融合了中国阴阳意识的混合词汇，却也成了日常用语的一部分。而高潮体验也进入了师奶们的叙述之中，即使这还很少能达到西方女性主义理论家所极力主张的重视程度。

就算在撰写本文的过程中，我们也察觉到自己采用的是一种不多不少地依从了西方学术界惯例的表述方式。某些关于解放的"女性主义"论述或许已经成为在任何地方讨论性经验时都不得不遵循的正典准则，而我们的表述方式也能与之兼容（Ho & Tsang, 2005）。不能否认的是，这些理论解释的确丰富了我们的经验；我们以前曾经尝试运用西方的性语言去理解这个不断转变的领域，但研究对象的日常用语也改变了我们对这个领域的理解。我们不是在讨论这两个体系孰优孰劣，而是希望尽力避免对从权力现场创造出来和扩散开去的种种精英话语毫无异议地推崇备至。我们也希望避免出现学术帝国主义。形式不同的各种表述习惯在日常生活的论述范畴中相汇相交，这要求身为社会科学学者的我们去反思自身的假设和研究方法。这种反思强调了对人们关于生活经验的表述进行研究的价值和重要性，也强调了对斯托科（Stokoe，2005：121）所指的"困扰人的数据"进行研究的重要性。这些生活经验和数据或许会与我们原有的立场、假设和论点相矛盾。因此我们既带着一套关于欲望的试验性的语言前行，又完全期待着这套语言与其他语言体系尤其是日常语言体系相互融合。当我们现有的表述显得有所不足、需要补充时，语言体系之间的冲突会是烦人的、诱人的，也有可能是情欲的。

（曾家达 何式凝）

Tsang, A. K. T., & Ho, P. S. Y. （2007）"Lost in Translation: Sex and Sexuality in Elite Discourse and Everyday Language." *Sexualities*, 10（5）623-644.

参考文献

Bakhtin, Mikhail Mikhailovich （1981 [1973]）. *The Dialogic Imagination: Four Essays* （trans. C. Emerson and M. Holquist）. Austin: University of Texas Press.

Boellstorff, Tom and William, L. Leap （2004）. *Speaking in Queer Tongues*. Urbana and Chicago: University of Illinois Press.

Burkitt, Ian （2004）. The Time and Space of Everyday Life, *Cultural Studies* 18（2/3）,211-227.

Cameron, Debora and Kulick, Don （2003）. *Language and Sexuality*. Cambridge: Cambridge University Press.

Cheng, Sea Ling （2004）. Vagina Dialogues? Critical Reflections from Hong Kong on The Vagina Monologues as a Worldwide Movement. *International Feminist Journal of Politics* 6（2）: 326-334.

Chow, Rey （2000）. Introduction: On Chineseness as a Theoretical Problem, in Rey Chow （ed.）, *Modern Chinese Literary and Cultural Studies in the Age of Theory: Reimagining A Field*, pp. 1-25. Durham, NC: Duke University Press.

Cixous, Hélène （1994）. The Hélène Cixous Reader （edited by Susan Sellers with a preface by Hélène Cixous and Foreword by Jacques Derrida）. London: Routledge.

Debord, Guy (1995). *The Society of the Spectacle* (trans. Donald Nicholson-Smith). New York: Zone Books.

Deleuze, Gilles, and Guattari, Felix (1987). *A Thousand Plateaus: Capitalism and Schizonphrenia*. London: Athlone Press.

Derrida, Jacques (1976). *Of Grammatology* (trans. G. C. Spivak). Baltimore, MD: Johns Hopkins University Press.

Derrida, Jacques (1981). *Positions*. London: Athlone Press.

Derrida, Jacques (1982). *Margins of Philosophy* (trans. A. Bass). Chicago, IL: University of Chicago Press.

Derrida, Jacques (1991). *A Derrida Reader: Between The Blinds* (edited with an introduction and notes by Peggy Kamuf). New York: Columbia University Press.

Dodson, Betty (2001). *Anything Except Vagina*. URL (accessed June 2006) http://www.bettydodson.com/novagina.htm

Foucault, Michel (1976). *The History of Sexuality*, vol. 1. New York: Pantheon. Foucault, Michel (1977) *Discipline and Punish*. London: Allen Lane Penguin.

Freud, Sigmund (1949). *Three Essays on the Theory of Sexuality* (authorized translation by James Strachey). London: Imago Publication Co.

Fuery, Patrick (1995). *Theories of Desire*. Carlton, Vic: Melbourne University Press.

Gasché, Rudolphe (1986). *The Tain of the Mirror: Derrida and the Philosophy of Reflection*. Cambridge, MA: Harvard University Press.

Geertz, Clifford (1983). *Local Knowledge*. New York: Basic Books.

Grosz, Elizabeth (1994a). Refiguring Lesbian Desire, in L. Doan (ed.), *The Lesbian Postmodern*, pp. 67-84. New York: Columbia University Press.

Grosz, Elizabeth (1994b). Volatile Bodies. *Toward a Corporeal Feminism*. Bloomington: Indiana University Press.

Grosz, Elizabeth and Probyn, Elspeth (1995). Animal Sex: Libido as Desire and Death, in Elizabeth Grosz and Elspeth Probyn (eds.) *Sexy Bodies: The Strange Carnalities Of Feminism*, pp. 278-299. London: Routledge.

Harvey, David (2000). *Spaces of Hope*. Edinburgh: Edinburgh University Press. Harvey, Keith and Shalom, Celia (eds.) (1997). *Language and Desire: Encoding Sex, Romance and Intimacy*. London: Routledge.

Heath, Stephen (1982). *The Sexual Fix*. London: Macmillan.

Ho, Petula Sik-ying (1990) *A Study of Interpersonal Relationships in Male Homosexuality*, M.Soc.Sc. dissertation. University of Hong Kong.

Ho, Petula Sik-ying (1995). Male Homosexual Identity in Hong Kong: A Social Construction, *Journal of Homosexuality* 29 (1), 71-88.

Ho, Petula Sik-ying (1997). *Politicising Identity: Decriminalisation of Homosexuality and the Emergence of Gay Identity in Hong Kong*, PhD thesis, University of Essex, UK.

Ho, Petula Sik-ying (1999). Developing a Social Constructionist Therapy Approach in Working with Gay Men and Their Families in Hong Kong, *Journal of Gay and Lesbian Social Services* 9(4), 69-97.

Ho, Petula Sik-ying (2003a). *Beyond Orgasm: Normal Women Rearticulating Desire*, paper presented at The Women's Studies Center, Hong Kong University, 27 March 2003.

Ho, Petula Sik-ying (2003b). *Vagina Never Has Monologues: Young Women in Hong Kong Talk about Their Little Sisters*, paper presented at Youth, Voice and Noise Conference at Roskilde University, Denmark, June 2003.

Ho, Petula Sik-ying (2007) Money in the Private Chamber - Hong Kong Chinese Women's Way of Planning for Their Retirement, *Affilia:Journal of Women and Social Work*.

Ho, Petula Sik-ying and Tsang, Adolf Ka-tat (2000a). Negotiating Anal Intercourse in Inter-racial Gay Relationships in Hong Kong, *Sexualities 3*(3), 299-323.

Ho, Petula Sik-ying and Tsang, Adolf Ka-tat (2000b). Beyond Being Gay: The Proliferation of Political Identities in Colonial Hong Kong, in D. Howarth, A. Norval and Y. Stavrakakis (eds.) *Discourse Theory and Political Analysis*, pp. 134-50. Manchester: Manchester University Press.

Ho, Petula Sik-ying and Tsang, Adolf Ka-tat (2002). The Things Girls Shouldn't See: Relocating the Penis in Sex Education in Hong Kong, *Sex Education* 2(1), 61-73.

Ho, Petula Sik-ying and Tsang, Adolf Kat-tat (2005). *Beyond the Vagina - Clitoris Debate: From Naming the Sex Organ to the Reclaiming of the Body*, Women's Studies Forum International 28(6),523-34.

Ho, Petula Sik-ying, Wong, Dixon, Heung Wah, Cheng, Sea Ling and Pei, Yuxin (2005). The Real Deal or No Big Deal - Chinese Women in Hong Kong and the Orgasmic Experience, *Issues in Contemporary Culture and Aesthetics 1*(1),177-187.

Irigaray, Luce (1985). *This Sex Which Is Not One* (trans. Catherine Porter with Carolyn Burke). Ithaca, NY: Cornell University Press.

Kristeva, Julia (1980). *Desire In Language: A Semiotic Approach To Literature And Art* (trans. Thomas Gora, Alice Jardine, and Leon S. Roudiez). New York: Columbia University Press.

Kulick, Don (2000). Gay and Lesbian Language, *Annual Review of Anthropology* 29, 243-285.

Lacan, Jacques (1982). *Feminine Sexuality: Jacques Lacan and the Ecole Freudienne* (eds. J. Mitchell, and J. Rose and trans. Jacqueline Rose). London: Macmillan. Lancaster, Roger (2003) *The Trouble with Nature: Sex in Science and Popular Culture*. London: University of California Press.

Lau, Kwok-wah (2003). Introduction, in Kwok-wah Lau (ed.) *Multiple Modernities: Cinemas and Popular Media in TransCultural East Asia*, pp. 1-12. Philadelphia, PA: Temple University Press.

Lefebvre, Henri (1991). *Critique of Everyday Life: Volumn One, Introduction* (trans. J. Moore), London: Verso.

Lefebvre, Henri (2000 [1971]). *Everyday Life in the Modern World* (trans. Sasha

Rabinovitch). London: Athlone Press.

Manderson, Lenore and Jolly, Margaret (eds.) (1997). *Sites of Desire, Economies of Pleasure: Sexualities in Asia and the Pacific*. Chicago, IL: University of Chicago Press.

Masters, William. H. and Johnson, Virginia (1974). *The Pleasure Bond: A New Look at Sexuality and CommitMent*. Boston, MA: Little, Brown and Co.

Miller, Meredith (2005). The Feminine Mystique: Sexual Excess and the Pre-Political Housewife, *Women: A Cultural Review* 16 (1), 1-17.

Parker, Richard (1995). Behaviour in Latin American Men: Implications for HIV/AIDS Intervention, *International Journal of STD and AIDS 7* (supp2), 62-65.

Parker, Richard G. and Easton, D. (1998). Sexuality, Culture and Political EconoMy: Recent DevelopMents in Anthropological and Cross-Cultural Sex Research, *Annual Review of Sex Research* 9, 1-19.

Parker, Richard G. and Gagnon, J. (eds) (1995). *Conceiving Sexuality: Approaches to Sex Research in a Postmodern World*. New York and London: Routledge.

Parker, Richard, Barbosa, Regina Maria and Aggleton, Peter (2000). *Framing the Sexual Subject: The Politics of Gender, Sexuality and Power*. London: University of California Press.

Potts, Annie (2000). Coming, Coming, Gone: A Feminist Deconstruction of Heterosexual Orgasm, *Sexualities* 3 (1), 55-76.

Probyn, Elspeth (2004). Everyday Shame, *Cultural Studies* 18 (2/3), 326-349.

Rubin, Gayle S. (1992 [1984]). Thinking Sex: Notes for a Radical Theory of the Politics of Sexuality, in Carole S. Vance (ed.) *Pleasure and Danger: Exploring Female Sexuality*. London: Pandora, pp. 267-319.

Sandywell, Barry (2004). The Myth of Everyday Life: Toward a Heterology of the Ordinary, *Cultural Studies* 18 (2/3), 160-180.

Schegloff, EmManuel (1997). Whose Text? Whose Context? *Discourse and Society* 8: 165-187.

Schneider, Saundra K. and Jacoby, William G. (2005). Elite Discourse and American Public Opinion: The Case of Welfare Spending, *Political Research Quarterly* 58 (3), 367-379.

Seigworth, Gregory J. and Gardiner, Michael E. (2004). Rethinking Everyday Life and then Nothing Turns ItSelf Inside Out, Cultural Studies 18 (2-3) March/May, 139-359.

Sin, Wai Kei (2004) URL (accessed October 2004): http://www2.cultureddd.com/cddd/Issues/issue_1/flea/clai/clai.htm.

Stokoe, Elizabeth H. (2005). Analyzing Gender and Language. *Journal of Sociolinguistics* 9 (1), 118-133.

Tsang, A. Ka-tat (2001). Representation of Ethnic Identity in North American Social Work Literature: A Dossier of the Chinese People, *Social Work* 46 (3). 229-243.

Valentine, David (2003). I Went to Bed with My Own Kind Once: The Erasure of Desire in the Name of Identity, *Language and Communication* 23, 123-238.

Van Dijk, Teun. A.（1993）. Elite Discourse and Racism. Newbury Park, CA: Sage Publications.

Voloshinov, Valentin Nikolaevich（1973）. *Marxism and the Philosophy of Language*（trans. L. Matejka and I. R. Titunik）. New York: Seminar Press.

Weston, Kath（1998）. *Long Slow Burn: Sexuality and Social Science*. New York: Routledge.

Wong, Andrew, Roberts, Sarah, J. and Campbell-Kibler, Kathryn（2002）. Speaking of Sex, in Kathryn Campell-Kibler, Rob Podesva, Sarah, J. Roberts and Andrew Wong（eds.）*Language and Sexuality: Constesting Meaning in Theory and Practice*, pp. 1-21. Stanford, CA: Center for the Study of Language and Information Publications.

身体 BODY

这一部分关注的是身体政治、肉身与精神性，目的是挑战医学语言的权威性，探讨如何去聆听女性的声音、尊重她们对于语言和表达的选择。

我们邀请大学生受访者谈论她们（他们）对自己性器官的相关体验。我们的研究对象，是一群修读"人类性学"课程的男女大学生。在"焦点研究小组"的讨论中，学生们就自己身体的性感地带展开讨论。因为医学语言的广泛流通，大部分香港的年轻女性都懂得"得当的"医学—解剖学标签。但这些年轻女性并不使用医学语言，而是选择使用其他字眼，或者创造出属于她们自己的术语。

我们更加肯定，必须超越医学用语所能表达的范畴，并鼓励女性去找到表达她们自身、属于她们自己的语言和方式。

从女孩的经验重看香港性教育

为了使参与者反思并谈论她们的相关经验，研究者在香港大学共进行了9次团体焦点访谈。结果显示，尽管存在种种尝试限制香港年轻女性接触到男性性器官的社会企图，现实情况是，她们仍然能够通过各种渠道轻易地接触到男性性器官。尽管大多数受访者表达了她们对男性性器官感到恶心讨厌的"标准"反应，而这些反应原本就被预期是"恰当的女性气质"的一部分，但仍有部分受访者说出了她们的正面体验：主动、熟练、成就感。她们做的一些事，如观看裸露癖者或主动消费具有明确性意味的物品和色情作品，推翻了原本女性被当做被动的性客体这一话语实践。研究者相信，如果有更为开放的渠道能让女性去了解相关的知识和经验，那么女性会在亲密关系中更有可能更为主动。

● 引言

作为男性身体的一个部分，其性器官常常被认为是不能被看到的、需要藏起来的。在人们的日常话语中，也存在着一种静默法则，禁止妇女随意谈论男性性器官。男性性器官需要被隐藏起来，特别是不能被女性看见，这一被社会强化的事实，实际上属于隐藏和显示的双重政治学的一部分（Bordo, 1999）。被认为应当隐藏起来的性器官，可能成为对女人进行性侵扰与性威胁的有力工具。在香港，当女性在无意中见到男性性器官或其象征物时，一般都会感到尴尬、震惊或者厌恶，"核突"、"肉酸"等词汇常常用来形容这些感觉。本报告记录了香港的年轻女性在成长过程中如何接触到男性性器官，在社会规管和控制她们的性这一特殊情境下如何调适自己的性身份与性实践，同时也探讨了香港性教育的相关问题。

女权主义者和其他人通常认为女性的性是社会建构的（Vance, 1984; Fine, 1988;

McWhirter et al., 1990; Smart, 1992; Evans, 1997）。社会因素决定了个人因素，而个人的性观念和性实践受社会控制机制的支配（De Lamater, 1981; Weeks, 1986）。基于这一假定，本地的研究着重于女性生活的社会建构（Salaff, 1995; Chan, 1996; Partridge, 1996），其代价是忽略了主体本身的大量主导行为。所以香港的这些研究从不借助于让被研究者直接口述性经验的方法，这并不让人感到惊奇。例如，调查问卷中除了关于回应的层层叠加的结构外，几乎没有为个人的原创陈述留下什么叙述空间（e.g. Family Planning Association of Hong Kong [FPAHK], 1981, 1986, 1991, 1996; Breakthrough, 1994）。另一方面，从研究中引出的个人叙述也很少被允许用于以性作为明确主题的开放式讨论（e.g. Salaff, 1995; Chan, 1996; Partridge, 1996）。总体来说，这些研究构建了一种话语现实：把性系统化地归入诸如不言而喻之物、未曾命名之物、难以表达之物的边缘地带中去。

通过把被研究者重新视为她们性世界中的主体、发言者、著述者和创造者，本研究为被压抑和被隐藏的女性性述说提供了一个出口。本研究重在关注香港年轻华人女性的性经验和性实践，尤其是她们与男性性器官遭遇的经验。研究所采取的方法来自于对当代社会研究的女权主义批判。例如，巴基（Bartky, 1998）批评福柯对身体的研究中"好像男人和女人的身体经验没有什么不同，好像男人和女人都厌倦了关于现代生活各种典型制度的同一种男女关系"（p. 27）。基于这一主题，本项研究采用了一种颠覆策略，把男性性器官视为社会控制中以男权为中心的各种禁忌的一种扩展。

在本研究中，"年轻人"和"青少年"二词可以互换使用，以描述女性介于青春期和完全步入成年状态之间的阶段。成年状态的标志是一系列的社会化标准：如受雇于全职工作，婚姻，完全独立于父母的自立生活。这一生活阶段以性作为其显著特征，因此本研究对这一阶段、对青少年本身以及对那些不断为青少年施加各种清规戒律的成年人有特殊的兴趣。

在香港，性实践受到中国传统文化和犹太—基督教的双重影响（Tsang, 1987; Ng & Ma, 2001）。据研究，这两个系统都以父权主义为特征，它们的话语结构成为女性社会生活的强大支配力量。梁在1995年的文章中称："女性长期的从属地位归因于工业化的香港根深蒂固的向心家族系统。"（p.41）他的观点强调了父权主义和资本主义的双重压迫。我们的抚养与教育都强调女子的贞洁，年轻女子在婚前是不能发生性行为的。青春期的大多数性表达形式都被认为是离经叛道的，是和危险、道德问题、犯罪和心理问题联系在一起的（Wong, 2000, 1999）。但实证研究却为我们提供了一幅更为复杂的图景。香港家庭计划指导会的几项针对全港青少年的性调查发现，未婚女青年的性活动其实很活跃（1986，1991，1998）。社会规范下的期望与现实情况之间的差距为我们提供了一个绝好的机会，去研究规范的实践与主体不可避免的抵抗之间到底存在着什么关系。

近来的研究显示，尽管存在种种尝试限制香港年轻女性接触到男性性器官的社会企图，她们仍然能够通过各种渠道轻易地接触到男性性器官。她们与男性性器官"遭遇"的形式有很多种。男性性器官可能会被拒绝描述，或被当成某种不同的社会客体而被系统化地曲解和再现。它有时威胁到年轻女性视野的客体（暴露癖者让人困扰的暴露是其中一个例子），有时在女性眼中又很受欢迎（例如在女性自愿消费色情物品的例子中）。它可以被体验为在不情愿的性接触中的侵扰工具，或者是在亲密关系中的欲望工具。

● 方法

这项研究的参与者是从香港大学一门关于"人类"的"性"的课程中招募的。大学与中学不同，更有利于讨论某些不适宜中学生的"越界"话题。性话语在中学里是受到严密监督的，即使在性教育课程的语境下亦是如此。据研究，香港中学所开设的性教育课程恰恰试图去控制性的表达（Ng, 1998; Wong, 2000）。而在大学里，当性被解释为医学的、心理的或社会的问题时，关于性的调查可以被认为是合法的。本研究正是利用了这一"合理的"或者说是被宽忍的空间，开始了对已有的话语与实践之间的批判性质疑。

参加"人类的'性'"课程的共有87名社会科学学科的学生，其中65名是女性，22名是男性。大多数学生介乎18—22岁，有少数是25岁以上至30多岁的大龄学生。这一简明的人口统计学描述对1998年的大学学生总体来说非常具有代表性。一项对当年大学新生的调查也确认，33.6%的学生住在政府为低收入者所建的公屋中，50.7%的学生住在私人楼宇中，13.5%的学生住在受资助的居者有其屋计划的屋宇单位中。49.1%的大学新生的父母曾接受了中学教育或更高程度的教育（Office of Student Affairs, 1998）。在自愿的基础上，这些学生被邀请参加团体焦点访谈，分享他们对自己和他人生殖器的看法。在2000年3—6月期间，共组织了9次男女混合的焦点团体访谈，收集到总时长为40个小时的访谈资料。在受访者知情并允许的情况下，所有访谈的过程均被录音，在抄录为粤语底本后，再由粤语翻译为英语。在对讨论内容进行详细分析时，特别关注的是香港年轻女性对男性性器官的想法和感受。

团体访谈的形式有许多明显的好处——学生们可以了解到其他人与自己有着如何大相径庭的生活方式，这暗示着"我们本来以为自己（的生活方式）是普遍存在的、永恒不变的，但这种看法其实是愚蠢的，因为我们（的生活方式）有可能实际上只是偶然的，并且潜移默化地被改变"（Hoy, 1999: 11）。因此，团体焦点访谈不仅仅是一种研究程序，也是一种研究者与参与者之间创造与再创造的互动过程。研究工作真正的社会场合本身就是一个含有颠覆可能性的政治行动场所（Opie, 1992; Fine, 1992）。

● 结果

与大多数基于叙述的研究一样，本研究的结果提供了大量的信息，足以进行多重的研究主题化分析。这份报告最后选取了下列主题。它们挑战了主流观点，并在扩展我们对这些年轻女性的性现实的理解方面具有启发式的意义。

看见不该看的——各种不合规矩的渠道

男性性器官被认为是不该让女性看见的，尤其是不应该让那些被预设为不谙性事的年轻女性看见。然而受访的女孩告诉我们，她们有很多接触到男性性器官的途径，包括家人、邻居、裸露癖者、色情作品、亲密伴侣等。在87名学生中，只有4个女孩在参加"人类的'性'"课程之前从未看见过男性性器官或其照片。

很多受访者都表示，她们是从自己的父亲那里第一次看到男性性器官。她们对男性性器官所使用的形容词包括了"奇怪的"、"不好意思"、"害怕"等。这种对禁忌的强烈感觉证实了"男性性器官被女性看见是不适当的"这一被共享的理解。一位受访者详细描述了自己在8岁时发生的一件小事：

> 我过去和爸爸睡一张床。我爸在家总爱穿着内衣，他喜欢张大着腿睡觉，所以我看到他的"那个"。我觉得它很好玩，所以当爸爸睡着时，我就一直盯着它看。有一天，这被我妈妈发现了，她叫我爸爸以后在家都要穿上裤子。

在这个例子里，受访者的母亲是规训的执行者，她通过援引关于"适当的行为"的潜规则而改变了受访者的父亲的行为。"男性性器官不能被自己的女儿看见"是无须争论的，这一强有力的声明也让女儿本人得知了，尽管这个女孩实际上觉得爸爸的男性性器官"很好玩"。在后文中我们还会详细谈及，孩子对人类身体的好奇心触发了社会规范的多种机制的功能。值得关注的是，即使在如此有力而又被普遍共享的规则下，年轻的女孩子们也早晚有一天会看见男性性器官。

为了保护女孩和年轻女性免遭这种因为暴露在男性性器官之前而导致的真实的或想象的潜在伤害，她们往往被限制在"安全的"或"适当的"社会空间里（Chesney-Lind & Shelden, 1992; Niranjana, 1997）。但是她们的日常社交世界中充满各种与这一社会规则相冲突的例子。这里有一个例子，一位受访者的家庭与其他人家在同一屋檐下共同居住——这种情况在居住条件紧张的香港并不少见，她描述了自己第一次看见男性性器官的情形：

> 我们没有电视机，所以我都是到客厅看电视。我一般会坐在我们房间外面的凳子上看电视，我妈妈在别的地方忙着她的事。有一次，我看见房东拉开他的裤子拉链，好像还有什么东西在那里上下动。以前我喜欢吃熏肠，那时我还奇怪房东怎么把熏肠放在那里，后来我就到厨房里去查看；我还跟我妈讲了房东把熏肠藏在裤裆下面，从那以后，我妈就不让我走到自己房间外面去了。

还有一位受访者讲述了她对邻家男孩的看法：

> 我们认识十几年了，过去常在一起玩。当我读中学二年级或者三年级的时候，我突然注意到他经常玩他的"小弟弟"。他老是把手放到裤子里，我觉得他这个姿势很难看。我觉得他真是恶心。

这些例子总是提出关于潜在的性骚扰甚或性虐待的问题。在很多社会里——包括香港，人们普遍认为，除非是得到许可的特定场合（比如在已婚夫妇之间），否则男性性器官必须要隐藏起来，不能让女性看见。本研究有一个惊人的发现：几乎所有的受访者都有遇见过裸露癖者的经验。她们的典型反应是，在看到裸露癖者的身体后急忙厌恶而惊恐地转移视线，并且常常伴有被侵犯、被骚扰、被威胁的感觉。一位受访者说：

> 我那时在读中学二年级。那是我第一次看到真正的阴茎。那是在午饭时间，学校外面有很多垃圾运货车。其中有一辆车的门开着，那里站着一个家伙正在手淫。他看起来像个白痴。所有经过的女生都看到然后跑开。我吓坏了。

还有很多性骚扰的故事发生在公共汽车和地铁等等其他各种社会环境中。这类叙述的中心大部分都关于某些缺乏魅力的陌生人，他们的行为让女性觉得自己成为了无助的受害者。这些叙述反映了在女性中常见的一种观点：男人暴露自己的性器官就是准备采取侵犯行动，即使这一"暴露"行为并不以她们作为特定的对象。一位受访者说："我曾见过一个暴露狂，他躺在工地上，我看到那个东西竖在那里。真让人感到恶心。"

这种关于裸露癖者的想法具有控制男性的性表达与女性的性暴露的作用，同时也使男性性器官及其意义和重要性的"性化"在大多数社会情境下强化和永存。这种关于性的规管在话语上和实践中的二元性类似于福柯在西方性史进行的研究中的描述（Foucault, 1976）。这样的话语和实践已经让男性性器官"性化"到这样的程度，以至于在裸露癖者的例子中，仅仅是简单地暴露阴茎就能创造出如此强烈的社会戏剧效果。

另一方面，正是这些关于隐藏和显示某些特定的身体部分的规则本身，为受禁忌的欲望与愉悦创造了特别的空间。能够打破规则、体验受禁之事情，从来都是令人感受到兴奋和魅力的源泉之一。随之而来的欣喜忘形会将人们带离关于规范和常理的世界，为性愉悦的探寻带来超验的答案（Bersani, 1988; Grosz, 1994）。性越界也是一种宣示了主体的政治行动。身体在其最真实的感觉里拒绝顺从。例如，同性性行为不仅仅是人类诸般性现实里的一类，还是一种具有明确政治目标的深思熟虑的性运动（Ho, 1997; Ho & Tsang, 2000a, 2000b）。本研究发现，不少受访者都逾越了社会的标准规范，并因此拓展了自己的性世界。例如，一位受访者回想起自己在中学时看过的一部名叫《哭泣游戏》（Jordon, 1992）的影片，其中有一个场景，片中的"女"主角事实上是一个男性，"她"把自己的阴茎暴露给"她"的男性爱人看。根据受访者的讲述：

> 我们尖声喊叫。太震撼了。我们要求老师用慢速度重放那个片段，我们看到一个特写镜头，那人真的有个阴茎，本来我们还以为他是个女人！

这个事件表明，在学校这一社会控制和监管的空间里，集体行动的力量可以使她们越界进入被禁忌的领域。女性的注视相对于男性的注视而言，通常都不受重视，但在这一例子里，女性的注视却实实在在地成了重要的主题。下面的引文提供了另一个例证：

> 我想男人们真是讨厌。我看到它（指阴茎）是在我18-19岁左右、正在准备高级程度会考的时候。我那时是女校的学生。那里有一个男人老是当着我们女生的面手淫。他面对着我们的教室，一般午饭时间他都会在那里。老师会关上窗帘然后要我们走开。但是只要老师一离开，我们就会把窗帘拉开看个究竟。

从这个例子中可以看出，年轻女性并不愿意仅仅成为驯服的身体，还努力地想获得发言权。事实上，正如福柯（Foucault, 1976, 1977, 1983）、孔勒（Cornell, 1995）、布特勒（Butler, 1997）与巴基（Bartky, 1998）等人的观点，压迫的行为从来不会获得完全的成功，被压迫者会一直进行抵抗。色情作品就是这种抵抗的一个具有讽刺意味的范例，女性凝视的目光在私下里是那么的老到熟练。

色情作品与女性的凝视

色情作品一般总是从男性的视角进行想象。某些女性主义者抨击道，色情作品其实是家长制支配统治的延续（DWorkin, 1981; Mac Kinnon, 1993）；但是，对色情作品的使用却可以是使用者出于他或她的欲望而采取的一种主动行为（Cornell, 1995; Chou & Chiu, 1992）。对本研究的受访者来说，对色情作品的主动使用可以被视为尝试获得神秘性知识的一种途径：

> 我第一次看到它，是在翻看我哥哥的色情录像带时。我哥哥比我大5岁，我在他抽屉里看到带子，我感到好奇。我对自己为什么没有阴茎而感到困惑。但我觉得它没什么特别的，我也不讨厌它。

> 要不是有色情录像和色情图片，我不知道还能从哪里去找到我想知道的关于性的东西。大概这是我了解这方面事情的唯一渠道，然后我可以和别人讨论这些。这很有意思。

> 我们在班上传阅一种通常载有性内容的青少年杂志。里面有关于性的特别栏目，我们都喜欢看。

> 我以前每天都看一份香港当地的热门报纸，当中带有明显的色情图文内容。它是我们的家报。我对其中的半裸女人照片感到好奇。

> 我那时读中学五年级或者中学六年级（17岁到18岁）。我开始和我那个去加拿大的同学书信来往。我们用ICQ交谈。她给我发来两张全裸的男人图片，她问我哪张更有吸引力。那是我第一次看到男人全裸的身体。

上述例子展示了色情作品在这些年轻女性获取性知识、探寻自我状态和辨识自我性身份等方面所扮演的重要角色。特别是在像香港这样的性信息受到严格管制的社会环境中，这些色情材料提供了：各种急需的但一般来说难以获取的信息；对自我的参考与指引；与可信任的同伴一起分享的、边缘化但意气相投的叙述空间（Chou & Chiu, 1992）。

对这些年轻女性而言，在阴茎成为她们生活中真实的一部分之前，对性知识的学习是带着兴趣和好奇的。这些由求知欲和掌控欲所驱动的女性的注视，可以被看做是女性试图建立自己的性身份与性生活世界的早期步骤。在这一尝试的稍后过程中，阴茎被理解、被赋予特别含义，被体验、被把握并与女性相融合。

◉ 女性性经历中的男性性器官——从理解到融合

对很多受访者来说，自己是在一种亲密伴侣关系的情境下亲身接触到男性性器官的：

> 在我读大学一年级的时候，我看着自己男朋友换游泳服，这才有机会看到它（男性性器官）到底长什么样。嗯，我本来对它只是有某种来自生理卫生课本上的模糊想象，但我此前从未见过活生生的它。我真是没有想到它看起来一点都不舒服——两团东西挂在那里。

另一位受访者有更加主动的探索精神：

> 我让他给我看看那个东西长什么样，他照办了。我继续要求他给我看勃起以后的样子，他说如果我摸摸它会有作用的，但我拒绝了，我不想碰它。于是他要我给他几分钟酝酿情绪，接着他真的想办法勃起了。真是神奇啊。

这个例子展现了女性对男性性器官具有的某种形式的控制欲这一相对而言甚少被探索的领域。当女性感到安全时，她会更加主动地去探究自己的欲望。但男性性器官并不总是受女性直接影响和控制的客体。下列各例将会展现阴茎在一种协商情况下的角色，而这也是更常见的例子。

男性性器官是被社会控制了的想象物。从理论上说，它是不被允许进入这些年轻女性的生活空间的。正如被设想的那样，那些规规矩矩地长大的年轻女性过着与男性性器官相隔绝的生活。有趣的是，受访者们在对男性性器官表示兴趣和欲望的同时，还表达了她们自己对此物的敬畏和厌恶之情。此外，她们对男性性器官的观感如何，常常取决于男人与她们建立的是何种关系。

> 我和我男朋友认识好多年了，所以他的阴茎不那么可怕。我可以接受摸摸它的想法。这取决于你和这个人认识多久。

> 我第一次和我男朋友的性爱非常不错。我那时大约是15岁或16岁，我觉得很自然。如果有爱，这件事就会很自然。那是他身体的一部分。我不明白为什么摸它会让人恶心。

如果女性觉得自己完全不能控制当时的情况，那么她会感到惊慌：

> 那是我第一次和一个男孩约会，他比我大3岁，那时我读中学三年级。他想把我的头推向他的下体。我从来没做过，我感到害怕。我很抗拒这个。

并不是每一位受访者对于男性性器官都具有非常清晰的要么正面要么负面的感觉。有些受访者在谈到男性性器官时是矛盾的：她们在总体上有着负面的感觉，但因为与男朋友有着强烈感情关系，她们试着调整自己去适应。

在亲密关系的情境中，男性性器官不仅是存在于女性注视中的疏远的客体，更是男女之间亲密关系的变化的客体；对大多数受访者来说，与男性性器官进行亲密接触的实际体验比仅仅是看到它要强烈得多。一位受访者谈到：

> 如果我和那个人结婚，我碰他那里是没有问题的。我不能让自己在婚前这么做，即使穿着衣服也不行。

根据接触方式的不同，这一体验的强度也有所不同，并且具有不同的私人意义。

> 如果他真的想我碰他那里，我会的。但我不会主动这么做。

> 如果我很想要它，我会摸它。

> 我向来都喜欢握着男友的那儿。他那里很大，握着的感觉很棒。触摸是前戏的一部分。

男性性器官在这些例子中并没有固定的个人含义或社会含义。它的意义随着女人和拥有它的男人之间的关系而变化。

显然，性交可以被视为不仅仅是一种阴茎"插入"的行为，还是一种女性对阴茎的"容纳"的行为（Dworkin, 1987）。在受访者当中，也有一些不那么男权中心论的提法：

> 在中文里有一些非常浪漫的词语能很好地描述这个行为。比如说"水乳交融"——一种完全的结合状态。或者"共赴巫山"——传达了一种共同的感受。这样的表达没有认为男人理所当然是享有主动权的。这正是我所喜欢的地方。

类似地，另一位受访者谈到，女人应积极主动地去获得性快感：

> 如果你够放得开，而且关系够亲密，你会允许自己朝着自己想要的方向走下去。你也会更自信地积极寻求你的快乐。我想我就是经常按自己的想法获得高潮。

一些女性甚至能够从正面的、审美的角度去看待男性性器官：

> 尽管小时候见过我爸爸的阴茎，但我没有看清楚。我第一次地仔细看是从我男朋友那里。起初，我感觉不太好，看起来很怪。但是现在我觉得它是一件艺术杰作。我爱他，我也会把他的身体当成艺术品。

以上这些表述反映了从伴随着被动插入的男权中心论到女性主动寻求快乐的转变过程。女性不再是一个被动的客体，不再是男性行动的消极接受者或者受害者，而是一个能够控制自己身体、控制自己的欲望、控制自己在亲密关系中的角色的积极主体。研究者相信，如果存在着更为开放的渠道能让女性去了解相关的知识和经验，那么女性会更有可能获得一种更为主动的关系，她们在亲密关系中不仅可以引入阴茎这一潜在的、变化的客体，还可以容纳她们自身的性。

● 讨论与结论

基于对青少年生活去性别化的安排，男性性器官被排除在年轻女性的生活世界之外。在她们的性得到承认的有限范围内，她们往往被建构为男人的性侵略行为的被动客体，这些性侵略包括了从裸露癖者的"曝光"到亲密爱人的"插入"等等一系列行为。因此，她们必须"被保护"着免于面对阴茎。对男性性器官的视觉展示和口头提及仅限于在教育计划的情境下、在医学和生物学的语言使用中。年轻女性只有在成长为成年女性后，并且在稳定的、亲密的异性恋或婚姻等受社会认可的空间里，才能合法地暴露在真实的男性性器官面前。此外，不论年长年幼，女性都必须遵守静默法则：不能在日常生活中谈及男性性器官。这种加诸女性身上的强制的沉默，强化了女性的被动性和顺从性。总而言之，这些规限女性不去面对男性性器官的各式各样的努力，都可以被认为是"恰当的女性气质"议程中的一部分，或者说是社会制定出的关于"如何做好一个女人"的标准的一部分。根据福柯的说法，女性并非生来就是驯服顺从的。与男性相比，女性的性存在与危险和脆弱紧密相连，并充满了暗示与自卑感（Vance, 1984; Dworkin, 1987; Chesney-Lind & Shelden, 1992; Evans, 1997; Greer, 2000）。大部分女性因为害怕受到旁人的负面评价而甘愿牺牲自己的快乐；好/坏女孩的二分法使理想中的清白这一"女性气质"的组成部分恒久永存（Steedman, 1993: 312）。

本研究表明，尽管存在着种种致力于把男性性器官从香港女孩的视野、词汇和想象中消除掉的规训实践，但她们依然能够通过各种渠道轻易地接触到男性性器官。受访者的叙述清楚地展示了男性性器官在她们的生活空间——家庭、学校、社区、媒体以及她们与他人之间的亲密关系里的存在。用伯多（Bordo, 1999）的话来说，男性性器官"既被藏匿，又被陈列"（p. 15）。如果把女性当做主体重新定位，现有的研究和分析就包含了关于这些被认为是天真纯洁的年轻女性事实上如何努力寻找到阴茎或其视觉表达的各种叙述。将女性安排在男女混合的小组中这种研究情境有意地打破了静默法则，同时也没有把他们的谈话局限在私人密谈的情境中。她们的某些行为，例如注视裸露癖者或主动消费具有明确性意味的物品与色情作品，颠覆了把女性视为被动的性客体这一话语实践。许多受访者在面对阴茎时感受到恐惧、反感和厌恶等等这些在预期中被视为"适当的女性气质"的部分反应，但也有受访者表达了自己对阴茎的正面体验。受访者的叙述暗示了她们以主动、熟练、成就感等正面的态度对待阴茎的可能性。

◉ 对香港性教育的启示

在强调生育控制与避孕法的话语情境下，值得商榷的是，香港的公共性教育大约始于20世纪50年代，主要是由政府资助的香港家庭计划指导会开展工作。在1971年，香港政府教育署向所有学校下发了一个备忘录，建议学校在一些正式科目中引入性教育话题。与备忘录同时下发的还有一个建议在中学里应该教授什么样的性知识的简要列表。15年后，教育署发布了另一个相关的咨询通知：在1986年印行的《中学性教育指引》里，包含了对性教育的话题、教学资源与参考书目更为详细的建议。1997年，《学校性教育指引》又一次进行了修订，但与此前诸文件一样，《指引》中的各项建议在教导年轻人社会道德方面存在着强烈的偏见，同时关于人类的"性"的各个方面大大地受到了情感上的幸福和人际关系之类的话语的限制。事实上，根据官方的称呼，《指引》中建议对初中学生进行的教育是"生活教育"而非性教育。正如吴（Ng，1998）所批评的那样，这些指引大大偏向于道德教化、情绪情感、自我意象、人际互动和家庭关系等方面。性解剖学和生理学，性行为、性心理和性卫生被削减得只剩下最为基本的知识，而且没有涉及任何会引起较大争议的问题，比如性变异、娼妓问题和色情作品。（p.32）

受这些推荐话题所限，各种指引顺理成章地继续被教育机构所忽视，因为政府并未要求学校采取什么相应的行动。这样的被动性相应的又受到李（Li，1998）所提到的"全社会对待性教育的矛盾态度"（p.36）的影响。李（Li，1998）认为，"无知是美好的，因为知识会使人们难以控制"，"进行性教育正如唤醒一座休眠的火山"（p.40）。这种根深蒂固的想法，使教育界专业人士对性教育的抗拒成为可能。李（Li）迫切希望，年轻人能在更早的阶段（小学时）就接受全面的性教育，以满足年青一代性心理发展的需要。此外，还应该为教育者们提供更多的训练，以免他们在和学生谈到性的话题时感到准备不足。

根据吴和李（Ng & Li）的批评，对年轻人采取保护的态度弊大于利。特别地，本研究的发现凸显了当前香港对年轻女孩的性教育模式的不足。无论是学校还是家庭或社区，几乎都没有给予年轻女孩任何谈论她们日益增长的欲望与女性性能量的机会；相反，她们对性的兴趣实际上被归置到一个不可言说的领域。然而，本研究的受访者们用她们的经验说明，社会力求保护她们的种种措施从未能成功地铸成保护盾，阻止她们过早地暴露在她们不该谈论、提及和亲见的东西面前。这告诉我们，性教育的目标应该不再是保护年轻女孩们远离性现实，而应该是致力于扩展女性解放的各种可能性——也就是说，实现性别平等，提高女性获得性知识和性快乐的机会。性教育的目标应当是帮助年轻女孩和女人厘清自己身为女性的种种意义。把女性放在被动的、无力的位置上——正如目前香港性教育所为——所能起到的作用只会是：否定她们的知识，以及否定与此相关的她们掌握自己性命运的能力。

确切地说，当前的研究表明，年轻女性的性社会化过程应当以培养她们对阴茎的安全感为目标，而这种安全感完全只受限于她们是否在合适的时间、合适的地点找到了合适的人。如果她们进入青春期前什么也不做，那就太晚了；她们在孩提时期可能就已经接触到某些知识，或者已经被迫去面对她们尚未能理解的种种事情。如果在香港的性教育中（总的来说在公众话语中）能重新定位男性性器官的位置，并在这一过程中让女性参与其间，这很可能会帮助女性重建对男性性器官的看法：把人类身体的这一部分，从伴随着怀疑、害怕与厌恶的险恶之器、肮脏之物，变成一座关于男女之间亲密关系的有效桥梁。

（何式凝　曾家达）

Ho, P. S. Y., & Tsang, A. K. T. （2002）. "The Things Girls' Shouldn't See: Relocating the Penis in" Sex Education in Hong Kong. *Sex Education*, 2（1）, 61-73.

参考文献

Bartky, S. L. （1998）. Foucault, Femininity and The Modernisation of Patriarchal Power, in: R.Weitz （ed.） *The Politics of Women's Bodies: Sexuality, Appearance and Behaviour.* New York, Oxford University Press.

Bersani, L. （1988）. Is The Rectum a Grave? in: D. Crimp （Ed.） *AIDS: Cultural Analysis, Cultural Activism* Cambridge, MA, MIT Press.

Bordo, S. （1999）. *The Male Body: A New Look at Men in Public and in Private.* New York, Farrar, Straus & Giroux.

Breakthrough （1994）. *Research of Sex Role, Attitude and Behaviour of Youth in Hong Kong.* Hong Kong, Hong Kong Breakthrough.

Butler, J. （1997）. *Excitable Speech: A Politics of The Performative.* London, Routledge.

Chan, K.W. A. (1996). *Making Gender: Schools, Families and Young Girls in Hong Kong*, Unpublished M. Phil. Dissertation, University of Hong Kong, Hong Kong. 72 P. Sik Ying Ho & A. Ka Tat Tsang.

Chang, J. S. (1997). Premarital Sexual Mores in Taiwan and Hong Kong: Two Pathways to Permissiveness. *Journal of Asian and African Studies*, 32 (3-4), p. 37.

Chesney-Lind, M. & Shelden, R. L. (1992). *Girls, Delinquency, and Juvenile Justice.* Pacific Grove, CA, Brooks Cole.

Choi, P. K. (1995). Women and Education in Hong Kong, in: V. Pearson & B. K. P. Leung (Eds.) *Women in Hong Kong*. Hong Kong, Oxford University Press.

Chou, W. S. & Chiu, M. C. (1992). *Pornographic Phenomenon: I am Looking at Porn Looking at Me* (Hong Kong, Subculture Publishing) (In Chinese).

Cornell, D. (1995). *The Imaginary Domain: Abortion, Pornography and Sexual Harassment.* London, Routledge.

Delamater, J. (1981). The Social Control of Sexuality, *Annual Review of Sociology*, 7, pp. 263-290.

Dworkin, A. (1981). *Pornography : Men Possessing Women.* New York, Perigee.

Dworkin, A. (1987). *Intercourse.* London, Secker & Warburg.

Evans, H. (1997). *Women and Sexuality in China: Female Sexuality and Gender Since 1949.* New York, Continuum.

Family Planning Association of Hong Kong (FPAHK) (1981). *Hong Kong School Youths*. Hong Kong, FPAHK.

Family Planning Association of Hong Kong (FPAHK) (1986). *Adolescent Sexuality Study*. Hong Kong, FPAHK.

Family Planning Association of Hong Kong (FPAHK) (1991). *Youth Sexuality Study, In-School Youth*. Hong Kong, FPAHK.

Family Planning Association of Hong Kong (FPAHK) (1998). *Youth Sexuality Study 1996*. Hong Kong, FPAHK.

Fine, M. (1988). Sexuality, Schooling, and Adolescent Females: the Missing Discourse of Desire, *Harvard Educational Review*, 58, pp. 593-699.

Fine, M. (1992). *Disruptive Voices: the Possibilities of Feminist Research.* Ann Arbor, MI, University of Michigan Press.

Foucault, M. (1976). *The History of Sexuality*, vol. 1. New York, Pantheon.

Foucault, M. (1977). *Discipline and Punish.* Harmondsworth, Penguin.

Foucault, M. (1983). The Subject and Power, in: H. Dreyfus & P. Rabinow (Eds.) *Michel Foucault: Beyond Structuralism and Hermeneutics, with an Afterward by Michel Foucault.* Chicago, IL, University of Chicago Press.

Greer, G. (2000). *The Whole Woman*. New York, Anchor Books.

Grosz, E. (1994). *Volatile Bodies*. Indianapolis, IN, Indiana University Press.

Ho, S. Y. P. (1997). *Politicising Identity: Decriminalisation of Homosexuality and the Emergence of Gay Identity in Hong Kong*, Unpublished PhD thesis, University of Essex.

Ho, P. S. Y. & Tsang, A. K. T. (2000a). Negotiating anal Intercourse in Inter-racial Gay Relationships in Hong Kong, *Sexualities*, 3, pp. 299-323.

Ho, P. S. Y. & Tsang, A. K. T. (2000b). Beyond Being Gay: the Proliferation of Political Identities in Colonial Hong Kong, in Howarth, Norval & Stavrakakis (Eds.) *Discourse Theory and Political Analysis*. Manchester, Manchester University Press.

Hoy, D. C. (1999). Critical Resistance: Foucault and Bourdieu, in: G. Weiss & H. F. Haber (Eds.) *Perspective s on EmbodiMent: the Intersections of Nature and Culture*. New York, Routledge.

Jordon, N. (Director) (1992). *Crying Game* (Film) Available from Live Entertainment.

Leung, B. K. P. (1995). Women and Social Change: theImpact of Industrialisation on Women in Hong Kong, in: V. Pearson & B. K. P. Leung (Eds.) *Women in Hong Kong*. Hong Kong, Oxford University Press.

Li, M. C. (1998). The Ambivalence of Sexuality Education in Hong Kong, *Journal of Asian Sexology*, 1, pp. 36-42.

MacKinnon, C. (1993). *Only Words*. Boston, MA, Harvard University Press.

McWhirter, D. P., Sanders, S. A. & Reinisch, J. M. (Eds.) (1990) *Homosexuality heterosexuality*. New York, Oxford University Press.

Ng, M. L. (1998). School and Public Sexuality Education in Hong Kong, *Journal of Asian Sexology*, 1, pp. 32-35.

Ng, M. L. & Ma, J. L. C. (2001) *The International Encyclopedia of Sexuality*, 4, 216-245.

Niranjana, S. (1997). Femininity, Space and the Female Body, in: M. Thapan (Ed.) *EmbodiMent: Essay on Gender and Identity*. New Delhi, Oxford University Press.

Office of Student Affairs (1998). *A Profile of New Full-Time Undergraduate Students*. Hong Kong, Hong Kong University.

Opie, A. (1992). Qualitative Research, Appropriation of the "Other" and Empowerment, *Feminist Review*, 40 pp. 52-69.

Partridge, M. (1996). *Strategies of Employment and Family: University-educated Women in Canada and Hong Kong*, Unpublished Doctoral Thesis, University of Hong Kong, Hong Kong.

Salaff, J. (1995). *Working Daughters of Hong Kong: Filial Piety or Power in the Family, with a Foreword by Kingsley Davis*. New York, Columbia University Press.

Smart, C. (Ed.) (1992). *Regulating Womanhood: Historical Essays on Marriage, Motherhood, and Sexuality*. London, Routledge.

Steedman, M. (1993). Who's on Top? Heterosexual Practices and Male Dominance During the Sex Act, in: A. Minas (Ed.) *Gender Basic: Feminist Perspectives on Women and Men*. Belmont, Wadsworth.

Tsang, A. K. T. (1987). *Sexuality: the Chinese and the Judeo-Christian traditions in Hong Kong*, Bulletin of the Hong Kong Psychological Society, 19/20, pp. 19–28.

Under-aged Guy has More than a Hundred Sex Partners (1999) Ming Pao, 6 December, p. A2.

Weeks, J. (1986). *Sexuality*. Chichester, Ellis Horwood/Tavistock.

Weitz, R. (1998). A History of Women's Bodies, in: R. WEITZ (Ed.) *The Politics of Women's Bodies: Sexuality, Appearance and Behaviour*. New York, Oxford University Press.

Wong, V. (2000). A Never-ending Obsession with Breasts, in: V. Wong, W. Shiu & H. Har (Eds.) *From Lives to Critique*. Hong Kong, Hong Kong Policy Viewers (In Chinese).

Vance, C. S. (1984). *Pleasure and Danger: Exploring Female Sexuality*. Boston, MA, Routledge & Kegan Paul.

从女性性器官的命名到重掌身躯

本报告揭示了香港女性对自己性器官隐秘的、被压制的言说和感受。她们与自己身体的接触和关联往往是一个被重度规训的、困难重重的过程。本报告检视了女性对身体的自我异化是如何被强化的，同时又分析了她们中的一些人如何对抗这样的分裂关系。作者还挑战了医学——解剖学语言在恰当描述性身体方面的主流地位，因为此类语言对性兴奋与愉悦的获得不能起决定作用，而这种兴奋和愉悦的发生往往与一段关系的性质和情境关联。

● 引言

女人的身体，尤其是其性器官部分，总是一个难以触碰的话题。社会科学与人文学科的话语将女性性器归入隐秘的角落，在日常话语里这也是一个禁忌，不可言说，谈性则缄。关于女性性器的词汇，比如阴道，都"很少被提及，或者仅仅是在私底下悄悄说出"（Steinem, in Ensler, 2001：ix）。有些人认为，只有直接说出女性性器官的名称才能打破这种种隐讳与缄默。《阴道独白》（Ensler, 2001）就掀起了一场世界范围内的运动。运动领袖们鼓励女性用直白的方式说出她们的身体器官，比如直接用"阴道"和"阴蒂"。这场运动鼓励人们多用医学或解剖学的名词——例如刚才说的"阴道"——来代替那些不太正确的提法、委婉语或静默。随着运动的扩大，演出在世界各地进行，当地的词汇、俗语、隐语也被纳入其中。通过与当地女性的接触沟通，表演剧本也随之被修改，但"阴道"这个词作为标志性用语却一直没有改变。大声说出来或许是打破缄默的一种方式，但人们却不一定认同这种将其日常化的尝试。

本报告质疑的正是这种把医学词汇与解剖学词汇的地位过分抬高，并将其认定为性器官"正确"名称的趋向。这些身体部分既不是最重要的，也并非唯一能使女性获得性兴奋的部位，因为它们作为性唤醒和性兴奋地带具有高度的不确定性，非常依赖环境、关系、机遇等各种因素。本文有以下两点主要目的：其一，要让女性自主地发声，成为她们自己的发言人、自己性世界的创造者和书写者，呈现她们长久被压迫和隐藏的关于性的话语；其二，要呈现女性在社会规范和控制下争取表达自身性身份和肉体关系经验所做的种种努力。本文将会分析香港的年轻华人女性对其情欲的重申和她们身体自我的转变，尤其是在遭受到一定的身体压迫的背景下。在学术话语中，女性向来被作为一种理论建构，而我们要在这种风气中突出个人叙述，因为女性虽然有着共同的身体经历，但每个个体经验却又十分不同。记录这些抗争能更真实地显现女性的生活经验。

● 说出不可说的——"静默法则"下的性倾谈

这种对于女性性器官强有力的静默法则可从福柯（Foucault，1976，1977，1980）的论述中窥见一斑。他对性倾谈的大量涌现进行过深入的讨论，引出了话语这一概念。《海蒂性学报告》（1976）与印第安纳大学性研究所的《金赛性学报告》一样，使用科学性与技术性的语言尤其是医学语言去展开这个禁忌话题，使之合理化。报告中用了一小段篇幅比较了美国、英国和澳大利亚三国女性对于同一个问题的反应："你觉得你的阴唇美吗？"但是我们没有非英语国家的比较结果。在社会科学研究中提出这一问题，标志着阴唇从医学对象到美学褒扬主体的扩展。

但是，女性的性器官依然不断地经历着社会建构。40多年前，道格拉斯（Douglas，1966）从文化、政治过程的角度论述了洁净与关于身体的污秽，突出了社会如何通过规训人的身体去建立和维持它的规范和秩序。艾森（Ahern）在1975年的文章中探究了中国传统社会如何将女性视为精神仪式上的不洁但同时又充满了危险的力量。库里斯蒂维（Kristeva，1980）随后发展了"贱斥"的概念，以之论述了社会定义和规例如何使人身体的某些部分变得不可接受，因而总被忽略或轻视，视之为异质、废物、威胁或恐怖。"长牙齿的阴道"是与女性身体部位相关的恐怖联想的最典型象征。这种象征投射了男性对于阴道的负面想象、夸张化的恐惧、男性的脆弱感和不安全感。"长牙齿的阴道"是对"女性非人地位"意象的投影，女性就"如同机器人、吸血鬼或者动物"，"女性的'性'是贪婪的，贪得无厌，莫名其妙，神神秘秘，不为人知，冷若冰霜，斤斤计较，功利性强，是男性的阉割者、去势者，伪善做作，掠夺成性，吞噬成瘾，折磨男性"（Grosz & Probyn，1995：293）。

近几年来，身体和性激发了社会科学和人文科学里新的话语的产生。学者们亦从不同的角度——例如社会建构论（De Lamater & Hyde，1998）、社会交换理论（Sprecher，1998）、符号互动论（Longmore，1998）、社会学习理论（Hogben & Byrne，1988）和系统理论（Jurich & Myers-BowMan，1998）——对此进行了评论和批评。女性主义学者如布特勒（Butler，1990）、哈勒维（Haraway，1991）、格兹和波洛宾（Grosz & Probyn，1995）等对人的身体的特性和重要性也有激烈的争论。虽然这一众学者在诸如实体和符号、肉体与社会的区隔等重要观点上有不同的看法，她们无疑把女性主义理论向前推进了，推倒了本质主义、二元主义、二元对立的概念，注重社会建构的过程而非视身体为固定不变的实体。

顺着这一发展脉络，我们关注社会建构过程如何影响女人作为个体的性和身体经验。我们相信个人叙述和建构这些叙述的文化含义和权力关系是理解这些经验的最好途径（Evans, 1977; Fine, 1992; Mc Whirter, Sanders & Reinisch, 1990; Smart, 1992; Vance, 1984; Weeks, 1986）。其他的女性主义者让我们更好地理解父系范式下的社会是如何规范"性"和它的身体表述的，尤其是它如何令女性在个人的生活经验中（Bartky, 1990; Bordo, 1993; Chapkis, 1986; Philips, 2000）时常觉得被物化和被贬损（Bartky, 1990）。很多女性把她们自己的身体当成负担（Young, 2005）或敌人（Frost, 2001）。要解除女性对她们自己身体的异化，很多女性主义者都认为第一要务是把女性身体从父权主义的社会定式下解放出来，她们也尝试开放这个领域进行深入探索，提高女性的自主自觉。正如皮次（Pitts, 1998：71）所提出的那样，"重获或抵抗意味着社会定式是可以被改写的，而身体——尤其是女性生殖器和乳房——是可以重获的"。要抵抗排斥女性性器官、使女体边缘化的社会、文化和政治进程，格雷尔（Greer, 1991, 2000）鼓励女性亲近自己的身体，接受她们自己的体液、味道和气味。在此框架下，本文将探讨香港年轻女性如何创造个人的、与特定场合相应的策略，来争取身为女人的权利，重新书写她们的身体。

● 香港的文化情境

本文是基于参与了一项"性"研究[①]的香港年轻华人女性的个人经验而写成的。

[①] 这项研究的参与者是从香港大学一门"人类的'性'"课程中招募的。这门课程共有87名社会科学学科的学生，其中65名是女性，22名是男性。大多数学生介乎18至22岁，有少数是25岁以上至30多岁的大龄学生（大部分学生都与父母居住在香港各处，包括九龙和新界）。所有的学生，包括男生和女生都受邀参与这项研究的团体焦点访谈，分享他们对自己和他人生殖器的看法。从2000年3月至6月期间，共组织了9次团体焦点访谈，收集到总时长为40个小时的访谈资料。所有访谈的过程均被录音，在抄录为粤语底本后，再由粤语翻译为英语。数据分析采用先验的、开放的编码方式，而非后验的、先行结构化的编码方式，以便让主题自然浮现(Crabtree & Miller, 1992)。其后，从访谈中获得的数据会按照不同主题进行分组，再根据不同的特定主题整理出相应的访谈引文。本报告中分析的主题是学生们对当下主流观点的挑战，他们的观念让我们对年轻女性的性现实有了新的和更深刻的体会。

对参与者叙述的分析则要放在香港社会、政治、历史、文化的情境中。香港原是英国殖民地，直到1997年才回归中华人民共和国，成为中国的特别行政区。香港的性实践历来处于中国传统和犹太—基督教的双重规范和影响之下，而后者其实就是欧洲中心主义的殖民话语（Ng & Ma, 2001; Tsang, 1987）。

这两个系统都以父权主义为特征，它们的话语结构成为了女性社会生活的强大支配力量。梁（Leung）在1995年的文章中称（p.41）："女性长期的从属地位归因于工业化的香港根深蒂固的向心家族系统。"他的观点强调了父权主义和资本主义的双重压迫。

中国传统文化系统——例如儒家和道家体系——都洋溢着明显的父权主义思想（Tsang, 1987），因此我们的抚养与教育都强调女子的贞洁，年轻女子在婚前是不应该发生性行为的。当然，这总是和异性恋思维相关的，即这种行为更不应该发生在女性之间。青春期的大多数性表达形式都被认为是离经叛道的，所以往往就和危险、道德问题、犯罪和心理问题联系在一起（Wong, 2000; "Under-aged guy", 1999）。但实证研究却为我们提供了一幅更为复杂的图景。

香港家庭计划指导会的几项针对全港青少年的性调查发现，未婚女青年的性活动其实很活跃（1986，1991，1998）。社会规范下的期望与现实情况之间的差距为我们提供了一个绝好的机会，去研究规范的实践与主体不可避免的抵抗之间到底存在着什么关系。

● 女性——割裂的身体

我们处在一个深受殖民文化影响的环境，因此我们非常留意某些西方话语论述的细节，包括女性主义理论。某些西方女性主义的话语是建基在对身体形态的客观描述之上，对于医学、解剖学上的女性身体毫无批判地照单全收，没有考虑父权主义对这些话语的影响。这种无批判的继承会将中国女性置于西方知识系统的精英话语之下，在传统力量和殖民权威中遭受多重烙炙。

像1977年出版的《女性身体使用手册》（*Woman's Body: An Owner's Manual*）（Diagram Group, 1977）就是典型的医科崇拜。在书的前言中写道，"本书的编辑收集了大量最前沿的医学研究和统计数据，将其整合成明晰准确的术语"，编者们还称，"对自己身体功能和发展的准确认识将提升女人的自信，让她更加欣赏自己"（p.i）。这其中蕴涵的意味就是，清晰地、准确地的使用医学解剖学语言作为标签，是女人重获自己身体、重建正面自我意识的关键。医学解剖学语言的应用加剧割裂着女性身体，将之分为不同的部分，每一部分在女性身份的建立中都被委派了不同的重要性和功能。

香港的很多官方文书，譬如《中学性教育指引》（香港教育署，1986），通常都很强调教育年轻人"性解剖学和生理学，性行为、心理和性卫生"，但却"没有涉及任何会引起较大争议的问题，比如性变异、娼妓问题和色情作品"（Ng, 1998：32）。我们认为这是西方医学话语的渗透延伸，通过知识的传播普及到世界各处。在这种话语策略下，阴道被定义、被区分，也被认为是女性气质客观的普遍的记号。

多森（Dodson，2001）注意到，女性会用不同的词汇来称呼女性生殖器。她自己比较喜欢用的一个词，是盎格鲁－撒克逊词汇里的cunt（阴部），而这并非医学词汇。尽管如此，她还是认为女性在性接触中能大声地、毫无忌讳地按自己的意愿或习惯说出她们生殖器的名称是非常重要的。她还论证道，对于女性来说，性快感产生的最主要器官并非阴道，而是阴蒂。换句话说，这个新说法要求女性使用权威词汇以及训练自己使用某种"公告"般的说法，这从某个程度上支持了医学话语。正如《阴道独白》里所讲的，把这些词汇说出或者唱出也是一件很激励人心的事情。

女性也需要在自己的身体器官中找到一个性快感的终极来源。这些建议都有利于"恰当的女性气质"新观点的建立（Ho & Tsang, 2002）。这个观点与玛格丽·伍芙（Margery Wolf，1985：112）提出的"成为一个恰当的中国女性"有少许不同，而西方女性主义概念当时在香港还未被人熟悉。这些西方概念构成了另一种教导妇女如何成为"好"女人——她应当如何表现、感知和理解她自己的身体——的规范期望的规管符码。它以一种霸道的父权的姿态支配了女性本是形态各异的经验和表达，包括语言的应用。

这种规范式的论点是非常令人不安的，尤其对于非西方、殖民统治下的女性来说。首先，相对于英美国家而言，中国文化并不主张公开的口头交流。另外，这个论点也漠视了女性在不同情境下的身体经验，因为在不同的背景和环境中，女性的情欲变化是很丰富的。在不同的亲密关系和境遇中，身体的唤起和愉悦部位都会不同。用福柯的话来说，现代科学学科的"客观现实"知识令个人成为"规训的身体"，把他们征召进日渐增殖的"全球化"和"大一统"的知识和权力技术中（Foucault, 1980：94）。本文的目的是讨论女性的主要器官究竟是阴道还是阴蒂这一论点，如那些大一统的宏大的话语所述，所有女性在高潮的时候都是由同一个性器官来感知和体验的。我们强调，如此单一的个人特性实际上是非常局限和危险的。医学话语中将某一个器官视作快感的终极来源是对个人身体的一种"客体化"技术（Foucault, 1980：84）。

● 超越"恰当"标签——多元的语言和扩大的话语空间

"恰当"的标签往往是由某个议程的鼓吹者提出来的。如上文提出，香港的性教育工作者沿用了西方的医学术语，他们努力宣扬语言是讨论"性"的唯一合适的途径。由于医学语言在香港被广为传播，大部分香港女性都知晓"正确的"医学解剖学术语。但是她们中的大多数都选择用其他的词汇来表达。我们不想把这诠释为屈服、压抑或是静默。相反的，我们可以将其视为一个话语多元化的标志，也是主体语言在两性私密空间中的崛起。我们从被访者口中听到了不同的词汇，比如"下体"、"私处"、"那里"，还有"下面"。有些人说他们还听说过其他的词，譬如色情电影中的"唇唇"。有一位女性说她在泰国看表演时听过把阴道称为"小唇"的，还有一个称她听过"BB（婴儿）"、"妹妹"、"腿缝"和"鸡鸡"。

简要回顾西医语汇中性器官名称的中文翻译，有助于我们厘清错综复杂的"恰当"语言之争。大多数"恰当"的性器官医学名词都有相对应的中文表达，包括"阴"和"阳"这两个词根。英文中的vagina是"阴道"，clitoris是"阴蒂"，而labia为"阴唇"。Penis可以是"阳具"，也可以是"阴茎"，scrotum则为"阴囊"。值得一提的是，很多人以为"阴"总和女性相关而"阳"总和男性相关，但在我们的语言系统里，阴阳总是相辅相成的，任何事物都有阴阳两面。这一套阴阳语汇也可以用在艾滋病检测中，指的是结果的"阳性"还是"阴性"，或者用"阳"来指代"明"的"显露"的事物，"阴"指代"隐藏的"、"不显"的事物。在中国语言中，传统的形而上的阴阳学说已经融入了几乎所有的领域，包括情欲、欲望和身体的亲密关系。

虽然传统语汇并不一定与医科和学术圈推崇的"恰当"术语同样的语言特性，但后者已经被前者改变了。因此，当一个女人用英文说vagina，而一个香港女性用广东话说"阴道"的时候，我们不能认为二者具有全然相同的含义。

有些受访者在谈及阴道高潮和阴蒂高潮的时候都使用了"恰当"的术语，但她们也意识到语言的使用与环境很有关系。一个叫阿芳的女生表示，在课堂、研究访谈等比较正式的场合，或者和女性朋友在大学里聊天时，她都会用那些"恰当"的词语；但与男友一起的时候，她就会用其他的词汇，包括粗话俗语。① 阿芳说，自己不想使用那些显得"太过正式"而且"很无趣"的词汇与男友交谈。她是组内少数几个表示会用各类词汇包括那些被认为较粗俗的词汇的女生之一。她觉得即使是在较熟悉的男性朋友面前用这些词汇也没有问题。这表明语言的使用是有选择性的，可能与性别有关，也与亲密程度有关。这也对"恰当"语言对女性情欲的自由表达最有效的说法提出了质疑，强调了另类语言作为一种象征性资源，在女性建立情欲表达和亲密关系的自我空间方面具有很大的潜力。

我们特别感兴趣的是粗俗语言的使用，因为这通常都被认为与这些受过大学教育的女性应有的"恰当的女性气质"不符。当这些女性使用这样的语言并将之视为一种更亲密的表达方式时，她们实际上已经在作出一种抗争，就是米勒（Miller, 1997:116）所称的在"挣脱（作者注：或仅仅是嘲弄）规范"时的"悖逆的不敬"。确实，许多被访者都承认，在说话时用这些词汇能体验到一种快感，她们还很乐于告诉组内其他的人，她们还会用什么样的词汇称呼她们的性器官。但得体适当的规范和言行对于其他的组员来说还是显得很重要。对于大多数女性来说俚语是能够被接受的，但她们通常不会使用一些赤裸裸的粗俗语言词汇，比如"屄"（粤语为"閪"）或"臭屄"。多娜就是一个典型的例子。她不喜欢这些词汇的低级意味，"都是粗俗的，特别是在你可以选择使用其他更得体的语言的时候"。她们通常自己不会说，也不喜欢听到男性使用这些粗俗语言。像多娜这样的女性更习惯"恰当"的术语，特别是在男性谈论女性的场合中。多娜和阿芳在态度上的截然不同，启发我们关注人在对话中的角色。阿芳把自己定位为对话中的说话者，因此她不觉得这些词是下流不敬之语；而多娜作为对话中的接受方和听者，则不喜欢听到男性说出这样的词汇。② 非常重要的是，要去关注年轻女性如何通过创造或使用不同的尤其是那些与科学或学术准则背道而驰的词汇和形象，去争取自主、提升自我掌控。"命名和重命名的过程是政治的，它挑战了现存社会秩序，捣碎了身份的固有概念。"（Ho & Tsang, 2000）

---

① 在广东方言里有一些粗俗语汇，大概等同于英文中的"cunt"、"prick"和"fuck"。俚语不登大雅之堂，但在民间是比较容易被接受的。这里面的许多词汇都非常本地化，如："啵嘢"，意为性交；"勾女"，意为引诱女孩子等，从而也比较难翻译成适当且传神的英文对应词汇。

② 相似的模式在其他对话场景中也有体现，比如在北美，nigger（黑佬）和queer（荒唐古怪的）都是不敬用语，但有些时候它们被特意采用为自我指称的策略，用以识别和抗争。

● 语言之外——纯洁与危险的规训

规训存在于语言内外。我们甚至可以认为，非语言的规范手段往往更有效，因为它更为含蓄隐秘，鲜为人所关注。如米勒（Miller，1997）论述，恶心厌恶往往体现在身体、脏器的本能层面，以自然的、直接的、自发的形式"归属于"一个主体；而研究美感的社会差异性则告诉我们，人们对于美的评判很大程度上受到社会文化因素的影响。在香港的殖民背景之下，与本土中国人的身体相比，西方人的身体具有了更高的审美价值（Ho & Tsang, 2000）。女性则在教化下对自己的身体和机能特征感到羞耻和厌恶。研究中的很多被访者对她们的容貌、形体、肤色、生殖器的味道乃至阴毛都表示了厌恶。包括经血在内的分泌物和排泄物常常和负面的厌恶情绪和感受联系在一起。最常用的粤语词汇，如"肉酸"（意为难看）或者"核突"（意为恶心），都具有强烈的脏器层面的含义，近乎于反胃、恶心、作呕。在这里，身体的隐喻把我们带入了对身体部位的紧密联想中。

在香港的日常社会话语中，"肉酸"和"核突"往往被用来界定话题的可说性，把一些不应该说的东西划到界外。在"恰当女性气质"灌输下成长的"好女孩"是不应该说和做那些"肉酸"与"核突"的事情的。把女性性器官及其功能归于此类性质，是社会规范女性身体的新的层面，它把身体美感滥用为又一种象征性资源。阿芳在第一次认真观察了自己的生殖器后忍不住叫道："噢，好恶心啊！"这种厌恶感与"恰当的女性气质"的另一层表征相关，那就是干净和纯洁。另一个受访者塔丽说："我的第一印象是它（生殖器）是肮脏的。我想是因为它的颜色吧。我开始担心是不是因为我没把它洗干净。"多娜补充道："气味很难闻。有时候我觉得挺尴尬的。"而卡瑞把阴毛形容为"肮脏、潮湿、乱七八糟、气味难闻"，小时候她还试图把阴毛剪掉，希望自己"看起来能更整洁"。

几乎研究中的每个人都觉得女性性器官对于她们来说是个问题，因为它脆弱、危险、难以控制。她们的女性长辈教导她们要注意潜在的危险和污染。在去沙滩游泳的时候，吉吉的表姐告诫她要"小心沙子"，也要"更加细致地清洗那个部位"。因此，她很担心，觉得"很容易就有脏东西进去了"。妈妈级或祖母级的女性也会经常告诫自己的女儿孙女"不要坐在公厕的马桶上"，因为"病菌入侵会引起疾病"。比如凯西的母亲就经常提醒凯西要仔细清洁。凯西按妈妈所说，结果洗到发痛。她遇到了一个两难问题：如果她太仔细清洗，反而会增加发炎的机会。

生殖器虽然和乳房同为女性性征，却遭受了极大的负面评价。例如贝蒂就说：

"我觉得男人通常都是被女性的胸部吸引,而不是下体。女人跟男人不同就是因为她们的胸部。"这大概反映了一种由社会因素促成的美学观念,把女性胸部看做男性欲望之所在(Latteier, 1998: 998),而女性生殖器则被归入恶心和耻辱的范畴(Miller, 1997)。

女性对月经的反应则更为强烈和明显。瓦拉形容月经为"分泌物、难闻、陈腐"和"麻烦"。兰西把月经看做是身为女人的一个负面之处:"我很喜欢做一个女孩子,但如果能把月经移到男孩子身上那就更好了。"这两个女孩子和很多其他受访者一样,都说她们的经期是不舒服的,而且觉得经血"很令人恶心"。温蒂说经血"会让周围都变得肮脏"。她还觉得经血颜色棕红,看起来就不是"新鲜"血液。这种负面的审美源于一种社会强加的秘密性。月经在男性面前甚至是男性家庭成员面前都是一个禁忌话题。塔丽回忆道:"我第一次月经的时候,我妈妈说,'别告诉你爸爸'。"这种秘密性在学校的性教育中被加强和巩固。方妮就说,学校关于青春期变化和月经的课是男女分开上的,"男生在课后总会嘲笑一下我们"。

在这种高度耻辱和难堪的气氛中,在失去支配和隐私的环境下,香港女性对自己的性器官及其功能甚至是整个身体都产生了羞耻感。一方面,"她们的身体成为了她们自己怀疑的对象,害怕会对它失去控制"(Lee, 1994: 349);另一方面,她们学会了如何通过个人清洁卫生和提高对身体控制的意识来处理这些威胁,在波多(Bordo, 1993: 167)看来,是"用理性的头脑来控制蛮横的、不可靠的身体"。这种净化的功夫不仅仅关乎个人卫生,恐怕更是一种为保持纯净与天真(二者皆是"好女孩"之美德)、降低精神耻辱所作的努力。

这种对洁净、纯真的不懈追求在处女情结中得到了印证——贞洁正是"好"女孩的终极表现。贞操教育是恰当女性气质规范中不可或缺的一部分,要求女性小心处理她们的身体。在香港,正如在很多受父权主义影响的文化里一样,女性的贞操被赋予的社会意义与道德意义要远超男性的贞操。从孩提时代开始,女性就被教导如何在危险面前保全自己的身体不被侵犯,从而保持纯洁和童贞(Ho & Tsang, 2002)。许多女性感到自己的个人成长受到了传统观念的束缚。若男性步步向前,她们应当退后防卫,避免性的发生。这是一种因应社会要求、"害怕在'婚姻市场'中降低身价,害怕变成'处理品',害怕损坏名声"而产生的自我规范(KaMen, 2001: 189)。许多女性也意识到自己内化了这些观念(Philips, 2000)。昆妮就说道:"我的家庭挺自由的。就算我打扮得很时尚、很吸引人,甚至化化妆都是无所谓的,但是我知道扮性感、寻欢作乐就很轻贱。"基蒂所说也证实了这种贞操观念:"女孩子不应该太随便。谁愿意娶一个通晓性爱、经验丰富的女孩呀？"她们被提醒发生强奸和意外怀孕的可能性，并且经常接受关于这个世界有多危险的信息。因此，如格拉斯所说，女性必须自己保全和小心自己的"安全和贞洁"。她还说她和姐妹们从来都不用出去做这做那，都是兄弟们去做，因为"单独待在公共屋村里是很危险的"。丽丽就深受这种潜规则的影响："我绝对不会告诉我妈妈我和男友有性关系。我妈妈总是说，如果我怀孕了，我爸爸会杀了我。"显然，年轻女性面对主流性别观念和审美意识时都有着不小的压力。接下来我们将分析，女性如何在新凸现的机会面前，在不违背她们与日俱增的性自主的前提下，以不过分激烈的方式，去挑战阴柔的"性"理想（Bennett, 2002）。

● 存在、身份和抵抗的策略

关于"恰当女性气质"的规范既是规训性的，又是促进性的。用布特勒（Butler，1997：84）的话来说，任何规训、规则都是"一种限制，没有了它，主体的制造将不能实现，而主体就是在这样的限制下被造出来的"。被访者们对于如何抵制这些规范和限制有着非常有趣的叙述，他们在自己的空间里运用多重身份去维护与坚持自己的存在。他们积极地重新书写自己的身体，而这也是对他们的自我的一种重新书写。

这种关于"恰当女性气质"的规范通过缄默或者通过使用"恰当"语言来实现。如前文所提，受访者各有各的语言实践，各自选择或创造出不同的话语空间，吸收了"恰当"语言但不受其限制。他们没有在社会制造的厌恶屏障中异化自己的性器，而是独辟蹊径，即使为此受到训诫和忠告，也会积极探索身体的"禁区"。作为本项研究的一部分，很多受访者分享了他们在镜子面前探索自己性器和身体的经验。虽然他们中的一些人最后还是觉得厌恶，但这种尝试至少说明了在厌恶基础上产生的禁忌也许令这种探索变得更容易。正如特丽莎说："它是我身体的一部分，它跟我一起为人这么久了，我应该好好地熟悉它才对。"

对身体的探索与另外一种逾越了文化抑制和女性主义反对之声的实践相连，那就是色情消费，这在香港是唾手可得、物美价廉的。色情电影普遍被认为是男性凝视的产物，因此有些女权主义者批评其为父权主义统治的延伸（Dworkin, 1981; MacKinnon, 1993）。然而，色情消费也可以视为主体为表达自我欲望而找寻的自主彰显的方式（Cornell, 1995）。受访者的叙述表明，在香港这个性信息被重度规管的社会环境下，这些作品提供了大家非常想要得到却通常很难得到的信息，既作为一种自我的参照，也是和意气相投、信得过但又被边缘化的朋友共享的叙述空间

（Chou & Chiu, 1992; Ho & Tsang, 2002）。从理论上说，商业色情作品和情色艺术之间的界限是很难界定的，尤其当我们拒绝承认色情作品其实也是一种承载于物质数据中的客观产物时。我们的受访者对于二者的区分不甚明显。其中有许多人认为这些资料是启发性的，是一个让她们能更加认识自己身体和男人身体的途径，也提供了很多她们在平常渠道下得不到的知识和信息。贝瑞丝有如下叙述："我不知道在哪里能得到我想要的关于性的东西，除了色情电影。它可能是我唯一能学到东西的途径，并能和别人讨论，挺有意思的。"但色情作品的构成，以及它的影响都是很模糊的："我以前每天都看《东方日报》（香港当地的热门报纸，当中带有明显的色情图文内容）。它是我们的家报。我对其中的半裸女人照片感到好奇。（Celia 版权年）"

因此，看色情电影可以被视为这些年轻女性与身体沟通、连接的一种尝试。在她们自发的目标里，色情电影可以帮助进一步的探索和连接，比如自慰[①]或自我取悦。比如，卡瑞说："我在 *Yes* 杂志（一本通常载有性内容的青少年杂志）中学会了自慰。我们在班上传阅。我们很喜欢杂志里一个关于性的特别栏目。"玛丽说："我试过想象过自己做（自慰）。它是我的幻想。以前我甚至不知道有自慰这回事。我脑海里会想起电影里的一些浪漫片段。"这些例子展示了色情数据在年轻女性对知识的追求、自我定位和女性身份协商中所起到的重要作用。

在自慰中，女性身处一个不确定的空间，她们的身体既是主体又是客体。有时候甚至连自慰意味着什么也是不确定的。有些受访者在自慰中没能达到高潮，她们会怀疑"那算不算是自慰"。在她们的经验中，关于自慰是女人作用于自己身体而达到性愉悦的方式的流行说法并未得到一致印证（Bartky, 1998）。触碰、摆弄自己的性器并不一定能达致想象中的愉悦。乔菲在做完她不应该做的事之后说道："我不觉得还需要进一步探索我的身体。我只是没觉得自己的身体或性器官有什么大不了的。"多娜有类似的说法："我碰触过自己。但这并没有令我兴奋起来。我是从《姊妹》（*Sisters*，香港的一本女性杂志）上知道的。我没觉得触摸自己有什么乐趣。"

在自慰中躯体自我同时作为客体和主体的经验必须要和相互关系中的经验相对照。有一部分受访者将自慰的经验与和伴侣的性经验作对比。阿芳意识到了自慰中的性别差异，她说："男性自慰是可以的，但女性就不行了。女人要承认自慰行为是件困难的事。跟别人说你和别的什么人发生性关系总比告诉他们你跟自己发生性关系要容易。"她这番话显示了社会规范下对女性两性关系的要求。多娜说当她

[①] 英文单词 masturbation 在中文里并无确切的对应词汇。中文（粤语）中至少有三个词可供选择："自渎"、"手淫"和"自慰"。

和男朋友"做"的时候,"是关乎爱和性的,但当你自己做的时候,就只是关乎性了"。这里面蕴含的意思,也是被社会广泛认同的,就是没有爱的性无论是道德层面上还是审美观念上都是低层次的。例如,阿珍对此就表示认同,她强调:"女孩子认为爱比性重要。"而阿徐更进一步说明:"性的质量并不重要,因为它只是一个点缀。最重要的是爱和感情,因为它们是长久的。"

受访者中的大多数人甚至所有人对自慰的经验都只是负面的。很多人都说,自慰更让她们体会到孤独,因为她们似乎没有别人,只有自己。在主流话语中,没有男性性伴侣而造成的孤独状态背负着负面含义,正如像婚姻那样的被制度化了的有伴侣状态通常被认为是大多数女人所渴望的那样(Geller, 2001)。根据这样的准则,女人是不应该取悦自己的。社会规范下的异性伴侣制度确保她的"优雅"和"无私",她必须为满足她的男人发挥重要作用。因此,"监管和自我监管是女性主体性的主流特质:她们必须自持、谦恭、兼顾他人的情绪和需要"(Frost, 2001:195)。

但是社会并没有让这种监管真正实现"自我"的性质。规训性的监控无处不在,并且充满阶层味道。有一位受访者格拉斯曾被母亲发现她在自慰,她回忆道:"我妈妈并没有当面责备我,但我听到她对我阿姨还有表姐们说她很担心我。她开始留意我,也会在我上厕所过久的时候来敲我的门。"尽管有如此严格的监管,格拉斯还是教会了她的两个妹妹如何自慰。虽然这在受访者中是不常见的,但也表明了格拉斯的抗争,这也是她为自己争取女性存在的一种策略。这也许是为争回自己性身体并为之做主而迈出的一步。她两个妹妹的参与既是一种同盟的建立,也是她自己生活空间的扩展。

● 挣脱限制身体愉悦的枷锁

当女性体会到她们自身身体的愉悦时,她们便向关于"恰当女性气质"的规范准则发起了最终挑战。在香港的社会环境里,主流的关于"恰当女性气质"的规范假设了年轻女性婚前的零性经验。任何形式的性探索尤其是和男性发生的性行为都被认为是一种越轨。女同性恋的性更加被缄口禁语,甚至完全噤声。父权话语总是认为,年轻女性应该要被"保护"于性之外,而异性婚姻是性行为能存在的唯一空间。它并不鼓励女性在婚内自己找乐子,而是要求她们在自己男人的欲望面前压制自己的欲望。婚前性行为在这样的准则下是不被认可的。资本主义经济模式也要求女性为了教育和工作推迟婚姻。因此男性性需要的满足取决于女性的性可用度。香港的婚前性现象因此卡在"自由主义"话语和"传统的"禁止准则之间,前者主要体现在商业化媒体中,受到男性中心利益的驱动,而后者则主要出现在家庭和学校环境中。这造成了复杂的各股力量之间的角力,一方面是对婚前性行为越来越大的容忍度,另一方面却是继续的男女有别的压制。

在性欲望表达既被鼓励又被禁止的情况下,女性陷入了如同流沙般的境地。婚前性行为的发生,既可能是女性对禁止准则的抗争,又可能陷入男性中心主义性行为之诈。在主流话语下,年轻的单身女性应当争取与男性建立"充满爱意的稳定的"关系,进而发展成婚姻。在这样的关系中,女性通常需要用她们的身体去取悦男性伴侣,或允许她们的身体被男性所用,哪怕因此引起自己的生理或心理痛苦。受访者那些被迫接受性行为的痛楚例子清楚地说明了这一点。

但不是所有受访者都会作出如此让步。有些人非常积极地确认和证实自己对快感和愉悦的需要。方妮、多拉和劳拉讲述了她们是如何通过帮助自己和鼓励伴侣达到高潮的。她们认为应当巧妙地协调和伴侣间的权力关系。在亲密的场合下,许多人会选择保持安静。莱珍和素梅相信,在亲密关系中默契比公开明说要好。有趣的是,这些女生对于愉悦的各种描述都没有局限于某个特定的生理部位,比如英提到了其他的部位,例如颈部。她说:"我通常对亲吻不是很有感觉,但当我男友亲我耳朵的时候,我会很兴奋。那很浪漫,但不只是浪漫。我'生理上'对此反应很强烈。"

她们中的大多数人强调,她们渴求的是整个身体的经验,而不仅仅是局限于性器官。弗罗伦斯说:"人们都说如果你达到高潮,有好几秒的时间你都会感觉一片空白。如果这是真的,我想我最多只有过一到两次。做爱并不只是关乎高潮。其实不一定非要高潮才能带来安适和愉快感。"劳拉觉得在性爱之前应该有些别的什么。"我觉得他关心我是很重要的。而性可能和这个毫无关系。"看来女性有很多不同的方式令自己享受性爱。欲望和性欢愉可以是无言的,尽在当下,可以没有高潮,非工具性,也不局限于医学上对于女性性器官的描绘。如艾瑞格雷(Irigaray, 1997:252)论述:

> 女性的性器官无处不在。她几乎所有部位都能感受到愉悦。即使尽力避免她全身性的歇斯底里,她的愉悦还是遍布各处,以更多、更不同的形式出现,比通常想象中的更复杂,更细腻微妙——我们的想象总是太局限于那些相同之处。

● 结语

西方的医学话语以其大一统的客观性和科学性成为对女性身体进行社会干预和规范的主要工具。对这套话语的批判运用必须跨越它所谓客观和科学的知识，以及它对人类经验领域的支配倾向。对医学与解剖学语言的运用，即使是在以知识主张和规范实践见称的女性主义话语中，都可能会不经意地造成女性与医学体制的捆绑，从而限制了她们重新想象和重塑自己身体的可能方式。标准化的医学词汇和描述支撑起的是对身体的传统想象，因此更固化了制度化的规训实践。

本研究记录了参与者描述自己性经验时所进行的各种语言实践。越来越多的命名和叙述策略成为了颠覆医学语汇统治的开始。研究的受访者展示了一种语言运用和性实践之间有趣的并行，两者皆同时具备叛逆和顺服的特性，虽然另有证据表明主流话语系统的元素早已被内化。对女性关注生殖器的规训在不同的情境下有不同的方式，于是出现了林林总总的规训实践，包括"恰当女性气质"，或者说是在社会规范下身为女人的准则。这些规训实践不仅不能阻止各种可能性的出现，很多时候还恰恰推动了各种可能性的出现。强调纯真作为女性必备特质的好女孩/坏女孩二元对立（Philips, 2000）受到了挑战。受访者的叙述使我们重新审视现有的理论和分析概念。现在我们已经不可能认为压迫和自由、规训和反抗之间只是简单机械的划分；恰恰相反，复杂的角力总会发生在对主流话语的内化和再造以及意义协商、另类表述、试验、建立主体性、追求愉悦这二者之间。受访者对自己身体部位的命名和他们所做的某些事情——例如在镜子面前观察自己的性器、自慰、触碰和探索自己的身体、阅读情色文字、观看色情电影、与男友一起进行性探索等——都颠覆了把女人视为被动性的客体这种话语实践。对于她们中的一些人来说，追求性愉悦是自身性器官、作为女性而存在的、全身心的经验。她们的叙述有力地表明了她们如何为自己重塑关于生殖器的话语和表现形式。虽然这种重塑时常伴随痛苦，有时也难免失败和让步，但她们的表述作为日常语言实践的一部分，已经让我们大开眼界，重新认识了人类经验领域的千变万化。

（何式凝　曾家达）

Ho, P. S. Y., & Tsang, A. K. T.（2005）. Beyond the Vagina-clitoris Debate: From Naming the Sex Organ to the Reclaiming of the Body. *Women's Studies International*

Forum, 28, 523-534.

参考文献

Ahern, Emily M. (1975). The Power and Pollution of Chinese Women. In Margery Wolf (Ed.), *Women in Chinese Societies*. Standford, California Stanford University Press.

Bartky, Sandra Lee (1990). *Femininity and Domination: Studies in the Phenomenology of Oppression*. London: Routledge.

Bartky, Sandra Lee (1998). Foucault, Femininity and the Modernization of Patriarchal Power. In R. Weitz (Ed.), *The Politics of Women's Bodies: Sexuality, Appearance and Behaviour*, pp. 25 - 46. New York: Oxford University Press.

Bennett, Linda. R. (2002). Modernity, Desire and Courtship: The Evolution of Premarital Relationships in Mataram, Eastern Indonesia. In L. Manderson, & P. Liamputtong (Eds.), *Coming of Age in South and Southeast Asia: Youth, Courtship and Sexuality*. Richmond, Surrey Curzon.

Bordo, Susan (1993). *Unbearable Weight: Feminism, Western Culture and the Body*. Berkeley: University of California Press.

Butler, Judith (1990). *Gender trouble*. New York: Routledge.

Butler, Judith (1997). *The Psychic Life of Power: Theories of Subjection*. Stanford, California: Stanford University Press.

Chapkis, Wendy (1986). *Beauty Secrets: Women and the Politics of Appearance*. London: The Woman's Press.

Chow, Rey (1998). *Ethics After Idealism: Theory, Culture, Ethnicity, Reading*. Bloomington IN: University of Indiana Press.

Chou, Wah San, & Chiu, Man Chung (1992). *Pornographic phenomenon: I am Looking at Porn Looking at Me*. Hong Kong: Subculture Publishing (in Chinese).

Cornell, Drucilla (1995). *The Imaginary Domain: Abortion, Pornography and Sexual Harassment*. London: Routledge.

Crabtree, Benjamin F., & Miller, W. Lash (Eds.). (1992). *Doing Qualitative Research*. Newbury Park, California: Sage.

DeLamater, John D., & Hyde, Janet S. (1998). Essential Versus Social Constructionism in the Study of Human Sexuality. *The Journal of Sex Research*, 35, 10 - 18.

Diagram Group. (1977). *Woman's Body: An Owner's Manual*. US: Paddington Press Ltd.

Dodson, Betty (2001). *Anything Except Vagina*. http://www.bettydodson.com/novagina.htm.

Douglas, Mary (1966). *Purity and Danger: An Analysis of Concepts of Pollution and Taboo*. London: Routledge.

Dworkin, Andrea (1981). *Pornography: Men Possessing Women*. New York: Perigee, pp.

248-257. New York: Columbia University Press.

Education Department, Curriculum Development Committee, Hong Kong (1986). *Guidelines on Sex Education in Secondary Schools*. Hong Kong: The Committee.

Ensler, Eve (2001). *The Vagina Monologues*. New York: Villard.

Evans, Harriett (1977). *Women and Sexuality in China: Female Sexuality and Gender Since 1949*. New York: Continuum.

Fine, Michelle (1992). *Disruptive Voices: The Possibilities of Feminist Research*. Ann Arbor: University of Michigan Press.

Foucault, Michel (1976). *The History of Sexuality*, Vol. 1. NY: Pantheon.

Foucault, Michel (1977). *Discipline and Punish*. United Kingdom: Penguin.

Foucault, Michel (1980). *Power/Knowledge: Selected Interviews and Other Writings, 1972-1977*. Colin, Gordon (Ed. and Trans.) Brighton, Sussex: Harvester Press.

FPAHK (1986). *Adolescent Sexuality Study*. Hong Kong: Family Planning Association of Hong Kong.

FPAHK (1991). *Youth Sexuality Study, in-School Youth*. Hong Kong: Family Planning Association of Hong Kong.

FPAHK (1998). *Youth Sexuality Study 1996*. Hong Kong: Family Planning Association of Hong Kong.

Frost, Lisa (2001). *Young Women and the Body: A Feminist Sociology*. NY: Palgrave.

Geller, Jacyly (2001). *Here Comes the Birds: Women, Weddings, and the Marriage Mystique*. NY: Four Walls Eight Windows.

Greer, Germaine (1991). *The Female Eunuch*. London: Paladin.

Greer, Germaine (2000). *The Whole Woman*. New York: Anchor Books.

Grosz, Elizabeth (1994). *Volatile Bodies: Towards a Corporeal Feminism*. Bloomongton, Ind.: Indiana University Press.

Grosz, Elizabeth, & Probyn, Elspeth (Eds.) (1995). Animal Sex: Libido as Desire and Death. *In Sexy Bodies: The Strange Carnalities of Feminism*. London: Routledgs.

Haraway, Donna (1991). *Simians, Cyborgs, and Women: The Reinvention of Nature*. NY: Routledge.

Hite, Shere (1976). *The Hite Report: A Nationwide Study on Female Sexuality*. NY: Macmillan.

Ho, Petula Sik Ying, & Tsang, Adolf Ka Tat (2000). Negotiating anal Intercourse in Inter-racial Gay Relationship in Hong Kong. *Sexualities*, 3 (3), 299-323.

Ho, Petula Sik Ying, & Tsang, Adolf Ka Tat (2002). The Things Girl's Shouldn't See: Relocating the Penis in Sex Education in Hong Kong. *Sex Education*, 2 (1), 61-73.

Hogben, Matthew, & Byrne, Donn (1988). Using Social Learning theory to Explain Individual Differences in Human Sexuality. *The Journal of Sex Research*, 35, 58-71.

Irigaray, Luce (1997). The Sex Which is Not One. In K. Conboy, N. Medina, & S. Stanbury

（Eds.），*Writing on the Body: Female Embodiment and Feminist Theory*. NY: Columbia University Press.

Jurich, Joan A., & Myers-BowMan, Karen S.（1998）. Systems Theory and its Application to Research Human Sexuality. *The Journal of Sex Research*, 35（1）, 72-87.

Kristeva, Julia（1980）. *Desire in Language*. New York: Columbia University Press.

KaMen, Paula（2001）. *Her Way: Young Women Remake the Sexual Revolution*. New York: New York University Press.

Kinsey, Alfred, & Institute for Sex Research, Indiana University（1953）. *Sexual Behavior in the Human Female*. Philadelphia: Saunders.

Latteier, Carolyn（1998）. *Breasts: The Women's Perspective on an American Obsession*. New York: Haworth Press.

Lee, Janet（1994）. Menarche and the（hetero）Sexualisation of the Female Body. *Gender and Society*, 8（3）, 343-362.

Leung, Benjamin K. P.（1995）. Women and Social Change: The Impact of Industrialisation on WoMen in Hong Kong. In V. Pearson, & B. Leung K.B.（Eds.）, *Women in Hong Kong*, pp. 22-46. Hong Kong: Oxford University Press.

Longmore, Monica A.（1998）. Symbolic Interactionism and the Study of Sexuality. *The Journal of Sex Research*, 35, 44-57.

MacKinnon, Catherine（1993）. *Only Words*. Cambridge, Mass.: Harvard University Press.

McWhirter, David P., Sanders, Stephanie A., & Reinisch, June M.（Eds.）（1990）. *Homosexuality/Heterosexuality*. New York: Oxford University Press.

Miller, William I.（1997）. *The Anatomy of Disgust*. Cambridge, Mass.: Harvard University Press.

Ng, Mun Lun, & Ma, Joyce Lai Chong（2001）. *The International Encyclopedia of Sexuality*, 4, 216-245.

Ng, Mun Lun（1998）. School and Public Sexuality Education in Hong Kong. *Journal of Asian Sexology*, 1, 32-35.

Philips, Lynn M.（2000）. *Flirting with Danger: Young Women's Reflections on Sexuality and Domination*. New York: New York University Press.

Pitts, Victoria L.（1998）. Reclaiming the Female Body: Embodied Identity Work, Resistance and the Grotesque. *Body and Society*, 4（3）, 67-84.

Smart, Carol（Ed.）.（1992）. *Regulating Womanhood: Historical Essays on Marriage, Motherhood, and Sexuality*. London: Routledge.

Sprecher, Susan（1998）. Social Exchange Theories and Sexuality. *The Journal of Sex Research*, 35, 32-43.

Tsang, Adolf Ka Tat（1987）. *Sexuality: The Chinese and the Judeo-Christian Traditions in Hong Kong*. Bulletin of the Hong Kong Psychological Society, vol. 19/20, pp. 19-28. Hong Kong: Hong Kong Psychological Society Ltd.

Under-aged Guy Has More Than a Hundred Sex Partners. (1999, December 6) Ming Pao, p. A2.

Vance, Carol (1984). *Pleasure and Danger: Exploring Female Sexuality*. Boston: Routledge and Kegan Paul.

Weeks, Jeffrey (1986). *Sexuality*. Chichester: Ellis Horwood/Tavistock.

Wolf, Margery (1985). *Revolution Postponed: Women in Contemporary China*. Stanford, Calif.: Stanford University Press.

Wong, Victor (2000). A Never-ending Obsession with Breasts. In V. Wong, W. Shiu, & H. Har (Eds.), *From Lives to Critique,* pp. 123 - 127. Hong Kong: Hong Kong Policy Viewers.

Young, Iris Marion (2005). *On Female Body Experience: "Throwing Like a Girl" and Other Essays*. New York: Oxford University Press.

身份认同与权力 IDENTITY

这几篇调查报告以男同性恋和异性恋女性为研究对象的文章，用以探讨在现代社会或新世界的秩序中，如何去重新定义身份与身份认同。在这里，读者会看到"同性恋"身份创立的过程，并检视"身份认同的繁衍流变"这一概念。

总的来说，这部分内容可以看作是对身份理论的反思和再阐述。值得注意的是，在这个阶段，我们仍然着重于以身份认同和sexuality性作为分析的框架与工具，而实证研究已经让我们隐约感觉到这一路向的不足，并开始寻找其他的方法与路向。我们其后对欲望的强调，恰恰是对此研究的回应和修正。

香港男同性恋者的身份认同：一种社会建构

本报告试图探索在男同性恋者开始将自己描述为"同性恋"时影响他的身份认同的各种社会力量与心理力量。我们试图去理解男同性恋者的身份认同如何在香港这个绝大多数居民是华人，但受西方影响超过一个世纪的社会中形成的。研究结果表明，男同性恋者对自己的身份认同不仅从同性恋行为中产生，还从环绕着同性恋行为的污名与种种异性恋信念里产生。在很大程度上，男同性恋者身份认同的获得，是对婚姻、家庭、性与社会性别角色等文化定义的回应，也是在限制同性恋的环境中处理文化带来的一系列困难并实现情感满足和性满足的方式。

香港虽然看上去是一座西方化的大都市，但无论是在法律、伦理、社会抑或情感层面上，都依然视同性恋为禁忌。香港沿袭了英国自1901年起实施的类似法规，在1981年颁布的《侵害人身罪条例》（*Offences Against The Person Ordinance*）中规定，对发生在男性与男性之间、男性与女性之间、男性与动物之间或是女性与动物之间的肛交行为，当事人所受刑罚低至罚款而高至终身监禁；对任何"严重猥亵"行为，即一名男性触摸另一名男性的生殖器，无论是在私人场合或公众场合，无论双方是否同意，当事人所受最高刑罚为两年监禁。

1980年，香港成立了法律改革委员会（Law Reform Commission），并在其中设立一个小组委员会，专门研究同性恋问题。这一委员会（1983）总结道："在香港存在着一个人数众多——接近25万人——的男同性恋群体，并涵盖了各种国籍与各个种族。"这一委员会建议将在年满21岁的男性之间发生的同性恋行为非刑事化。1988年6月，港英当局公布了一份试探和征求大众对此事的观点与看法的咨询文件。主要的看法有三种：不改变既有法律；减轻对"违法"男同性恋性行为的法定刑罚；将同性恋行为非刑事化。但该咨询的结果从未被发表。

这一议题自此被搁置起来，直至1991年，港英当局计划引入人权法案（*Bill of Rights*），并开始审查与修订和该法案相抵触的既有法律。当年3月，同性恋行为非刑事化议题被提交到行政局（Executive Council）进行讨论，结果行政局经过投票，以大比数通过下列议案：发生在成人男性之间、双方自愿参与、在私人场所进行的同性恋行为不再作为刑事罪行被起诉。但是，港英当局也认可法律改革委员会的议案，即：发生同性恋行为的合法年龄当为21岁，而非16岁这一发生男女异性性行为的合法年龄。针对与21岁以下男子进行同性肛交的行为，香港法律仍然保留了对当事人可判处最高刑罚为终身监禁的规定。香港法律从未禁止发生在女性之间的任何同性恋行为。

反对同性恋的人会从道德和社会变迁的角度去论证，同性恋者的行为是违反自然的，并且威胁到现存的社会和道德秩序，特别是在像香港这样的以华人占绝大多数的社会中。这一指控的关键论点是：同性恋违背了华人传统的社会结构与家庭结构中的性别角色与性角色。华人社会对人们在社会上和在私生活里的行为——例如性别角色、恋爱、婚姻、性行为等——都划定了何谓正常、何谓反常的严格标准。同性恋，尤其是男同性恋，常常被视为对建立在"男性角色至高无上"基础上的华人家庭和社会的既定秩序的挑战。

香港的华人家庭和社会在第二次世界大战后经历了许多变化。对于自1949年后从中国内地逃难来港的人们来说，家庭是经济和社会支持的主要来源。这强化了某种传统，即：家庭是个人的关注与忠诚的核心。华人家庭通常依靠并进而重视让儿子们通过获得很好的教育、经济独立、结婚生子来延续家庭的荣光。在20世纪60年代—20世纪80年代，即香港从发展中的工业经济体变为国际金融中心的转型时期，身为一个男人，意味着自己对教育、事业、恋爱和结婚等方面的选择是有限的。任何违背这一既定选择的男人只会招致反对与污名化。

同性恋激进主义在许多西方国家都有着自己的历史。但在香港，男同性恋行为在1991年前仍属于刑事罪行，所以当时香港基本上不存在任何有组织的同性恋群体，只有个别组织松散的同性恋群体，如十分之一会（Ten Percent Club）、启同服务社（Horizons）以及一个由数名基督教徒组织起来、对同性恋非刑事化进行游说工作的同性恋关注团体。除此之外，香港从未有过任何大规模的有组织的以争取同性恋权利为目的的尝试，这也使得同性恋者"在香港出柜"变得异常困难。香港的同性恋者在求职以及社会、政治等个人生活的各方面都有可能受到歧视，这种恐惧遏制了他们作为同性恋者在香港公开"出柜"的意愿。这一困难因为香港人口密集、地域狭窄的现实情况进一步强化了，因为这些现实让保持个人隐私与匿名性变得毫无可能。

本研究旨在描述华人男性在香港这个西方化的华人社区里如何"成为"同性恋者，相较其他发达国家与地区而言，同性恋的身份在香港又被附加了更加强烈的污名。本研究也试图去进一步了解男同性恋身份认同的形成过程，以促进对这一议题以及对同性恋在香港长期以来被视为某种刑事罪行这一事实的反思与讨论。

● 同性恋身份的社会建构

谁是同性恋？

建构主义者认为，人类的性别与人类的性是一个由各种潜在性和可能性构成的、混合的、开放的矩阵，并被各种特定的社会历史结构缩减和组织成某些特定的形式（Kessler & McKenna, 1985）。这一被运用到同性恋议题之中的理论基础的核心在于：个人的身份认同是如何被社会创造、被社会赋予并由社会维持的（Dank, 1979；Weinberg, 1983）。由此引申出的论点是：同性恋的身份是由个人生理之外的因素构建的。同性恋的身份是个人与社会之间的互动经过发展与延伸的结果。根据这一观点，学会成为一名同性恋者的过程，更多的是学会如何看待自己是同性恋者并运用这一标签去组织自己的需要、信念与个人历史的过程。

在哈勒（Harre）的理论框架下，身份的发展过程始于对社会中各种"理论"的借用。在未来的个人（孩子）与有能力的社会行动者（父母）以及孩子所遇到的其他社会行动者之间的心理共生与依附，让这一身份发展过程成为可能——于是包含在集体—公众象限中的各种"理论"被整合到关于个人想法和个体行动的私人世界中去（Harre, 1983）。哈勒（Harre）认为，为了理解一个人如何建立自己的身份认同，我们应当通过研究一个人如何开始描述自己以及自己与周边世界的关系而去说明这一过程。我们必须区分他从社会中挪用/借用的理论、为他提供各种信念的社会行动者、如何赋予这些理论以意义、他如何将这些理论转化为自己个人意义上的身份认同。在男同性恋者形成其身份认同的个案中，对下列过程的探索至关重要：他们怎样去认识、去理解"同性恋"这一标签，以及如何将这一标签运用到他们自己身上。

为了在香港这一特定情境下理解男同性恋者形成其身份认同的过程，我们需要提出另一个问题：人们如何获得与香港社会总体的价值观和期望不相符的"异常"身份或"负面"身份。本文通过探索三位华人男性自身与他们所在的社会群体之间存在的社会关系，讨论了他们形成自己"同性恋身份"的过程。我们会看到，一个人如何在异性恋性别主义主导的社会里重新获得对自我的主导权，如何将自己的身份认同与自己在他人期望中的身份认同相互剥离。此后，当我们提及"同性恋者"时，这一术语应当指的是那些学会了运用"男同性恋者"这一标签去定义自己的男性。

同性恋者的生活史

生活史方法是归于"人类档案"分类下的一种研究方法。这一方法的要点是着重将个人经历置于历史和文化当中。为了研究某个个人，研究者必须辨识出与此人的生活史互动的各种文化力量与社会历史力量（Plummer，1983）。这一方法与社会建构主义研究人类行为的方法高度兼容。

本研究有三位受访者。据其自称，他们都是成年的华人男性同性恋者，都具有同性恋的经历。三位受访者具有以下特点：（1）年龄范围从20岁出头到30岁出头（均出生于20世纪60—70年代）；（2）其同性恋关系各不相同，有的受访者与伴侣关系稳定，有的受访者与多人同时拥有关系；（3）都出生于普通人家，但其教育背景、社会经济背景以及在90年代所涉及的亚文化参与都各不相同，这些文化参与包括了与同性恋相关或不相关的各种团体活动。

访谈在1989年夏天至1990年3月期间进行。对每位受访者的单独访谈总时长各为6小时，每一次访谈占时约为1小时至1小时30分。受访者被授予了最大程度的自由，去讲述他们自己的生活经历、感情和看法。分析的重点在于受访者在这些过程中建立的关系以及形成的复杂互动。我们通过研究他们对自己生活叙述表达，以及他们如何运用"男同性恋者"这一标签去定义，我们可以理解，他们如何将社会的各种理论挪用/借用到自己的个人的信念体系中去，如何发展出自己的道德观和社会价值观，以及如何用自己的独特方式去运用它们。

● 同性恋身份认同的形成

桐的个案

桐的个案说明，中国男"同性恋者"接受了关于男人与女人的传统概念，但拒绝承担男性角色，拒绝肩负随之而来的家庭期望和社会压力。

桐是一个有名的广告公司的市场主管，在香港某大学获得市场学和经济学的学位。33岁的他与父母及兄弟同住在家庭拥有的公寓中。桐还靠创作性写作赚一点外快。他是个老烟鬼并且酗酒，穿着随便。他的社交范围包括城中的艺术界与文化界人士。他坚持每次访问都在一间他喜欢的意大利式餐吧中进行。他开一辆黑色的、崭新的私家轿车。

桐从小就喜欢玩本来是为女孩子们设计的各种玩具。他总是觉得自己有些不一样的东西，例如，他在性幻想中把自己想象为女人并与男人做爱。他在青春期时候，曾有过攒钱做变性手术的念头。

> 我小时候喜欢玩女孩子喜欢玩的东西。我也有一个青春期少女曾有的心理和渴望。我在家里总是做所有的家务，而且我的脾气也好得可以做个女孩。我曾将自己错认为女孩。当我有性幻想的时候，我在自慰时将自己想象为拥有女性的身体。我曾考虑过是否应该攒钱去做变性手术。但后来我认识到，我的行为并不是带着女孩子气，而是带着孩子气。这就是我为什么放弃了这个想法的原因。

桐在读中学的时候开始阅读到报纸和杂志上关于同性恋的文章。他与自己班上两个宣称自己是同性恋的男孩约会，其中一个男孩后来成为他的第一个情人。桐将自己的第一段罗曼史看做是一种肉体关系。

> 我们都喜欢男孩。这是我的第一次罗曼史，性关系。自此之后，我知道自己再也变不回来了，所以必须学会去接受自己。

桐长到了19岁，从那时起他觉得成为同性恋并没有什么不好，而此前他曾将自己关于同性恋的想法视为巨大的错误。不久之后，他的第一个情人远赴海外求学。

桐在大学时与异性恋男性有过几次没有结果的关系：他的一个伴侣是自己的同学，另一个伴侣是在业余表演中扮演过同性恋者的演员。与此同时，他开始与一位中学女同学约会。现在回想起来，他说当时他试图去扭转自己扭曲的心理。这并不是他与女性之间的唯一一段关系。在他开始工作的早些年头，他曾与一名女同事有过一段很深的感情。

> 我觉得与那个女孩很亲密，她也曾强烈怀疑她自己的性倾向。后来的结果显示，她还是喜欢有点男孩子气和男性化的女人。我曾经严肃地考虑过，我们"可能成为一对"。我们确实努力尝试过，但最终发现不可能。

他在24岁时遇到一位在某所美国学校里读书的18岁女孩。那位女孩子在离异家庭中长大。他们有过一段很深的感情，既有很多情感的和知性的交流，又有许多争吵和分歧。这段关系持续了很久，直到那位女孩子最后去了日本。他们还不时地保持联络。

> 我之所以喜欢她，主要是因为她在我们第一次约会时就告诉我她喜欢我，

她爱我，即便她从其他同事那里知道我喜欢男人。在很长一段时间里，我们彼此依靠、互相支持，当然也成了对方的负担。后来，我们每次一说话就会吵架，到现在还是如此。这是一段爱恨交加的关系，我很享受它。

桐迄今为止最重要的浪漫关系是与他在广告生意中遇到的一个客户。桐起初以为他是个同性恋，后来才发现他的伴侣涵盖了男性与女性。在桐眼中，这个客户几乎是个完美的伴侣：他会画画，他是生意能手，出身于富裕家庭。他对这个伴侣的唯一抱怨是：对方总是带桐去约会，然后开车带桐去自己家，听听音乐，和他做爱，再送桐回去。这种做法持续了好几年，桐在此期间曾好几次尝试分手，因为他感受到了自轻自贱。

桐最后得出的结论是：完美的伴侣是可遇而不可求的，因此不妨在静待佳偶时安之若素地发展其他关系。7个月前，彼得，另一位20多岁的年轻华人男子，搬到桐的家中，并在桐的父母和兄弟知情的情况下开始以伴侣身份与桐同住。但是，彼得的家人只知道彼得搬了出去和一个朋友同住。他们俩给自己买了一对结婚戒指，而且桐将此事告诉了一些密友。

桐的挫折感在与同性恋情人及异性恋情人的互动中不断增加，所以他对感情的信念和期望改变了很多。

最理想的就是最假的，例如，人心里常常会产生幻觉。恰恰是那种长相、正好是那种性格，刚好是那种感情，如果一切都那么完美，那一定是假的。在这个过程中，你会发现最真实的答案：它们从不存在。于是你需要改变，而且总是要妥协。现在和我一起同居的男朋友是"弱水三千，只取一瓢，纵非绝品，为吾所饮，即为最佳"。

个案分析

桐依靠两点来建立自己男同性恋者的身份。那些"不一样的东西"让他和其他人有两点不同：其一是他对男性有很强的性幻想；其二是他觉得自己有些女性化的气质。这两点都与桐所听说的关于同性恋的描述非常吻合。问题是：是否具有这两个特征的男性都"成为"同性恋了呢？还是说，桐只是在"获得了"同性恋的身份后，才回顾性地"使用"自己早年的儿时经验，以此显示这是他最自然的一部分？

我小时候没什么特别可谈的。基本上，我和我的小朋友们没什么两样。没什么不同。如果有的话，就是我有些特别的地方。我总是怀疑自己。究竟这是真的为了好玩还是什么？那时候，我已经开始关注任何我能接触到的关于（同性恋）这个话题的材料，不论是报纸还是杂志。只要与其相关，我都会去看、去听。

桐在接触到"同性恋"这个术语及其所有暗示后，又发现自我的认知和行为与这一术语相吻合，于是他开始用这一术语来标签化自己。伴随着他所能得到的越来越多关于同性恋的知识，他的自我认知愈发与社会所定义的以及他所接触到的"同性恋"相吻合。一旦他知道这样一群喜欢男人的男人的存在，一旦他明白情爱的发生并不限于男女之间，那么他是否去做变性手术就变得无关紧要。桐在20岁出头时认识到并接受了"同性恋"这一社会上现存的类别，这对他建立自己的同性恋身份而言非常重要。

桐这种自我标签化的过程，在他与那些他认为是同性恋的男性——例如被他称为"第一个情人"的中学同学，与他发展出"最重要的浪漫关系"的那个客户——的早期接触后就加速了。桐对这些关系的欣赏，让他自己认识到这样的感情是可以接受的，虽然他也留意到社会上对同性恋还是有很多负面的看法。

在桐决定"成为"男同性恋之后，他认为可以用"同性恋"这个自己新近获得的身份来解释自己此前的所有行为与感情。这也有助于他沿着已经学会成为的"男同性恋者"这条道路，去塑造自己的性幻想和欲望，以及重构自己的经历和记忆。

桐在访谈中称，他曾偷看过姐姐洗澡，并在8岁的时候与她同睡一床和"模仿"父母做爱。他说自己那时过于年幼，无法对这样的性行为负责。桐也用同样的逻辑去解释自己与其他女性的关系。这些女性包括了那位他尝试与之订婚的女同事，以及那位在美国学校就读、与他曾有"很多情感的和知性的交流"的女孩。他描述自己的行为，然后将其作为一种尝试性的弥补。桐从来不用"异性恋"关系来形容自己与其他女性的这些关系，唯恐这样会"颠覆"了自己的同性恋身份。

桐是一个贫困家庭的长子。在他小时候，他的家庭经历了严重的经济困难。他的父亲在一个富有的商人家庭中成长，但在家道中落后开始赌博。桐的家庭从来都入不敷出。直到桐开始工作后，这一窘境才得到改善。桐的母亲为了改善家庭经济状况，在孩子还年幼时曾做过一段时间的餐厅歌女。桐的母亲10年前还曾入住精神病院接受治疗。桐记得，父母之间的所有争执都是由妈妈挑起的。他觉得，如果自己拥有一个家庭，家里有个像妈妈那样的女人将会很可怕。

桐也很少说自己父亲的好话，因为他也辜负了桐的期望。桐常常将自己形容为在身体上和情感上存在不足的人，他永远成为不了一个完美的男人。他对自己的性别，以及自己能否做好别人希望他所扮演的"男人"角色，有着很多的焦虑。显然，在他所有的兄弟姐妹中，桐作为长子，承担着"要成为一个好儿子"的额外压力，但在"如何成为别人希望我成为的那个人"这一问题上，他很少能得到父母和其他家庭成员的支持。

我们可以很清楚地看到，桐对于何为男女、什么是两性合适的行为有着很刻板的定义。他从家庭、学校和社会中获得的定义是狭窄的。通过承担"同性恋"这一身份，他在应当遵循什么样的性别期望时有了更多的选择。他希望从男性情人那里去寻找自己所不能实现的方方面面。而他的男同性恋身份也限制了他与女性关系中的可能抉择——他认为自己永远不可能处理好异性恋的关系。

陈的个案

陈今年30岁。陈在中学毕业后一直是银行的出纳。他和父母一起住。陈很会打扮，并知道怎样让自己看起来更帅。他不抽烟也不喝酒，喜欢看书和看电影。他曾在参与了某一先锋戏剧组织将近三年，并运用业余时间做会计和行政工作。他的社交圈子也多是那个组织的成员。

陈在柬埔寨出生，并在6岁时来到香港。他是母亲的唯一儿子，但他的父亲与其他两个太太还有其他的孩子。在有一段时间里，这整个大家庭曾在一个面积很小的公寓里同宿同栖。他这样形容自己的家庭：非常传统，非常压抑，没有任何性教育，更不用说任何关于同性恋的信息。

陈说，自己早在6岁时就认识到自己喜欢男孩子，但他中学三年级时才从大众媒体和同学那里知道同性恋是什么、应当对同性恋采取什么样的态度。与此同时，他也认识到，男孩子应该被女孩子所吸引，但他知道自己并非如此。他从自己所看所听中接触到的关于同性恋的唯一理论是：同性恋者是天生如此的。

> 我的家庭很传统，在（同性恋）这一议题上没有给我提供任何信息。因为家庭没有给我提供任何信息或教育，所以我的父母和家庭在我的性倾向上没有起到任何作用。我的同性恋倾向不是后天养成的，而是天生就有的。自从启蒙懂事时开始，我就已经有了同性恋倾向。

在陈生活中最重要的人物，是一个和他年纪相仿并和他就读于同一所小学的堂兄。陈觉得，既然堂兄知道自己的家庭问题，那么堂兄就是唯一可以信任并能对其坦言自己真实感受的人。这段关系对陈的堂兄来说只是生活中短暂的一个阶段，但对陈来说却至关重要。

> 在我成为同性恋的过程中有一个很重要的人物，他是我的亲戚。我的堂兄和我年纪相仿，上同一所学校，我们总是在一起玩。因为关系亲密，我们也一

起睡觉。中学三年级那年，有一次我们都当着对方的面全裸着，但我不能说那是真正的做爱，就好像，你知道，两个孩子赤裸着在一起。从那一刻起，我知道有些事情会发生，好像我们之间有了一种承诺似的。

陈在此后的八年里都过着一种没有任何情感关系的、与世隔绝的生活。他坦言，自己后来也试过与女孩子约会，但他并不想怎么提及这些关系，因为每次当别人要求承诺时，他就会回避躲闪。

陈的堂兄将他引介进了一个先锋戏剧组织，这给他的生活带来转变。后来他加入了这个组织，并承担了志愿性的行政工作。这个组织成员的创造力和能动性，给陈留下了深刻的印象。当陈看到他们对自己的同性恋身份和个人历史是如此的坦白，他也开始让自己变得更开放。与此同时，他开始与一位组织成员——一名大学生——发展一段浪漫关系。陈后来对自己的新伴侣感到不满，并将其形容为太"像女王那样"了。于是这段关系结束了：

> 在我自己的印象中，我好像并不是同性恋。即使我是同性恋，我承担的也是男性的角色。直到最近我才认识到，我在承担被动的角色——或者像"正常"人所说的那种更加女性化的角色——时会感到更舒服。

虽然陈的社交生活与该先锋戏剧组织相互涵盖，他说自己永远不能完全用同性恋亚文化来对自己进行身份认同，因为他发现，很多同性恋者事先都将自己"包装"为性（别）关系混乱者。他觉得无关感情的单纯的性是不道德的和令人讨厌的。陈将自己描述为一名传统的、乐观的同性恋者：他已经找到了通往未来的大门，但他却缺乏冒险前行的勇气和力量。

> 如果我能遇到一个富有的人就好了。这样我就会拥有更多的空间。钱很重要，因为它能买到空间。如果我要和谁发展一段稳定的关系，我希望有个独立的住处，这样我就能保有隐私，也能避免冲突。香港是个太狭窄拥挤的地方，就好像我成长于斯的那个小小的公寓，你做什么事情都会影响到所有人。我希望自己能有机会出国读书，但我没有钱。

个案分析

对陈而言，他最重要的经验来自于青春期；对于此前的经历，他选择遗忘，或者以"并不重要"为理由而加以忽略。他在一个拥挤的家庭里、在复杂的家庭关系中长大，他必须要与同父异母的兄弟姐妹们竞争。他总是不断地被母亲提醒：

> 你必须要注意你的所作所为，这样才能避免出错；如果你不学会保护自己，没有人会保护你。如果你没有出息，人们会看不起你。

陈觉得自己不能辜负这些期望。他认为自己勉强及格，"长相一般，智商一般，个性普通"。相反，他的堂兄和陈大不一样，他拥有陈所希望拥有的一切：

> 我的堂兄是我的偶像——话不多，英俊，体贴旁人，帮助他人，倾听别人并能给出很好的意见，独立，能起到支持作用，而且富有魅力。他将他已有的倾囊给我，我也努力回报给他他所期望的一切。

陈通过对堂兄的感情，弥补了自己在这些方面的缺乏。他需要为这样的感情寻找原因：他喜欢的是男孩而不是女孩。这是他的第一步，也是一旦踏出就无法回头的一步。他们直到高中阶段还有着深厚的友谊。这让陈确认了自己的性倾向。当他的堂兄长大成人、结婚成家，陈就被遗弃在寒冷之中。他别无选择，只能在重视同性性关系和经验的人群中寻求自我肯定。陈的堂兄引介他加入这个以"同性恋中心，同性恋文化之地"的性质而享有盛名的先锋戏剧组织，这也给予了陈更多空间，以便他去结识自己所欣赏的人。他随后与一位组织成员发展了亲密关系，这也有助于让他与堂兄的兄弟之情和亲密关系的经验获得重生。陈说，他选择了与这一组织保持联系，从而选择了完全不同的生活圈子。这是一个让他可以从家庭束缚中解脱出来的圈子。他的自我标签化随后也通过与那位大学生组织成员的关系得到稳定。

陈通过"成为"同性恋，确认了自己对堂兄的爱。他有这样的需要，于是他通过获得"同性恋"这个身份，去重构自己对过去的记忆以及自己沿着同性恋道路对未来的期望。如果陈没有这个标签，就有可能失去自己拥有的一切。作为一名男同性恋者，陈能够留存自己的记忆并肯定自己与堂兄关系的重要性，即便陈无法维持这段他非常珍惜的感情。

如果陈和堂兄都是女性，他们可能不需要通过成为女同性恋者来维持他们之间亲密关系。他们只需要简单地成为闺中密友。在一种拒绝男性亲密关系（尤其是肉体上的亲密关系）的文化中，陈需要一个标签，以便处理自己与社会既定规范不相符合的各种欲望、感情、幻想和行为。

欧的个案

欧在工人阶级的家庭环境中生长，对未来看不到一点的希望，于是他离家出走。他选择了和一个男人同居，并发现自己所获得的同性恋身份，为自己带来了各种选择和机遇。而在异性恋的社会世界的既定规则下，欧本来永远无法拥有这些选择和机遇。

欧今年24岁，是在一个小珠宝店工作的珠宝设计师。此前，他在服装制作、金属工艺、包装和空调生产等等不同的行业工作过。他为时最长的工作是在一家日本餐厅做了四年寿司。他做如今这份工作已经三年了。欧过去喜欢地下音乐，现在喜欢古典和流行音乐。他的穿着入时，发型时尚。他曾两次剃了光头。他的整个背上都是文身，包括一个美洲豹头、一只蝎子、一只蝴蝶、一条鲤鱼、两行韵诗还有一只墓穴猛兽（为帝王看守墓穴）。在所有这些文身中，墓穴猛兽是他自己的设计。

欧将他的个性归因于自己的家庭背景。欧在讲述自己的故事时不断地提及一点：他来自一个非常贫困的家庭。在他小时候，他家要与其他7个家庭在同一屋檐下居住。他的母亲必须靠带缝纫工作回家加班加点来补贴家用。直到他14岁时，他家才买了电视机。欧在中学三年级时离开男校。那时候，欧的长发成为他和学校管理者发生剧烈冲突的原因。老师要求欧剪短头发，他拒绝了，并且不再上学。

欧目前这段同性恋浪漫关系始于八年前。欧的伴侣是一个集装箱卡车司机，比欧大7岁，在从大陆移民到香港后就一直与欧同居。他们住在一个租来的房间里，公寓里还有很多其他的租户。

> 我很年轻，他比我大很多。他没大脑，但我却想很多。他很安静，我很爱说话。我们很互补，尽管我们有着不同的兴趣。

欧说，他们在一起几年后，自己曾想过要断绝这段关系。欧后来还有了另一个情人，一个警察。欧和这个情人也不时约会。欧不想离开这个卡车司机，是因为他很像是欧"真正的伴侣"。除了这个卡车司机之外，欧还曾尝试与一个他描述为是个"很认真的人"的女孩相处过。但那一段感情也没有结果。

个案分析

> 我花了20多年在发呆玩耍。我过着一种颓废的生活，但我现在希望努力工作，挣更多的钱，这样我就可以买自己想买的，吃自己想吃的。我不想变得很富有，或者成为公众人物。

欧选择贬低遇到那个身为警察的新情人之前的生活。他的童年经历甚至他与卡车司机的感情都似乎太痛苦，不如遗忘。即使是他在童年时代对生活中美好事物的渴望，也被他的母亲所否认。

> 我们家直到我十四五岁的时候才有电视。有一次，我想在邻居家看一个儿童节目。我在偷看的时候被母亲逮到，并被她狠狠地揍了一顿。从那以后，我再也不关注别人有什么东西，我的性格也变得非常迟钝，这使得我很难和其他人相处。

欧说，自己在"电视事件"之后学会了勇敢并直面挫折。如果用欧自己的话来形容，他的父亲是传统华人的"男性沙文主义者"，这为欧提供了一个在贫困工人家庭中身为丈夫的最坏样本。

> 有一次，我父亲看到母亲在餐厅里和其他男人共用一张桌子。他狠狠地揍了她，还用香烟头烫她。她试图自杀，差点酿成了家庭悲剧。

欧在15岁时离开学校，他丧失了通过教育来提升自己的机会。欧说，早在他还读小学五年级或六年级的时候，他的家人其实就已经对他说，如果他不想上学，还不如退学找个工作。从那时起，家庭已经对他画上了"句号"，他必须要自己养活自己。于是他离家出走，试图做各种不同的工作。欧说，他只有在离开家庭后才能和家人对话，并开始感觉到自己的存在价值。

作为身处一群陌生人中的孤独青少年，欧很感激那些对他好的、受他尊敬的、照顾他的人。他深情地回忆自己在餐厅工作时的上司——一位日本主厨——教他如何做寿司。有一次，欧觉得很沮丧，而且喝醉了，那位日本主厨并没有责备他。相反，他将欧安置到房间里，让他好好休息。在下班后，他还带欧出去吃饭，并且试图安慰和开解他。这是一种温暖的经历，欧很高兴他还值得让其他人关注。但是经历了与卡车司机的浪漫关系之后，他才学会了如何与男人同居。他发现与一个比他自己大7岁的男人一起生活，充满了安慰和安全感。那位司机同样来自一个复杂的家庭，"长得很丑，而且很笨"，但他从来都不是像欧的父亲那样的充满威胁的独裁者。

> 当我在日本餐厅工作的时候，我已经与男人同住。我整晚都在等待着他回家。我跑到大雨中去，试图让他追我，以此让我感觉到自己有多重要。现在回想起来，我认识到，身为朋友的重要性与立场，可以使一个人做出各种各样的傻事。

欧在与卡车司机一起时，觉得自己被对方需要，也觉得两个人成了一个家。这段浪漫关系塑造了他的同性恋身份，但他的这一选择也阻碍了他去探索异性恋的社会世界——此前他还没有完全排除异性恋的可能性。甚至在那时，他依然曾被一个女孩子吸引，她希望能和欧建立起一种更加正式的关系。但"'爱'她"不仅仅意味着他要失去一切千辛万苦才能拥有的东西，还意味着他要为她提供家庭和安全感、要为他自己在工人阶级的世界里打拼一个未来，而如此种种，都是他此前曾试图逃避的。当他不能和这个女孩有什么结果时，他只有一个选择："成为"一个确定的男同性恋者，"不能"与异性再有什么瓜葛：

> 我不是一个很认真的人，但我喜欢认真的人。现如今，很难再找到这种认

真的人了。我遇到了这样一个认真的人,但我却"不那么认真地"试图和她约会。可她受不了我。这段感情之所以会失败,是因为我个性无拘无束、难以安定,而且我已经和一个男人同居了。

尽管欧宣称,他想与卡车司机长相厮守,但他还有另一个固定的男朋友。司机就好像是欧"真正的伴侣":他们理解对方的日常习惯、喜好和憎恶。而欧的另一位男朋友——那个警察——则给欧带来更多的性满足和更多的挑战,并且强化了欧的同性恋身份。这也表明,欧试图与看起来更为"般配"的伴侣发展新的关系,因为这个新伴侣更加符合社会的期望。欧的同性恋身份也有利于发展多元关系:

> 总的来说,同性恋者在行为上比较随便、开放和外向。身为一个同性恋者,我自己觉得开放一点也没什么大不了的。只要这些人存在,你就不能将他们隐藏起来并且拒绝谈论他们。

● 结语

当人们开始怀疑自己有可能是同性恋时,总的来说他们还是自己在悄悄地怀疑的。这种怀疑基于只有他们自己知道的、关于他们自己的各种信息,例如,他们以男人为对象的性幻想和吸引力,以及/或者他们对于女人毫无兴趣。个人也许参与、也许没有参与同性之间的性活动。无论是哪种情况下,他们都不会怀疑自己是同性恋,直到他们从"重要的他者"那里获得将人们按此分类的概念、关于这种做法的语言以及将自己归入这一类别之下的一系列原因(Weinberg, 1983)。

男性学会成为男同性恋者的过程,始于他在这样一个由男性主控的、为"怎么样才算是一个男人"下了定义的社会里,要去应对各种自己身为男人不得不去一一满足的要求。当他选择成为同性恋者后,就为自己设定了"怎么样才算是一个同性恋者"的图景,并且积极地、有选择地去寻求他们所需要的各种知识。他会对同性恋的知识进行建构和重构,他会与特定个人相处、会面、保持浪漫关系、发生性行为以及培养感情,并在此过程中形成自己的同性恋身份和解释自己的行为。

在第二次世界大战后的香港,人们围绕家庭组织自己的生活,并倚赖儿子通过教育上和经济上的成功来改善家庭环境。与男人的需要相伴的,是男人在实现社会期望和家庭期望方面应承担的义务。华人家庭中的儿子们处在这样的压力下,需要成功、强大、独立,以便支撑起整个家庭。如果他们发现自己很难成为这一类人,可能会被拥有这些品质的男人吸引。于是他们需要决定应该和什么样的人约会,并需要决定应该将什么样的意义带入这些浪漫关系。

"什么是性"这一问题在主观上也再次被定义。各种信号、姿态乃至性行为本身等各种接触，不仅强化了个人对自我的怀疑，也给他们带来了一种对另一个人的积极情感，让他们仿佛找到了同伴和同志，而且为他们创造了一个属于两个男人的世界。这种接纳会引致去污名化，继而弱化他们用一种被社会贬低的负面身份来标签自我时不情愿的勉强。一个人在定义自己是同性恋还是异性恋之前，未必一定要事先与其他人发生任何实际的性行为。从社会定义的角度看，陈未必需要在与堂兄发生任何性行为后才能将自己定义为同性恋者。陈并没有意愿和资源去发展同性恋，从这个意义上说，他甚至比桐和欧更为确定自己的同性恋身份。他需要使用自己的同性恋身份去让自己获得不同的思考方式与感受方式。性关系帮助他稳固了这一身份。

当一个人的同性恋身份被确立后，他的欲望、行为和浪漫关系将变得越来越与"怎么样才算是一个同性恋者"相统一。一个人将会遵循一系列的规则去引导自己的行为，这样就会更加有序，他的生活就能更好地得到安排。通过一系列不断增强的认识、接纳、公开等过程，以及身份与行为的整合，同性恋身份得以完成和实现（De Cecco & Shively, 1984）。这种从"行动"到"存在"的转变，包含着一系列逐步学习的过程，这种学习的过程让个人——从身份的角度——开始认识到，自己是一个不同的人，一个同性恋者。

当一个人成为同性恋者后，他的同性恋身份对他自己来说具有很强的个人意义。他拥有了更多的选择和空间，让他去定义：自己需要什么、自己期望什么、自己想成为什么样的男人、自己和身边的其他男人有什么不同。同性恋身份也有其社会意义与社会名望。通过自己的同性恋身份，一个人得到了社会地位与同伴关系。于是他可以以各种方式与社会相联系：与社会相抗争，批评爱、性、婚姻、家庭等方面的主流价值观。他现在得到了一个有力的立场，可以帮助他重获此前在异性恋世界中被否认的那些东西。

在进入20世纪90年代的香港，我们看到同性恋身份成为一个更"有市场的"标签和产品。从某种角度来说，同性恋身份至少是一群数目越来越多的人群所期望获得的社会类别。与之联系的是西方化、自由、先锋前卫、少数派成员等形象——尽管还必须为之付出被社会污名化的代价。有趣的是，污名总是转而让这一标签对一些需要它的人们来说更具吸引力了。一个人如果能被贴上"同性恋"这个标签，就成了稀有的种类，与众不同、高深莫测、超越常识，还有着特殊的品位和生活方式。简言之，男同性恋者不再是个"平凡普通的"男人。污名通过强调同性恋的负面价值，免除了同性恋的罪责，推荐了同性恋的生活方式，甚至最终肯定了同性恋这一身份。如今，香港的男同性恋者可能还不愿意公开他们的同性恋身份，因为社会上依然存在着许多负面的评价和歧视。然而，他们现在拥有了更多的选择，更愿意接受自己身为男同性恋；而且，当他认识到与这一标签相联系的一些积极正面的、令人向往的特质时，他会更愿意用这一标签来称呼自己。

与一般的公众看法有所不同的是，男同性恋的身份对社会设定的异性恋规范来说，既非拒斥，又非挑战。但是，这种身份代表的是一种尝试：个人想要应对自己的社会生活环境强加给他的诸般要求。从这个意义上说，这只是男性借以在这个社会里生存下去的种种方式之一；若非如此，他只会觉得不堪忍受。

（何式凝）

Ho, P. S. Y. （1995）. "Male Homosexual Identity in Hong Kong: A Social Construction." *Journal of Homosexuality*, 29（1），71–88.

参考文献

Dank, B.（1979）. Coming Out in the Gay World. In M. Levine （Ed.）, *Gay Men:The Sociology of Male Homosexuality*. New York: Harper & Row（Article Originally Published in 1971）.

De Cecco, J.P., & Shively, M.G. （1984）. From Sexual Identity to Sexual Relationships: A contextual Shift. *Journal of Homosexuality*,9（2/3），1–26.

Harre, R. （1983）. *Personal Being*. Oxford: Basil Blackwell.

Kessler, S.J., & Mckenna, W. （1985）. *Gender: An Ethnomethodological Approach*. Chicago: University of Chicago Press（Original Work Published in 1978）.

Hong Kong GoverNMent （1983）. Law Reform Commission of Hong Kong. *Report on Laws Governing Homosexual Conduct* Hong Kong: GoverNMent Printer.

Hong Kong GoverNMent （1988）. Law Reform Commission of Hong Kong. *Homosexual Offenses: Should the Law be Changed?*. A Consultation Paper. Hong Kong: GoverNMent Printer.

Plummer, T. S. （1983）. *Gay Men, Gay Selves: The Social Construction of Homosexual Identities*. New York: Irvington.

不仅仅是一个男同性恋者：
香港的政治身份认同的繁衍流变

● 香港社会里的政治认同感

同性恋的身份认同通常被理解为一种个人的选择，在这一选择过程中包含了自我定义以及对其他同性恋者身份的认同过程，这些其他同性恋者身份通常指女同性恋者、男同性恋者以及双性恋者等各种经过社会建构的类别。按照这种理解方式，身份认同主要是建立个人与他人之间所具有的相似之处的基础之上，并且个体所相信的这些相似之处，常常通过话语论述领域里特定的能指表述出来。① 大多数理论都认同下列观点：同性恋的身份认同不应该被理解为本质性的，而应当被看做一些具有个体组成的同质性群体。但在实践中，许多分析仍然只愿意将同性恋和异性恋放在一起，以便在两者间进行简单的区分。例如，科斯特洛（Costello）曾经尝试证明"双性恋、男同性恋或是女同性恋家庭，与异性恋家庭确实是有分别的"②。伯克（Burke）也试图识别出一种手段，用以衡量同性恋者承受的压力的独特性质。③ 这些研究也许在不经意间反而强化了那种用简单的二元化去理解性现实的实践习惯。这种理解已经预设了论争的前线或领域总是会在异性恋与同性恋之内展开，从而忽

---

① M. McIntosh, "The Homosexual Role", *Social Problems*, 16(1968), 182-92; K. Plummer (ed.), *the Making of The Modern Homosexual* (London, Hutchinson, 1981); T.S. Weinberg, Gay Men, Gay Selves, *The Social Construction of Homosexual Identities* (New York, Irvington, 1983); J. P. De Cecco and M. G. Shiverly, "From Sexual Identity to Sexual Relationships: A Contextual Shift", *Journal of Homosexuality*, 29, 1 (1995), 71-88.

② C.Y, Costello, "Conceiving Identity: Bisexual, Lesbian and Gay Parents Consider Their Children's Sexual Orientations", *Journal of Sociology and Social* Welfare, 24, 3 (1997), 63-89.

③ T. B. Burke, "Assessing Homosexual Stress", *Journal of Homosexuality*, 33, 2 (1997), 83-99.

略了这一事实：性取向只是同性恋个体（及群体）论争范畴的其中一部分而已。而在例如种族身份认同、性别、生活方式、宗教、艺术、政治取向、职业等其他论争范畴里，他们正与许多异性恋个体（及群体）一道，并肩作战，积极参与。

通过对不同的身份认同的建立以及定位策略的描述，我们将重点关注身份认同与性取向相交后的繁衍流变。社会认同的组成本身是一种政治行动。正如兰克劳（Laclau）所指出的那样，"社会认同的组成是有关权力的行动，而身份认同本身也是一种权力"[①]。对于个体而言，身份认同的组成是一种赋权行动，因为身份认同赋予他/她一个立场，他/她可以由此出发去发言与组织他/她的生活。同时，身份认同也创造了新的社会空间。新的命名方式的存在为人们提供了可以利用的资源，从而发展出他们各自的生活方式和认同感。当一群人被相同的社会分类所吸引，聚集在一起成为一个利益群体时，他们就可能会发展出一个新的权力基础，而且这个权力基础具有打破现存公共领域中的政治动态平衡的潜力，例如通过采取一些实际的政治行动来提倡某种新的同性恋运动方式，或是为一些特定的权利进行抗争。在这种情况下，个人身份认同的组成过程是与认同过程中的政治以及寻求发展扩大政治空间的新策略的可能性紧密联系在一起的。

从上述理论视角出发，我们认为，个人身份的认同虽然必须要通过一个社会名称来确定，但是同性恋个人身份认同的组成并不会仅仅满足于某种单一的社会分类的认同。虽然这个认同过程会隐含着对于某个名称（例如"同性恋者"这样的能指）或是存在于社会文化环境里的某种社会分类的认同。但是，这个过程具有创造性，它还包括了对既有的社会分类进行重新定义的过程。我们特别强调身份认同行为所具有的创造性特点，它总是代表着个人对社会集体命名的重新诠释，而不仅仅只是简单的重复模仿。并且在这种诠释的过程中，对既有社会分类的不同阅读和不同理解总是存在。德里达（Derrida）认为这个过程遵循着一种可重复性的逻辑。德里达在其著作《符号、事件和语境》（*Signature Event Context*）里认为，任何符号之所以成为符号，都是因为符号具有可重复性（iterability）。这也就是说，即使缺乏一个已决性的能指，能指本身仍然可以被不断地使用。[②]值得注意的是，对于通过重复来了解要素的方式来说，这并不是对要素按照原有方式进行的简单重复。这或许意味着，可重复性不仅仅包含着重复、延续的相同性要素，还包含着改变、差异的不同性要素。

---

① E.Laclau, *New Reflections on the Revolution of Our Time* (London, Verso, 1990), P.31.

② J. Derrida, "Signature Event Context", in P. Camuf (ed.), *A Derrida Reader: Between the Blinds* (New York, Columbia University Press, 1991).

更进一步地说，当某一个体或某一社会群体发现社会既有的分类法并不足以完全反映或精确反应他/她的本质时，她/他很有可能会采用一个新的命名，或是通过吸收其他论述话语里的元素来认同另一个不同的社会分类法。由是，一种新的身份认同就与其他的能指一道，被建立起来了。这种命名以及重新命名的过程是具有政治性的，因为它不但挑战了既有的社会秩序，还动摇了原先不变的身份认同观念。遵循这样一种符号指向和政治斡旋规则，我们可以强调身份认同过程中创造性的维度，而这一点在传统的论述中常常被忽略：根据话语理论（discourse-theory）方法，这里的身份认同是话语的而非被动的；身份认同中包含的是话语空间主动积极地扩张和重新诠释的过程，而不是被动地复制话语论述中的种种霸权限制的部分。

本文从香港的华人同性恋个人与群体的情势境况出发，去揭示在个人空间和政治空间都受到密切窥探的情境下，身份认同政治是如何被终结的。绝大多数西方研究者都会自然而然地将政治性作为个人与群体的议程与行为及其议程的特征。但在香港，由于参加公开的政治组织或是政治活动通常都会招致打压，香港社会往往都被描述为非政治性的。① 例如在20世纪60年代，挑战港英当局的各种有组织的政治反抗都被残酷地镇压。在1984年之前，香港立法局也没有任何通过直接选举产生的议员。各个政治党派也是在90年代——港英当局统治的后期——才纷纷成立。所有香港人都被要求进行指纹采样。港英当局要求每个人在出门时都要随身带上身份证明文件。警察也经常会查看市民的身份证件。在1991年之前，"教唆他人进行同性恋行为"会被判处终身监禁。而发生在私人场所里、两个成年人之间的自愿同性恋行为则会受到非刑事化的处理。香港沿袭了英国自1901年起实施的类似法规，在1981

---

① 许多研究者纷纷给出理论上或实证上的证据来支持"香港人不关心政治"这一观点。例如：Shivley 和Miners认为香港本地人的特点之一就是对政治的冷漠，同时Hoadly认为香港人有一种"主观的小圈子政治文化"。详细论述见： S. Shivley, *Political orientations in Hong Kong: a Social-Psychological Approach* (Hong Kong Social Research Center, Chinese University of Hong Kong, 1972); N. J. Miners, *the Government and Politics of Hong Kong* (Hong Kong, Oxford University Press, 1986); J.S. Hoadley, "Political participation of Hong Kong Chinese: Patterns and Trends", *Asian Survey*, 13:6 (1973). King也提出了他的实证数据，在他的调查中，23.9%的受访者认为自己只是政治系统里的被动主体，63.4%的受访者没有兴趣或是并不了解自己如何影响政治。见A. King, *The Political Culture of Kwun Tong: A Chinese Community in Hong Kong* (Hong Kong Occasional Paper, Social Research Centre, Chinese University of Hong Kong, 1972)。Laus 在1977年的调查中也发现，96.7%受访者抱怨他们没有力量去改变港英当局的政策。即使在政治参与的机会有所增加的今天，这些20世纪70年代或是80年代的研究结果依然被一再引用，并且在形容现今的香港本地人的政治态度时被认为依然具有相当的影响力。详见K. Lau, *Society and Politics in Hong Kong* (Hong Kong, Chinese University of Hong Kong Press, 1982)。

年颁布的《侵害人身罪条例》（*Offences Against The Person Ordinance*）中规定，对发生在男性与男性之间、男性与女性之间、男性与动物之间或是女性与动物之间的肛交行为，当事人所受最高刑罚为终身监禁；对任何"严重猥亵"行为，即一名男性触摸另一名男性的生殖器，无论是在私人场合或公众场合，无论双方是否同意，当事人所受最高刑罚为两年监禁。① 即使在同性恋行为非刑事化后，香港法律针对与21岁以下男子进行同性肛交的行为，仍然保留了对当事人可判处最高刑罚为终身监禁的规定。许多男同性恋者仍然会因为同性肛交而被捕并受到检控。这样的政治环境要求我们用一种不同的方式去理解政治实践。缺乏明确的政治诉求不应当被不加思辨地理解为缺乏政治意愿或政治影响。而且，在这样一种政治环境下，将个体呈现为一种非政治性的状态，这样的做法也可以被理解为是一种抵抗的策略。围绕诸如"同性恋者"、"基"以及"同志"等各种能指名称的语言游戏而展开的抗争，都显示了政治化与去政治化在香港情境中的互动。因此，我们需要用一种特别的方式去分析香港的身份认同政治：一方面，这种方式要对与各种诉求和论述性实践联系在一起的政治议程敏感；另一方面，这种方式又必须能在理论框架中捕捉到较为明显的和更为微妙的政治进程之间的不断变化。

卷宗：方法论背景与历史背景

对于生活在香港的同性恋个体，我们的分析将这些个体的身份认同的政治视为一个卷宗。根据福柯的定义，卷宗就是"一个实例、一项事务、一次事件，它提供了来源、形式、组织和功能各不相同的话语的交错……所有的话语都指向或看起来像是指向同一事物……但由于它们的多样性，它们的组成绝对不可能成为某种有机的统一或是某种极端的形态。它们的交锋更像是在话语之间展开并通过话语进行的一种奇怪的纷争、一种对峙、一种权力关系、一场战争。但我们不能简单地把它描绘为一场战争，因为好几场彼此分散又相互联系的战争正同时发生"。②

因此，一个有关话语的卷宗，不仅是一个话语名称的索引，更代表名称所代表的话语之间的互动与权力的交锋。提供这些话语名称的索引，画出有关话语交锋的地图，标出它们各自的策略和过程，这些都可以让我们避免在历史的构形中只找出一种所谓支配性的或是占据着霸权地位的话语（这种常常会使人不自觉地陷入一种所谓"主导性意识形态论题"的错误范式中）。遵循这种精密的话语理论框架，我

---

① Section 118C, Crimes Ordinance Law of Hong Kong Cap.200.

② M. Foucault, I., Pierre Riviere, *Having Slaughtered My Mother, My Sister, My Brother...A Case of Parricide in the 19th Century* (Lincoln and London, University of Nebraska Press, 1975).

们可以借此看到在身份认同组成中更微妙的话语游戏部分。但是另一方面，我们也注意到，这种理论框架给方法论带来了一些限制。例如，它要求在收集数据必须采用一种兼容性的方法。官方报告、学术文章、专业报告、新闻故事、公众文件、同性恋组织自行印制的宣传资料、访谈记录、个人资料等各种组成不同话语的文本都必须包括在内。

遵循福柯处理皮埃尔·利维尔（Pierre Riviere）案例的方式，我们采纳了卷宗的方法。这个卷宗将包含一系列广泛的数据来源，并不单独强调某种支配性的话语，而是将各种话语都视为一系列的纷争。费尔克拉夫（Fairclough）认为，在进行话语分析时，数据的本质取决于研究项目本身以及多研究的问题，而且多种方法可以通过补充数据来整合与扩充语料和文献的汇编。这一过程取决于可以得到怎样的数据、如何获得这些数据、对研究对象套用什么样的抽象模型以及研究对象正在经历何种变化，等等。因此，作者在开始分析前，不应把语料和文献的汇编视为已经被完整地建立起来了，而应当针对在分析中出现的问题来不断地整合与扩充这种语料和文献的汇编。[1]因此，分析过程应该被看做研究者的概念化过程与资料收集过程之间的互动。将身份认同政治作为分析的焦点时，起初会从资料中分析出一些围绕主题的话语。从既有的数据中会整理出一些试验性的构想，在某些情况下，这些试验性的构想需要更多的新信息。例如，有时候从手册等这类公共资料中所得到的信息不会提供命名新组织的理由；此时，研究者应当去采访组织的领导者，以获得足够的信息。又如，在有些情况下，有时候被边缘化的人群或是被排斥的人群难以发出自己的声音，而话语权都被主流精英牢牢掌控；此时，研究者也应当努力通过个人访谈或焦点团体等方法，来寻觅并囊括各类不同的声音。这种方法为研究者提供了一种机会，让他们可以观察互相交错贯穿的话语，并挑战既有的僵化不变的观点，从而提供一个对身份认同政治以及抵抗策略进行重新概念化的方向。下面，我们将介绍卷宗的内容，探索同性恋个人、群体或组织在香港的情境下所采用的不同名称的含义，并就此展示命名这一行为在身份认同组成中的重要性。[2]本研究同时也表明，即使在一个不可能存在任何创造性的论述场域里，身份认同过程依然会展开它富有创造性的一面。

---

[1] N. Fairclough, *Discourse and Social Change* (Oxford: Polity Press, 1994).

[2] 对于命名在身份认同过程中的重要性，详见 S. Zizek, *The Sublime Object of Ideology* (London, Verso, 1992), pp. 94-95. Zizek认为，命名这一过程本身会反过来组成并强化主体的自我认同。在本文讨论的上下文中，值得注意的是，个体发现他们自身常常会被采用新命名这一行为所改变。

● 非刑事化的情境：麦乐伦事件

本次卷宗的序幕是发生在1980年的"麦乐伦事件"。约翰·麦乐伦（John MacLennan）是香港皇家警察部队一名年轻的苏格兰籍督察。他被控犯有猥亵行为与肛交行为，但并未被捕。当警察进入他的寓所想要逮捕他时，却发现他已经死亡。他的死为港英当局带来了一场政治危机。首先，这位执法人员被牵涉进一起最高可被判处终身监禁的严重刑事罪案中去；其次，外界普遍相信这位执法人员了解其他港英当局高级官员的同性恋行为；最后，这位执法人员本人也涉嫌与一些中国男子有过同性恋行为，其中部分更涉及卖淫。香港本地民众不难相信麦乐伦是被谋杀灭口的，以便掩盖涉及港英当局高级公务员的丑闻。港英当局在进行为时不长的内部调查后宣称，这只是一起自杀事件。香港社会开始爆发出一种愤怒的情绪，而这一情绪与本地社会长期以来对性道德秩序、政府的公正性和诚信度以及殖民统治情境下的跨种族关系等问题所抱持的价值观有关。为了应对本地媒体广泛的批评，港英当局成立了一个特别的调查委员会来调查案情。这一调查委员会之后再次判定麦乐伦死于自杀，并认为整个社会体系运作良好。在媒体对案件的讨论降温后，港英当局开始提议修改法律条例，将可招致终身监禁的同性恋行为进行非刑事化。

在港英当局的筹划下，成立了法律改革委员会。1983年，这个法律委员会建议将在年满21岁的男性之间发生的同性恋行为非刑事化。[①]但是他们的建议并没有立刻被采纳。港英当局在1988年曾经公布过一份试探和征求大众对此事的观点与看法的咨询文件。[②]但该咨询的结果从未被发表。事情一直拖延至1990年，当时的立法局通过一项动议，要求发生在年满21岁的成人男性之间、双方自愿参与、在私人场所进行的同性恋行为不再作为刑事罪行被起诉。立法局建议，同性恋行为应当被非刑事化，以符合当时正提出的人权法案（*Bill of Rights*），并满足尊重市民隐私以及民权的需要。修订后的《刑事罪行条例》（*Crimes Ordinance*）在1991年7月获得通过并施行，使前述所提动议得以生效，而且修订后的《刑事罪行条例》将性虐待罪行的受害者范围从此前的女性扩大到包含男性在内。而在1994—1995年间，当《平等机会条例草案》以议员私人条例草案形式进入立法程序后，公众对同性恋的讨论再次升温。港英当局在消除歧视方面采用了步步为营的策略，作为策略的一部分，还开展

---

① S. Zizek, *The Sublime Object of Ideology* (London, Verso, 1992), pp. 94-95.

② Hong Kong GoverNment, "Law Reform Commission of Hong Kong, Homosexual Offenses: Should the Law be Changed?" A Consultation Paper (Hong Kong, Government Printer, 1988).

了一系列基于性取向的歧视的研究。①

● **命名以及再命名：同性恋个人作为话语的主体和客体**

香港法律关心的主体是同性恋行为，而不是性取向或同性恋行为各方所涉及的身份认同。但是，当公众话语不再受法律术语束缚时，公众的注意力开始从这些男人在做什么、这条法律在说什么，转向描述他们是谁。在同性恋行为非刑事化之后的一系列热点讨论中，基督教教会领袖、法律和医学界专业人士、学者与媒体从业者等人在提到"基佬"时，都默认这个词是对某个社会群体的划分，将"同性恋"视为一种性取向，而不再把焦点放在被视为种种孤立的法律事件的同性恋行为上。于是，这些话语创造出基佬这个特殊的、新的社会群体，即使这个社会群体的成员当时还不可能公开地为自己发声。只有在随后的一系列话语发展过程中，尤其是在同性恋行为非刑事化后，同性恋团体和个人才开始积极定义他/她们是谁。正如我们将要展示的那样，他们的自我命名以及再命名，在殖民统治情境中建构了涉及身份认同的复杂政治的主要场所。是抑或不是，被看见抑或不被看见，主体抑或客体，作者抑或脚本，在这种种抗争中，同性恋个人通过对个人自我的不断创新与对所占据的社会政治空间的不断复制，不断地抵抗着将他们客体化、边缘化的各种社会力量。

在20世纪80年代早期，同性恋个人总是被作为同性恋团体的成员来谈论。由于同性恋个人当时还不能公开发声，公众话语权主要掌握在医生等精英专业人士的手中。早期的自我定义是由一群艺人开始采用的，他/她们将自己命名为"同性爱人"②，但这种自我定义法在当时还不大流行。在同性恋行为非刑事化之后，又涌出一系列新的自我定义的名称，其中很多是与新的社会组织有关。随后，同性恋个人的名称不断地被创新：基（gay）、基佬（gay-men）、豆腐婆（beancurd women）、拉拉（lesbian）、基婆（Gay women）、姐妹同志（sister-comrade）。这些名称和标签的使用虽然受限于当时的社会环境，但常常又会反过来改变了他/她们生于斯长于

---

① Hong Kong GovernMent, *Equal Opportunities: A Study of Discrimination on the Grounds of Sexual Orientation.* A Consultation Paper (Hong Kong, GovernMent Printer, 1996).

② 在1981年，Pink Triangle Press出版了Samshasha的*25 Questions about Homosexuality* (Hong Kong, 1982),这是一本西方男同性恋解放资料的中文翻译，由一个国际性的同性恋组织赞助出版。在这本书中，Samshasha认为homosexual不应该被翻译为"同性恋者"，因为"恋"这个词暗示着同性之间的关系指向一种蠢蠢欲动的性的欲望，而不是爱。他认为"爱"这个词更合适，因为它代表着爱，并且可以为同性之间的关系带来尊重。

斯的环境。个人团体使用新的名称,并以此显示了他们所认同的新的社会群体的存在。虽然这些新的认同标签和新的社会组织并非刻意为之的,但它们挑战并改变了当时的社会政治环境,为同性恋所向往的另一种生活方式拓展了空间。正如威克斯(Weeks)所论述的那样,他们在那里"揭示了现代生活微观的与宏观的支配形式",并且"展示了新的生活方式的可能性,这种新的生活方式并不只是存在于对未来的幻想中,它是在此时此地就可以创造出来的实实在在的现实"①。

这些命名和再命名的行动,显示了存在于同性恋身份认同构建和前沿创造中的一种正在进行的运动及一些关于排斥与包容的策略。这不仅仅是在与异性恋社群的对抗中定义自己,还是在同性恋群体内部、在同性恋个人之间定义自己。他们活跃于各种形式的自我表述中,包括获取自我定义的标签,组成同性恋团体并参与其中,等等。他们通过对当时社会、政治、经济实践的干涉来挑战主流社会秩序,他们努力证明自己是社会重要的一分子,他们为另类生活方式争取至关重要的空间。正是这种在身份认同建构中展现出来的创造性,揭示了他们原来完全有能力去抵抗想要制伏他们的各方力量,同时也让他们通过话语成了主体。

让我们更为深入地考察存在于同性恋团体的命名与再命名过程中的关于服从和抵抗的创造性辩证。从身份认同也是一种权力这个角度看,香港将同性恋者视为一种难以对付的"问题"社会类别。具有讽刺意义的是,这一行为却反过来让同性恋者得到赋权。殖民者将其价值观加诸性分类之上的过程总是遭遇到否认、忽略、颠覆和冲突,但是社会身份认同的建构过程为这形形色色的抵抗提供了场所。正如福柯所论述的那样,"哪里有权力,哪里就会有抵抗",而且"这种抵抗从来也不是外置于权力之外的"②。对福柯来说,生命政治学是用来说明权力具有"策略上的可逆性"的最佳例子,也可以说明政府的实践可以转变成一种抵抗的力量。福柯将这种(关于权力对社会群体的身体管理的)政治形容为一种道德规范③,而霍米·巴巴(Homi Bhabha)则将其形容为一种"操演"④。

在种族与性等方面对自我身份认同的自由使用权,都属于对抗权力技术的自我实践的一部分。⑤自我身份认同的形成过程不仅仅从狭义上说关涉政治,还包含了

---

① J. Weeks, *Invented Moralities:Sexual Values in an Age of Uncertainty* (Cambridge, Polity, 1995), p.104.

② M. Foucault, History of Sexuality. An Introduction Vol.1 (Harmondsworth, Penguin, 1978).

③ 这个概念的含义,详见 H. Dreyfus and P. Rabinow, Michel Foucault, *Beyond Strucuralism and Hermeneutics* (Chicago University of Chiacago Press, 1983), pp.175,235。

④ H. Bhabha, *The Location of Culture* (London, Routledge, 1994), p.15.

⑤ P. S.Y. Ho, *Politicsing Identity: Discrimination of Homosexuality and the Emergence of Gay Identity in Hong Kong,* Ph. D. Thesis, University of Essex, (1997), P.201.

塑造社会实践的其他各种干涉形式。它关心的是"如何拓展个人空间以及集体的成长，并且扩大公共领域的基础"①。例如，在香港的情境下，它戏剧性地迅速推动了信息、契约、情感支持、潜在伙伴等方面的进步，并有助于和有利于工作、愉悦、健康、社区参与和自我成长的发展。但是，我们认为，这些策略最重要之处在于，它通过促使社会中其他人参与到既定的同性恋现实中去，从而对封闭的社会产生了深远的影响，因此它本身已经了超越同性恋社群的范围。社会中其他人的参与，使其后包括平等政策的制定②和在中学开展性教育课程③等在内的一系列社会变化成为可能。

● 论争的重要意义：从同性恋者到基佬的身份认同

虽然学者普遍相信，香港在英国殖民政治之前也存在着同性恋关系，但那时同性恋者并不以一个单独的社会分类而存在。"性的恰当性"被赋予的政治意义可以被建构为一种重要的礼仪、西方政治习俗的一部分。④而在中国的传统官场中，同性恋其实是被允许。⑤因此，港英当局通过刑事法律的管理，将同性恋划分为一种难以对付的"问题"社会类别。然而香港社会对男性同性恋行为的压抑性定义，却营造了一个用来表述和抗争的空间。这正是对殖民统治的反讽之处：它既压制又创造了"基佬"这一社会类别，并为将来同性恋多种身份认同的产生提供了一种可能。下面的分析将会追溯各种多样化的同性恋社群在港英当局的严密监视下的产生与建立。它揭示了同性恋自我身份认同中具有的多样性，这些多样性不但挑战了原先固定不变的身份认同，还显示了包含在性身份认同过程中的政治意义。

在香港的所有官方文件中，港英当局都使用了同性恋者这一词语来称呼偏爱同性间性行为的男性，而对显然不是港英当局关注焦点的女同性恋者则未有任何提

---

① S. Lash and J. Urry, *The End of Organised Capitalism* (Cambridge, Polity, 1987), p.300; E. Laclau, *Hegemony and Socialist Strategy* (London, Verso, 1985), p.181; C. Mouffe, *Democratic Citizenship and the Political Community*, in C. Mouffe (ed.) *Dimensions of Radical Democracy*, p.124.

② Hong Kong Government, 1996.

③ Hong Kong Government, *Education Department. Guidelines on Sex Education in Schools* (Hong Kong, Government Printer, 1997).

④ C. T. Monhanty, A. Russo and L. Torres, *Third World Women and the Politics of Feminism* (Bloomington and Indianaplois, Indiana University Press, 1991), P. 21.

⑤ Hong Kong Government, 1981, pp.4-17; Y. H. Li, *Homosexual Subculture* (Beijing, Beijing Jinri ZhungBan, 1998) (in Chinese), pp.19-22.

及。即使在20世纪80—90年代,香港人在日常言语中所使用的英语词"Gay",主要也只是指向男性。男同性恋者普遍认为,相对而言,"Gay"是具有正面意义的一种身份认同,一种带有标榜意味的自我标签,而"同性恋"只被看做是一个医学词汇,或一个枯燥的、旧式的标签。"Gay"这个词蕴含着一种关于自我的概念,一种风格,一种政治化形式,以及以西方为榜样的形形色色的生活方式。"基"(注:粤语拼音形式为gei),作为"Gay"的中文翻译,虽然发音与英文原词相同,但在字面上却包含了"基础"和"基本"等含义。这个词现在被用来指代同性恋的欲望和同性恋者。这是一种基于发音而进行翻译的策略,人们常常在汉语中没有与西方概念对应的词语时使用这一翻译策略。① 在这种情况下,中文中"基"的意义,已经超越了原来的"基础"这层含义,而在某种程度上逐步被英文词汇"Gay"的意义所代替。"基"变成具有一个混合意义的符号,身为一个中文的符号,却包含了西方英文中的一种概念。然而,"基"并没有完全复制"Gay"的意义,因为在翻译的过程中,"Gay"的含义已经发生了变化。"基"这个字帮助"Gay"这个自我身份认同在中文和广东话的社群中流传。② 值得注意的是,伴随着"基"这个词的运用,"基佬"这个标签也开始出现。媒体广泛使用"基佬"这个词,由于"佬"是一个通常用来形容粗俗的下层男性的后缀,因此"基佬"这个词也带有贬低的含义。同性恋者随后又颠覆了"基佬"的这一原意,将它转变为一个具有时尚性的自我标签。

"基"这个词同时也可以作为复数形式来使用。宗教领域曾一度完全不能容忍同性恋的声音,但同性恋个人也成功地在宗教领域建立了自己的一片飞地——"基恩之家"。"基恩之家"具有双关含义:一方面,它指的是"基佬之家";另一方面,它又可以代表"基督教徒之家"。"基恩之家"成立于1992年,是"香港十分之一会"的一个分支。③ 香港人常常会在广东话里随意地加入英文单词,作为游走于两种香港语言系统(英文与中文、广东话)之间并保持平衡的方式。有些人将这种

---

① 值得注意的是,这是一种常见的习惯,香港人会借用一些发音相似的中文单词,让英文融入他们自己的语言中。例如,新来的单词bus,由于对应中文中并没有相应的词汇,就变成了Ba-Shi(巴士),即使这两个字本身在中文中并无特别关联。

② 下列信息对不熟悉香港语言环境的读者来说或许有用:一般来说,香港本地人在书面语言中使用英文,但在口语中使用广东话——一种在发音上与普通话这一官方中文并不一样的中国方言。

③ 十分之一会(the Ten Percent Club)是在香港一个更引人注目的同性恋组织。它由Alan Lee在1986年完成并结束在加拿大的医学教育后回香港创立。"十分之一"(10%)这个名字来自Alfred Kinsey所做的一项著名研究,这一研究发现占总人口10%的人是同性恋者,这个名字反映了这个组织对科学研究的尊敬,并且暗示同性恋个体并非是在社会中可以忽略的少数人群。而十分之一会的创立者是从国外回港并受到西方文化强烈影响的人士这个事实,也反映出香港同性恋身份认同的产生要受到殖民社会现实的影响。

混合的语言称为"中式英语"。"基"这个词的发明，以及"基恩之家"这个组织的命名，显示香港同性恋个体的自我认同建构过程，是如何结合与协调了本土社会里英文和中文的元素。①

◉ 女同性恋团体的出现

和"基佬"们一样，女同性恋者们也致力于建立属于她们自己的团体。由于官方报告中并没有提及同性恋女性，因此她们的抗争也更加错综复杂。值得注意的是，香港法律系统关心的只是男性同性恋性行为而非同性恋性取向本身。因此，女同性恋者并没有牵涉其中。在这一明显以男性为中心的争论中，这种整体上缺乏对女性尤其是女同性恋者的表述，进一步导致了女性以及她们的声音在政治中被边缘化。②

起初，女同性恋者只是书面化地被称为"女同性恋者"，但她们的名称经过创新变化，后来陆续被称为"基婆"、"豆腐婆"，"女同志"或是"姊妹同志"。与"基佬"这个称呼相对应，"基婆"是针对女同性恋者的称呼，这里的"婆"也是一个带有负面意义的后缀，含有下层阶级的意思。在这种情况下，"基"或是"Gay"中包含的性别意义被中性化。"豆腐婆"是用来形容女同性恋者的一种更为轻蔑的称呼，但甚少被使用。这个词是从口语中发展而来的，用"磨豆腐"（指的是在制作豆腐时，碾碎机的两个零部件相互摩擦的这个过程）来意指两名女性摩擦其生殖器的行为。这一称呼更加明确地指向某种性行为，虽然表达的是一种令人厌恶的感觉，但反映了对女同性恋者性方面的认知，而这种认知并不属于日常话语的

---

① 另一个有趣的例子是"地平线"（Horizons）。这个组织最初由一群年轻的中产阶级华人基佬主导，他们普遍拥有曾接受西式教育的经验。"地平线"以英语作为自己的组织语言，这反映出其组织成员在殖民统治背景下身处的社会地位。Barry Brandon在1991年建立了一条主要为同性恋者提供指导和建议的热线电话，他之后决定成立"地平线"这一组织。此前，Brandon曾在Switchboard这一在英国伦敦提供类似热线电话服务的组织里工作。地平线原词指的是陆地与海洋或天空交接的地方，这一理念表达了某种想要伸舒眼界、居高远望、延展拓宽的视野。研究者曾询问该组织是否拥有中文名称，而该组织的回复是，其正式的中文名称并非由英文直译而来的"地平线"。该组织的正式中文名称是"香港同志咨询热线"（启同服务社），而这一名称是在该组织的晚近阶段才发展形成的，这一事实表明，该组织自身的定位是希望更多地吸引那些熟悉英文并认同这个名称的个人。这是另一个在香港的背景下、在自我身份认同的构建中混合使用中英文的例证。

② 争论详见：W. S. Chow 和M. C. Chiu, *The Closet Sex History* (Hong Kong, Comrade Research Centre, 1995) (中文), p.173; W. S. Chow, *PostColonial Tongzhi* (Hong Kong, Hong Kong Comrade Research Institue, 1997) (中文), pp.363-366.

一部分。

"同志"这个词现在常常被用来称呼男同性恋者，而女同性恋者则被称为"女同志"。"同志"一词最先在推翻清政府的民族主义革命中被使用。中国共产党随后沿用了这个词，并在新中国成立后用来称呼中华人民共和国境内的所有公民。1984年，中英两国发表联合声明，确认了在1997年英国结束对香港的殖民统治、中国对香港恢复行使主权。此后，殖民符号和中国符号的意义发生了微妙的变化。"同志"一词的羞辱性使用渐渐淡出。"同志"首次被同性恋社群使用始于1991年，第一届香港男女同性恋者艺术节将自己的中文翻译定为"香港同志电影节"。如今，"同志"作为一个标签性的称呼，已经超越了香港的地域，传播到台湾和中国内地。当中的功劳在很大程度上要归功于学者周和赵（Chow & Chiu）。他们记录下了香港同性恋者的种种经历。① 周（Chow）甚至使用一个新的称呼"直同志"，来指代那些支持同性恋者运动甚至为同性恋者发声代言的异性恋者。②

值得注意的有趣一点是，同性恋者社群开始对性别主义及非性别主义的语言实践变得敏感。实际上，"同志"在一开始的使用中带有性别主义的色彩。"同志"通常用来形容男同性恋者个人或是男同性恋者的集体社群。女同性恋者则被称为"女同志"。就像其他被误以为是性别中性的词一样，"同志"本质上包含着男性的气质。然而，最关键的是，"同志"这个词在其使用过程中从来没有遭受过任何质疑，哪怕是来自媒体的质疑。

然而，即使在被男性声音主导的媒体或是官方文件中，也可以看到许多女性也参与到这些争论中。和这些男性一样，女性的声音一开始也是由政治精英或专业精英所把持的。只是在晚近的阶段，才可以开始听到各种不同的声音。例如，"姐妹同志"就是在同性恋行为非刑事化四年之后才成立，它用来形容女同性恋者自己独特的、超越男性中心主义男同性恋者范畴的一种自我身份认同。

怀着对支离破碎的边界的强烈反感，"酷儿姐妹"——或者用其中文名称来说，"姐妹同志"——开始玩笑性地称呼她们自己为"非框框同志姊妹"。"非框框同志姊妹"代表着对（关于什么是女同性恋者、什么是女性等等的）边界的一种否定。"Queer"这个词在中文中没有精确对应的词，在香港也很少被基佬们使用。"非框框同志姊妹"后来被修改为现在所使用的"姐妹同志"，专门用来动员姊妹们或曰女性们，使她们愿意接受"酷儿"这种身份认同，而不是接受男同性恋者、女同性恋者或是双性恋者这些身份认同，并且建构了一种政治立场、一种与"变成

---

① Chow and Chiu, *Closet Sex History*.
② Chow, *Postcolonial Tongzhi*, p.42.

一个酷儿，或是变得与众不同"的想法相联系的具有普遍性的视野。"姐妹同志"也努力扩展原先主要只被男同性恋者使用的"同志"定义。通过对定义的补充和扩大，可以动员原先在同性恋社群里被边缘化或是被忽视的人群，促使她们一起加入寻求平等机会的努力。这个新群体以及其他女同性恋者团体的存在[①]表明，在同性恋社群之内以及之外，都有一股力量（至少有一些成员）在与关涉常规的领域进行着更为彻底的抵抗。

"同志"也常常被异性恋者当做一个集体性的术语来称呼同性恋者。然而有些同性恋个人并不喜欢被叫做"同志"。有论者认为，这个词偏离了性取向这一中心议题，[②]缺乏严肃性和政治性，使得有些同性恋个人不愿意产生认同。[③]这不但被主流话语不断地重复，还在文学创作、表演艺术、组织以及同性恋个人和团体中被越来越多地使用。同性恋个人和团体以此不断地改造自身的现实，并不断地进行批评和审视。

与"基"这个词一样，"同志"一词也逐渐以组织化的形式被接受下来。英文名为"97 LesbiGay Forum"的"97同志论坛"成立于1992年年底，为与1997年主权交接有关的各种议题提供讨论平台。它代表了由同性恋社群推动的另一种策略：强化他们在一系列严肃的主流政治议题上的声音，并在自身的控制范围内形成与扩大联盟。

[①] 20世纪90年代，由于对性取向和性身份认同的论争开辟出越来越广阔的多重空间，女同性恋者与女双性恋者变得更加积极主动。XX会议就是一个关于动员女同性恋者与女双性恋者的有趣案例。这个组织源于一群女性或多或少地、有规律地在某个酒吧里举行的聚会。这个酒吧坐落于兰桂坊——一个同性恋者们常常光顾的市中心区域。"XX"一词清楚地表明了她们想要表达的身份认同中暧昧和变幻的特点。"XX"可以被解读为代表女性染色体的基因标签，也可以表示代数中的未知数。另一个女同性恋现象就是《同志后浪》（*Comrade Succeeding Wave*），这份收集整理同性恋新闻的内部通讯由一位女同性恋者创立和制作，并且只在一小群朋友的圈子里流传。在越来越多大众化的女性团体涌现之前，它代表了一种来自女同性恋者的虽然有限但却特别的声音。这份内部通讯的贡献难以衡量，但毫无疑问的是，它是女性与主宰的、傲慢的声音面对面地进行抗争的重要例证。

[②] 此议题的讨论详见 X. S. Lin, *It's Too Heavy to Call Homosexual, Special Issue: It's a Queer World 1997—An A to Z Guide to Gender Sexuality and Youth Culture*, Chun Pao (Hong Kong, Zuni Icosahedron, July 1997) (中文).

[③] 我们在对男同性恋者所做的访问中发现，有些同性恋者仍然不愿意接受"同志"这个标签。有些受访者觉得这个词对他们而言过于沉重，因为他们想要的只是一种简单的同性恋生活，而不是为了某种他们并不认同的原因而成为一个"革命先驱"。这表明，在一个关于同性恋身份的广泛的社会分类中，对个人的同性恋身份认同的构建，既通过寻找与自己处于同一个社会分类之内的其他人的相似点来完成，又通过寻找与他者的不同之处来完成，从而最终促成了个人身份认同的多样化。

"同健"（Satsanga）成立于1993年。"Satsanga"是梵语，意为"一起通过实践来达到完美状态的灵性关系或一群人"。而该组织中文名的意思是"香港同志健康促进会"。其组织者既有异性恋者也有同性恋者，包括了社会工作者、心理医生、作家、学者和各方面的义工，他们希望能合力为同性恋团体服务，提供有关性认同、性关系、家庭和工作压力等方面的专业的心理咨询及课程辅导。这个组织运用有益于同性恋社群的、有关心理与健康诸领域的专业知识，将曾经被认为是压抑的、诊断性的、反同性恋的实践转为与专业知识联系在一起。这种与异性恋心理健康辅导的专业工作者的联盟关系，使它在定义和管理有关同性恋的议题时，创造出了一种新的动态环境。

◉ 逍遥派与自在社：同性恋者反政治中的政治

在这些多数参与者有明确严肃目标的运动中，有一个同性恋组织却致力于追求一种世俗肉欲上的快感和享乐。"逍遥派"成立于1996年成立，是一个全男团体，成员包括了东方人与西方人。他们相聚时并不讨论宗教或是政治话题，而只是着重享受和快乐，并且在闲暇时参与一些社区慈善工作。对他们而言，要求同性恋者付出额外的努力去定义自己是谁，或是证明自己作为社会一员的存在，这是一件很不公平并令人厌烦的事情。他们强调"逍遥"，一种无负担、无义务的自由状态，以及悠闲地闲荡漫游。这样一种自由可被解读为对困难重重而又疲惫不堪的同性恋者政治的反抗，他们希望能够维护自身的权利，自由地享受同性恋生活，远离骚扰、负担与责任。一些同性恋者对同性恋议题的日益政治化感到厌倦和愤恨，这也是他们对同性恋者组织的动员努力所作出的一种反应。

另一个值得注意的同性恋组织是Isvara。"Isvara"是梵语，意为"自在天"。该组织的英文名称是"同性恋佛教徒协会"（the Buddhist Gay Association），而中文名称是"自在社"，"自在"是"Isvara"一词的中文翻译，带有明显的佛教口吻。该组织创立于1994年，希望通过凸现男女同性恋佛教徒的形象，让成员们对自己的性取向和在精神上追求佛道之心都感到自在。这个组织有效地颠覆了绝对不能容忍同性恋的宗教话语的主导模式，同时也清晰地表达了同性恋者对宗教的虔诚。

这些成员不希望成为一种政治存在，不希望自己的欲望仅仅在政治领域中被界定或述说。然而，他们的实践却在无形中对整个同性恋运动形成了一种特别的政治干预，因为他们的主张再次创造和维持了他们追求自己欲望的社会空间，并且保护着这块空间以便远离被绝大多数同性恋社群所分享的更为主流的组织文化。他们还强调了一种基本的观点：身为一名同性恋者，应当轻松悠闲地拥有愉悦、享受生活。如果对任何运动或是行动来说，不把其目标紧紧锁定在追求政治上的重要性或是寻觅颠覆性的力量，那么这些群体通过自己对享乐的追求，通过自己对正式的、制度化的政治拒绝，他们的努力其实也拓展了同性恋个人的选择范围。

● 结论

以上卷宗是香港同性恋者在自我认同过程中展现出来的不同的自我表述与策略。它显示了这些话语在起源、形式、组织、功能等方面的重合与不同。通过在不同场合的运动，这个卷宗追溯了香港的男性同性恋者以及随后的女性同性恋者、双性恋女性的发展轨迹，探究了他/她们起初如何在对自己的身份认同与主流话语建构的"同性恋者"标签之间商议周旋，然后又如何通过纷纷出现的各种群体和"同性爱者"、"基"、"基佬"、"同志"以及女同性恋者的"豆腐婆"、"基婆"、"女同志"等各种标签来定义自我和建构身份认同。这一轨迹显示了香港同性恋个人及团体正在不断占据的广阔空间与不断推进的前沿战线。

除了创造出各种名称之外，同性恋个人还成立了各种组织，以便提供另一个抵抗空间。由于篇幅所限，本文不可能详细地介绍这些组织的发展以及它们所遇到的问题。在此，我们所想强调和展示的是，在过去几年中，同性恋团体的数目正在快速增长，这些团体各自拓展了对同性恋社群所关注的新视界，即使它们中所包含的各种元素乍一看去甚至互不兼容（例如，基督教、佛教、双性恋和"酷儿"）。新的运动也创造了许多关于自我身份认同各不相同的、相互排斥的场景空间。此间每个群体的目标都是如此的清晰，以至于只愿意接受认同自己独特目标的个人。围绕着融入与排斥的运动，以及自我与他人之间的战争，各种同性恋自我认同与利益共同体正在不断地发展与进步。

依据这一分析方法，有两种看法是存在问题的：其一是认为自我身份认同是一个统一的整体；其二是认为同性恋自我身份认同是一个同质性的划一的分类。关于香港同性恋个人的这一卷宗显示，各种新的主体性的产生，其实是在权力关系的情境下的不断运动中的一种参与方式。这些分为各种群组的人不再归属于在过往的谈论中被称为"同性恋者"的那种单一的社会分类，他们创造出各种方式来定义和重新定义自己。这一分析方法捕捉到同性恋者与他们自我认同的构建过程中的主流话语之间的相互作用和一同变迁的微妙瞬间。

性的身份认同就是权力。在一个人的自我认同的建构过程中，包含了一系列新价值观的建立以及对旧的社会分类的重新定义。许多同性恋者并没有将寻求修改相关法律作为自己主要的政治关注点。相反，他们试图通过积极地挑战主流的社会规范、曝光占据支配地位的权力、告知社会应如何与不同的人相处等等方式，来改变自己的生活状况。他们所采用的这些策略，在涉及个人或小团体的选择与行动的抵抗空间中展开。这种抵抗空间通常并不引人注意，但即使它未必是某种在主要场景空间下被事先规划好的策略的一部分，也绝不是毫无意义的、不具颠覆性的或者不起作用的（ineffective）。因此，在对政治参与进行的话语分析中不应当去除这些话语实践，即使它们的社会意义和效果很难去衡量。

对香港的同性恋运动而言，这种针对身份认同的分析方法的意义在于：政治运动有时不一定需要采用组织化对抗或是制度变革的形式。那些不去投票、不注册为选民、不正式参与任何组织、不在公众论坛发表自己看法的人们，他/她们也有可能是政治行动者，这甚至包括了那些明确表示自己对政治毫无兴趣的人。这些人可以通过转译各种文化表达、催生新的主体性、推动关于人际关系和社群的其他种种方式等途径，来参与到政治领域中。通过坚持一种非常规的生活方式，或者通过坚持与港英当局有所对抗的多种身份认同，个人可以使以往曾被所有人都视为"正常"的那种生活方式受到质疑。通过这样的行为，个人可以削弱政府对个人日常生活的影响力，个人可以破坏从所规定的必要性里产生的权威。这些由下至上的运动可以成长为一种改变目前行政主导的政治（executive-led politics）格局，并在其他社会生活中推动民主革新。这些运动可以带来政治场所的多元、政治空间的增长、抗争策略的增强以及民主运动领域的拓展。

（何式凝　曾家达）

Ho, P. S. Y., & Tsang, A. K. T.（2000）. "Beyond Being Gay: The Proliferation of Political Identities in Colonial Hong Kong." In D. Howarth, A. J. Norval, & Y. Stavrakakis （Eds.）, *Discourse Theory and Political Analysis*, 134-150. UK: Manchester University Press.

靓太不易做：香港"师奶"的故事

本报告记录了香港的华人已婚女性应对"师奶"（中年已婚主妇）这一被污名化身份的各种策略。文章分析了在香港社会、经济和政治转型的大环境下，"师奶"这个称谓如何从一个尊称变成了贬义的标签。这些女性所表达出来的对生活的不满恰恰与她们对污名化的社会身份及刻板印象的抗争相吻合，而其他人则往往把她们禁锢在这样的身份与刻板印象中。本研究对女性主义将家庭女性形象定位为"他者"的做法提出了质疑。

◉ 简介

香港的中年华人女性在"传统"的、异性恋的生活方式下通常被称为"师奶"。"师奶"二字的字面意思分别为"老师"和"乳房"。本文记录了"师奶"这个词在香港的演变——从20世纪60年代的尊称变成如今专门用来形容无知、肥胖和"小事精明，大事糊涂"的已婚中年女性的贬义用词。本文亦分析了对45名年龄介于35至55岁的已婚女性的访谈，主题是她们对被冠以"师奶"称谓的反应。分析展现了她们的存在策略。更具体来说，这项研究论及以下问题：香港的主流社会规范与价值和社会、经济、政治转变互相关联，在此情境下女性是如何理解"师奶"这个社会类属的转变的？这个年龄阶段的已婚女性，包括全职家庭主妇和其他女性，如何摆放自己与"师奶"这个社会类属的相对位置？个体的存在策略（De Certeau, 1984; Garey, 1999）不可避免地受到社会规范的影响，也往往形成于与他人的互动之中，因此本研究不仅关注这些女性对社会规范的接受和反应，更集中讨论她们对社会规范和构成她们社会现实的种种话语的适应、阐释、拒绝及谈判（Martin, Gutman & Hutton, 1988; Weedon, 1997）。

◉ 文献里的中年女性

中年已婚女性或许是个常被社会研究忽略的主体。多数研究女性和中年生活的文献都集中于女性的家庭、婚姻、作为照顾者的角色、心理和生理健康、生活满意度、更年期、性问题、情感及个人财务等方面，而很少检视女性的身份认同（Hunter, Sundel & Sundel, 2002）。这些"美好的"、"正常的"、"自然的"、"受祝福的"、异性恋的（Rubin, 1984：281）而通常又因"只是"家庭女性而备受轻视的中年女性，在这个高度工业化、商业化的社会里是如何看待和理解自己的社会地位？为了填补社会研究的这一空白，本文将分析中年主妇的身份危机和她们的各种应对策略。在为数不多的关于中年女性"身份认同状态"的研究中，研究者认为她们的身份是在不同的领域、以不同的速度持续发展的，而非在青春期已成形（Archer, 1991; Hamachek, 1990; Whitbourne, Zuschlag, Elliot & Waterman, 1992）。身份状态的发展也许并非遵循着某个特定的方向或在某个时期已趋向完成（Marcia, 1987; Waterman, 1982），那么身份认同也许就比以前我们所了解的更具流动性。目前对影响家庭主妇身份认同的"外在"因素研究不多。豪厄尔和贝丝（Howell & Beth, 2002：193）提出了一个描述女性如何面对中年女性特定负面形象的三阶段模型：（1）拒绝刻板印象，（2）探索中年生活的现实，（3）调整态度和行为，以更加准确地反映这些中年现实。虽然这项研究很有用，但此模型并未阐明中年已婚女性身份与她们的社会现实之间的关系，尤其是这些女性如何应对家庭主妇的污名。有关污名的文献在此便十分相关了。

多数关于污名的研究以戈夫曼（Goffman, 1963：3）对"污名"的定义开始："污名是一个深度败坏的特质，使背负者从一个完整的正常的人变成带有污点的、打了折扣的人。"戈夫曼（Goffman）的分析区别了虚拟的社会身份（我们赋予那些在日常社会交往中遇到的他人的刻板、带有污名的特质和类别）及真实社会身份（那些人们可能实际拥有的特质和社会类属）。戈夫曼（Goffman）指出，被污名化的人通常在这两种身份之间存在着重大差异，而他们的主要问题是如何被"正常人"的世界所接纳。然而，这个概念的定义在不同的文献里差异很大，这是比较奇怪的一点（Stafford & Scott, 1986）。林克和费伦（Link & Phelan, 2001：365）认为，这其中一个主要原因是"污名这个概念被应用于大量不同的情境中"，而每一种情境都可能令研究者给予污名不同的定义。我的研究运用了那些被称为"师奶"的香港华人中年已婚女性的例子来回应这个关于污名概念的问题，看看她们如何克服污名带来的逆境，而这又对女性主义研究有什么启示。

为了了解女性身份认同的问题，女性主义者作出了重大的贡献。她们关注已婚女性必须面对的由家庭生活和母亲身份带来的矛盾情绪。女性会因家庭事务和为人母亲被迫放弃个人理想，而德·波伏娃（De Beauvior）就是这一说法最有名的倡导者。在《第二性》（*The Second Sex*）（1981）中，她把所见的女性生活的谬误全部浓缩在家庭主妇的形象里。费里丹（Friedan）的《女性的奥秘》（*The Feminine Mystique*）（1963）首次对第二次世界大战后美国中产阶层家庭主妇的经济、性和心理问题进行分析。这种奥秘，如费里丹（Friedan）所说，是一种关于女性的屈从、家庭事务与母性的意识形态，它与19世纪迷信崇拜的所谓真女性——被动的、哺育的和被私有化的女性气质是十分相似的。自费里丹（Friedan）以来，许多女性主义者神化了家庭主妇以挑战女性主义意识形态。第二波女性主义者的写作中常对主妇的形象表露出一种不安和紧张。"主妇被刻画成了一个需要被拯救、被解放或被遗忘的人。"（Johnson，2000：237）琼森（Johnson）、费里丹（Friedan）和第二波女性主义者，如格里尔（Greer，1970）、奥克利（Oakley，1974）及萨莫斯（Summers，1975），都倾向于把主妇刻画成问题女性。因此，已婚主妇面临着要成为好母亲和得体女性的强大社会压力，同时又面对着尖刻的女性主义批评，要她们摒弃"家庭事务"，成为自主的新女性主义主体。

在这个问题上，其他女性主义者设法与主妇和解，指出她们并非第二波女性主义者所描述的那样被动和无望。米勒（Miller，2005）写道，费里丹（Friedan）观点的问题在于，她的作品在女性气质这一概念上存在着明显的困难，没有为"法国女性主义者所拥护的对女性气质的激进定位在未来数十年里"给予足够的批判空间（p. 4），她还指出，"不满情绪的表达暗示了一种被费里丹（Friedan）忽略的能动性"（p. 5），同时建议一个普遍的、认受性高的表达不满的方式，以及相应的一套可识别的"前政治"行动（Davis & Kennedy，1993）。

米勒（Miller，2005）不是第一个通过关注不满情绪的政治潜力来拯救家庭主妇的人。勒白朗（Leblanc，1999）声称，尽管日本主妇"对认同自己是主妇怀有深刻的矛盾情绪"，（p. 30）她们却还是依附于主妇身份，"因为在难以获得其他群体象征的时候这无疑是群体成员的一大标记"（p. 32），而且是"一个便利和容易引起共鸣的身份"，能帮助女性保卫她们的"政治存在"（p. 42）。

总的说来，女性主义中存在两种关于家庭主妇形象的话语：一种话语认为女性应该远离家庭主妇的角色，重新整固自我形象，创造新生活，而另一种话语则如学者琼森（Johnson，2000）、米勒（Miller，2005）和勒白朗（Leblanc，1999）所说，女性能利用家庭主妇身份满足个人需要及政治目的。特别是琼森（Johnson），他认为早期第二波女性主义的规定性论述，它对现代自我形成的直线性叙述是有问题的，这种叙述"被极不自然地强加在对复杂性和矛盾性的认知上"（p. 244）。我和这些女性主义学者站在容纳家庭主妇的同一阵线上，想展现新一代的普通女性怎样为自己的角色平反，不是以成为女性主义者、知识分子或行动主义者的方式，而是通过抵抗与污名相关的各种压制的日常实践。在她们踏进中年时，内在的重新自我定义过程恰巧碰上了改变世界的外在任务，整个过程因而变得"政治化"（political）（Ho & Tsang, 2000a, 2000b; Ho, Wong, Cheng, & Pei, 2005; Johnson, 2000; Miller, 2005; Tsang & Ho, 2007）。

● 香港师奶的跌宕起伏

要理解"师奶"一词的含义，我们必须了解社会价值的演变，是什么贬抑了原先被认为"值得尊敬"的事物呢？在这一部分里我将介绍该词的历史，分析它的意义如何随着香港的社会经济情况的演变而改变。

20世纪五六十年代的师奶

在五六十年代，师奶是年青一代对社会地位比自己高的年长已婚女性的敬称。那时香港的生活水平普遍来说仍然很低，还没有实行免费的公立教育，正规教育颇为昂贵，拜师学艺仍是贫穷孩子的主要出路。教授的技能，从戏剧、武术，到木匠和开小店，五花八门。师傅提供膳食住宿，而学徒与师傅的家人同住一屋，亲密相处，称呼他为"师父"（老师），而他的妻子为"师奶"（师母）。值得注意的是，"师奶"的字面意思是"老师的乳房"，如果我们进一步探寻"奶"字的起源，便会发现它也出现在"少奶"一词中，即年轻的女主人。这些师奶因她们丈夫的权力和地位而受到尊敬。

20世纪七八十年代的师奶

在七八十年代，师奶一词用于指称已婚女性在本土变得更加流行，但它逐渐与社会阶层和地位失了关联。在这期间，香港经济大为发展，许多女性接受了高等教育，从而得到了更多正式就业的机会。女性在总劳动力中的比重由1961年的36.8%上升到1981年的49.5%（香港社会服务联会，1997）。女性首次婚姻时的年龄中位数由1976年的23.4岁（港英当局统计处，1984）上升到1986年的25.3岁（港英当局统计处，

2006），导致人口出生率降低。在香港这个自由资本社会，经济独立的女性作为一个新的社会群体迅速崛起，人们称其为女强人（字面意思是"坚强的女人"）。人的价值越来越取决于他的赚钱能力，女强人的崛起让师奶边缘化，师奶逐渐被视为男人的负担、失败者或彻底的"债务"。

21世纪的师奶

从这个简要的历史—语言学系谱分析看来，"师奶"显然不是一个静态的术语，它拥有多层内涵。在当代香港，"师奶"绝非单一含义的词汇，正如"家庭主妇"、"现代女性"或"中国女性"，都不是单一意涵的。可以明确的是，"师奶"和"女强人"的含义与使用它们时的经济、社会和文化等情境有直接关系。那么，对21世纪香港的女性来说，"师奶"又意味着什么呢？

香港是世界上最重要的金融中心之一，《中央情报局世界资料手册》（CIA World Factbook）（美国中央情报局, 2006）的数据表明，香港的人均国民生产总值堪比西欧四大经济强国。在2005年，女性已超过总人口的一半（52.1%），女性劳动力在总劳动人口中所占比例上升至51.8%（特区政府统计处, 2006）。女性首次婚姻时的年龄中位数是28（特区政府统计处, 2006），这直接导致了香港2005年的生育率成为世界最低（0.95）（美国中央情报局, 2006）。跨境就业机会的增长，教育程度的显著改善，以及攻读研究生人数的增多都导致了女性结婚时间的改变（Lee, 2000）。

因此女性在社区中的地位和角色在相对短的时间内得到了很大的改善。在70年代后期，女性的薪酬仍然比相同职业的男性低；时至今日，女性对香港经济、政治和社会生活作出的贡献已越来越重要。政府部门的所有工种和职业都对两性开放，招聘广告中对性别也没有作任何限制。目前女性占公务员人数的33.6%（香港政府统计处, 2006），并且有越来越多的人承担起"传统观念中男人的工作"（Lee, 2000）。2006年后期，在18位常任秘书长——最高级别的公务员——中有8位是女性（特区政府新闻处, 2006b），而在首长级人员——身为政府决策过程中坚力量的专业管理通才——中，女性也赶上了男性。二十年前，首长级人员中女性只占5%，而这一数字到了2005年已上升至26.5%（特区政府统计处, 2006）。在其他行业，如商业、公共事务、社区服务、政治、体育和艺术领域，女性都有杰出的表现，虽然仍不及女性在公务员队伍中的表现那么突出。在30名行政会议（行政长官的最高决策小组）成员中，有4位是女性（特区政府新闻处, 2006a）。在60席立法会议员中，18%是女性，包括主席和内务委员会主席，此外还有90位女性（18%）服务于区议会

（特区政府统计处，2006）。更多"女强人"（财政独立的女性）的出现，使家庭主妇和"师奶"被日益贬低和边缘化。

许多学者提出，在1997年前，香港受英国政府的影响而进行了一系列政治变革，包括1991年的同性恋非刑事化和1996年平等机会委员会的成立。在这之后，香港的自由主义倾向不断增强——倡议男女平等、尊重人权、消除性别歧视、科学唯理主义、民主和自由（Ng & Ma, 2001）。但这些学者坚持香港仍然是一个典型的中国社会，家庭观念和性道德受道教儒学、新儒学和基督教传统男尊女卑的极大影响——社会总是向男性倾斜，整个运作以男性为主导。C. W. Ng及G. H. Ng（2005）提出，在一段伴侣关系中，男性仍然被视为是"更为有趣的一方"、是"保护者"，而女性则被认为是必须依附于其丈夫的"被保护者"。因此我们不难理解，在21世纪的香港，为什么那么多中年已婚女性面临着身份认同危机，既想实现自己的愿望，又得面对社会期望，在这样的矛盾中苦苦挣扎。

师奶们到哪里去了？

我在2001—2002年期间进行了10个焦点小组访谈，在2003—2005年期间还对45名年龄界乎35—55岁的已婚女性的生活史进行了15次深度访谈，本文的研究结果正是基于这些数据。我用的主要的抽样方法是格拉泽和施特劳斯（Glaser & Strauss, 1968）首先提出的理论抽样方法，用以描述根据现有研究的场所与案例选取新的研究场所或研究案例以进行比对的过程。理论抽样的目标不是获得所有尽可能多的变量，而是获取对案例更加深入的理解，促进分析框架的发展和概念的重新定义。所以理论抽样关注的是数据和理论的互动。对某些案例的观察和分析带出的问题带领着我找寻具有某些特定社会背景和经验的受访者。这样做的目标是根据研究兴趣来寻找案例，确保参加者有广泛的代表性，尽可能多地覆盖更广的人群（Strauss & Corbin, 1997），并且避免"标准化"和主体的"平面化"（Leblanc, 1999）。

一开始，我建立了10个焦点小组，每个焦点小组里有5—12名受访者。我起初曾询问自己社交圈子里的人是否认识任何典型的师奶——身为全职家庭主妇并无领薪受雇的中年已婚女性。但是，我很快便发现，这种把女性简单地归入各种简介干净的类属——例如"受雇"与"未受雇"——里的方法是存在问题的。那些自称不需要外出工作的女性实际上往往都在婚前或婚后从事着或曾从事某种形式的工作，因此很难以就业状况来判别"师奶"和"非师奶"。最后，我根据受访者的各种工作经历，将她们分为从兼职到几乎全职等多个组别。最初认识的受访者是通过朋友和香港大学的学生介绍的，同时我也在我主持的一档晚间电台节目中发出招募信息。

她们相信她们作为已婚女性的经验能支持"师奶"这种社会分类的有效性，所以对这个研究是有贡献的。我还有意找了一些特别有趣的受访者，她们的故事是典型的、极端的，或非同寻常的。在团体中认识了这些女性之后，我打电话邀请那些能给予我更丰富信息的人做个人访谈。这些受访者也帮我介绍了一些特别有趣或不寻常的案例。同时我继续通过其他渠道，譬如电台节目，寻找适合的受访者。

焦点小组访谈通常持续3—4小时，而个人访谈则用时1—3小时。我请焦点小组的受访者分享她们对"师奶"这个社会类属的理解，还有她们如何在师奶这一被污名化的社会类属以及种种关于女性角色的主流规范与价值观中定位自己。在个人访谈里，我请受访者定义什么是"师奶"，谈谈她们是否认为自己是"师奶"，然后她们会分享自己对爱情、性、友谊、家庭、婚姻、孩子、身体、自我、样貌、贞洁、堕胎、工作和娱乐的想法和经验。我拟定了一个半结构式的访谈提纲，问及的问题包括：母亲如何协调对家庭的关心和个人需要之间的关系？这些关系如何随着孩子的成长而改变？就业、投资和教育的重要性是什么？女性如何休闲和自我发展？义务工作、社区工作或慈善事业有什么重要性？中年女性如何追求情色？随着年龄增长，她们对浪漫的想象如何转变和发展？女性如何争取她们的社会角色，又如何表达和挑战那些构成社会现实的话语？

个人访谈和小组访谈都作了录音和文字转录。在两名研究助理的帮助下，我制订了一个（包括每个代码简单定义的）译码清单，以便使各种译码类目统一化。在第一层次的译码工作中，对某个案例进行了译码，以保证对各个意义单元的定义以及对每一个译码的表述的一致性。然后再对其他案例进行译码。然后再对其他案例进行译码。在第一层次的译码工作中，重点在于确定受访者在性别、爱、性、婚姻和家庭方面的信念。在第二层次的译码工作中，通过比较和对照各个类目，识别出它们之间的关系。对数据的译码工作由NVivo软件完成。我们不断地比对各个案例、情境和各种影响因素之间的差异，比如年龄与阶层对这些妇女为拓展她们的社会空间而作的策略选择有什么影响。从数据中浮现出的各种主题在经过分析后，成为本研究各主要结论的基础（Tutty, Rothery & Grinnell, 1996）。分析的重点在于受访者谈论自己和其他她们视为"师奶"的女性的"阐释性实践"时的道德语言——在日常生活中，她们理解和传达社会现实的一系列程序、条件和资源（Gubrium & Holstein, 1997; Holstein & Miller, 1993）。本文以下部分将展示与"师奶"这一标签相关的不同话语地位下（这些地位被视为"动态性结构"）的女性有什么不同的话语策略，以及这些策略在女性不同生活阶段是如何被使用的（Elvin-Nowak & Thomsson, 2001）。

策略1：拒绝标签中的负面特质

在访谈过程中，受访者常提到："我根本不是师奶"或"我不再是师奶了"。那些兼职或全职的家务佣工对这个标签的反应最为强烈，她们通常会拼命解释为什么她们不是或不应该被叫做"师奶"。在当代香港，"师奶"的形象往往是没受过什么教育的、斤斤计较的女人，终日把时间浪费在麻将上，其含义非常负面。受访者对此有如下的说法：

> 师奶是没有文化的。我现在上夜校修读中学课程。我觉得我不是师奶。（阿枫）

> 我从来都不是师奶，虽然我从未工作过，都是留在家中照顾孩子。但我从来不说三道四、搬弄是非。我觉得师奶都是泼妇的样子，又好管闲事。我不是这样的。（斯特拉，18岁结婚，19岁有第一个小孩）

> 肥师奶们之所以会发胖，是因为她们在婚后自暴自弃。我只有110磅，而且我会努力维持下去。（阿林）

> 当超市减价时，她们（肥师奶）会一窝蜂涌进去。我就不会这样。而且我不打麻将，所以我跟她们不合群的。（梅布尔）

很多女性说这个标签即使在街市上也已经无甚用处、不再流行。比如梅芳就说道：

> 小贩和店主通常称呼他们的顾客为"阿姐"或"阿妹"，而不是"师奶"。有些甚至把我们称作"靓女"或"靓姐"。这样更好。

这些女性断然拒绝"师奶"的标签，说她们有工作或有能力工作，见过世面，有知识有文化，所以她们不是师奶。这种说法构成了一种话语策略——她们要以这样的方式在我面前刻画出某一种形象。

多数女性拒绝被称为"师奶"，特别是当她们感受到与之关联的污名和歧视时。当我与8位已经结婚并生育了孩子的中学朋友分享我从一个焦点小组访谈所得的初步结果和分析时，她们大部分都认为我选错了题目，因为她们觉得许多香港女性都因为污名而极力使自己远离这个标签。珍妮特说："我觉得你很难找到愿意做访谈的人。怎么会有人承认她们自己是'师奶'呢？就算是我妈妈也不会承认的。我也肯定不会！"贝蒂一个已婚的保险经纪人，她认为要是我想找到更多的受访者，在深入研究之前应该先对"师奶"做出更为清晰的定义："我们需要定义一下师奶们的工作性质。师奶去街市买菜、煮饭、洗衣服以及照看小孩。如果你有佣人帮你做这些事，那么你便是'太太'（优雅的妻子）。"

实际上，许多香港女性更想要"阿姐"、"阿妹"、"靓女"、"靓姐"或"太太"的身份，而不是"师奶"。香港已婚女性对被嘲笑为"只是家庭主妇"的恐惧显然要比勒白朗（Leblanc, 1999）所描述的日本主妇更为强烈。

策略2：反抗标签

除了让自己远离这个标签，一些女性还有意识地参与那些被认为是叛逆和粗暴的行径，尤其是当她们对婚姻或与丈夫的关系感到苦闷之时。这些女性以个人的反叛行径创造了与"师奶"完全相反的公众形象。一个受访者似乎决意要显得与众不同：

> 我不觉得自己是师奶。我从来都不像女人。没有人叫我师奶。我的名字叫虾仔。我抽烟。跟（其他）男人做爱。我不是你们所谓的那种家庭主妇。

另一个受访者的婚外情令她的婚姻陷入危机。她后悔做得太过火，最终回了家。她说：

> 去年我曾和情人私奔，但最终是丈夫把我接回了家。现在，我还是会和男性友人们一起去唱卡拉OK。但我不会再跑掉了。我只想享受男人拥我腰间时的片刻温柔。

类似地，还有一位受访者与她的前男友继续着一段暧昧不清的关系。她描述了她在这段关系中的复杂感觉和感情投入：

> 我不想破坏自己的家庭和婚姻。我只是不想做这个男人的红颜知己。我对男人已经有很长一段时间没有这种感觉了。这是友情还是爱情？我并不在乎。

这些女性也会质疑自己与"正常的"、"正派的"女人不同的所作所为，但却又觉得自己不是普通的"师奶"。她们做了她们想做的事，并且感到很愉快。她们敦促我进一步探索师奶在空闲时做什么——她们怎么与餐馆部长、在学校和街市碰见的男人们调情。尔后我就会知道，她们中的一些人会从每日的社交互动、梦想和幻想中获得情色乐趣。近距离观察后，我发现这些师奶的生活并不是如最初看起来的那样波澜不惊。她们的新经历促使她们审视自己的境遇，并重新思索自己的身份。

策略3：接受标签的正面特质

参与另一个焦点小组的主妇们住在康怡花园（Kornhill；一个中产社区），她们对自己能留在家中、无须出去工作而甚感自豪。很多人说："我是一个快乐的师奶！"也有人声称："如果我们的生活状况能让我们成为典型的师奶，那就由它去

吧。"她们对这一标签有着自己的解释。以下是两个典型的例子:

> 有些学校专门招收那些母亲不用上班、有充足时间照顾孩子的学生。这样看来,全职主妇是一种身份象征。(艾达)

> 如果有人说你"小鸟依人",那就说明在必要的时候你也是可以展翅高飞的。我挺高兴别人这么叫我。(常太太)

重要的是,几乎所有受访者都相信,如果要享受自己不用工作的身份,"师奶"必须学会应对他人的"凝视"(gaze)。

我也访问了住在屯门(香港的一个新发展区)的女性,她们谈了很多公共屋村的生活。以下便是她们的看法:

> 有一段时间我对自己和儿子在公共场合(一个自闭症患儿)的表现感到十分羞耻。现在我无所谓了。这是唯一可以令自己开心的方法。

> 我们在餐厅大声说话,大吃大喝。你要做的就是忽略你的邻座,做回你自己。

跟那些拒绝标签的人不一样,一些受访者坚持,如果一个女人知道该如何享受"师奶"的身份,那么她可以相当愉快。她们强调平常心的重要性,强调要以不理会歧视的态度来认识和找到自己的社会位置。

在另外一个焦点小组里,我留意到对"师奶"标签的强烈抗拒。一些受访者提醒我,虽然存在方式不同,但"师奶"的形象仍然活跃于公共话语中。吉蒂是一个兼职私人教师,有灵活的工作时间,甚至可以观看下午的电视清谈节目,她说:

> 我常看下午的电视节目,我发现那些上清谈节目的女性十分乐意称自己为师奶。她们或许并不喜欢别人这样称呼她们,但不介意自己这样叫自己。

所有焦点小组的受访者都认为,当与其他社会地位相近的已婚女性在一起时,她们会把"师奶"当做一个集体指称,因为"那时没有被嘲笑的恐惧"(布伦达)。但她们会清楚地告诉别人,她们与典型的师奶不同。从研究勾画出的图景看来,香港"师奶"的社会身份并不是一个固定的话语类属,许多女性会选择性地使用身边的资源来为自己创造独特的身份。

策略4:重新定义标签

这个策略是那些设法通过追求个人兴趣、学习新事物、发展事业或当义工来使自己的生活活跃起来的女性最常用的。以下是一些典型的说法:

> 我常想逃避当师奶的命运。我想出去找乐子。现在我们一星期去跳几次舞。(阿方)

> 我们中的许多人没有丈夫，因此每个星期都可以用四五个晚上来唱粤剧。我想很多人来这里并不是为了消磨时间，而是为了发泄情绪。（梅）
>
> 女性不应该太以家庭为重。如果她们有工作，丈夫会更关注她们，因为他们会担心或许哪一天自己的妻子跟在工作上认识的男人私奔了。（阿丝）
>
> 女人不应该把家庭放在首位。否则她就完蛋了。你想想，当子女长大了，上大学了，你怎么办？（梅布尔）
>
> 在家庭以外找点事干，对师奶来说很重要，哪怕只是松松土，插插花。（常太太）

有一个很突出的例子，一位受访者为了支撑家庭支出，兼职提供色情电话服务。这起初是为了生活的权宜之计，逐渐地却成了一个学习机会，唤醒了她对性的新理解。如她所说：

> 如果客人要求我做一些我从未听说过的事情，我会问清楚他们具体希望我怎么做。到头来，我学到了更多的性知识，例如什么是性虐待。（尹泽）

在香港的情境中，资本主义理性原则定义了各种关于生产力规范，已婚女性需要工作、教育和其他的方式来发展新的身份认同和接触大千世界。身份转移是一个以多重身份来保护心理健康的过程（Shih, 2004）。这项研究显示，受访者把"师奶"这个标签作为一个话语争论点，把对身份认同的需求转化成超脱标签限制的自我实现和自我延伸过程。

策略5：从"师奶是女人"到"人人是师奶"

研究中有一个特别有趣的发现：大多女性觉得"师奶"不再是一个特定阶层或特定性别的身份，而是一个可以用来形容任何人的特质，不论男或女、无知、肥胖、过时或是缺乏目标。布伦达（Brenda）说：

> 男人也可以是师奶。有的男人从深水埗（九龙的一个棚户区）跑到铜锣湾（港岛的一个购物中心区），就只为买更便宜的厕纸，就像《女人四十》里的萧芳芳。或许师奶不是一个人，而是一种特质、一种特性。

但我们必须注意到，有些女性并非彻头彻尾地拒绝这些"不太理想"的特质的用处，它们对于量入度出的女人来说不失为做"优雅女士"不敢为之事时的一个保护盾。有时，作为"师奶"是有用的。就如维罗妮卡（Veronica）所说："师奶是有用的，尤其当我们要做那些淑女不会做的讨厌的事时，比如在街市讲价和在超市比较价格。"

大多数女性同意，讲求实效是当今女性的重要特质。接受标签的负面特质也是应对污名化身份逆境的一个方式。埃达就总结道:"如果我必须是师奶,那我会做一个灵活的师奶。"

● 讨论

本研究的贡献有三点。首先,研究结果显示,核心身份的假设会妨碍我们了解女性积极整合生活的方式,在不同情境和不同生活阶段下,方法不同,特点也会不同。我们需要一个理论模型,承认所有的身份标记的本质在不断变化的社会政治情境下都是有问题的(Tsang & Ho, 2007)。要理解女性经验,我们必须十分重视个别性和特殊性。与接受单独访谈时相比,受访者在焦点小组中更倾向于把自己定位为某个集体社会类属中的一员。许多受访者热切地向研究者解释自己遇到的种种困难:她们很难满足社会将她们视为"母亲"与"妻子"时赋予的各种期望。在单独的访谈中,受访者则更愿意透露自己在私人生活、经历、关系以及家庭背景等方面的反思。在这两种情境下,她们都以不同方式向我这个外人披露了不同的自己。

其次,本研究记录了女性应对污名身份的各样策略。多数关于中年女性的研究探讨的是她们如何扮演好妻子、母亲和女儿的传统角色(Devault, 1991; Elvin-Nowak & Thomsson, 2001; Leblanc, 1999; Lee, 1998; Macdonald, 1998; Salaff, 1995),而本研究显示,香港的中年已婚女性意识到标签是作为一种控制和轻视她们的贡献的机制。本文列出的五个策略展现了她们如何以赋予不同含义或创造新身份的方式来抵抗被约束在一个固定身份的命运。"师奶"的故事相对于那些关于污名的文献来说之所以有趣,是因为它之所以被看低,不是因为她们违反了"人应该在特定的时候有特定的行为规范"这一共同理念(Stafford & Scott, 1986: 80),而是因为她们拥有(或应该拥有)某一属性或特征,使她们的社会身份在特定情况下被贬低了(Crocker, Major & Steele, 1998)。使问题更为复杂的是,"师奶"这一社会身份的价值随着不同的场景、情境和社会空间而改变,因此"污名的程度"(Link & Phelan, 2001)也随之改变;也就是说这个身份并不是在所有的社会空间里都被污名化了。某些污名可能只限于某些社会空间内,因此女性能把她们的生活分配到不同的社会空间,在不同场景下演绎不同的社会角色,那么她们便有更多资源满足自己的需要和应对社会污名。

"师奶"不是少数群体,而是占据了中年女性人口的极大比例。个人、社会和经济资源造就了每个人不同的生活处境,因此即便是在污名群体中也会有差异性存在。因此,"没有人会被完全困在单一的弱势群体中"(Link & Phelan, 2001:

380）或成为单纯的受害者（Fine & Asch, 1988）。人们都会巧妙地躲开或建设性地挑战污名化的过程（Reissman, 2000）。

在女性们使用的五个污名应对策略中，我根据各学者的理论识别出其中三个，如豪厄尔和贝丝（Howell & Beth, 2002）和施（Shih, 2004）提出的补偿机制、对社会环境的策略性阐述、着重多重身份等被污名化人群用以应对污名的不同模式。其他策略则是从我的研究数据中发展出来的。女性们的叙述显示了她们处理污名、重新定义污名化标签的富有创造力的方式，包括接受标签的负面特征，把"师奶"转变为任何人都适用的标签，无论是男是女、是无知还是肥胖、是过时还是缺乏目标。

虽然被污名人群可以策略性地减少让自己处于弱势的不利情况并抬高对自己有利的方面（Crocker & Major, 1989; Pittinsky, Shih & Ambady, 1999），但这些女性却并没有彻头彻尾地拒绝这些"不太理想"的特质的用处，以便维持家计和为做"优雅女士"不敢为之事形成一个身份保护盾。

最后，研究阐明了形成"师奶"一词的各种条件。女性与污名身份的各种相对关系其实揭示了许许多多"讲述故事的隐含情境"（Devault, 1991）——在这些案例中，指的是在高度工业化社会中的经济、教育、社会、文化发展，以及对女性现代、性感、纤瘦、有身体意识、有文化底蕴或"只是"家庭主妇等等一系列期望。在香港，活跃师奶生活的策略不外乎是工作、教育、发展个人兴趣和当义工。

有趣的是，有些女性觉得我们不应该特别强调（被视为与家庭相对的）经济和自利。她们抗拒现代会计系统，把时间、相互依存、共同利益和信任看得和金钱一样重要或比金钱更主要。她们珍惜个人满足感和情感交流的机会。她们努力通过各种追寻，如婚外情和其他乐子、浪漫、冒险等，来获得更多流动性和更大的自由，扩展生活空间和机遇，增加实现欲望和获得认同的机会（Ho, 2006, 2007）。这些活动作为投资虽然并不能带来即时的好处，但却能增加这些女性的金融资本与社会、文化资本，而它们恰恰基于一种相互依存的关系，非个人钱财集聚能比。

对社会工作实践的启示

约翰逊（Johnston, 2000：237）主张，女性主义学者应该质疑把家庭主妇"无论在个人还是制度的历史时刻中都被女性主义刻画为'他者'的做法"。在本文中，我用香港已婚女性的故事，说明了女性并非总是像社会——甚至某些女性主义学者——所想象的那样"被动"、"屈从"、"主内"；她们也不是像一些热门美国电视系列剧刻画的那样，是衣食无忧、欲求不满、住在郊区的"绝望的主妇"。我和这些女性主义学者站在容纳家庭主妇的同一阵线上，想探讨新一代的普通女性如何恢复主妇的名声，不是以成为知识分子或行动主义者的方式，而是通过抵抗已有类别的压制的日常实践（Ho, 2006; Ho & Tsang, 2000a; Tsang & Ho, 2007）。她们的不满情绪恰恰与她们对刻板印象的抗争相吻合。米勒（Miller, 2005：5）也许是太乐观了，她相信女性"不满情绪的多重表达可以成为急迫的群体政治运动的驱动力"，但这些不满的表达会迫使女性们审慎地反省女性主义的限定主义，使她们难以认同这些女性主义运动。女性从来不只是"受压迫的"或"绝望的主妇"，也从来不是政治计划的负担。

反压迫社会工作应该探索这些限定性和具压迫性的女性主义和社会工作内容，以了解为什么这么多女性都拒绝"被改造"。工作者必须认同中年女性为改造家庭主妇形象而作出的巨大努力，比如通过使用"师奶"等不同的文化符号来抵抗污名和歧视。女性作为社会存在，总在不断适应、转变和重建社会空间，以反映她们对更高社会地位的整体需要。当任何一个女性改变一个文化符号的内涵时，她就拓宽了那个特定社会环境中所有女性的选择范围（Ho, 1999, 2001, 2006; Tsang & Ho, 2007）。葛兰西、郝勒和史密斯（Gramsci, Hoare & Smiths, 1971）指出，我们都有能力建构对周围世界复杂和充满意义的诠释。家庭主妇其实是充满生命力、抗争力和创造力的智慧体，所以她们的批判和反省能力是不应该被低估的。"就应该由嵌入社会世界的活生生的生活"作为所有社会工作和女性主义实践的"起点"（Ferguson 2003：704）。

本研究的结果对社会工作实践具有某些启示作用。一个反压迫框架（Dominelli, 2002; Garcia & Melendez, 1997; Garcia & Melendez, 1995; Preston-Shoot, 1995）应该努力从"专家模式"的服务过渡到以"案主经验为中心、能认同他们对压迫的应对和抵抗"的服务（Pollock, 2004：694）。在进一步发展反压迫框架方面，我们可以向近年来致力于概括女性面对的文化非公义和符号性非公义本质的政治理论家学习。比如Taylor（1992：25）指出，"不被承认"或"被错误地承认"都有可能是压迫的一种形式，把人束缚在一个"虚假、扭曲、约简的存在模式里"。文化非公义的补救措施与文化或符号性改变有关，包含对所有不被尊重的身份的重新估值，以及"能改变每个个体的自我意识的表现、诠释、沟通的社会模式的完全改变"（Fraser, 1997：15）。本研究的结果也表明，关于女性社会、经济和政治赋权的社会政策很重要。基于把已婚女性视为独立个体的思想意识，我们应鼓励家庭服务之外的为女性个人开展的服务。

我们应该创造各种条件来帮助女性在不同的社会服务中实现自我发展，在这种支持的社会环境中她们也能更好的形成自我意识。帮助案主意识到性别、种族、阶层和关于她们身份的其他社会建构,以及意识到她们遇到的问题,是多元文化辅导的重要方向(M. Y. Lee, 1996)。当社会行动能帮助人们"重新定义权力关系,挑战主流规范以改造人们的生存条件"时,治疗便是一种社会行动(Ho, 1999:96)。鼓励案主、合作、参与和投入,都是反压迫社会工作中必须使用的策略(Ho, 2007; Leung, 2005)。如果社会工作者志在帮助案主阐释各种文化符号,把个人和社会群体从霸权的规范限制中解放出来,那么通过个人和家庭治疗、社区教育和社会运动等方式为女性开展的反压迫社会工作实践,就是一种政治运动。

(何式凝)

Ho, P. S. Y. (2007). "Desperate Housewives – The Case of 'Si-nai' in Hong Kong." *Affilia: Journal of Women and Social Work*, 22, 255–270.

参考文献

Archer, S. (1991). A Feminist's Approach to Identity Research. In G. R. Adams, T. P. Gullotta & R. Montemmayor (Eds.), *Adolescent Identity Formation*, pp. 25–49. Beverly Hills, CA: Sage.

Census and Statistics Department. (1984). *Demographic Trends in Hong Kong, 1971–1982: An Analysis Based on Vital Registration Statistics of Births, Marriages, and Deaths and on Census Results*.

Census and Statistics DepartMent. (2006). *Women and Men in Hong Kong: Key Statistics*.

Central Intelligence Agency. (2006, December 19). CIA – The World Factbook — Hong Kong. Retrieved December 21, 2006, from https://www.cia.gov/cia/publications/factbook/geos/hk.html.

Crocker, J., & Major, B. (1989). Social Stigma and Self-esteem: The Self-protective Properties of Stigma. *Psychological Review*, 96, 608–630.

Crocker, J., Major, B., & Steele, C. (1998). Social Stigma. In G. T.Gilbert, & S. T. Fiske (Eds.), *The Handbook of Social Psychology*, pp. 504–553. Boston: McGraw Hill.

Davis, M. and Kennedy, E. L. (1993). *Boots of Leather, Slippers of Gold: The History of a Lesbian Community*. New York: Routledge.

De Beauvoir, S. (1981). *The Second Sex* (H. M. Parshley, Trans.). Harmondsworth, UK: Penguin.

De Certeau, M. (1984). *The Practice of Everyday Life* (S. Rendall, Trans.). Berkeley,

CA: University of California Press.

DeVault, M. (1991). *Feeding the Family: The Social Organization of Caring as Gendered Work*. Chicago: University of Chicago Press.

Dominelli, L. (2002). *Anti-oppressive Social Work Theory and Practice*. New York: Palgrave Macmillan.

Elvin-Nowak, Y., & Thomsson, H. (2001). Motherhood as Idea and Practice: A Discursive Understanding of Employed Mothers in Sweden, *Gender & Society*, 15, 407–428.

Ferguson, H. (2003). In Defence (and Celebration) of Individualization and Life Politics for Social Work. *British Journal of Social Work*, 33, 699–707.

Fine, M., & Asch, A. (1988). Disability Beyong Stigma: Social Interaction, Discrimination, and Activism. *The Journal of Social Issues*, 44, 3–21.

Fraser, N. (1997). *Justice Interruptus: Critical Reflections on the "Postsocialist" Condition*. New York: Routledge.

Friedan, B. (1963). *The Feminine Mystique*. New York: W. W. Norton.

Garcia, B., & Melendez, M. P. (1997). Concepts and Methods in Teaching Oppressive Courses. *Journal of Progressive Human Services*, 8, 3–9.

Garey, A. L. (1999). *Weaving Work and Motherhood*. Philadelphia: Temple University Press.

Glaser, B. G., & Strauss, A. L. (1968). *The Discovery of Grounded Theory: Strategies for Qualitative Research*. London: Weidenfeld and Nicolson.

GoffMan, I. (1963). *Stigma: Notes on the Management of Spoiled Identity*. Englewood Cliffs, NJ: Prentice Hall.

Greer, G. (1970). *The Female Eunuch*. London: Paladin.

Gubrium, J. F., & Holstein, J. A. (1997). *The New Language of Qualitative Method*. New York: Oxford University Press.

Hamachek, D. (1990). Evaluating Self-concept and Ego Status in Erikson's Last Three Qsychological Stages. *Journal of Counselling and Development*, 68, 677–683.

Ho, P. S. Y. (1999). Developing a Social Constructionist Therapy Approach in Working with Gay Men and Their Families in Hong Kong. *Journal of Gay and Lesbian Social Services*, 9, 69–97.

Ho, P. S. Y. (2001). Breaking Down or Breaking Through: An Alternative Way to Understand Depression Among Women In Hong Kong. *The Journal of Ethnic and Cultural Diversity in Social Work*, 10, 89–106.

Ho, P. S. Y. (2006). The Charmed Circle Game: Revisiting "Sexual Hierarchy" Through Multiple Sex Partners. *Sexualities*, 9, 547–564.

Ho. P. S. Y. (2007). Money in the Private Chamber – Hong Kong Chinese Women's Way of Planning for Their Retirement. *Affilia: Journal of Women and Social Work*, 22, 1–15.

Ho, P. S. Y., Wong, D. H. W., Cheng, S. L. & Pei, Y. X. (2005). *The Real Deal or No Big Deal – Chinese Women in Hong Kong and the Orgasmic Experience*. Issues in Contemporary

Culture and Aesthetics, 1, 177-187.

Ho, P. S. Y., & Tsang, A. K. T. (2000a). Beyond Being Gay: The Proliferation of Political Identities in Colonial Hong Kong. In D. Howarth, A. J. Norval, & Y. Stavrakakis (Eds.), *Discourse Theory and Political Analysis. Manchester*, UK: Manchester University Press.

Ho, P. S. Y., & Tsang, A. K. T. (2000b). Negotiating Anal Intercourse in Inter-racial Gay Relationships in Hong Kong. *Sexualities*, 3, 299-323.

Hoare, Q., & Smith, G. N. (Eds.) (1971). *Selections from the Prison Notebooks of Antonio Gramsci*. New York: International Publishers.

Holstein, J. A., & Miller, G. (1993). *Reconsidering Social Constructionism: Debates in Social Problems Theory*. New York: Aldine de Gruyter.

Howell, L. C., & Beth, A. (2002). Midlife Myths and Realities: Women Reflect on Their Experiences. *Journal of Women and Aging*, 14, 189-204.

Hunter, S., Sundel, S., & Sundel, M. (2002). *Women at Midlife: Life Experiences and Implications for the Helping Professions*. NASW Press.

Information Services Department. (2006a, December 15). *Topical Information: Name List of Heads of Bureaux/Government Departments*. Retrieved December 15, 2006, from http://www.info.gov.hk/info/name-e.htm.

Information Services Department. (2006b, July 1). *Executive Councillors*. Retrieved December 15, 2006, from http://www.ceo.gov.hk/exco/eng/members.htm.

Johnson, L. (2000). "Revolutions are not Made by Down-trodden Housewives". Feminism and the Housewife. *Australian Feminist Studies*, 15, 238-248.

LeBlanc, R. M. (1999). *Bicycle Citizens: The Political World of the Japanese Housewife*. Berkeley, CA: University of California Press.

Lee, C. K. (1998). *Gender and South China Miracle*. Berkeley, CA: University of California Press.

Lee, M. Y. (1996). A Constructivist Approach to the Help-seeking Process of Clients: A Response to Cultural Diversity. *Clinical Social Work Journal*, 24, 198-202.

Lee, W. K. M. (2000). Women EmployMent in Colonial Hong Kong. *Journal of Contemporary Asia*, 30, 246-264.

Leung, L. C. (2005). EmPowering Women in Social Work Practice: A Hong Kong case. *International Social Work*, 48, 429-439.

Link, B. G., & Phelan, J. C. (2001). Conceptualizing Stigma. *Annual Review of Sociology*, 27, 363-385.

Macdonald, C. L. (1998). Manufactured Motherhood: The Shadow Work of Nannies and Au-pairs. *Qualitative Sociology*, 21, 25-53.

Marcia, J. E. (1987). The Identity Status Approach to the Study of Ego Identity Development. In T. Honess, & K. Yardley (Eds.), *Self and Identity: Perspectives Across the Life Span*. London: Routledge & Kegan Paul.

Martin, L. H., Gutman, H., & Hutton, P. H. (Eds.). (1988). *Technologies of the Self: A Seminar with Michel Foucault*. London: Tavistock.

Miller, M. (2005). The Feminine Mystique: Sexual Excess and the Pre-political Housewife. *Women: A Cultural Review*, 16,1-17.

Ng, C. W., & Ng, E. G. H. (2005) Hong Kong Single Women's Pragmatic Negotiation of Work and Personal Space. *Anthropology of Work Review*, XXV, 8-13.

Ng, M. L., & Ma, J. L. C. (2001). *Hong Kong. The International Encyclopedia of Sexuality* 4 (p.712). New York: The Continuum International Publishing Group.

Oakley, A. (1974). *Housewife*. London: Penguin.

Pittinsky, T. L., Shih, M., & Ambady, N. (1999). Identity Adaptiveness: Affect Across Multiple Identities. *Journal of Social Issues*, 55, 503-518.

Pollack, S. (2004). Anti-oppressive Social Work Practice with Women in Prison: Discursive Reconstructions and Alternative Practices. *British Journal of Social Work*, 34, 693-707.

Preston-Shoot, M. (1995). Assessing Anti-oppressive Practice. *Social Work Education*, 14, 11-29.

Reissman, F. (2000). A Demand-side Cure for the Chronic Illness Crisis. *Social Policy*, 30, 14-19.

Rubin, G. (1984). Thinking Sex: Notes for a Radical Theory of the Politics of Sexuality. In C. S. Vance (Ed.), Pleasure and Danger: *Exploring Female Sexuality*. London: Pandora.

Salaff, J. W. (1995). *Working Daughters of Hong Kong: Filial Piety or Power in the Family*. New York: Columbia University Press.

Shih, M. (2004). Positive Stigma: Examining Resilience and EmPowerment in Overcoming Stigma. *The Annals of the American Academy of Political and Social Science*, 591, 175-185.

师奶 [Si-nai]. (2006, December 24). In Wikipedia, the Free Encyclopedia - Chinese Version. Retrieved December 24, 2006, from http://zh.wikipedia.org/w/index.php?title=%E5%B8%AB%E5%A5%B6&Oldid=3198096.

Stafford M. C., & Scott, R. R. (1986). Stigma Deviance and Social Control: Some Conceptual Issues. In S. C. Ainlay, G. Becker, & L. M. Coleman (Eds.), *The Dilemma of Difference*. New York: Plenum.

Strauss, A., & Corbin, J. (Eds.). (1997). *Grounded Theory in Practice*. Thousand Oaks, CA: Sage.

Summers, A. (1975). *Damned Whores and God's Police: The Colonization of Women in Australia*. Melbourne, Australia: Penguin.

Taylor, C. (1992). *MultiCulturalism and "the Politics of Recognition"*. Princeton, NJ: Princeton University Press.

The Hong Kong Council of Social Service. (1997, July). Paper on "The Future Development of Women Service in Hong Kong". Retrieved December 15, 2006, from http://www.hkcss.org.hk/fs/er/Reference/future%20Development%20of%20Women%20service%2097.pdf.

Tsang, A. K. T,. & Ho, P. S. Y.（2007）. Lost in Translation: Sex & Sexuality in Elite Discourse and Everyday Language. *Sexualities*.

Tutty, L., Rothery, M., & Grinnell, R., Jr.（Eds.）（1996）. *Qualitative Research for Social Workers: Phases, Steps, & Tasks*. Boston: Allyn and Bacon.

Waterman, A. S.（1982）. Identity Development from Adolescence to Adulthood: An Extension of Theory and a Review of Research. *Development Psychology*, 18, 341-358.

Weedon, C.（1997）. *Feminist Practice and Poststructuralist Theory*. Oxford, UK: Blackwell.

Whitbourne, S. K., Zuschlag, M. K., Elliot, L. B., & WaterMan, A. S.（1992）. PsychoSocial Development in Adulthood: A 22 Year Sequential Study. *Journal of Personality and Social Psychology*, 63, 260-271.

永恒的母亲还是灵活的家庭主妇?
——香港的中年已婚华人妇女

香港的华人女性是如何在"师奶"这一被污名化的社会类属以及种种关于女性角色的主流规范与价值观中定位自己的?本报告通过调研香港中年已婚妇女群体,为关于成年女性身份认同的另一种理解提供了实证支持,并有助于对那种把女性的"母亲"角色作为女性身份认同核心的概念化提出质疑。本研究中26位受访者的叙述表明了她们的"母亲"以及"妻子"角色是灵活的。这些角色上的转变取决于不同的社会情境、生活环境与生活经历。许多中年女性尝试通过积极地去中心化自己的"母亲"角色,拒绝成为"疯狂的主妇",并学着成为"灵活的主妇"。

● 概述

在香港,人们通常将遵循"传统"的、异性恋的生活方式的中年华人女性称作"师奶"。"师奶"二字的字面意思分别为"老师"和"乳房",该词在20世纪60年代曾流行一时,被用来尊称老师的妻子(师母);在20世纪80年代,该词开始被用来指代位于徙置屋内、不从事生产劳动的家庭妇女;如今,该词开始沦为贬义词,被用来称呼那些无知的、超重的、贪小便宜却未必精明的中年已婚女性。这一标签含义的变化,暗示着香港在第二次世界大战后经济发展和社会文化情境等方面发生的变化,以及这些变化如何改变了社会对女性的期望。

本研究的基础是对45位生于20世纪50年代晚期至60年代早期的香港已婚妇女进行的访谈。本研究的目的有两个:第一,检视女性对"师奶"这一曾受尊重、如今带有负面含义的标签有何反应;第二,女性如何利用各种可用的文化资源来保持正面的自我形象。我们在研究中提出以下问题：女性是如何理解"师奶"这一社会类属的？她们是如何在这一个带有负面的形象的社会类属以及关于女性角色的主流规范与价值观中定位自己的？随着子女的成长，她们如何争取自己的社会角色，又如何表达和挑战那些构成社会现实的话语？那些渴望成为母亲但由于种种原因未能如愿育有子女的女性又如何努力去创造新的社会自我？

◉ 中年妇女的身份

研究中年女性生活的文献范围相当广泛，但很少有文献检视她们的身份认同（Hunter et al.，2002），尤其是去研究在将她们标签化为"家庭主妇"的社会中，她们如何看待自己、如何理解自己的社会地位。近年来，香港中年妇女的身份认同问题引起了研究者的兴趣（Ho 1999, 2001; The Women's Foundation 2006）。但值得注意的是，这些研究的唯一主题是母性也可称为为母之道，尤其是"作为一个好母亲意味着什么"（Pun et al.，2004）。中国文化强调，父母，尤其是母亲，有责任把自己的孩子抚育和培养成符合社会标准与文化标准的人，子女任何"不好的"或"不当的"表现，都会被归咎于母亲没能很好地抚养和教导他们。中国文化对母亲角色的这种期望，与西方文化中关于为母之道的那种神话迷思是类似的，即"判断是不是好母亲的标准在于她的孩子是不是优秀出色"（Caplan, 1989：14）。

在西方为数不多的针对现代社会中年妇女身份认同问题的研究中，研究者认为，这些女性的身份是在不同的领域、以不同的速度持续发展的（Archer 1991; Whitbourne et al.，1992）：由于中年妇女更主要的是在"母亲"这个身份上发展，没有什么中年妇女能在宗教、政治或工作等方面获得自己的身份（identity-achieved）（Kroger & Haslett, 1991）。有的研究者认为，女性身份的发展是持续进行着的（而非在青春期就已经成形；Archer, 1991），并非遵循着某个特定的方向并且从不停滞地完成（Marcia, 1987）。这些研究表明，身份认同由于各种内在和外在因素的影响而保持了流动性。豪厄尔和贝丝（Howell & Beth, 2002：193）提出了一个描述女性如何面对中年妇女负面的刻板印象（例如："不了解形势"、"疲惫不堪"、"退休"、"肥胖"、"一成不变"、"老巫婆"、"矮胖"、"主妇派头"、"逆来顺受"、"衰老"和"不耐烦"）的三阶段模型：①拒绝刻板印象，②探索中年生活的现实；③调整态度和行为，以更加准确地反映这些中年现实。虽然这个模型很有用，但它并未解答下列问题：当此前生活中的种种紧张刺激消失以后，女性们如何拓宽自己的生活空间（Burns & Leonard, 2005）？此前的研究表明，母亲会为了满足密集型母职期望而改变自己的工作状态；但最近的研究却表明，母亲也会改变自己对密集型母职期望的构想来迎合她们自己工作状态选择的需求（Johnston and Swanson, 2006）。我们需要进一步检视，女性如何不再将"为母之道"作为自己主要的定义性概念，并且探索工作之外其他的生活空间。

母亲是成年女性的主要身份？

"女人气质"与"母性"通常都被认为是同义的，因此要了解女性的身份，重要的是必须先了解女性如何理解自己的"母亲"角色。西方文化常常认为，女人的母性与社会性别彼此构建（Chodorow, 1990），紧密而复杂地交织在一起。麦克马洪（McMahon, 1995）便持有这种观点，他认为母性是成年女性的主要身份，母性强化了女性的性别特征。密集型母职在母性的文化意识中占主导地位（Hays, 1996）：母亲扮演着"自我牺牲"的角色，而"并不是一个拥有自己的需求与兴趣的主体"（Bassin et al.,1994：2）。因此，母性行为（maternal practice）并不仅仅是一种技巧：它包含了情感成分——一种抚养关系，母亲无限地满足子女在物质、情感和道德上的需求；它并没有让女性"体验到限制，相反，它为女性提供了意义、目的与身份"（Leonard 1996：29）。母亲与子女建立了一种深厚的情感关系，并在与子女的动态互动中培养与塑造了她们自己的身份（Oberman & Josselson, 1996）。

在华人的情境中，培养小孩从来都是所有家庭成员的共同责任，最为典型的情况是，祖父母通常也深深地牵涉到这一过程中，因为孩子对家庭生命的延续来说至关重要。如今，这种状况依然存在（Logan et al., 1998）。尽管对一个母亲的评判标准在于看她是否养育了一个"好"孩子，但孩子们却不需要承担做一个好孩子的义务。自1949年中华人民共和国成立以来，人们鼓励女性外出工作，而不是待在家里。女性开始为自己在工作上的角色而非身为全职母亲的角色感到骄傲（Short et al., 2002）。人们逐渐接受让托儿所和幼儿园的陌生人全职照看自己孩子这一做法，而父母和孩子的亲子交流却越来越少（Lai et al., 2000）。

有的学者指出，并不是所有的女性都是母亲，养育和照顾孩子也不完全是女性的责任（Forcey, 1994；Ruddick, 1994）。这种观点也曾在亚洲情境中提出（Ho, 2007b；Leblanc, 1999；Lee, 1998；Ng, 2005）。在香港，许多女性希望能拥有更多娱乐的时间和充实自己、促进自我成长的时间（Ng, 1999）。在母性体制的转变中，女性受雇工作的趋势是关键所在。现代社会中的大多数女性选择在做好母亲本分的同时，外出工作赚钱（Spain & Bianchi, 1996）；如果雇人照看孩子的成本低于工作报酬的话，还会有更多的女性选择外出工作（Scarr, 1998）。

20世纪70-80年代是香港经济的飞速发展期，许多妇女在此期间接受了高等教育，从而得到了更多正式就业的机会。1986年，香港劳动力中有48.9%为女性，到了2005年，这一比例更是达到了51.8%（特区政府统计处，2006）。但政府并未公布母亲的就业率。

在2005年，香港女性首次结婚时的平均年龄是28岁（特区政府统计处，2006），这直接导致了香港的生育率偏低，仅为0.95（美国中央情报局，2006）。2005年香港女性月平均收入达到8000港币（约合1000美元），而香港男性的月平均收入为11000港币（约合1400美元; 特区政府统计处，2006）。

即使在一个具有各种被高度规范化的期望的社会，女性对家庭生活和工作的选择依然与她们的个人信念、生活态度以及她们对自身角色的判断有关（Holloway et al., 2006）。尽管如此，许多学者仍然认为，对女性的自我感觉而言，她们的母亲身份远比她们的职业身份重要得多（Norton et al., 2005）。

子女较为年幼的母亲在带薪工作上所花的时间要比子女较为年长的母亲的带薪工作时间少（Jacobs & Gerson, 1997）。香港母亲的情况也是如此（Kwok & Wong, 2000）。家庭的责任促使女性更多地从事兼职工作而非全职工作（Ngo, 2002）。

一方面，这些研究可以被解读为：它们证明了女性的首要角色与最重要角色都是"母亲"，即使她们已经踏上了强调个人追求和个人成就的全新的人生舞台，也依然"保持着照顾和养育家人的强烈责任感"（O'Donnell,1985：7）。对西方女性进行的研究表明，在身份显著性的阶序层级中，母性常常排在婚姻状态和职业之前（Rogers & White, 1998；Thoits, 1992）。因此，我们可以认为："在对当代女性生活进行的描述中，孩子处于最为显要的位置，工作的重要性日渐浮显，而婚姻则被放到了最后。"另一方面，至少在香港，上述研究也可以被解读为：由于中年女性受教育程度较低，因此她们在职业上没有太多选择的余地，也没有经济能力请人照看小孩。

但是，其他的研究观点却提供了一种多维度的表达，对那种单一的母性模式提出质疑，并考虑女性的不同视角（Dill, 1994）。母性并不总是一种某位女性与她的子女之间的关系——一种与经济援助截然分离、全然不同的私密的、单一的甚至是主要的活动（Coontz & Parson, 1997）。女性主义学者认为，"密集型母职"假设并强化了传统的基于性别的劳动分工（Hartsock, 1998），同时错误地限制了与一名理想意义上的中产阶级白人（至少在美国是这样）异性恋夫妇及其子女结婚（Cheal, 1991）。然而这些研究的发现并不稳定，而且，有些研究尽管是实证性的，但在概念上依然非常模糊。对强调与推崇母亲角色或妇女家庭责任的理论提出的一个主要批评是：女性并不是"每时每刻都在深思熟虑地生活"（Giddens, 1991: 71; Ho, 2001; Ho & Tsang, 2005）。这些理论家承认，女性将自己的人生的不同方面"编织"（Garey, 1999; Hattery, 2001）成一个"新的综合体"（O'Donnell, 1985: 7; Elvin-Nowak & Thomsson, 2001），她们并不认为母性和职业角色二者之间是不可调和的。大多数西方学者对母性的假设或者单一核心与中心身份的存在坚信不疑，他们很少尝试去探索身份的可能性或者梳理出女性关于反抗与颠覆的实践。针对这一研究课题，香港的学术研究可以采纳这些批评意见。

近年来，在香港开展的研究着重关注的是女性在照看孩子和为家庭作出自我牺牲时的自豪感（Kwok & Wong, 2000; Pun et al., 2004），但是，很少有人关注女性在为自己重新定义"母亲"以外的身份时的主体能动性。有人认为年轻一代并不会优先考虑这一问题。一项针对香港中小学生的大型研究（Pearson & Wong, 2001）发现，无论是男生还是女生，对生产、养育和照顾小孩都不感兴趣、都不积极。这一研究是跨期（cross-sectional）的，所以它的结果有可能受到学生的年龄因素的影响。但我们绝不能否认这么一种可能性：人们对孩子重要性和养育行为中心地位的态度发生了相当的变化。持续急剧下降的香港人口出生率可以支持这种解读方式（特区政府统计处，2006）。

"中国"女性的母性和身份

在许多研究中，传统中国社会中的女性义务都被描绘为协助管理家庭事务并生养子嗣（Koo, 1995）。无法生养的女性被认为没能尽到孝道（Yau, 1995）。此外，女性还受到"三从"伦理思想的束缚，即在家从父、出嫁从夫和夫死从子（Su, 1996）。"四德"宣称，儒家妇女必须清楚了解自己在社会中的地位，并遵守常规的伦理道德规范，即妇德、妇言、妇容、妇功（Chan, 2003）。这种对"三从四德"价值观的过分简单化，强化了各种构建了西方学术界里的华人妇女形象的刻板成见。当母亲和祖母教导年轻女性如何为人处世时，有时会将这种传统的价值观重新包装，作为女性应遵守的礼教加以灌输。这在一定程度上影响了香港当代女性对自己的看法，以及她们对"母亲"与"家庭照顾者"身份的自豪感。然而，值得关注的是，香港的案例并不像那些通过全球化或媒体而促进的社会自然演化那么简单。香港这个绝大多数居民是华人的社会被英国的殖民统治强行灌输了各种"西方的"文化与上层建筑（例如法律和教育）。这给香港留下了深深的殖民主义印记，甚至连人们彼此之间相互关联的方式亦受影响。一些学者用"混血"来形容香港的亲子关系（Luk-Fong, 1999），并认为在对孩子进行亲子教育时，应考虑到东西方文化的差异、传统价值和现代价值的融合以及它们对培养亲子关系的影响（Luk-Fong, 2005：130）。这种关于母性的传统观念还构建出一种理想形态，但事实上，香港当代的母性已经不再恪守这些行为了。相反，母性成了一种持续的过程，就像是对现代性条件的一种反应。

近年来在香港所做的大量研究发现：女性对于照看孩子以及为孩子所作牺牲的骄傲感比较高（Chan & Ma, 2002；Lee, 1998, 1999；Tam, 1999）；香港的父母，尤其是那些婚姻美满的已婚女性，并不认为亲子关系增加了家庭的财政负担或导致了个人牺牲（Shek, 1996a）。这些研究强化了已有的看法，即女性的主要关注点与核心身份依然是以家为本的、家庭取向的，无论女性是否还参与了各种其他关系和活动。陈和马（Chan & Ma, 2002）提出，香港的西方化，包括接纳了个人主义和个人成就等某些概念，在某些方面使女性脱离了严格的、以家庭为中心的身份。然而，传统文化中的忠诚和牺牲精神让她们无法摆脱女性的各种角色，并将她们"禁锢在家庭世界中"（p. 94）。还有一些学者强调了根深蒂固的"传统中国文化"，道家和儒家思想也为某些情境特定的女性角色期望提供了基础（Teng, 1996）。女性对中年生活的焦虑、困惑及对衰老的恐惧明显多于男性，同时她们对家庭生活的满足感也不如男人（Shek, 1996b）。但是，这是否就意味着她们选择继续遵守传统观念？在这些研究中，女性从来都被描绘成要努力实现社会的期望，即使她们本身并不快乐。人们很少会问：既然她们已经找到了能证明自己的其他方法，为什么还要这样做呢？至今为止，很少有人研究女性如何反抗男性霸权体系，她们如何根据新的环境重新建立自己的身份（Ho, 2001, 2007a； Ho & Tsang, 2002, 2005），她们如何善用自己的不满足感（Ho, 2006；Wang & Ho, 2007）。在本研究中，我使用了德里达（Derrida）关于"剩余"（remainder）的理论，以便重新思考女性身份的"核心"与外缘之间的关系（Harvey & Halverson, 2000）。德里达（Derrida）认为：剩余——那些剩下的东西，通常被看做少数的、不重要的，因此是可以被排除的。但他接下来论述道，实际上，那些不符合核心的部分，恰恰是最重要的部分，它能帮助我们理解核心的组成。这是一个关于"我们"与"他们"现象的例子，或者正如德里达所说的"他者"（Derrida, 1996），这有助于我们通过比较我们与非我来认识自己。因此，如果母性是身份的核心，那么自我的其他方面（如工作、休闲、性）就被推到了自我的外缘，从而被认为是不太重要的部分。那么，香港华人女性的秘密是什么？我们又如何去揭开它的神秘面纱呢？

主流话语推崇的是女性作为母亲与作为妻子的"共同经历"；因此，本研究的目的在于检视这种共同经历的"剩余"以及那些看上去居于边缘的元素所具有的颠覆性潜能。在听取香港女性对生活各个方面的看法并了解她们在"边缘"中所做的事情（例如，当她们不以母亲和妻子的身份照顾其他人时）之后，我们便会更加清楚地了解现今香港女性的身份状况。

我在本研究中将会涉及的特定内容包括：女性对"师奶"这一社会类属的理解；她们在这一带有负面形象的社会类属以及关于女性角色的主流规范与价值观中对自己的定位；争取她们自己的社会角色；表达和挑战那些构成社会现实的话语；平衡家庭的需要和她们自我的需求；调整自己伴随着子女的成长过程而出现的各种变化。通过运用前述的"剩余"概念，我们可以发现在受访者中存在着一个特殊的群体——那些渴望成为母亲但由于种种原因未能如愿育有子女的女性。那么，这些未有子嗣的女性，又如何在缺乏母性协助的情况下，努力去创造正面的身份认同呢？

● 方法

施克等人（Sheket et al., 2005）提出，质性研究只有在满足了下列五个条件的情况下才具有可靠性：①清楚地了解不同种类的质性研究，以及在总体上采用质性研究和在特定方向上采用质性研究之间的区别；②对"可审核性"的重要性的重视；③对一个人的偏见、哲学倾向、有可能减少偏见的关于偏差的知识（或者各种认为不能或不应去减少偏见的理由）的高度反省能力；④对质性研究中真值的相关性的理解，例如多方验证、同行审核、成员审核，或者对质性研究中一致性的理解，例如可靠性与审核线索；⑤有能力进行批判性分析并解读定性数据。

本研究采用阐释主义-建构主义作为特殊的质性研究范式，因为它关注意义，并且希望去理解不同社会个体对某种境况形势的定义（Schwandt, 2000）。建构主义采用一种相对的本体论（相对主义）、一种交互的认识论、一种解释学的与辩证的方法论（Guba & Lincoln, 2005）。因此，所有的事实都与某些有意义的情境或观点有关。阐释主义-建构主义探寻的是人类在意义与感知能力上的差异如何产生与反映出各种具体化的、客观无偏的现实上的差别。阐释主义研究者注重去理解社会成员的意义，通常会选择意义导向而非测量导向的方法，例如扎根理论。

为了尽可能避免研究者的主观偏见影响数据分析，由两名研究助理阅读了所有的访谈底本。作者与研究助理各自独立地设计出译码类别，然后随着分析过程的推进，再新增一些类别。我们将初步的研究发现与受访者分享，她们的建议被采纳到最后的文本中。通过受访者的评论，我发现自己原先的一些解读并不正确，这也反映出我是个未婚的中年女性这一事实。这也可以说是一个关于扎根理论中理论抽样的目标（将在下文予以描述）的例子：通过与研究领域相对的案例更好地说明所研究的对象。为了强调"可审核性"，我采用了一套透明清晰的程序。调查过程清楚地描述了抽样过程、受访者的数目与特征以及其他相关理由，从而方便其他调查者了解并核查我的工作。具体的数据采集程序如下所示。

受访者与访问程序

本研究采用的是理论抽样的方法，而非随机抽样的方法。"理论抽样"这一术语由格拉泽与施特劳斯（Glaser & Strauss）在1967年首先提出（Strauss & Corbin, 1997），指的是根据现有研究的场所与案例选取新的研究场所或研究案例以进行比对的过程。理论抽样的目标并不是要对所有可能的差异进行典型性的描述，而是为了更深入地了解所分析的案例，以便发展出分析框架并重新定义各个概念。所以理论抽样关注的是数据与理论的互动。它并不是依据固定的框架来进行唯一一轮数据采集工作，而是会进行数轮数据采集。数据的缺陷与理论的不足，会迫使研究者回到采集地，从其他样本那里重新采集数据以弥补缺陷。在本研究中采用理论抽样法，意味着在抽样中应包括三位已婚未育女性。

本研究采用的是建构主义的扎根理论，其目的在于关注社会的互动过程以及意义如何通过这种过程被创造出来（Charmaz, 2005）。我们没有采用那种关注从数据中发现理论的客观主义的扎根理论。为了对中年已婚女性的经历展开初步的探索，我建立了10个焦点小组，每个焦点小组里有5—12名受访者。我在一开始曾询问自己社交圈子里的人是否认识任何典型的师奶——身为全职家庭主妇并无领薪受雇的中年已婚女性。但是，我很快便发现，这种把女性简单地一分为二地归入某种类属——例如"受雇"与"未受雇"——里的方法是存在问题的。那些自称不需要外出工作的女性实际上往往都在婚前或婚后从事着或曾从事某种形式的工作。最后，我根据受访者的各种工作经历，将她们分为从兼职到几乎全职等多个组别。

在分组访谈并初步了解她们的情况之后，我给其中的几位阅历更丰富的受访者——那些我觉得会有助于我深入了解这个问题的人——打了电话，约她们进行单独的访谈。我先通过与受访者进行开放式的探讨，了解她们怎么定义"师奶"一词，以及她们是否认为自己属于这一社会类属；然后受访者会按要求谈到自己对爱情、性、友谊、家庭、婚姻、孩子、身体、自我、样貌、贞洁、堕胎、工作和娱乐的想法与经验。访谈在便利受访者的地点进行，如社区中心、大学教室或者访谈者家中。我还邀请她们帮助我确定哪些案例是有趣的、哪些故事是非典型的。与此同时，我还通过其他途径去寻找合适的受访者，包括在一个电台节目中宣传这一研究活动。让我感到惊讶的是，我一位20年未见的中学同学打来电话，表示愿意接受访谈。我最后对9位自己中学时代的熟人进行了访谈。许多受访者认为，香港女性并不喜欢"师奶"这一标签，因为它已经被附加了负面意义。具体案例如下所示。

琳达在5年前成为专职家庭主妇，此前她曾是一名法律书记员。她有一个14岁的女儿。琳达说：

> 我觉得你很难找到愿意做访谈的人。怎么会有人承认自己是师奶呢？师奶代表了无知、肥胖和精于算计。就算是我妈妈也不会承认的。我也肯定不会！

贝基是一个已婚的保险经纪人，她有一个12岁的儿子。贝基建议，要是我想找到更多的受访者，在深入研究之前应该先对"师奶"做出更为清晰的定义：

> 我们需要定义一下师奶们的工作性质。师奶去街市买菜、煮饭、洗衣服以及照看小孩。如果你有佣人帮你做这些事，那么你便是"太太"（优雅的妻子）。

显然，贝基也想远离师奶这一身份。

许多受访者解释道，她们拒绝这一标签，因为这是现代香港社会加在家庭主妇形象上的负面意义。安娜解释道：

> 我们意识到了人们对那些"只不过是家庭主妇的人"的歧视。同时我们还没有笨到让人们有机会瞧不起我们的地步。

由于这些中学同学拒绝接受"师奶"这个被贬义化了的标签，为了在全社会对女性角色的看法都发生了变化这一情境下，了解女性对人际关系、自尊、职业、人格等问题的看法，我决定扩大已婚受访者的范围，对具有不同就业状态和社会背景的已婚女性进行访谈。

最终挑选的受访者年龄从35岁到55岁不等。所有受访者都能说广东话。她们中的绝大部分都嫁给了香港本地华人男性，并与配偶一起生活。受访者中有3位嫁给了西方人士，有3位离异或分居。绝大部分受访者的收入处于中等水平，她们居住在公屋单位或私人出租的公寓里。有1位受访者要依靠社会保障生活，住在位于新界的一套公屋单位中。受访者中有一半是全职家庭主妇，但其中有8位有兼职工作（大部分都是家务佣工的工作），另外2位有全职工作。2位在经营自己生意的受访者与1位为自己的家族企业工作的受访者都住在香港相对来说房价较为昂贵的地区。除了2位受访者之外，其余受访者均具有中等教育或以上的教育水平，其中有3位受访者具有大学或以上的教育水平。在访谈期间，2位只在幼时上过小学的受访者正在夜校接受中学水平的教育。在育有子嗣的受访者中，子女数目由1名至4名不等，但大多只育有1

名子女。受访者中有3位未育有子女，我将她们纳入本研究中，因为她们除了没有子女之外，符合接受访问的其他各项条件；她们未能育有子女，并不合乎她们的本意或期望。这样，我们就可以将未能育有子女的女性与其他女性进行比较，以便了解没有子女的女性是如何将自己重新定义为师奶的，身为未能取得这项最为重要的成就（生儿育女）的女性，她们又是如何在各种角色中为自己的存在进行解释与辩护的。我在本研究中重点关注到其中26位受访者的经历，如表1所示。

表1　　　　　　　　　　受到重点关注的受访者的社会背景

	姓名（年龄）	职业	家庭状况	子女人数（年龄）
1	琳达（48）	家庭主妇	已婚	1个女儿（14）
2	贝基（49）	保险经纪人	已婚	1个儿子（12）
3	安娜（48）	社区工作者	已婚	1个儿子（20）、1个女儿（16）
4	贝蒂（45）	商人	已婚	1个儿子（8）、1个女儿（10）
5	艾丝特（40）	家庭主妇	已婚	1个儿子（20）
6	阿梁（44）	家务佣工（兼职）	已婚	2个儿子（10、12）、1个女儿（8）
7	詹妮弗（43）	家务佣工（兼职）	已婚	2个女儿（10、12）
8	伊娃（34）	社会综援领取者	离异	1个儿子（6）
9	阿莱（35）	家务佣工	已婚	1个女儿（7）
10	阿林（42）	家庭护理员	已婚	1个儿子（14）
11	尹杰（50）	电话性爱服务人员	已婚	没有子女
12	阿方（53）	家庭主妇＋私人投资	已婚	1个女儿（22）
13	阿兰（50）	家庭主妇＋私人投资	已婚	2个女儿（22、24）、1个儿子（10）
14	朱莉（49）	保险和房地产	已婚	1个儿子（16）
15	阿华（38）	护士	已婚	1个儿子（8）
16	阿婷（50）	家庭主妇＋学生	已婚	2个儿子（18、25）
17	阿伦（51）	家庭主妇＋学生	已婚	1个儿子（29）、1个女儿（25）

续表

	姓名（年龄）	职业	家庭状况	子女人数（年龄）
18	艾达（36）	社会工作者	已婚	2个女儿（6、8）
19	艾莉丝（38）	家庭主妇	已婚	1个女儿（12）
20	丝丝（41）	计算机教师（兼职）	已婚	1个儿子（14）
21	阿波（38）	家庭主妇	已婚	1个女儿（12）
22	阿春（35）	家庭主妇	已婚	1个儿子（7）
23	阿苏（48）	家庭主妇	分居	1个儿子（10）、1个女儿（8）
24	阿姆（45）	精品店店主	寡居	没有子女
25	凯蒂（51）	退休	离异	没有子女
26	哈钗（37）	报刊亭店主	离异	1个儿子（8）、1个女儿（6）

注：为保护受访者的隐私权，受访者的真实姓名不予公开，上述姓名均为化名。

● 数据分析

通过单独访谈与分组访谈，我获得了总时长超过80小时的录音资料，并将其转录处理为600多页的文字数据。分析的重点在于受访者谈论自己和其他她们视为"师奶"的妇女的"阐释性实践"时的道德语言——在日常生活中，她们理解和传达社会现实的一系列程序、条件和资源（Gubrium & Holstein, 1997; Holstein & Miller, 1993）。

在两名研究助理的帮助下，我制订了一个（包括每个代码简单定义的）译码清单，以便使各种译码类型统一化。对数据的译码工作由Nvivo软件完成。在第一层次的译码工作中，对某个案例进行了译码，以保证对各个意义单元的定义以及对每一个译码的表述的一致性。然后由研究助理对其他案例进行译码。在第一层次的译码工作中，重点是确定受访者在性别、爱、性、婚姻和家庭方面的信念。在第二层次的译码工作中，通过比较和对照各个类别，识别出它们之间的关系。我们不断地比对各个案例、情境和各种影响因素之间的差异，比如年龄与阶层对这些妇女为拓展她们的社会空间而作的策略选择有什么影响。从数据中浮现出的各种主题在经过分析后，成为本研究各主要结论的基础（Tutty et al., 1996）。

● 结论

已婚母亲不愿意被看做"师奶"？

表2大致反应了这些女性对问题的回答。受访者均认为，包括家庭主妇在内的香港女性，其身份不应当局限于家庭主妇，还应该具有新的身份。在焦点小组中，有85%的人反对师奶这一称呼，但却愿意为师奶们对家庭和社会作出的贡献辩护。其中一位受访者琳达是已婚女性，有一个14岁的女儿，她看上去最在意其他人对全职母亲的看法。琳达5年前辞去了工作，专心照顾家人。她说：

> 人们认为师奶们只是在做家务活和照顾家庭，因此对社会毫无贡献。我认为这很不公平。事实上，我做了很多工作。如果我没有尽力照顾我的女儿，她就不会这么出色。至少，我努力让自己相信这其中有我的功劳。

她感到她必须努力说服自己和其他人相信她的选择，因为她认为人们常常低估将孩子培养成出色人才的价值。

表2　　　　　　　　　　26名受访者的回答汇总

受访者的观点	受访者人数 (%)
相信她们的角色不仅仅是家庭主妇	26 (100%)
对"师奶"这一称呼表示反感	22 (85%)
对"密集型母职"理论提出质疑	3 (12%)
令人羡慕的职业女性	20 (77%)
不愿意变胖或变丑	26 (100%)
"师奶"之外的生活	
身体保养	26 (100%)
工作	25 (96%)
在家投资	4 (15%)
教育	6 (23%)
义工	4 (15%)
休闲	26 (100%)
婚外恋	4 (15%)

然而，有3位受访者反对琳达的"密集型母职"思想。安娜定期前往内地从事村庄的发展工作，她对此提出了自己的不同见解：

> 我经常离家外出公干。但我每次回家后，都会与儿子和女儿谈心。我认为质量远比数量重要得多。我儿子今年15岁，女儿现在是一名大学生。我认为我的生活方式让我的孩子们更独立了。

在孩子出世前，贝蒂曾是个商人。她有一个8岁的儿子和一个10岁的女儿。她是个全职太太，与下面所述类似的场景一次次地出现，让她反思自己作为母亲的角色：

> 开始时，我到内地去做了一个星期的义工，孩子们好像感觉良好。渐渐的，我意识到，我不在的时候，他们依然知道要做什么，知道东西在哪儿。我想，我的存在才是真正的问题。看上去，是我需要他们来让我感觉到自己的重要性，而他们并不是那么需要我。

贝蒂继续解释道：

> 今天，我带女儿去看电影《马达加斯加》（*Madagascar*），这对我来说是件大事。我讨厌动画片，对我来说，能和女儿去看这样的电影真是个了不起的成就。但是你看，我这么做是为了她还是为了我自己？我真的能为克制自己的厌恶情绪、在女儿面前做个好妈妈而感到自豪吗？

她说，她真的希望自己能找到一份工作，重新融入社会。但是她觉得自己受到歧视。"谁会聘用一个像我这样的中年妇女呢？"她问。

艾丝特也说，自己根本没有希望找到任何工作，因为她从来就没工作过。她在13岁时认识了现在的丈夫，并在19岁时嫁给了他。她这样描述自己的生活以及和孩子们的关系：

> 我有三个孩子，我曾经有过你们每个人以及所有香港妈妈们的各种烦恼，比如照顾家庭、排队领申请表让孩子们去名校念书等。至少有10年时间，我都认为自己是他们生活中最重要的人。我曾以为，他们一天也离不开我。现在我觉得，即使我一整年不在家，也没有关系。

她的丈夫忙于在内地经营事业，孩子们总是催促她"去看望爸爸"。她开始意识到，应该对自己更好一点：

> 长期以来，我并不关心自己的容貌。我觉得我对于自己的家庭以及孩子们很重要，因此我并不关心我是美是丑。但现在我觉得我需要打扮自己了。我的确在乎别人怎么看我。

受访者们总结道，实际上，当中年妇女们发现自己的孩子们不再像以前那般需要她们时，她们就面临着身份危机。

70%以上的受访者明确表示,她们羡慕那些在工作上获得社会承认的成功女性。她们都同意,自己不想被看做典型的师奶:肥胖、老土、生活中除了操持家务以外没有更为高远的目标。她们希望能摆脱这样的污名,成为"健康"、"美丽"、"看起来比实际年龄年轻"、"时髦"和"有用"的女性。如何才能达到这些目标呢?她们都认为,首要任务是摆脱肥胖丑陋的师奶外形。

以身体保养作为补充?

受访者普遍认为,为了符合外界日趋严格的高标准,她们需要保养身体。所有受访者都以这样或那样的方式提到了这一点。阿梁和詹妮弗自认为已经成功地摆脱了师奶的标签,她们蔑视大多数师奶的那种自鸣得意与听天由命,认为那助长了师奶们对自己的生活和身体表示理所当然的倾向。阿梁说:

> 师奶们之所以会发胖,是因为她们在婚后自暴自弃。身体的新陈代谢机能在30岁左右开始衰退,到35岁后变得更糟。我现在每天下午都做有氧运动。

詹妮弗认为师奶们毫无品位,并且嘲笑师奶们的丑陋形象。她很尖刻地说:"师奶们要抚养孩子。她们可以化妆、擦粉,但还是很丑。她们看起来又老又肥,而且很憔悴。"大部分受访者都不介意自己被叫做"师奶",但她们都不认为自己是典型的师奶。问题在于:中年妇女该如何避免变得肥胖和疲乏呢?

伊娃有个患有自闭症的儿子。她相信自己有可能在生活中发展对美好东西的兴趣,她觉得自己很漂亮,一点也不肥胖和疲乏:

> 我一直想逃避当师奶的命运。我不想成为黄脸婆。至少,我不想给人留下永远待在家里的印象。我想参加社交活动,想出去找乐子。

阿莱也很理解"美丽"能带来的社会力量,这种"美丽"可以是自然的,也可以是后天通过节食和化妆等"容貌管理"的方式来获得的。她这样说:

> 有些人一结婚就放弃了自我。(但是)我的外表是自己的。即使我"属于"某个人(现在我已经结婚了),我仍然想看上去漂漂亮亮的。

伊娃和阿莱迫切地想谈谈自己做过的各种各样提升性感魅力和蓬勃朝气的事情。这种身体保养只是生活的补充,抑或具有更重要的意义?

以工作作为补充或新的核心?

在这种社会经济情境下,我们应当如何看待像贝蒂和艾丝特那样的女性——希望获得低收入的工作,以摆脱母亲的身份并发展自己?受访者中,只有一位女性从未工作过。我们应把她们的工作看做母亲身份和妻子身份的延伸,还是新的核心身份?

李（Lee, 1998: 157）认为，华南地区工厂里的女工实际上是"主妇工人"，她们担负着"工人阶级的母性职责去照顾孩子"，同时应付着"领薪工作和家务工作"两种职责。但是本研究以不同的方式去解读工作之于已婚妇女——特别是经济状况良好的女性——的意义。即使是那些需要工作来维持生计的女性，她们也依然能从工作中找到其他意义。

我采访了几位身为家务佣工的受访者，她们完全符合李（Lee, 1998）的研究中那类"主妇工人"的标准。阿林说：

> 如果我不工作，我怎么支付儿子的家教费用？我儿子的数学很棒，我想让他参加天才儿童辅导班。

但是阿林也很为自己的工作自豪，她强调专业精神很重要：

> 我们参加了政府组织的再培训计划，学做家务佣工。我对工作很认真。我扎起头发，穿上长裤，给人以整洁大方的印象。我告诉雇主，我会好好工作。

阿林对自己目前的"陪月"工作（在产妇分娩后的第一个月里照顾她们）感到尤为自豪：

> 只有少数人能做好这种"陪月"工作。我现在已经收到好几个转介了，因为我的雇主们都很乐意向她们那些怀孕的朋友介绍我。

她很注重同事之间的团结，这一点可以从她身为家务助理工会活跃成员的身份看出来：

> 我认为我们应该获得至少50港元（约合7美元）的时薪。市价是60港元，但有很多雇主想少付些，这很不公平。

尹杰兼职提供色情电话服务。她如何看待自己的工作呢？她说：

> 我只是想维持生计。做这份工作，我可以待在家里打电话。我丈夫并不喜欢我干这活，但是他无法供养家庭，我又能做什么呢？他那么懒，不认真找工作，我必须要工作才能维持生活。

这起初是为了生活的权宜之计，但逐渐地却成为一个学习机会，唤醒了她对性的新理解：

> 如果客人要求我做一些我从未听说过的事情，我会问清楚他们具体希望我怎么做。到头来，我学到了更多的性知识，例如什么是性虐待。

换言之，尹杰并不只是把它当做一份获得收入的工作，还把它看做学习以前自己不了解的性知识和性行为的机会。

虽然这些女性都是为了生活和经济原因才受雇工作，但她们都以自己的方式，利用自己的工作摆脱了师奶标签，达到自我实现、自我（重新）认识和自我扩展的目的。

当无法工作时，以投资作为补充？

全职太太们有各种办法去创造就业和自我发展的机会。香港有很多电台脱口秀和热线电话节目，主要教人们如何做生意和投资。打电话上这些节目的人大部分都是师奶。

阿方有一个 20 岁的女儿。她自己没有工作，但每天在家通过电视和广播关注股票市场，她总是迫切地了解投资信息。对于自己能一边在家做全职太太一边赚钱，她感到非常自豪：

> 我真的非常幸运，通过投资，我赚的钱比我丈夫还多。现在我甚至不在乎他要说什么。如果我拒绝和他发生性行为，他可以把电视机扔到地板上。这样会让我觉得受了伤害，但我再也不觉得自己像以前那样软弱无力了。

有位算命先生曾叫她不要理会婚姻，专心做投资，为此她很感激他。一年后我再次见到她时，她告诉我，她已经和丈夫分开了。

阿兰的生活方式与此相似。自从把房产公司交给丈夫打理之后，她的生活就以电台为中心了。她刚刚把小儿子送去内地的寄宿学校，希望他学会更加独立地生活。现在她在家里的五个地方安放了收音机，以管理自己的公司。她说："我还收听财经新闻和投资节目，赚些小钱。"

朱莉是个股票经纪人，事业成功，她非常地引以为豪。她说，现在她就像是还在青春期的自己孩子的朋友一样。她认为丈夫是自己可有可无的生意搭档：

> 丈夫是我在大项目上的工作搭档。我希望他能学会和孩子们更平等地相处。这是维持良好亲子关系的唯一途径。我跟他讲述了我的退休计划，以及我所期望的事业发展方式。如果他赞同，那很好；如果他反对，那我就自己干！

阿华是一个像安利那样的金字塔式传销计划的"销售经理"。她请女佣看护孩子，但她并不为此歉疚：

> 我从不羡慕其他女性。她们在浪费自己的时间，还浪费她们的母亲曾为她们的教育所做的投资。女性不应该太以家庭为重。如果你有工作，丈夫会更关注你，怕你或许哪一天就会跑掉了。

阿华聘请了一名菲律宾女佣，请她帮忙照顾孩子，这样她可以自由发展"自己"的新关系网："我现在不和孩子的父亲一起生活。他在内地工作，我在这里有自己的朋友。"

阿方、阿兰、朱莉和阿华在保持自己师奶身份的同时，通过向自己的生活注入新的元素，巧妙地颠覆和超越了原有的家庭角色。她们意识到自己母亲和妻子身份的局限性，希望能将工作和生活"融合"在一起，以此在家庭和外部世界里同时发展自己的双重身份。人们通常认为，超过30岁的女性将很难找到工作（Lee, 2002）。因此，如果经济条件允许，女性可以选择进行私人投资。

以教育作为补充，但目的何在？

阿婷、阿兰、艾达、丝丝、阿波和阿梁这6名受访者，通过进一步接受教育，努力保持自己的个人兴趣。阿婷、阿兰和阿波曾用了超过6年的时间在夜校就读，以完成她们的中学水平教育。阿兰说：

> 即使我们永远都不够优秀，拿不到毕业证书，我们还是希望能学会说些英语，学些词汇。

阿婷说：

> 上个月，有个参加了交换生计划的美国孩子来到香港，住进我们家里。我能和他用英语交流，这给我儿子留下了深刻的印象。

实际上，有的受访者设法发展了第二职业或者接受再教育。比如艾达，她刚刚获得香港公开大学的心理学硕士学位。她说："我一直希望自己能成为社会工作者，现在我正在找新工作。"她还说：

> 我觉得，除非我丈夫抛弃了我，不然我不会找到工作。我正学着将生活合理地分成三份，1/3分给丈夫，1/3给女儿，剩余的1/3用来实现自我。

丝丝参加了计算机培训课程。她不想像自己的妹妹那样不再完善自己，她觉得自己的妹妹放弃了自身发展：

> 我和我妹妹不同。最近我的想法有所改变。每个人都是独特的，但我们都有能力去进步。一个家庭很容易破碎。丈夫基本不会痛恨妻子的进步，却只会痛恨她的愚蠢和一无所用。

阿波说：

> 在我妈妈那代人里，很多女性目不识丁。我只念过小学，但我仍是受过教育的人。我现在上夜校修读中学课程。我根本不觉得自己是师奶。

同样的，阿梁深信教育可以"拯救"师奶的命运："我们没有受过正规教育，因此要做各种又脏又累、吃力不讨好的活儿。要是我们受过教育，我们就能被称做太太（优雅的妻子）了。"

以义工作为补充剂：只对太太而言？

义工是过去的有钱太太们常做的事情。艾丝特在婚后成为全职太太，但她仍旧抽时间到内地去照顾贫困儿童，帮助他们获得教育：

> 如果主席能全身心投入这份事业，为什么我不能奉献一点时间呢？有时我会带我的孩子同去，让他们了解到，他们自己与那些内地的孩子相比，是多么的幸运。

艾丝特参加志愿工作的举动并不只是她母亲角色的延伸：虽然孩子拒绝和她同往内地做义工，"因为一点都不好玩"，但艾丝特仍然很积极地参与活动，因为她相信女性可以通过做义工交到朋友、获得更为良好的自我感觉。她还劝说自己身患抑郁症 10 多年的中学时代的老友贝蒂一起参加义工组织：

> 我鼓励贝蒂参加，因为我真心希望她能认识更多新朋友。虽然我们没有工作，但我们仍然是对社会有用的人。

对于阿春来说，在被家庭束缚多年后，加入家庭主妇大同盟是她生活的转折点：

> 在我加入家庭主妇大同盟之前，丈夫一直认为我是个头脑简单、一无是处的师奶。现在我向其他女性教授计算机技能，他比以前更尊重我了。

阿苏也相信做义工能肯定自我价值，甚至能挽救婚姻：

> 一个女性不应该只注重家庭。如果她这样做了，那她完了。丈夫和孩子在和外界接触，他们在前进而你原地踏步、停滞不前。社会没能给女性提供"足够"的教育，好让她们知道自己原来可以有所不同。

我们能否不再因为这些活动没有直接的经济产出而把它们看做仅仅是次要的？我们应该探究参与义工活动的深层意义：它颠覆了女性作为母亲和妻子的身份。

以休闲娱乐作为补充：它们是最不具有颠覆性的吗？

在我的受访者中，最为流行的休闲娱乐活动包括粤剧、中国书法与舞蹈。我的一个焦点小组是一群对粤剧非常痴迷的女性，她们中的很多人都是寡妇。她们说自己通过学习唱歌找到了一种新的生活。阿姆是那位反串男角的粤剧女明星任剑辉的狂热爱好者，她说：

> 我们中的许多人没有丈夫，因此每个星期都可以用四五个晚上来唱歌。我想很多人来这里并不是为了消磨时间，而是为了发泄情绪。女性总是富有情感，对另一个女性表达情感会比较安全。

阿姆丧偶寡居、没有子嗣。她在自己开设的精品店和学习粤剧上倾注了大量的时间与精力。她在台上反串男角。像她这样的女性在戏曲中亦唱亦演，在一招一式中演绎着男人、女人的角色（Robertson, 1998），反思性地塑造着男性、女性或两者兼有的性别自我意识。

在交谊舞社里常能看见一些同性"舞伴"。凯蒂退休后，和自己在舞社里认识的女人艾美相当亲密：

> 我们现在一起跳舞，一起做所有的事情。她没有受过多少教育，但是她很厉害，不管是做家务活还是使用计算机，她什么都会。她是唯一一个能让我做许多运动的人。

凯蒂一直认为，自己婚姻的破裂是缘于自己没有孩子。她的前夫已经51岁，曾被诊断为精子数量偏低，无法令她生育。但在离婚后，她发现前夫和新娶的年轻妻子生了个儿子，为此她备受打击。在艾美的鼓励下，凯蒂变得更乐于参加粤剧、交谊舞、插花和烹饪等各种活动。虽然她仍对过去的幸福婚姻念念不忘，但因为这些交际活动以及和艾美的深厚友谊，凯蒂开始步入她的"第二春"。对她来说，这可能是种事后补救。但她说，如果她曾育有过孩子然后再离婚，她有可能会在他们的生活里迷失自我，不会创造出一种属于自己的全新生活。

阿姆和凯蒂都不会从性爱角度谈论她们和其他女人的关系，但她们和自己的活动伙伴之间的关系显然是非常亲密的，她们也承认，自己的活动伙伴实际上也是日常的伴侣。很显然，她们把需要从丈夫那里获得的亲密转嫁到了女性伙伴身上。

婚外情：一种激烈的破裂抑或是另一种补充？

哈钗想有新的体验。她开始与某个女同性恋群体一起玩耍，因为她说她想丰富社交生活。她不喜欢女性化的装扮，她喜欢把自己打扮得男性化、有风度，这样做并不是为了成为女同性恋，而是为了把自己和其他已婚妇女区分开来：

> 我从不考虑女性化的装扮，所以被人叫做虾仔。我一直都很有型、很酷。没有人叫我师奶。

哈钗拥有一个报刊亭，她把孩子交给他们的干妈照管。她并不为自己逾越社会期望的行为感到愧疚，她说：

> 我抽烟，和（其他）男人发生性关系。我不是你们所谓的那种家庭主妇。我的丈夫在内地包了个二奶。我觉得自己没必要待在家里。

哈钗并不是唯一一位自己有婚外关系而且猜疑丈夫另有妻室的受访者。

吉蒂就是这样的受访者，但她坚持称自己并不想知道：

> 我的家庭条件很优越。丈夫总是把我当做小女孩一样去宠爱，尽管我们的儿子都快20岁了。去年我曾和情人私奔，但最终是丈夫把我接回了家。我告诉自己，绝对不要再用自己的婚姻去换取幼稚的浪漫了。

现在，她还是会和男性朋友一起外出，但她说自己变得更谨慎了：

> 我会和他们一起去唱卡拉OK。我想去参加派对，但我不会再跑掉了。我只想享受男人拥我腰间时的片刻温柔。

吉蒂认为自己不一定要再嫁，但必须能在现在婚姻所给予的安全港湾外另有补充。未来无法确定，但是她正在以自己的方式保持她的欲望——以及她对生活的品位——的鲜活感。

贝蒂也曾有过类似的处境。她每天尽责回家，尽力顺从家人对自己的一切期望，但她的感情生活事实上却是受她与最近偶然遇到的初恋情人的幽会所主宰：

> 我不想破坏自己的家庭和婚姻。我只是不想做这个男人的红颜知己。我对男人已经有很长一段时间没有这种感觉了。这是友情还是爱情我并不在乎。

贝蒂能够在婚姻的约束下演好自己身为母亲的角色，同时又可以通过与其他男人幽会并"一直"想着这个男人，来为自己的生活增添浪漫色彩。

这些师奶们在空闲时间（当她们无须照顾他人或当她们逾越了正常的界限时）所做的"小事情"，有时也许就是追求情色，通常能令她们改变对世界的看法，促使她们重新考虑她们做事的优先顺序，甚至彻底改变了她们的身份。

她们敦促我进一步探索师奶在空闲时做什么，特别是她们怎么与餐馆部长、在学校和街市碰见的男人们调情。尔后我就会更清楚地知道，她们中的一些人会从每日的社交互动、梦想和幻想中获得情色乐趣。当我问道她们在这些日常际遇和亲密关系中追求的是什么，她们总说不是性，而是那种温柔和浪漫。

艾莉丝忆述了自己与前夫相处时感觉最为强烈的一瞬间。结婚以后，她很少有机会与丈夫单独外出——总是会有小孩和家人在他们身边。有一次，他俩需要一起乘坐出租车前往殡仪馆出席某位近亲的葬礼。她说：

> 就算只是说出来，我也觉得尴尬。为什么那次去葬礼，我会觉得那么开心？当我与他坐进出租车时，我的心就跳得很厉害。我期待这个时刻已经很久很久，就好像我要去约会一样。

语言表达的简易和经验的深度、强度之间形成了鲜明的对比。如果只专注于为母为妻之道，我们就可能无法顾及日常生活中的身心快乐。我们应该考察经验中的情欲并意识到女性是在"性的"和"社会的"界限上徘徊，正如伯吉特（Burkitt, 2004：213）形容的那样，是"对日常生活的多维体验"。因此，我们可以看到她们如何努力应对社会需求之间的竞争，有时甚至是矛盾，而又不放弃追寻生活中的快乐和幸福。女性正是这样发展了自己的应对策略，展示了她们的足智多谋和灵活多变，同时也为自己创造了全新的身份。

● 讨论

解构师奶身份：核心与补充

我们在开篇之时抛出了这个问题：中年已婚妇女是如何在"师奶"（中年家庭主妇）这一带有负面意义的社会类属以及种种关于女性角色的主流规范与价值观中定位自己的？本研究发现，许多香港中年已婚妇女正面临着身份危机，尤其是当她们发现孩子们不再如以前那般需要她们时。她们在面对这一挑战时表现出非常积极的态度。步入中年后，她们积极地将自己的生活空间从母亲身份扩展到更多元的领域，不再如年轻时那样坚持自己的家庭角色，学着成为"灵活的家庭主妇"。那些有孩子的受访者明确地表示，自己很羡慕那些在工作上获得成功的女性。因此，在孩子们逐渐长大成人，而她们又没有事业方面给予的自尊时，她们如何争取自己的社会角色，又如何表达和挑战那些构成社会现实的话语？本研究发现，为了让自己"改头换面"，她们付出了很多努力。之所以能做到这一点，一部分原因是她们强烈抗拒典型的师奶身份——肥胖、老土、生活中除了操持家务别无更为高远的目标。所有人都希望摆脱这个污名，成为"健康"、"美丽"、"看起来比实际年龄年轻"、"时髦"和"有用"的人。当然，人们可以辩称，这些女性其实遵从着资本主义男权社会对美丽的大一统的固有印象和观念（Bartky, 1990）。但也可以说，她们通过强调自身的性感、把身体当做愉悦的场所来颠覆她们的母亲和妻子身份。正如波尔多（Bordo, 1993）所评论的，关注对女性身体的支配和控制的系统性特征固然很重要，但揭示女性通过身体实现的各种各样的颠覆也是很必要的。在这点上，史密斯（Smith, 1990）曾提出女性在她们的日常生活中总会有意或无意地质疑关于女性气质的性别化话语，就如同"特工"一般。

女性积极地寻求自我满足，不断评价自己的生活，为自己创造别样的意义并赢得认同（Ho, 2007a; Tsang & Ho, 2007; Wang & Ho, 2007）。在生活的不同阶段她们有不同的优先考虑，也为自己其时最重要和恰当的角色赋予不同的定义。因此我们也可以说，女性的生活世界从来都没有完善的时候，总会有意料之外的规划不断补充进来。有些补充因素——例如通过休闲娱乐活动和婚外情寻求愉悦——尽管常被忽视，但却在香港现代女性的复杂生活世界中起着很重要的作用。

"人们一旦渴求变化，不管有多短暂，他们都会把整个系统通通短路（short-circuit）"（Burkitt, 2004：219）。对于孩子已长大成人的已婚妇女来说，业余爱好是最易被社会接受的社会活动，而这些活动可能会促使她重新思考自己的处境和身份。如果我们仔细观察师奶们闲暇时所做的事、与她们相关的人，我们会发现她们的生活并非像看起来的那样波澜不惊、无求无欲。

教育能帮助我们实现很多目标。有些女性把它当做妻子与母亲角色的延伸，而有些女性则意识到它在社会流动方面的潜力，她们渴望接受教育，以达到独立生活的目标。很多人参加的教育项目并不能带给她们直接的经济产出，但是，大家都希望能提升自身价值，获得更多自我尊重和社会尊重。

有些补充充满了危险性和颠覆性，因为从某种意义上说它们已经威胁到了原先想象中的核心身份。对于没有孩子的人来说，她们必须更早地开始自我探索。但从访谈结果看，那些未育有子嗣的女性起初都没有意识到没有孩子会是一个机会。当她们无法实现为人母的基本目标时，她们通过在其他领域的努力发掘新的存在意义，逐渐的，这种意义就成了生活的核心。

是什么使尹杰能够去做这种"性工作"呢？是不是她已婚、没有孩子的身份和状态使她更容易或更迫切地放开自己进行自我探索？也可能是她无须担心孩子会发现她的行为进而严厉地批评她，所以她没有多少束缚。在她看来，她的丈夫没有能力养活家庭，因此没有权利批判她。她的新兼职工作是否提升了她的性欲？这很难说，但毋庸置疑，这份兼差让她学到了更多性知识，也让她开始质疑自己的性生活是否合宜，从而给予她幻想和渴望的空间。

从这个意义上说，师奶的性行为揭示了人类性行为的关系本质，以及性和非性还有社会之间的动态关系。如果性和社会相互构成，我们便要采用更包容的方法来理解女性的"性"及另类的亲密关系，而不是在男性标准上定义女性的"性"（Ho et al., 2005）。

对于已婚妇女来说，无法生养孩子，尤其是儿子，是一个沉重的思想负担。这可以用中国的成语"忍辱负重"来形容，她们必须咽下一切痛苦才能继续生活。与此相关的是"苦尽甘来"，那些真正消化了痛苦的人，才能最终获得"甜蜜"的结局。

在香港这个现代社会，资本主义的经济理性理想化了生产力、领薪受雇、投资和教育，同时贬低了为人妻和为人母的价值。女性投身志愿工作、社区工作或慈善事业，参加休闲娱乐和自我发展的活动，都无疑比发生婚外情更易让社会接受，但是我们永远无法确定这些工作和活动能把她们带向何方。

任何点缀都可以成为进一步的补充。通过"不断扩展领域的补充"（Gergen, 1997：266），意义是不断地被重塑的。要了解女性如何不断地扮演不同的角色和利用越界体验来重新建构自己的身份并自如地安排生活，我们必须把各项补充"在物质关系和权力网络中具体化、多元化、历史化"（Sandywell, 2004：175）。

伯恩斯和伦纳德（Burns & Leonard, 2005）从澳大利亚中老年妇女的生活故事里总结出两种关于收获的故事类型（占所有叙述的70%）：一种（突破性）是由女性自身行为带来收获，另一种（释放压力）是从角色更换以及时间流逝中取得收获。突破性的收获有多种激发因素，比如从农村搬迁到城市、离婚、与丈夫的新关系、获得稳定的工作和经济保障、离开讨厌的工作环境、去欧洲旅游、参加新课程和新活动、结交新朋友等。事实上，香港的中国女性也采用了类似的策略。突破性活动带来的不稳定（Burns & Leonard, 2005），以及中年已婚妇女不可见的越界行为（Ho, 2006; Miller, 2005; Tsang & Ho, 2007）是非常值得进一步探索的。

研究报告的贡献与不足

本研究报告有以下贡献：首先，研究数据为女性身份的另类概念提供了经验支持，挑战了大众印象和学术理论（包括女性主义理论）把已婚妇女的主要角色定义为母亲的做法。核心身份的假设会妨碍我们了解女性如何积极整合生活，使之成为灵活、可拓展、动态的整体，在不同情境和不同生活阶段下，有不同的形态和特点。当一个人被形容成某一社会类属的成员时，她就很可能真的会被当做那一类属的成员来对待。这种了解方式是有问题的。按迈瑞克（Marecek, 2003）所说，母亲角色、家务劳动、异性结合以及职场体验都牵涉到实践，规范以及关乎具体阶层、历史时期和特定文化的可能性。我们必须十分注重个别性和特殊性。

其次，许多学者，包括女性主义学者，一直都在争论女性非母性角色的重要性，但是，这些争论对女性在妻子与母亲角色之外的所作所为并无足够认识。根据德里达（Derrida, 1976：141）的理论，我认为其他的角色都是"危险的补充"，不仅仅是对女性生活的补充，更揭示出女性作为母亲和妻子的"核心"身份这一结构性缺陷的颠覆因素。女性身份一向流动多变，且颇具争议。

母性和对自我的欲望总在频繁地争斗。之前她们描述过的种种生活补充（如工作、教育、投资、娱乐、婚外情和志愿工作）在女性生活中扮演着非常重要的角色。对女性边缘经验的分析——除照顾家人之外她们所做的事情——可能帮助表露非母亲女性的心声，同时也叙述了传统上被忽视或贬低的女性生活的各个方面。

再次，香港已婚妇女的叙述展示了她们步入中年后如何通过积极扩展生活空间来学做"灵活的家庭主妇",而非一味坚持母亲的身份。研究数据表明,在当代成年女性身份的定义下,我们有必要重新考虑母亲身份的中心地位,她们如何通过摆正自己来获取身份认同。通过女性的叙述,以及她们如何理解自己与母亲这个社会类属和有关的主流社会价值规范的相对位置,我们可以了解到在香港不断变化的社会、经济和政治环境下,中年妇女如何改变和发展她们的身份。女性如何看待自己、理解自己的身份、积极地重新创造自己母亲以外的形象,改善了我们对中年女性身份以母性为中心这一原则的理解。

当然,本研究存在着若干局限。本研究的目的在于从女性自身的角度出发,深入了解她们的生活,在研究中大多采用了质性研究的方法。对样本的选择,是为了尽可能地表现各种女性经历的多样性,而不是为了达到实证意义上的一般化,因此样本量并不大,也没有采用随机抽样。

本研究仅针对华人女性的某一文化群体,至于她们的经历与中国内地女性、亚洲其他国家的女性或西方女性的经历有何相似之处与不同点,还有待进一步研究。本研究以中国香港这个绝大多数居民是华人、但已经显著西方化的社会与文化为例,对于女性在这方面经历的普适性研究可能会有所启示。

本研究中受访女性的叙述,充分展现了女性的角色如何在不同的社会情境和生活环境下随着时间推移而发生变化。然而理解女性生活的另类理论和描述女性欲望的新理论框架还有待进一步探讨。

结论:灵活的公民身份、灵活的家庭主妇

香港的华人已婚妇女与香港的跨国华人商业精英有着某些相同的特征,他们在1997年香港即将回归中华人民共和国这一不稳定的政治条件下,采用了翁(Ong, 1999)所称的"灵活的公民身份",亦即争取外国护照和进行海外投资。

我认为,师奶生活中的补充也起着"外国护照"的作用,不仅"为了方便",更"为了自信"。翁(Ong, 1999)的研究指出,护照能让你在有必要的时候说走就走,因此它能带来安全感和自信心。对于我的受访者来说,如果不再为人妻人母,那些生活的各种补充就是通往别的选择的"护照";或者说,它能减轻为人妻人母的负担。在资本主义男权社会里有限的经济和文化资源下,它们为女性在曲折的欲望道路上创造新生活、女性的新概念和新的关系提供了各种想象性的主体能动性。

致谢

在此，本人由衷感谢两位研究助理——吴裕佳和伍嘉敏女士——为研究数据编码。

（何式凝）

Ho, P. S. Y. (2007). Eternal Mothers or Flexible Housewives: Middle-aged Chinese Married Women in Hong Kong. *Sex Roles: A Journal of Sex Research*, 57, 249-265.

参考文献

Archer, S. (1991). A Feminist's Approach to Identity Research. In G. R. Adams, T. P. Gullotta, & R. Montemmayor (Eds.), *Adolescent Identity Formation*, pp. 25-49. Beverly Hills, CA: Sage.

Arendell, T. (2000). Conceiving and Investigating Motherhood: The Decade's Scholarship. *Journal of Marriage and Family*, 62, 1192-1207.

Bartky, S. (1990). *Femininity and Domination: Studies in the Phenomenology of Oppression*. London: Routledge.

Bassin, D., Honey, M., & Kaplan, M. M. (1994). Introduction. In D. Bassin, M. Honey, & M. M. Kaplan (Eds.), *Representations of Motherhood* (pp. 1-25). New Haven, CT: Yale University Press.

Bordo, S. (1993). *Unbearable Weight: Feminism, Western Culture, and the Body*. Berkeley, CA: University of California Press.

Burkitt, I. (2004). The Time and Space of Everyday Life. *Cultural Studies*, 18, 211-227.

Burns, A., & Leonard, R. (2005). Chapters of Our Lives: Life Narratives of Middle and Older Australian Women. *Sex Roles*, 52, 269-277.

Caplan, P. (1989). *Don't Blame Mother: Minding the Mother-Daughter Relationship*. New York: Routledge.

Census and Statistics DepartMent (2006). *Women and Men in Hong Kong: Key Statistics*. Hong Kong: Census and Statistics Department.

Central Intelligence Agency (2006). CIA—The World Factbook—Hong Kong. Retrieved December 21, 2006, from https://www.cia.gov/cia/publications/factbook/geos/hk.html, December 19.

Chan, S. Y. (2003). The Confucian Conception of Gender in the Twenty-first Century. In D. Bell & H. Chaibong (Eds.), *Confucianism for the Modern World* (pp. 312-333). Cambridge, UK: Cambridge University Press.

Chan, C. Y. Z., & Ma, L. C. J. (2002). Family Themes of Food Refusal: Disciplining the Body and Punishing the Family. *Health Care for Women International*, 23, 49-58.

Charmaz, K. (2005). Grounded Theory in the 21st Century: Applications for Advancing Social Justice Studies. In N. K. Denzin & Y. S. Lincoln (Eds.), *Handbook of Qualitative Research* (3rd ed., pp. 507-535). Thousand Oaks, CA: Sage.

Cheal, D. (1991). *Family and the State of Theory*. Toronto, Canada: University of Toronto Press.

Chodorow, N. (1990). Gender, Relation, and Difference in Psychoanalytic Perspective. In C. Zanardi (Ed.), *Essential Papers on the Psychology of Women* (pp. 420-436). New York: New York University Press.

Coontz, S., & Parson, M. (1997). Complicating the Contested Terrain of Work/Family Intersections: A Review Essay. *Signs*, 22, 440-452.

Derrida, J. (1976). Of Grammatology (G. C. Spivak, Trans.). Baltimore: Johns Hopkins University Press.

Derrida, J. (1996). Remarks on Deconstruction and Pragmatism. In C. Mouffe (Ed.), *Deconstruction and Pragmatism* (pp. 77-88). London: Routledge.

Dill, B. T. (1994). *Across the Boundaries of Race and Class: An Exploration of Work and Family Among Black Female Domestic Servants*. New York: Garland.

Elvin-Nowak, Y., & Thomsson, H. (2001). Motherhood as Idea and Practice: A Discursive Understanding of Employed Mothers in Sweden. *Gender & Society*, 15, 407-428.

Forcey, L. R. (1994). Feminist Perspectives on Mothering and Peace. In E. N. Glenn, G. Chang, & L. R. Forcey (Eds.), *Mothering: Ideology, Experience, and Agency* (pp. 355-375). New York: Routledge.

Garey, A. L. (1999). *Weaving Work and Motherhood*. Philadelphia: Temple University Press.

Gergen, K. (1997). *Realities and Relationships: Soundings in Social Construction*. Cambridge, MA: Harvard University Press.

Giddens, A. (1991). *Modernity and Self-identity*. Cambridge, UK: Polity.

Guba, E. G., & Lincoln, Y. S. (2005). Paradigmatic Controversies, Contradictions, and Emerging Confluences. In N. K. Denzin & Y. S. Lincoln (Eds.), *The Sage Handbook of Qualitative Research* (pp. 191-216). Thousand Oaks, CA: Sage.

Gubrium, J. F., & Holstein, J. A. (1997). *The New Language of Qualitative Method*. New York: Oxford University Press.

Hartsock, N. C. M. (1998). *The Feminist Standpoint Revisited and Other Essays.* Boulder, CO: Westview.

Harvey, N., & Halverson, C. (2000). The Secret and the Promise: Women's Struggles in Chiapas. In D. Howarth, A. J. Norval, & Y. Stavrakakis (Eds.), *Discourse Theory and Political Analysis: Identities, Hegemonies and Social Change* (pp. 151 – 167). Manchester, UK: Manchester University Press.

Hattery, A. (2001). *Women, Work, and Family: Balancing and Weaving.* London: Sage.

Hays, S. (1996). *The Cultural Contradictions of Motherhood.* New Haven, CT: Yale University Press.

Ho, P. S. Y. (1999). Developing a Social Constructionist Therapy Approach in Working with Gay Men and Their Families in Hong Kong. *Journal of Gay and Lesbian Social Services,* 9, 69 – 97.

Ho, P. S. Y. (2001). Breaking Down or Breaking Through: An Alternative Way to Understand Depression Among Women in Hong Kong. *Journal of Ethnic and Cultural Diversity in Social Work*, 10, 89 – 106.

Ho, P. S. Y. (2006). The (charmed) Circle Game: Reflections on Sexual Hierarchy Through Multiple Sexual Relationships. *Sexualities,* 9, 547 – 564.

Ho, P. S. Y. (2007a). "Money in the Private Chamber": Hong Kong Chinese Women's Way of Planning for Their Retirement. *Affilia,* 22, 1 – 15.

Ho, P. S. Y. (2007b). Desperate Housewives—The Case of "Si-nai" in Hong Kong. *Affilia*, 22 (3), 255 – 270.

Ho, P. S. Y., & Tsang, A. K. T. (2002). The Things Girls Shouldn't See: Relocating the Penis in Sex Education in Hong Kong. *Sex Education*, 2, 61 – 73.

Ho, P. S. Y., & Tsang, A. K. T. (2005). Beyond the Vagina – clitoris Debate: From Naming the Sex Organ to the Reclaiming of the Body. *Women's Studies Forum International,* 28, 523 – 534.

Ho, P. S. Y., Wong, D. H. W., Cheng, S. L., & Pei, Y. X. (2005). The Real Deal or No Big deal—Chinese Women in Hong Kong and the Orgasmic Experience. Issues in Contemporary Culture and Aesthetics, 1, 177 – 187.

Holloway, S. D., Suzuki, S., Yamamoto, Y., & Mindnich, J. D. (2006). Relation of Maternal Role Concepts to Parenting, EmployMent Choices, and Life Satisfaction Among Japanese Women. *Sex Roles*, 54, 235 – 249.

Holstein, J. A., &Miller, G. (1993). *Reconsidering Social Constructionism: Debates in Social Problems Theory.* New York: Aldine de Gruyter.

Howell, L. C., & Beth, A. (2002). Midlife Myths and Realities: Women Reflect on Their Experiences. Journal of Women and Aging, 14, 189 – 204.

Hunter, S., Sundel, S., & Sundel, M. (2002). *Women at Midlife: Life Experiences and*

Implications for the Helping Professions. Washington, DC: NASW Press.

Jacobs, J., & Gerson, K. (1997). *The Endless Day or the Flexible Office? Working Hours, Work-Family Conflict, and Gender Equity in the Modern Workplace*. Philadelphia: Alfred P. Sloan Foundation.

Johnston, D. D., & Swanson, D. H. (2006). Constructing the "Good Mother": The Experience of Mothering Ideologies by Work Status. *Sex Roles,* 54, 509-519.

Koo, L. (1995). The (non) Status of Women in Traditional Chinese Society. *Hong Kong Psychological Society Bulletin*, 14, 7-37.

Kroger, J., & Haslett, S. J. (1991). A Comparison of Ego Identity Status Transition Pathways and Change Rates Across Five Identity Domains. *Journal of Aging and Human Development,* 34, 303-330.

Kwok, S., & Wong, F. K. D. (2000). Mental Health of Parents with Young Children in Hong Kong: The Roles of Parenting Stress and Parenting Self-efficacy. *Child and Family Social Work*, 5, 57-65.

Lai, A. C., Zhang, Z., & Wang, W. (2000). Maternal Child-rearing Practices in Hong Kong and Beijing Chinese Families: A Comparative Study. *International Journal of Psychology,* 35, 60-66.

LeBlanc, R. M. (1999). *Bicycle Citizens: The Political World of the Japanese housewife*. Berkeley, CA: University of California Press.

Lee, C. K. (1998). *Gender and South China Miracle*. Berkeley, CA: University of California Press.

Lee, S. (1999). Fat, Fatigue and the Feminine: The Changing Cultural Experience of Women in Hong Kong. *Culture, Medicine and Psychiatry: An International Journal of Comparative Cross-Cultural Research*, 23, 51-73.

Lee, W. K. M. (2002). Women Employment in Colonial Hong Kong. *Journal of Contemporary Asia*, 30, 246-264.

Lee, K. J., Um, C. C., & Kim, S. (2004). Multiple Roles of Married Korean Women: Effect on Depression. *Sex Roles*, 51, 469-478.

Leonard, V. W. (1996). Mothering as a Practice. In S. Gordon, P. Benner, & N. Noddings (Eds.), *Caregivings: Readings in Knowledge, Practice, Ethics, and Politics* (pp. 124-140). Philadelphia: University of Pennsylvania Press.

Logan, J. R., Bian, F., & Bian, Y. (1998). Tradition and Change in the Urban Chinese Family: The Case of Living Arrangements. *Social Forces,* 76, 851-882.

Luk-Fong, Y. Y. P. (1999). In Search of a Hybrid Guidance Curriculum for Hong Kong Primary Schools, Paper Presented at the 16th Annual Conference of the Hong Kong Educational Research Association, 20-21 November.

Luk-Fong, Y. Y. P. (2005). A Search for New Ways of Describing Parent-child

Relationships: Voices from Principals, Teachers, Guidance Professionals, Parents and Pupils. *Childhood*, 12, 111–137.

Marcia, J. E. (1987). The Identity Status Approach to the Study of Ego Identity Development. In T. Honess & K. Yardley (Eds.), *Self and Identity: Perspectives Across the Life Span* (pp. 161–171). London: Routledge & Kegan Paul.

Marecek, J. (2003). Mad Housewives, Double Shifts, Mommy Tracks, and Other Invented Moralities. *Feminism & Psychology*, 13, 259–264.

McMahon, M. (1995). *Engendering Motherhood: Identity and Self Transformation in Women's lives.* New York: Guilford.

Miller, M. (2005). The Feminine Mystique: Sexual Excess and the Prepolitical Housewife. *Women: A Cultural Review*, 16, 1–17.

Ng, W. C. (1999). What do Women Want? Giving University Women in Hong Kong a Voice. *Feminism & Psychology*, 9, 243–248.

Ng, C. W., & Ng, E. G. H. (2005). Hong Kong Single Women's Pragmatic Negotiation of Work and Personal Space. *Anthropology of Work Review*, 25, 8–13.

Ngo, H. (2002). Part-Time Employment in Hong Kong: A Gendered Phenomenon? *International Journal of Human Resource Management*, 13, 361–377.

Norton, T. R., Gupta, A., Stephens, M. A. P., Martire, L. M., & Townsend, A. L. (2005). Stress, Rewards, and Change in the Centrality of Women's Family and Work Roles: Mastery as a Mediator. *Sex Roles*, 52, 325–336.

O'Donnell, L. N. (1985). *The Unheralded Majority: Contemporary Women as Mothers.* Lexington, MA: Lexington.

OberMan, Y., & Josselson, R. (1996). Matrix of Tensions: A model of Mothering. *Psychology of Women Quarterly*, 20, 341–359.

Ong, A. (1999). *Flexible Citizenship: The Cultural Logics of Transnationality.* London: Duke University Press.

Pearson, V., & Wong, D. K. P. (2001). *A Baseline Survey of Student's Attitudes Towards Gender Stereotypes and Family Roles.* Hong Kong: Equal Opportunities Commission.

Pun, S. H., Ma, J. L. C., & Lai, K. C. C. (2004). In Search of Perfect Motherhood for Imperfect Childhood—Experiences of 22 Chinese Mothers. *Child and Family Social Work*, 9, 285–293.

Robertson, J. (1998). *Takarazuka: Sexual Politics and Popular Culture in Modern Japan.* Berkeley, CA: University of California Press.

Rogers, S. J., & White, L. K. (1998). Satisfaction with Parenting: The Role of Marital Happiness, Family Structure, and Parents' Gender. *Journal of Marriage and the Family*, 60, 293–308.

Ruddick, S. (1994). Thinking Mothers/Conceiving Birth. In D. Bassin, M. Honey, & M. M.

Kaplan (Eds.), *Representations of Motherhood* (pp. 29–46). New Haven, CT: Yale University Press.

Sandywell, B. (2004). The Myth of Everyday Life: Toward a Heterology of the Ordinary. *Cultural Studies*, 18, 160–180.

Scarr, S. (1998). American Child Care Today. *American Psychologist*, 53, 95–108.

Schwandt, T. A. (2000). Three Epistemological Stances for Qualitative Inquiry: Interpretivism, HerMeneutics, and Social Constructionism. In N. K. Denzin & Y. S. Lincoln (Eds.), *Handbook of Qualitative Research* (2nd ed., pp. 199–213). Thousand Oaks, CA: Sage.

Shek, D. T. L. (1996a). Perception of the Value of Children to Hong Kong Parents. Journal of Psychology, 130, 561–569.

Shek, D. T. L. (1996b). Midlife Crisis in Chinese Men and Women. *Journal of Psychology*, 130, 109–119.

Shek, D. T. L., Tang, V. M. Y., & Han, X. Y. (2005). Evaluation of Evaluation Studies Using Qualitative Research Methods in Social Work Literature (1990–2003): Evidence That Constitutes a Wake-up call. *Research on Social Work Practice*, 15, 180–194.

Short, S. E., Chen, F., Entwisle, B., & Fengying, Z. (2002). Maternal Work and Child Care in China: A Multi-method Analysis. *Population and Development Review*, 28, 31–57.

Smith, D. (1990). *Texts, Facts, and Femininity: Exploring the Relations of Ruling*. London: Routledge.

Spain, D., & Bianchi, S. M. (1996). *Balancing act: Motherhood, Marriage, and Employment Among American Women*. New York: Russell Sage.

A. Strauss & J. Corbin (Eds.) (1997). *Grounded Theory in Practice*. Thousand Oaks: Sage.

Su, B. (1996). Women's Marital Status: Past and Present. *Beijing Review*, 11, 18–19.

Tam, S. M. (1999). *Private Practice and Gendered Power: Women Doctors in Hong Kong*. Hong Kong: Hong Kong Institute of Asia-Pacific Studies, The Chinese University of Hong Kong.

Teng, J. E. (1996). The Construction of the "Traditional Chinese Woman" in Western Academy: A Critical Review. *Signs*, 22, 115–151.

The Women's Foundation (2006). The Status of Women & Girls in Hog Kong. Hong Kong: The Women's Foundation. Retrieved March 1, 2007, from http://www.thewomensfoundationhk.org/english/research_status.html.

Thoits, P. (1992). Identity Structures and Psychological Well-being: Gender and Marital Status Comparisons. *Social Psychology Quarterly*, 55, 236–256.

Tutty, L., Rothery, M., & Grinnell, R., Jr. (1996). *Qualitative Research for Social Workers: Phases, Steps, & Tasks*. Boston: Allyn and Bacon.

Wang, X. Y., & Ho, P. S. Y. (2007). My Sassy Girl: Women's Aggression in Dating Relationships in Beijing. *Journal of Interpersonal Violence*, 22, 623–638.

Whitbourne, S. K., Zuschlag, M. K., Elliot, L. B., & Waterman, A. S. (1992). Psychosocial Development in Adulthood: A 22-year Sequential Study. *Journal of Personality and Social Psychology*, 63, 260–271.

Yau, O. H. M. (1995). *Consumer Behaviour in China*. London: Routledge.

崩溃抑或突围:理解香港女性抑郁症的另一种方式

本研究报告中受访的十位香港女性,均被诊断患上了抑郁症,她们的研究个案显示,抑郁症虽然并不必然是,但可以成为应付日常生活各种问题的一种策略,一直以来更是对香港社会的家庭规范或性别不平等的坦率表达。但我们万万不可把抑郁症误解为只是一种个体的病态或社会的病态,而应该视之为患者与社会现实协调的某种尝试。这十位受访女性,用身体去体验、诠释和表达她们对情感及对社会问题的看法。抑郁症是女性反抗各种社会力量的抗争策略之一,并将这些策略转化为有利于创造出自我改变空间的条件。

◉ 引言

主流理论认为女性抑郁症源于个人或社会的病态,同时亦将女性描述为在社会不公、生理压力和心理压力下的受害者,并认为女性因此被剥夺了能动性。社会建构理论,尤其是福柯(Foucault)的理论,则提供了另一种理解抑郁症的基础,同时肯定了女性的能动性和自主性。福柯(Foucault, 1971)认为,无论是支配抑或是反抗,都源于主体性。因此,我们可以凭着生病取得新的身份,也可以借此制造出空间,为个人及社会带来转变。抑郁症女患者由于"患病"而必须作出一些新的社交安排。在剖析这些确实的社交新安排后,笔者认为,抑郁症应当被视为一种个人用以与社会加诸己身的多重要求进行谈判的策略。这些社会的要求包括女性作为妻子、母亲及女儿的身份。曾有研究表明,虽然疾病会带来真实的痛楚与折磨,但实际上也能为患者带来积极的病患——新安排转变。这些积极的转变关乎女性人生的各个层面,更为关切她们作为个人的需要(Frank, 1990)。从很多方面来说,抑郁症都是一种策略,某些女性会用这种策略去改变自己,并与她们普遍认为与之敌对的外在世界进行抗争。就这个意义而言，抑郁症与其说应被解释为对人生各种问题的病理反应，不如说应该被视为个人成长与社会变迁的诱因之一。从微观的角度看，女性所患的疾病能够为她创造新的生活空间，从而改变身边的环境、人际关系以及自己的身份；而从宏观的角度看，女性所患的疾病亦会带来社会政策和性别规范的转变。这种研究方法要求改变我们重建抑郁症的概念，不是将其视为一种个体的病态，而是一种与社会协调的现象。

● 文献综述

有关抑郁症的文献显示，女性患上抑郁症的比例远较男性为高（Blaxter, 1990; Payne, 1991; Weissman、Bland、Joyce、Newman、Well & Wittchen, 1993），而据本地报纸报道，香港的情况与新加坡相近（*Singapore Survey Finds*, April, 2000）。一方面，在对女性抑郁症诱因的研究中，医学及精神病学将研究重点放在雌激素和黄体激素的作用上，并断定经前和来经的症状与轻微临床忧郁症相似。但是，几乎没有证据显示荷尔蒙水平的改变与抑郁症之间有着直接的关联（Nolen-Hoeksema, 1995）。另一方面，历史生物学理论家则断定，抑郁症的根源可能来自神经系统的基因缺陷（Nolen-Hoeksema & Girgus, 1994）。这些对抑郁症的解释受到一些人，尤其是女性主义学者的批评。批评者认为，前述的研究所采用的个人主义方法着重关注的是假设性的、无法观察的、内在的心理状态或历程，而且倾向于从个人生活经验的情境中抽取片段化的过程进行分析。（Stoppard, 1999）。然而，近期的研究则提倡对抑郁症进行更为发散性的思考，将其作为"病人与社会协调的现象"来进行研究（Drew, 1999）。

女权主义的文献强调，女性在成长过程中会较为重视人际关系，因此，她们会更容易受到人际关系和社会角色的影响而患上抑郁症（Chodorow, 1989; Giligan, 1982）。根据这些文献，女性紧张的日常生活比女性的身体本身更能合理地解释女性忧郁的起因（Caplan, 1995; Greenspan, 1993; Penfold & Walker, 1983）。女权主义者断言，我们如果要理解女性的身体和抑郁症的症状，就必须从人际关系脉络以及社会环境着眼。我们必须考虑到人作为生理—心理—社会的复合个体，考虑到文化、社会、心理等各种因素，以及患上抑郁症的得与失，才能整合成一个分析抑郁症的复杂模型。然而我们依然需要注意，虽然这些研究确认了失调的社会基础与抑郁症的性别特征，但仍然只是为女性抑郁症提供了一个不完整的概念。这些患病的女性被贬低的地位以及相关的自信缺乏问题，也未曾得到认真的论证

(Mcmullen，1999）。这些理论还漠视了抑郁女性的能动性，甚至忽略了她们的选择、生存技巧以及众多的她们和她们的世界的积极奋斗。这些分析暗示，患病的女性需要接受专业治疗，或者被更清楚她们的情况、更熟悉社会问题的人赋权。笔者认同女性的能动性，并认为可以把抑郁症理解为女性响应那种"女性应以他人需要为先"的社会要求的策略行为（Mcgrath,Keita,Strickland & Russo，1990）。这项研究中的研究对象们在患上抑郁症期间，因为她们身体的某些情况而获得社会认为正当的"病人"身份，从而得以抗拒加诸她们身上的多重社会要求。

因此，抑郁症可以被视为体现了女性对自己在香港社会生活经验中的服从与附庸的反抗。正如福柯所指出的那样，"自我技术化"正是权力的核心所在（Foucault，1988）。扮演"病人"这一角色，并遵守相关的常规习惯，是"自己加诸自己"的行为。当事人通过这种行为而尝试了解自己、改变自我并实现某种生存方式（Foucault，1988）。这些女性努力地去尝试遵从社会所订下的"好女人"标准，但同时又试图以她们自己的身体以及抑郁症患者这个新的身份去抵抗这些社会标准。

● 研究方法

抽样调查

应某家公立医院医务社工的要求，香港大学社会工作及社会行政学系在1998年夏天开展了一项针对香港抑郁症女性患者的研究。医生们提供了一份确诊为抑郁症患者并正在服用抗抑郁药物的女性的名单。随后，社工根据这一名单，邀请这些有可能参与研究的女性参加抑郁症的女性小组。在同意答应女性抑郁小组的12位女性中，有10位同意参加这项由香港大学和该医院联合进行的相关研究。我们邀请这10位参与者分别进行访谈，让她们各自讲述自己的生活，尤其是她们患上抑郁症的体验。受访者的年龄由27岁至48岁，其中有6位已婚、2位单身、2位离异。她们绝大多数都是家庭主妇，收入水平介于微薄至中等，教育程度则是中学肄业。

访问沟通

访问在医院中医务社工的办公室内进行，长度由1小时30至两小时以上不等。访谈的方式是现象学导向的、非结构性的、以主题为中心的。受访者回应了"对这些人来说，关于这一现象的经验的结构和本质是什么"这个问题（Patton，1990：69）。提问的目的在于描述与解释受访者所体验的世界（Entwistle，1997）。采访者以"你的抑郁症体验是什么"这个问题作为引导，采用了民族志学的研究方法。访谈的过程由受访者的叙述以及她们对半结构化问题的回应而推进。在访谈过程中，受访者的回应、讨论与解释均未受任何引导。访谈者集中关注于受访者对抑郁症的体验，但同时也努力让访谈结构不致拘泥，并且为受访者营造轻松的人际关系，让受访者能获得个人的自由感（Barnard，1999）。

在这项研究中，我们邀请受访者谈论她们生活的某些特别方面，包括她们的总体情况、身体状况、重要关系、社交生活、家庭以及婚姻。在总体情况方面，受访者会被问道："你最近一般是怎样度过平常的一天的？"以及"当你在一天的不同时间里做不同事情时，你对自己的感觉如何？你的心情有何变化？"在人际关系方面，受访者会被问道："你对自己所肩负的身为母亲/妻子/女儿的责任有何感觉？你怎样回应这些（角色）需求？在被确诊患上抑郁症前后，你对这些责任的回应有没有分别？"在访谈结束时，我们会请受访者形容自己在访谈过程中的自我感知，以及自己在痊愈后会对未来有什么期望。访谈在忧郁症女性小组活动开始前进行，以避免受访者被小组的活动所影响。通过分为六次进行的忧郁症女性小组活动，受访者会不断地了解自己的体验，并为自己的问题找到不同的叙述角度（Monk et al.，1997）。

数据分析

访谈的总时长为40小时，访谈的过程均有录音记录，在抄录为粤语底本后，再由粤语翻译为英语，最后形成200页、单倍行距的英语版底本。数据分析采用先验的、开放的编码方式，而非后验的、先行结构化的编码方式，以便让主题自然浮现（Crabtree & Miller，1992）。其后，从访谈中获得的数据会按照不同主题多次分组，再根据不同的特定主题整理出相应的访谈引文。接下来，研究人员会根据主题的语境去进一步阅读和分析访谈文本各片段。分析的重点是女性如何讲述本身对世界的体验以及她们在此间的身份（Bruner，1990）。

● 背景

文化语境

在列出访谈数据之前，重要的是我们首先应该扼要地勾勒出特定的文化语境：香港女性如何生活？特别是，她们被社会所期望扮演的各种角色是怎样的？此前的相关研究似乎都强调了同一个特征，即：虽然从总体上说，香港的教育程度有所提高，其国际化大都会的雄心抱负也日益增强，但在香港这个以华人为主的社会中，大部分的女性依然被规置于传统的性别角色中。正如蔡（Choi, 1993）所指出的那样，虽然有一小部分女性能够闯进过去专属于男性的领域，但性别分工与等级制度的基本结构却没有改变。香港近年来所进行的一系列社会研究也清楚地表明：从家庭中的工作与权力分配来看，仍然谈不上有什么妇女解放。妻子花在处理家务和照顾子女上的时间远比丈夫花在同类活动上的时间为多（Lau, 1992）。而且，女性在职场的身份依然饱受她们家庭角色的限制与拖累。作为特别的弱势群体，劳动阶层的女性大多依然服从父权家庭的特权式的安排（Leung, 1995）。但毕竟今时不同往日，在工业化前的香港，女性多数只能"被允许"照顾家庭，甚至被鼓励只需照顾家庭；而现代女性承受的却是众所周知的所谓双重负担，即她们需要同时做好职场与家庭两份工作（Pearson, 1996）。换言之，香港的女性必须完全照本宣科地度过一生。她们根据满足他人需要的各种角色设定而被定义好了人生中的不同身份——她们必须实现那些对社会来说"有用"的功能。而她们照顾自我的需要事实上是被拒绝了。此项研究的目的正是在于记录下在这一文化语境中部分女性的体验。我们会研究她们如何被视为病态，以及她们如何因为身为抑郁症患者而被赋权。这一分析将根据女性三个主要的、往往又相互重叠的社会角色进行组织，即作为妻子的女性、作为母亲的女性和作为女儿的女性。

◉ 研究发现：从叙述中重组人生经历

1. 一生为妻？

受访者都发现自己在不同情况下都要不断屈服于父权式的要求。社会期望她们除了做家务外，还要提供一系列的服务和支持，而这些要求却往往超越了她们力所能及的范围。例如：40岁的阿华曾两度离婚。在两段婚姻中，家人都期望她把家里管理得井井有条。管理的范围包括家庭财政、维系人际关系和照顾父系家庭成员。阿华列出了丈夫对她管制和要求的程度：

> 我老公把我当做花瓶。他不喜欢我与任何人交谈。他不想我外出见人，就算是见我的母亲也不行。我把他所期望的都做好，可是他仍然不满。

阿华嫁给第二任丈夫后，曾经试过流产。可是，她最后答应了丈夫的"恳求"，再度为他产子。后来她丈夫离家一年，在内地居住，留下她独自照顾家庭和生意。她再也无法忍受了。她在绝望中被压得喘不过气来，尝试把儿子抛出窗外，然后再自杀。虽然她和儿子都被警方及时救回，但直到她生病并被转到精神科医生和医务社工处接受诊治前,她的状况都并未得到改善。在确诊患上抑郁症后,阿华符合了领取综合社会保障的病患资格。她开始憧憬一个自己能活得更快乐的家庭生活的新方式——没有男人的家庭生活:

> 有没有男人并不重要,现在我只想有一个属于自己和两个儿子的家。我不想再结婚了。如果我有了新的对象,我会要求他好好对待我的孩子。我们可以约会,但我不想再婚。

阿徐到诊所求诊时已年届40岁。她打算移民到加拿大,为此甚至不惜牺牲了升迁的机会。就在即将离开香港时,她发现自己的丈夫与他一位18岁的女学生有了外遇。阿徐后来不顾已身在加拿大的家人的反对意见,决定留在香港,同时也拒绝与丈夫离婚:

> 他是我的男人。我并没有做错。为什么有人会想着从我身边把他抢走?我有一个儿子,离婚解决不了我的问题。我不想拆散这个家庭。

阿徐因为失眠和抑郁症,需要去看精神科医生。她与丈夫和儿子的关系也因此发生了重大变化。她的病让丈夫答应,除了星期六要去见女友外,他每天都会回家睡觉。阿徐说最让自己开心的是儿子在见到她受婚姻折磨后,"变得懂得同情"和"能够安慰她"。

阿姆与阿兴两姐妹的案例能够进一步说明,某些女性如何从自己身为"妻子"的身份中抽离出来,转而依靠其他方面的支持。在这两姐妹的例子中,她们得到的支持来自娘家。阿姆与阿兴的年龄分别是40岁及38岁。阿姆常常抱怨丈夫不愿认真地和她讨论她的情绪。"当我告诉他我对某些事情的感觉时,他就会制止我,认为这样的对话很愚蠢。"阿姆曾两度流产,可是却未受到特别的关怀,还要在难产的情况下生下儿子。后来她还接受了复杂的妇科手术,可丈夫对她依然漠不关心。此外,阿姆与妹妹阿兴还需要照顾患有慢性疾病、已经瘫痪了20年但拒绝入住养老院的母亲。阿姆的丈夫似乎并不理解她的这份责任,还经常抱怨阿姆晚回家。

阿兴也面临相似的问题:

> 我丈夫经常威胁要和我离婚。有时他甚至不回家。我去探望母亲,这会让他非常愤怒。如果儿子发烧了,(他就会认为)那是我的错,因为我每天都去探望母亲。

阿兴与阿姆各自的丈夫都不怎么给家里提供财政上的支持,她们都很生气。但是,在确诊患上抑郁症后,她们已经变得更能表达自己的愤怒和不满。此外,她们两姐妹之间培养出了很好的同伴关系,她们互相支持对方,并越来越依赖对方。阿华这样形容这种关系的重要性:

> 在过去的几年里,我觉得自己很没用。我不敢自己去看医生,一定要妹妹陪我去看。我以前从来没有试过这么需要别人的陪伴。我不知道,如果没有了家人的支持,会有什么事情发生在我的身上。我很庆幸能够和妹妹一起参加这个小组。

阿丝的案例同样表明,当女性被确诊患有抑郁症等疾病时,可以如何堂堂正正地向夫家要求帮忙。33岁的阿丝婚前是一名餐厅女侍应,她在首次怀孕后就不再工作。当她生下第二个孩子后,她开始觉得极度孤单、无力持家:

> 我丈夫不愿聆听,他很晚才回家。他时常觉得疲累,不想讲话。所以我掩饰着自己的不开心,渐渐变得自闭。我不想外出,又时常痛哭。最后,我的姐妹带我去看精神科医生。

在被确诊患上了抑郁症后,阿丝再也不能处理家中的杂务和照顾孩子。结果,她的丈夫就安排了他住在广州的母亲来港三个月。这为阿丝的生活带来了重大的变化:

> 我终于能在没人看着的情况下洗澡。在婆婆来到之前,我甚至不能关上浴室的门,因为如果我的小女儿看不见我,她马上就会哭。

由于病情好转,阿丝找到一份兼职,并开始了新的生活。阿丝最希望的是自己的婆婆能一直留在香港。鉴于她的病情,医生给她写了证明信,这或许能够帮助她得偿所愿。

概要

上述例子说明了香港华人妇女在父系社会所确定的生活方式下的婚姻责任。在这种情况下,丈夫会期望妻子满足他们以及夫家的需要,而妻子往往为此要付出个人幸福作为代价。因此,抑郁症可以被视为一种抗拒这些责任的绝望的策略。在被确诊患有抑郁症时,女性就能借助医学权威,抗衡需要让自我不断让步的"妻子"的身份:她们可以考虑过一种"非妻子"的生活(如阿华),或是重新获得与丈夫相处的时间(如阿徐),又或是加深了姐妹而非夫妻之间的情谊(阿姆与阿兴),甚至是得到别人的帮忙(阿丝)。

2. 一生为母?

身为人母,是一个充满了矛盾的角色。一方面,在父权架构之下,母亲的身份受到了社会的认同。虽然权力的分配会因性别而有所偏重,母权最终源于并从属于父权,但为人父母除了拥有权力,也是一种荣耀(Rothman, 1994)。另一方面,母亲的身份还包含了养育子女"成才"的责任。她们要为子女能否成为社会栋梁而负最终责任。因此，母亲时常会在行使父母权利及培养子女自立这两者之间进退维谷。此外，与母亲的角色相比，父亲较少能给予孩子专注的爱，以及较少能在亲子不和时担当调停的角色（Ruddick，1983）。

39岁的阿英是两名分别为19岁和17岁男孩的母亲。她将自己抑郁症的根源追溯到与大儿子的不和。她的大儿子爱上了同班同学，但女孩子的母亲迫使学校拆散了这对小情侣，阿英的大儿子对此大为震惊，并责怪阿英参与了棒打鸳鸯的密谋。阿英认为，正是这个误会阻绝了母子之间的沟通交流。

不久之后，阿英的大儿子爱上了另一位同班同学。阿英觉得这个女孩子带坏了自己的儿子，让他开始晚归、不理学业。当大儿子告诉阿英自己要退学时，阿英企图用自杀的方式去拼命阻止。这件事情让儿子更加疏远了阿英。他拒绝到医院去探望母亲，并且决定搬出自己的家，去和女朋友同居。阿英觉得自己失去了一切，并且觉得自己已经无力去照顾被视为天才儿童的小儿子：

> 我不想回到没有大儿子的家。在出院以后，我搬到母亲家里住。我明白我对小儿子仍有责任，但是我已经筋疲力尽，没有能力应付我的小儿子。他对于我来说，实在是太活跃、太聪明了。

留院期间，在社工的居中调停之下，阿英的大儿子终于答应与母亲的医生会面。阿英与这项研究中的其他受访者一样，认为在自己的危急时刻得不到丈夫的足够支援。她觉得自己与丈夫相比更有道德优势，并且把丈夫描述为"逃避现实"。在患上抑郁症后，阿英成功地再次行使了自己的家长权力，让儿子到医院去探望自己。但与此同时，她又放弃了身为母亲的责任。她理直气壮地暂时放下了对小儿子的责任，转而为失去她自称最为疼爱的大儿子而痛惜忧伤。

阿萨的个案则表明，某些女性如何以更为激烈的方式去处理自己身为母亲的身份。43岁的阿萨同样有两个孩子，但她自称早已放弃了母亲的身份。她因为患上多种疾病而离了婚，并且失业超过四年。她觉得大部分亲戚和朋友都疏远了自己，怕她会问他们借更多的钱。因此，她渐渐地将自己视为单身女子，只有母亲和妹妹是她仅有的亲属。

阿萨不时仍会谈起自己的大儿子，认为大儿子对她非常冷酷。在她离婚后，阿萨留下了当时11岁的儿子给丈夫抚养。阿萨指出，丈夫一直未能尽职养活家庭。在其后的访谈中，阿萨又转而指责大儿子没有供养她、满足她的各种需要：

> 我还记得，几年前我的财政状况还相对好些。我觉得他应该记得，我花了很多钱买生日礼物送给他。我现在甚至连吃饭的钱也没有了，他应该给我一点

什么。

直到访谈即将结束时,阿萨才透露,她还有一个13岁的儿子。当年她把小儿子留给丈夫的后妻时,他才一个月大:

> 我不愿想起他,因为我知道我没有照顾过他。我从来没有看到过他穿上我在过年时给他买的新衣服。所以我放弃了。我甚至试着把他从记忆中清除。

阿萨说自己现在好多了,因为她在患抑郁症住院时与社工有联系,他们协助她申请了社会援助并找到了住所。

概要

作为母亲,女性被社会期望要履行照顾和服侍家人的性别角色。称职的母亲必须停止或者暂缓自己的需要,而以子女的需要为先。从纯粹描述性的角度看,在阿英及阿萨的案例中,抑郁症给予了她们要求别人满足她们的自身需求的空间。在没有其他更好选择的情况下,患病是为她们提供满足自身需要的空间的正当理由。阿英虽然被确诊患上了抑郁症,但因为与医务社工接触并接受服务,她成功地运用了家长的权力去和大儿子见面,同时又回避了照顾小儿子的责任。类似的,阿萨的贫穷困窘和病情让她不必再履行母亲这个身份的社会责任。在得到医疗社会服务后,阿萨得以选择以单身女性的身份继续生活,不用再背负母亲的身份。虽然社会极力强调照顾儿童的重要性,但通常只是女性而非男性负上了照顾儿童的责任。包括这次研究各受访者在内的大部分女性,很可能都非常清楚这种社会期望。

当多重的社会需要和个人需要超越了妇女本身的能力范围时,如果妇女患上了像抑郁症等被社会认可的疾病/失调,某些特定的社会责任便能从受疾病折磨的女性身上被合理地转移到他人身上。当婚姻在女性生活中居于核心地位时,女性最不愿意放弃的便是婚姻本身。我们从这些女性决定放弃"母亲"这一身份以及相关责任的案例中,就可以明白生活对她们来说是多么艰难困苦。现时父母责任的性别分工很明显地影响了这些女性的生活质量。以上案例只提供了对精神动力的描述,而对已有行为不作出任何伦理和道德判断。

3. 一生为女?

上述阿姆和阿兴的案例,说明了女性在婚后仍然有着身为女儿的责任。当女性未能协调娘家与夫家的关系时,就会因此产生新的利益冲突。在香港这种父系社会中,虽然社会的惯例是要求已婚女性优先照顾丈夫及丈夫的父母,但已婚的女性对自己父母依然存在的感情依恋,往往会让她们照顾家人的先后次序和决定变得更为复杂。

对单身女性而言，身为女儿的责任也许比较容易界定，但是绝对不容易去履行此种义务。接下来，未婚的阿柯和阿梅的经历能让我们清楚地了解到，对于香港女性来说，为人之女的身份可以是重要的情绪压力来源。

35岁的阿柯，与父亲同住在一个公共屋村的住宅里，母亲在5年前离世，兄弟姐妹全都结了婚。阿柯在中学二年级（第九级）时离开学校，开始在父亲的毛皮工厂帮忙。她在厂里做了3年的会计文员工作，但是觉得受人排斥。在兄弟姐妹陆续迁出家里后，她跟母亲愈发亲近。在没有朋友可以依靠的情况下，她发现母亲是自己唯一的亲密伙伴。阿柯声称她从来未曾谈过恋爱，讨厌别人介绍男性与她约会，又声称自己的"不积极"态度是因为身体欠佳和不能生育。她解释道，自己由于荷尔蒙的问题而放弃了结婚生子的想法：

> 女人结婚最重要的责任是生育孩子。让男人接受一个不能生育的女人，是一件非常困难的事情。服用荷尔蒙药物让我增重了许多。我想我没有机会结婚了。

这也是她最大的憾事。按照她自己的说法，遗憾之处在于她对已故母亲的责任。"母亲出殡的那天，我觉得非常难受。她最希望能见到我结婚，但那是一桩我无法为她实现的心愿。"阿柯说她从小就觉得不开心，在母亲突然离世后，情况变得更加严重。我们不能肯定阿柯患上抑郁症后有没有改变自己身负的"女儿"身份。她依然坚持照顾父亲，依然希望会碰到深爱的人，然后像兄弟姐妹那样结婚。但是，在她患病后，她参加了互助小组，并遇到其他情况与己相若的女性，这显然让阿柯设法按照新的方式去生活。她开始向别人讲述自己以往的经历以及自己与母亲的关系。这样也许能够为她提供更多的空间，让她重新解释母亲对她的期望。

31岁的阿梅生于福建，在大家庭中成长，家中除了父母之外共有7位兄弟姐妹。阿梅在13岁时来到香港。她曾因为躁郁症而入住精神病院三个月，入院前是一名会计文员。阿梅说自己最大的困扰是与母亲的争执，因为阿梅爱上一个大她九岁的男人，而她的母亲因为那个男人年龄偏大而反对这段感情。阿梅母亲还提醒她注意，未来的夫家有可能让阿梅背上沉重的负担：

> 如果我和这个男人结婚并且怀孕，我将不能照顾他年老的双亲。丈夫会因为这样而把我当成负担。母亲不想这种事情发生在我的身上。

最后，阿梅还是屈服了。她不再和那个男人来往，但不久之后她就开始出现睡眠问题，与此同时她的同事又不断抱怨她没用。最后，她不得不接受精神治疗。当母亲介绍她和一位菲律宾男士相亲时，阿梅说自己其实很开心的。她挺喜欢那位男士，希望在自己离开精神病院后，他会再度致电找她。当她知道他不会这么做时，她觉得非常失望：

> 我想尝试新东西，去学习，去了解更多事情。我渴望自由也渴望开心。母亲是我一生最重要的人，但是我觉得很难和她诉说心事。母亲喜欢控制我，她不允许我活泼好动，甚至不准许我外出学社交舞或是晚上与别人见面。

阿梅在企图卧轨自杀之前，曾在医务社工的邀请下参加了两次自助小组。她试着借助患上抑郁症的机会去改变自己过往的错误，去找到一个好男人作为归宿，并满足母亲的这一期望。当她无论身为女人还是身为女儿都不及格时，死便是她唯一的选择。

概要

阿柯和阿梅的经历让我们清楚地看到，在华人社会中，长者依然期望年轻一辈能严格遵守孝道。与此同时，年轻人也接受了自己身负的孝道责任。受访者的经历说明，女儿的身份如何成为女性情绪压力的来源之一（Yue & Ng, 1999）。必须注意的是，根据这些女性抑郁症患者的描述，相较妻子的身份而言，女儿的身份似乎更加刚性刻板、更加不易终结——如果可以终结的话。在发现继续维系婚姻已经没有回报可言时，已婚女性可以选择离婚，然后重新定下自己对婚姻的期望。但母亲的身份与女儿的身份却是沉重的、压抑的，因为这些身份更容易被视为是血脉相连的、理所当然的，因此是终生挥之不去的。她们婚姻的责任、她们子女所构成的家庭的重要性，在这些女性所描述的生活和问题中无一不被置于至高无上的地位。她们自己身为女儿，也难以从家长对自己的婚姻和约会等方面的期望和要求中抽离出来。抑郁症似乎未能有效地帮助女性去忽略这些已经被内化了的父母期望。对这些女性来说，抑郁症可能只是一种辟出方寸空间，并将哀伤隐藏于疾病之中的方法。

讨论以及研究对社会工作实践的意义

大部分女性都对传统的好妻子、好母亲、好女儿身份感到满意，而且可能她们也正在"通过服从和其他保护安全的行为"在为这些角色而忙碌不已（Jack, 1991: 41）。但是，我们这项调查所得到的数据显示，不论她们是否自觉，这些女性都凭借着患上抑郁症的契机和设想中的"病人"角色，去反抗强加于她们身上的各种要求，并且努力去协调自己对父母、丈夫和儿女的责任。她们通过自己的病去"改变普遍的期望"（Foote & Frank, 1999: 175）。从她对主流言论所呈现的反抗中可以看出，她们正用自己在家中和社会上的新身份去挑战各种文化规范，而抑郁症成了她们重塑女性身份的方法。她们尝试（并且通常会成功地）迫使身边的人去改变他们对妻子、母亲或单身女性"应该做些什么"的期望。

无论是从宏观层面还是微观层面上看，把抑郁症视为一种抗争的策略都有可能会促使我们反思处于家庭与社会语境下的权力关系。但这样并不是贬低了或浪漫化了抑郁症带来的痛苦，而是挑战了霸权话语提出的所谓普遍真理，即，一个人如果被认为是抑郁的话，他/她的日子一定不会好过。"女性选择患上抑郁症，以应付她们觉得难以满足的各种要求"，要承认当中的合理性并不容易。我们的研究结果也指出了持续性抑郁症的基本特征——如果患者无法从生活中找到任何值得用不同方式去思考和感受的事情，那么她们也就不能发现任何具备说服力的理由去让自己"痊愈"。女患者的丈夫、孩子与父母都希望她们能够痊愈，然后重担义务、再负责任；而从实用主义的角度看，抑郁症对女患者来说可是得益匪浅、管用得很。

如果专业助人的社工们想为患上抑郁症的女性服务，他们至少可以做两件事情。首先，他们可以尝试让自己更加留意关于抑郁症、婚姻与家庭的种种社会迷思。他们可尝试去认同并且尊重患者自行选择的表达自身痛苦的方法，而不是积极地鼓励患者采取主流的"解决方法"（如鼓励她们尽快康复，然后再承担种种义务）。如果社工们理解父系社会对男女双方的影响，或许就会更容易理解社会、政治甚至家庭语境对女性所面对的问题能有多大的影响。此外，家庭治疗中的女权运动越来越成熟，社工或许能从中觅得空间，发展新的研究方法，既能考虑到社会及家庭中的男女权力不平等，又能让患者的家人不会因为女患者质疑社会所规范的做法和想法而去责怪或者"病态化"她们（Laird，1993：84）。这种观点与策略性婚姻治疗方法也较为相近（Coyne，1988）。社工也能从通常的视角出发重新调整方法，防止患者与配偶过度努力地去改变患者的抑郁症状况。理想的婚姻目标，应该是伴侣之间减少牵涉双方的比重，增加自我处理的比重。这项研究的受访者提醒了我们，不应该只让女性单独背负着改变想法并去解决男女之间、夫妇之间分歧的责任。阿华、阿徐、阿兴和阿姆或许真的可以做点事妥协，例如安抚丈夫或者改变他们对性别角色的期望。但是，她们不应该被视为要负上最终的责任。这些女性事实上也许选择了去追寻更有抱负的目标，而不是去改善婚姻关系。然而，这对于对婚姻关系感到不满的女性来说似乎是最自然、最合理和最有价值的目标。社工因此不应该对赋权有所保留，应该让妇女去选择要不要挑战社会规范和严峻的角色期望，并且鼓励她们根据不同的知识、经历、个人习惯和关系去改写人生，以实现个人的理想状态（Epston, White & Murray，1992：108）。

此外，我们的调查研究也建议，与其着重训练或引导当事人，不如另辟蹊径，考虑从她们处理问题的手法出发,与当事人检讨她们能学到些什么。这种做法即使不是必需的,也是很有成效的。她们舍弃"规范"这一举动中所传达的信息,无论对她们自己还是对社会来说都是有用的,而社工专业的责任就是去细心聆听和作出回应(Ho,1999)。在理解了性别社会化的含义(尤其是家庭是"妇女的职场"的想法影响)后,社工更能敢于面对家庭和社会障碍,并试图改变这些因素,以及支持当事人保障自身的权利,让她们能摆脱文化规范的角色、超越传统性别角色的典型、开展自己的人生(Wheeler et al.,1988)。这种把问题"具体化"的过程(Epston,1994),让当事人明白到问题的起因是文化假设而不是个人缺憾。不能找到符合母亲要求的对象,并非阿梅的问题,问题出在"女性需要结婚、孝顺"的文化期望。对于那些为了挣扎求存而需要丢下子女的母亲,我们不应把她们视为有问题的人;相反,我们需要反思社会为何没有为妇女提供资源和出路,去应付她们的身份责任和个人需要。而在跨文化的辅导过程中,最重要的一环是帮助当事人明白性别、种族和社会建构对她们身份和所面对的问题的影响(Lee,1996;Lee,1997)。只有当治疗能够帮助人们"经由挑战主流社会法则,去与别人重新分配权力关系,以及改变生活条件",这样的治疗才称得上是一项社会行动(Ho,1999:96)。

● 结论

以抑郁症为策略

上述所讨论的案例说明,抑郁症虽然并不必然是,但可以成为应付日常生活各种问题的一种策略,一直以来更是对香港社会的家庭规范或性别不平等的坦率表达。但我们万万不可把抑郁症误解为只是一种个体的病态或社会的病态,而应该视之为患者与社会现实协调的某种尝试。这十位受访女性,用身体去体验、诠释和表达她们对情感及对社会问题的看法。抑郁症是女性反抗各种社会力量的抗争策略之一,她们将这些策略转化为有利于创造出自我改变空间的条件。

(何式凝)

Ho, P. S. Y. (2001). Breaking Down or Breaking Through: An Alternative Way to Understand Depression Among Women in Hong Kong. *The Journal of Ethnic and Cultural Diversity in Social Work,* 10 (3), 89-106.

参考文献

Barnard, A. (1999). Phenomenography: A Qualitative Research Approach for Exploring Understanding in Health Care. *Qualitative Health Research*, 9 (2), 212-227.

Blaxter, M. (1990). Health and Lifestyle. London: Routledge.

Bruner, J. (1990). Acts of Meaning. Cambridge, MA: Harvard University Press.

Caplan, P. J. (1995). *They Say you're Crazy: How the World's Most Powerful Psychia Trists Decide Who's Normal.* Reading. MA: Addison-Wesley.

Chi, I., S. F. Yip, G. K. K. Yu & P. Holliday. (1998). A Study of Elderly Suicides in Hong Kong. *Crisis,* 19, (1), 35-46.

Chodorow. N. J. (1989). *Feminism and Psychoanalytic Theory*. New Haven, CT.: Yale University Press.

Choi, P. K. (1993). Women. In P. K. Choi & L. S. Ho (Eds.). *The Other Hong Kong Report*. Hong Kong: The Chinese University Press.

Coyne, J. C. (1987). Depression, Biology, Marriage and Marital Therapy. *Journal of Marital and Family Therapy*, 13, 393-407.

Coyne, J. C. (1988). Strategic Therapy. In J. F. Clarkin, G. L. Haas, & I. D. Glick (Eds.), *Clinical Handbook of Marital Therapy*. New York: Guilford.

Crabtree, B. F., & Miller, W. L. (Eds.). (1992). *Doing Qualitative Research*. Newbury Park, CA: Sage.

Drew, M. L. (1999). The Negative Self-concept in Clinical Depression: A Discourse Analysis. *Canadian Psychology*, 40, (2), 192-205

Entwistle, N. (1997). Introduction: Phenomenography in Higher Education. Higher Education Research and Development, 16 (2), 127-134.

Epston, D., White, M., & Murray, K. (1992). A Proposal for a Re-authoring Therapy: Rose's Revisioning of Her Life and a Commentary. In S. Mcnamee & K. J. Gergen, (Eds.). *Therapy as Social Construction*. Newbury Park, CA: Sage.

Epston, D. (1994). Extending the Conversation. Family Therapy Networker, 18, 31-63.

Foote, C. E. & Frank, A. W. (1999). Foucault and Therapy: The Disciplining of Grief. In A. S. Chambon, A. Irving & L. Epstein (Eds.). *Reading Foucault for Social Work*. New York: Columbia University Press.

Foucault, M. (1977). *Power/Knowledge: Selected Interviews and other Writings.* New York: Pantheon.

Foucault, M. (1988). Technologies of the Self. In L. Martin, H. Gutman and P. Hutton (Eds.). *Technologies of the Self.* London: Tavistock.

Frank, A. W. (1991). *At the Will of the Body: Reflections on Illness.* Boston: Houghton Mifflin Company.

Gilligan, C. (1982). *In a Different Voice: Psychological theory and Women's Development.* Cambridge, MA: Harvard University Press.

Greenspan, M. (1993). *A New Approach to Women and Therapy* (2nd ed.). Blue Ridge Summit, PA: McGrow Hill.

Ho, P. S. Y. (1999). Developing a Social Constructionist Therapy Approach for Gay Men and Their Families in Hong Kong. *Journal of Gay and Lesbian Social Services,* 9, (4), 69-97.

Jack, D. (1991). *Silencing the Self: Women and Depression.* New York: Harper Perennial.

Laird, J. (1993). Family-centered Practice: Cultural and Constructionist Reflections. *Journal of Teaching in Social Work*, 8, 79-108.

Lau, S. K. et al. (1992). *Indicators of Social Development.* Hong Kong: Centre for Hong Kong Studies, The Chinese University of Hong Kong.

Lee, M. Y. (1996). A Constructivisit Approach to the Help-seeking Process of Clients: A Response to Cultural Diversity. *Clinical Social Work Journal.* 24, 2, 187-202.

Lee, C. C. (Ed.). (1997). *MultiCultural Issues in Counseling: New Approaches to Diversity.* Alexandria, VA: American Counseling Association.

Leung, B. K. P. (1995). Women and Social Change: The Impact of Industrialisation on Women in Hong Kong. In V. Pearson. & B. K. P. Leung (Eds.). *Women in Hong Kong.* Hong Kong: Oxford University Press.

McGrath, E. Keita, G. Strickland, B., & Russo, N. (1990). *Women and Depression: Risk Factors and Treatment Issues. (Final Report of the American Psychological Association's National Task Force on Women and Depression).* Washington, DC: American Psychological Association.

McMullen, L. M. (1999). Metaphors in the Talk of "Depressed" Women in PsychoTherapy. *Canadian Psychology,* 40, (2), 102-111.

Monk, C., Winslade, J., Crocket, K., & Epston, D. (1997). *Narrative Therapy in Practice, the Archaeology of Hope.* San Franscisco: Jossey-Bass.

Nolen-Hoeksema, S. & Girgus, J. S. (1994). The Emergence of Sex Difference in Depression in Adolescence. *Psychological Bulletin,* 115, 424-443.

Nolen-Hoeksema, S. (1995). Epidemiology and Theories of Gender Difference in Unipolar Depression. In M. Seeman (Ed.). *Gender and Psychopathology.* Washington DC: American Psychiatric Press.

Patton, M. (1990). *Qualitative Evaluation and Research Methods*, 2nd. ed.. Newbury Park: Sage.

Payne, S. (1991). *Women, Health and Poverty*. London: UK: Harvester Wheatsheaf.

Pearson, V. (1996). The Past is Another Country: Hong Kong Women in Transition. *Annals of the American Academy of Political and Social Science*, 547, 91–104.

PenfOld, P. S. & Walker, G.A. (1983). *Women and the Psychiatric Paradox*. Montreal, QC: Eden Press.

RothMan, B. K. (1994). Beyond Mothers and Fathers: Ideology in a Patriarchy Society. In Glenn, E. N., Chang, G. & Forcey, L. R. (Eds.). *Mothering: Ideology, Experience, and Agency*.

Ruddick, S. (1983). Maternal Thinking. In J. Treblicot (Ed.). *Mothering: Essays in Feminist Theory*. Totowa NJ: Rowman and Allenheld.

Salaff, J. (1981). *Working Daughters of Hong Kong: Filial Piety or Power in the Family?* New York: Cambridge University Press.

Salaff, J. (1995). *Working Daughters of Hong Kong: Filial Piety or Power in the Family, with a Foreword by Kingsley Davis*. New York: Columbia University Press.

Stoppard, J. (1999). Why New Perspective are Needed for Understanding Depression in Women, *Canadian Psychology*, 40 (2), 79–90.

Vanfossen, B. (1981). Sex Differences in the Mental Health Effects of Spouse Support and Equity. *Journal of Health and Social Behaviour*, 22, 130–143.

Walters, M., Carter, E., Papp, P. & Silverstein, O. (1988). *The Invisible Web: Gender Patterns in Family Relationships*. New York: Guilford Press.

Weissman, M. M., Bland, R., Joyce, P. R., NewMan, S., Wells J. E., & Wittchen, H. (1993). Sex Difference in Rates of Depression: Cross-Cultural Perspectives. *Journal of Affective Disorders*, 29, 77–84.

Wheeler, D., Avis, J.M., Miller, L. & Chaney, S. (1988). Rethinking Family Therapy Training and Supervision: A Feminist Model. In M. McGoldrick, C. Anderson & F. Walsh (Eds.). *Women in Families: A FrameWork for Family Therapy*. San Franscisco, CA: Jossey-Bass.

Yip, P. (1997). Suicide in Hong Kong. 1981–1994. *Social Psychiatry and Psychiatric Epidemiology*, 32, 243–250.

Yue, X. & Ng, S. H. (1999). Filial Obligations and Expectations in China: Current Views from Young and Old People in Beijing. *Asian Journal of Social Psychology*, 2 (2), 215–226.

Singapore Survey finds, Hong Kong Situation Similar, Women with Depression Twice as Men. (2000, April 18). *The Apple Daily*.

还看世代：论香港女人"三十世代"香港新师奶

"你介意别人称你为师奶吗？""当然不会！我根本就是师奶呀！"这是我们和师奶们的问答。独身的何式凝和已婚的我，从未像被访的她们那般坦然自称师奶。我们脑海里对师奶的印象停留在多年前，那时师奶从不曾是我们成长时的典范，只是略带贬义地象征着安分守己或无知的女人。没料到，20多岁到30岁出头的港女，婚后昂首阔步踏上了人生另一阶段：成为师奶。

这次访问十位"三十世代"的已婚女性，年龄在28—35岁，当中有的已为人母，也有的坚决不生儿女的。这一组女性的社会位置跟我重叠，本以为写起来会很容易。殊不知我们访问和整理时，竟渐生出无法排遣的闷气……

● 师奶

20世纪八九十年代的师奶仍然泛指全职家庭主妇，又以她们低下阶层的形象至为鲜明。当时成长中的三十世代少女，万料不到今天自己会为这身份引以为傲吧？已婚四年育有两子，全职家庭主妇M说："拖着孩子上菜市场买菜，人家不叫你师奶叫什么？"她语气中的理直气壮，好像巴不得全盘扭转师奶的负面联想。

听她们自白，真会以为"师奶"已经抬起头来了。诚然，在各式各样的女性角色之中，这身份不单合乎人情、合乎常理，甚至获得法律承认保障。而且"师奶"早已不似旧时是唾手可得的身份。近五年，港闻版动不动即以港女迟婚、不婚的"问题现象"为题，连人口调查也多番"警告"适龄女性结婚数字呈下降之势。愿意而又能够结婚成功，踏入师奶的门槛，多少有点侥幸，29岁的R说："婚后感觉不错，身边有人跟自己深入谈论很多事情；相比之下，未婚的女朋友们好像变得郁闷了。"

可是，当一个"师奶"真的那么珍贵吗？对四五十岁的已婚妇人来说，师奶的身份一点也不吃香！只是"初入行"的三十世代女性，仍拥有一定的"本钱"：年纪尚轻，有基本学历，有工作，有收入，即使已从职场全身而退也是自由选择（甚至是让同伴羡慕的选择），结婚生子被视为生活方式的抉择，而不是六七十年代女性的"指定动作"。更加上婚姻生活仍只处于初段，未曾面临任何威胁。"十年后我的生活应该跟现在差不多吧。"她们说。当四五十世代师奶的丈夫北上寻欢或两夫妇各自陷入中年困境时，三十世代师奶没想过这种事情会发生。

三十世代师奶好像已把"师奶"的贬义统统弃之不理。我想那是因为，为人妻、为人母，实在为她们提供了很安全可靠的身份。"从前二十出头，也曾想象自己会是事业型女性，但是工作了这些年，渐渐觉得不太可能……"A说。"我以前赚很多钱，要玩、要见的世面都足够了，便觉得可以安顿下来做妈妈。"M说。对这些已婚的三十世代女性而言，在社会上她们不是有头有面有名有利的一群，她们也认定了未来大概不会再有更大成就，但至少掌握了备受社会认同和肯定的"幸福"。

然而走笔至此我不禁对着何式凝怪叫："这就够了吗？！"我无法不怀疑她们的幸福，因为我也是她们的一分子。在她们热烈拥抱师奶身份的时候，我却恐怕要为成为师奶的自己唱"再见理想"——她们的理直气壮、一派安乐知足的态度，反而让我感到匪夷所思。

十个访问者中，唯有刚满30岁、结婚一年的A希望自己"不只是师奶"，她说："婚都结了，自然就是师奶，不过我会在前面加上形容词！可以做靓师奶、潮师奶甚至爆师奶！"她是全职白领，不用担起旧式师奶的烦琐家务，但仍悄悄寄望自己能在这身份之上，再演绎她的理想：靓、潮、爆。

不过我们发现，"靓"和"潮"还可以，三十世代新师奶却无法"爆"起来。

● 三十世代妈咪的郁闷

婚后育有子女的师奶，生活跟其他年代的师奶分别不大。同样以家庭（尤其子女）为中心，在框框内行使有限度的自由。34岁的两子之母M在访问前笑说："你听过我的生活会被吓怕不敢生子。"她说为照顾儿子放弃工作是一种牺牲，但"三十过后，见到朋友拖儿带女，父爱母性自然跑出来，我觉得所有人结婚都应该想生子"。不过有了孩子"什么自由也奉上了"，她的最大娱乐是到楼下买日用品，如果有时间"希望跟老公上电影院，看了很多年影碟啦"。

全职妈咪的S今年28岁："做妈咪是快乐的。不过妈咪很闷。要守在家中，丈夫工作又忙，没有人帮我。同龄的未婚女子，生活比我多姿多彩。"S则说她即使有时间，也只能终日流连网络，不方便外出。除了用Facebook，她是某个亲子讨论区的常客，跟陌生的年轻妈咪在线讨论婆媳问题、家佣管理、调查丈夫是否有外遇的技巧。要不就是看电视，看台湾的综艺节目嘻嘻哈哈一番。

妈咪：To Be Or Not To Be?

已经成为母亲的被访者，谈到当初决定要孩子，全都轻轻带过，好像她们"很自然的想要"，似乎并"没有挣扎过"。有两位被访者说好了坚决不生小孩的，像32岁的B跟丈夫仍然是十分热衷玩乐，一星期要两晚出外喝酒，一年想去四次旅行，个人行动自由是她最重视的生活要素。

未决定要不要孩子的，知道未来两三年必须认真考虑这个问题，目前来说，生或不生，看的主要是"钱"。R说自己越接近30岁越想要钱，整天都在想关于钱的事。结婚一年，认为"自置物业"是生子的先决条件，但什么时候才能成为"有楼阶级"？她笑说："看来要等发达了。"丈夫婚前已置业的A说，有层楼还不够，居住面积要再大一点小朋友才有活动空间，还可能要请家佣，开支实在太大。

总体来说，考虑生孩子的她们认为决定有六至七成关乎财政状况。A说："我觉得有钱代表着有选择，才能给小孩质量好的成长环境。"L跟丈夫同是公务员，收入和工作都相对稳定，但她"很担心这会成为一个错误。现在的小朋友要很有竞争力，需要太多栽培，做父母会很大压力"。我们于是再问："钱是不是全部理由？"她们多半会静默细想一会，然后再提出："世界越来越坏了"、"社会令人感到很灰"、"小朋友很易学坏"等说法。

30岁是她们不能否认的生理关口，但从对话我们发现，她们对于养育孩子设下了形形色色的要求，忧虑这回事最后不以"理想"的方式实现。

谁有资格生子？

N太的情况，正是其余不敢生子的女人的终极恐惧。32岁的N太抱怨自己一家人去到哪里都遭人歧视，全因她和丈夫一共育有四名子女，连政府医院的医生也问"你想取综援吗？"她一家六口住三百尺地方，环境不好，没什么机会带子女出外吃饭，更不用说请家佣。但是十个访问者当中，N太的声音语气最快乐自在："四个子女围在身旁争着亲我的脸，你说我开不开心？"她说，小朋友其实并不在意父母有没有钱，他们在家"玩煮饭"也能找到乐趣。"儿子有一同学每天有一百元零用钱,父母都是律师,但是这个小朋友见不到父母,只有工人陪他,哪里值得羡慕?"在今日香港N太的家庭状况大概很稀有,她常被人以为是新移民,但她不是,她小时候家里靠综援生活,现在两夫妇一起工作养四个子女,她认为没有问题。

因为N太的简单和快乐如此真实,跟挣扎着"生不生"的其他女人形成强烈对比,我们不禁问:拥有比N太更充裕经济条件的她们,到底害怕些什么?

她们的深层犹豫,来自她们对子女成长的期望和想象——仿佛存有共识,她们认定下一代必须要父母供给某一水平的物质条件,自己的孩子"不可以"住公屋、不学琴、不念直资小学、不去迪斯尼;自己的孩子"最好"念国际学校、通晓几国语言、自小见惯大场面……

于是我们明白,在今日香港三十世代女人的心目中,理想家庭应该要像中产,无论她们本身来自哪个阶层。这么普遍的想法,反映的不是她们如何拜金,因为她们只是一般的"父母心态",想将最好的付给子女;核心问题是,我们的社会,原来不知不觉中给三十世代规定了,家庭和个人的"理想"和"幸福",必须跟银行存款、经济条件和阶级消费风格挂钩。伴随着深入民心的"李丽珊四百万"广告口号,社会中越趋单一的中产价值观,无形中成了新一代师奶们的生子诅咒。

所以最后,只有32岁、四个子女的N太能够破格,是真正的"爆"师奶。

(何翘楚　何式凝)

何翘楚、何式凝(2009):《明报》"世纪版",《还看世代:论香港女人》特辑,2009年3月6日。

关系多元性 RELATIONSHIPS

　　这部分报告集中探讨婚姻、多性伴、跨种族等各种关系形式。这些关系都是与政治、经济、社会等宏观层面上的变迁紧密相连的。从我们对同性恋关系的研究中可以看到香港从殖民统治时代到后殖民时代的变化，以及政治生活空间的重新配置。而多性伴关系的研究提供了跨越内地与香港两地的雏形，以及继而伸延出的新欲望地貌。我们在探求情侣关系和单纯肉体关系的同时，会连带牵涉到社会制度中的规范如何对行为进行约束。

　　这些关系都具有多样性、开放性及灵活性。由于性关系与情色关系同样有可能存在着其他目的，所以性/非性的二分法并不是清晰无疑的。

把弄光环的法则:从对多元关系的反思重新审视"性的阶序层级"

本文记录了八位身在香港、拥有多位性伴侣的男女的生活经验。通过研究他们应付社会压力和道德压力的方法,本文力求探索存在于社会礼教中的男性气质/女性气质与个人欲望之间的张力,而正是这种张力常常导致个人最终穿越了社会所认定的"好的"、"正常的"、"自然的"界限。访谈者们对于文化规范和性别典范的选择性运用,不仅有助于了解中国人的性生活丰富生动的一面,还对盖利·鲁宾(Gayle Rubin)的"性的阶序层级"概念提出了新的认识和讨论。

● 引言

本文探索了拥有多位性伴侣的人士的生活经验,这些人有时亦被称为"多情好色之人"(polyamorous)(Anapol, 1997; Barker, 2005; Easton & Liszt, 1997; Lano & Perry, 1995)。这一探索的原因包括了以下三个层次:记录下八位身在香港、拥有多位性伴侣的男女的生活经验和视角,通过聆听他们的叙述,分析他们看待自己的方式、他们看待自己所拥有的关系的方式以及他们应对自身的性选择所带来的社会压力和道德压力的方式,最终探求出一条新路去勾勒筹划我们的欲望,从而有助于反思Gayle Rubin所提出的"性的阶序层级"概念。

在1984年那篇影响甚广的《对性的思考》(Thinking Sex: Notes for a Radical Theory of the Politics of Sexuality)论文里,盖利·鲁宾(Gayle Rubin)认为,人们会借用一系列阶层等级的关系来区分什么是"好的性",什么是"坏的性"。"好的性/正常的性"与"坏的性/被诅咒的性"之间存在着界限,而鲁宾(Rubin)在该文中指出,宗教、精神治疗、大众以及政治等不同方面的性话语如何不断地重新制定与划分了这一界限。这些话语只将人类性能力的一小部分划定为是神圣的、安全的、健康的、成熟的、合法的和政治正确的。这些被魅力光环所笼罩着的性，指的是"异性之间的、婚姻之内的、一夫一妻的、以生育为目的的和非商业性的"，并且必须是一对一的、建基于情爱关系之内的、同代人之间的、只在家里进行的。鲁宾（Rubin, 1984）揭示了社会特权以及坚实的物质利益与正当的性所具有的社会合法性密不可分。

如果个人的行为在（关于各种被认可的性行为的）性阶梯上地位较高，个人就会得到一系列奖励性的回报：精神健康被认可为合格、受到尊重、合法性得到承认、享受社会流动和物理空间流动方面的自由、得到制度性的支持和物质利益等（1984: 279）。

任何触犯这些规则的性都会被认为是"坏的"、"不正常的"、"违背自然的"，它们只能位于"魅力光环"的外缘。因此，根据鲁宾（Rubin）的理论，拥有多位性伴侣的人也只能位于"魅力光环"之外。然而，鲁宾（Rubin）这种关于性的"好/坏"的二元划分，在"性的少数者们"看来是值得怀疑的，同时也是具有压制性/强迫性的。

本文通过检视鲁宾（Rubin）理论的假设，对该理论提出进一步的批评。首先，鲁宾（Rubin）的性阶梯概念没有考虑到对于性别的不同的文化建构过程。布里斯托（Bristow）在1997年亦对鲁宾（Rubin）提出了类似的批评，认为她忽略了两点：其一是"对性别不同的认知将会，并确实会影响到性的道德回应；其二是"文化差异也可能会影响到性行为的道德立场"。通过本文所展现的华人男性与女性的案例，我将进一步阐述，在异性性行为与婚姻方面，鲁宾（Rubin）的理论如何忽略了性别在实现与演练中的差异性。其次，鲁宾（Rubin）的性阶梯理论也没有考虑到种族的问题。舒勒尔（Schueller）在2005年批评鲁宾（Rubin）通过"类比的方式"（2005: 69）去处理种族的概念，莫汉蒂（Mohanty, 1991）、艾莫丝和帕尔默（Amos & Parmar, 2001）以及让扎克（Razack, 1998）也都对主流的女性主义者提出了批评，认为他们没有考虑到学者自身与黑人妇女以及第三世界女性之间的区别。这些批判提醒了我们，"不能简单地将对一部分人的压迫优先于对另一些人的排斥"。任何基于单一概念的分析，都会显得无能为力和不完整，无论这一概念是性别、种族、阶层还是性。事实上，分析的框架应该是性别、种族、族群、性趋向、阶级、民族起源和文化等各种层序综合交汇而成的矩阵。本文借鉴了艾莫丝和帕尔默（Amos & Parmar）提出的基于阶级、种族、性别和性的综合性分析（2001:31）以及莫汉蒂（Mohanty, 1991）对"交叉性"的理解、舒勒尔（Schueller, 2005: 64）的"压迫的多重性"等分析框架，并以此为基础去理解那些用具有创造力的方式去构建"性别"与"性"的香港男性与女性。

本文将主要关注三点。首先，我提出拥有多位性伴侣的男性或女性的生活经验打破了光环之内与光环之外的阶序层级，并因此引发了对于异性恋规范新的理解。正如斯帝维·杰克逊（Stevi Jackson, 1999）提出的那样，无论异性恋规范被认为是制度、认同、实践还是经验，只要它被合并视为一个单一的、统一的概念时，就会不可避免地带来分析上的问题。对在性别、年龄和阶层方面各不相同的个体来说，异性恋/异性性行为有着全然不同的体验和含义（Ho, 2001; Ho & Tsang, 2002; Jackson, 1999）。

其次，虽然拥有多位性伴侣的个人被假定在性的阶序层级中拥有统一的性认同并占据固定的位置，但研究表明，他们实际上在性阶梯中拥有多重的"主体位置"。例如，一个人可以既是已婚者，又是同性恋者。在现有的性理论和性研究中，个体总是被假定拥有相对稳定的性认同，甚至对此性认同甚为满意，本文认为这些假定是值得商榷的。的确，人们通常会根据他们被设定的角色来行动，但事实上，在其他社会空间中，他们也会表现出不同的认同感。有的人会在不同的社会脉情境中或是生活历程的不同时刻里表现出不同的社会认同与性认同。有的人会跨越光环的界限，随意进出；也有人会由始至终部分身居光环之内，部分置于光环之外。而像鲁宾（Rubin）的理论那样的模型并不承认公共领域与私人领域之间的分界是可以逾越的、并非一成不变的。本文中的案例显示，鲁宾（Rubin）在诸如异性恋和婚姻状态等方面的僵硬分类，对来自于不同社会定位的个体而言，其实都意味着不同的经验与应对的方式（Ho, 2001; Ho & Tsang, 2002）。鲁宾（Rubin）仅仅注意到位于光环之外的人群会为了争取扩大社会认知和自身生活权利而斗争，却忽略了居于光环之内的人群也具有的欲望：突破光环，寻找另一种属于光环之外的关系（Ho et al., 2005; Ho & Tsang, 2005）。

最后，鲁宾（Rubin）理论的失误之处在于它在描绘光环的边界时，只考虑了某种特定形式的社会权力的影响，却忽略了其他社会权力（例如性别、阶级、教育、种族、族群和文化等）与个人权力（例如社会技巧、创造性的性策略）的影响，而这些因素都可能有助于个人去逾越与创造/再创造属于自己的魅力光环。多性伴侣群体的经验表明了个人的应对与关于身份认同的策略如何改变了对阶序层级理论中的空间的体验。实际上，如果有些人拓展了自己的应对技巧，他们就能自己划出界限，并更容易利用界限去实现个人的目标和政治的目标。他们还可能发展出自己的情色/情欲伦理道德，来帮助自己理解自身的行为并证明其正当性。

● 方法论

受访者均为华人。其中一人认为自己是华裔加拿大人。其余受访者均出生于香港，并认为自己是香港本地居民。受访者的年龄介于24—57岁之间。受访者中有四人仅具有中学学历，其余均为大学本科或以上，更有一人获得博士学位。三人认为自己是同性恋者。两人已婚。受访者的社会背景较广。虽然多数人将自己视为中产阶层，但香港中产阶层的定义一直是一个复杂的问题。如果以收入与学历作为标准来衡量，访谈者苏外和梅琳虽然学历较高（具有硕士学历），却没有固定收入。黄果的受教育程度虽然较低，却拥有一家小型印刷公司。如果我们考虑到生活空间和生活机遇，那么问题就变得更加复杂。从历史的角度看，在过去20年中，生活机遇的分配更有可能受资本而非教育的影响而变化。当受过高等教育的人越来越多时，无论是律师、教师还是消防员，各行各业的薪酬都要向近五年内入职的高学历员工们倾斜，同一职位的薪酬补贴因而减少，这导致同一职位和职级的人在收入方面出现了非常显著的差异，进而带来社会地位、购买力、生活空间以及生活机遇的差别。

访谈由作者在两位研究助理的协助下完成。访谈内容包括：访谈者怎样描述他/她们自己的多性伴关系？与一夫一妻制或一对一的性关系相比，他/她们如何看待自己的性与性关系？他/她们对他/她们的多性伴关系有过怎样的安排？他/她们如何看待自己，并如何在不同的伴侣之间处理关系与性？他/她们如何在多性伴关系中各种相互抵触的要求之间周旋？在什么样的情况下，他/她们会让他/她们的关系出现在他/她们不同的生活空间中？他/她们的伴侣是否了解其他伴侣的存在，是否对他/她们的多性伴关系抱持开放的态度？婚姻与家庭对他/她们来说有多重要？多性伴关系在他/她们生活中是否占据着重要的位置？他/她们如何评价自己维持多性伴关系这一选择？他/她们是否认为自己是道德的？他/她们如何去面对那些视他/她们为"不道德"的人的评判？

对八位受访者一共收集到总时长为30个小时的访谈资料，所有访谈的过程均被录音，在抄录为粤语底本后，再由粤语翻译为英语。全部受访者均为匿名，部分细节也经修改以保护受访者的身份。我们采用社会建构理论的话语分析性方法来分析数据，探究数据中的模式（叙述之中与叙述之间的不同点与相似点）以及不同叙述方式的作用和效果（Potter & Wetherell, 1995）。通过分析数据模式中呈现出的主题，形成最终的结论（Tutty et al., 1996）。数据的编码过程由软件Nvivo辅助完成。

● 发现与分析

香港作为一个华人社区，其家庭观念和性道德深受包括道教、儒家思想、新儒家思想、天主教等在内的各种文化的混合影响。这些文化都强调男性对女性的支配，因此香港始终是一个对男性有利，并以男性为中心运转的社会（Ng & Ma, 2001）。但是，吴和马（Ng & Ma）也指出，近年来香港逐渐受到自由主义的影响，开始强调性别平等、人权、消除性歧视、科学理性、民主以及自由。与此同时，香港还发生了一系列由英国政府在1997年之前主导的本地的政治变化，包括1991年的同性恋去歧视化和1996年平等机会委员会的建立。社会大众日渐接受与包容性交易、赤裸裸的成人内容以及各种形式的酷儿性行为。男同性恋、女同性恋、双性恋的身份认同与生活方式也逐渐在大众话语中流行起来，并在香港社会中日益易见。其他的本地学者则认为，香港作为一个国际金融贸易中心，仍然是一个性别二元化和等级化的社会。例如，吴和吴（Ng & Ng, 2005）指出，在一段伴侣关系中，男性仍然被视为"更为有趣的一方"、是"保护者"，而女性则被认为是必须依附于其丈夫的"被保护者"。"婚姻应该优先于家庭。婚外亲密行为和缺乏爱情的性关系通常不被认可"（2005: 15）。在此背景下，杨等学者（Yeung et al., 2004）将香港女性看做通过积极参与工作与开展家庭生活来努力维护自己的社会融入的一群人。本文将在以下的讨论中提出，根据鲁宾（Rubin）的理论，那些显然身居光环之外的个体会发展各种策略来掌握和使用他们的关系以建构自身的存在。对那些愿意承担风险的人而言，他们甚至能充分利用自己的"离经叛道"，通过偶像缔造的政治学来创造属于他们自己的魅力光环。其他的人则不断地在光环内外来回逾越行走。我将它们分别称为"超越型的政治学"和"忽略型的政治学"。

● 创造自我的魅力光环

梅琳的案例

梅琳，25岁，是性别研究专业的研究型硕士候选人以及社会运动的积极参与者。最近，她制作了一部得奖的自传纪录片。在纪录片中，她谈到在自己怀孕时，16岁的小男朋友只能建议她去堕胎；与此同时，她另一位25岁的男朋友则请求她与自己结婚。最终，她选择了去堕胎。但在手术前的那个晚上，这种不可言喻的情绪和经历，促使她用摄像机记录下自己与腹中孩子的对话。在这部短片中，梅琳详尽地谈及她在怀孕前后如何不同地看待自己的身体，并且面对摄像机自慰。在过去的两年中，她分别在大学、青年中心与妇女团体中拍摄了近40部片子。虽然梅琳的当众裸露、在屏幕前自慰、用极不寻常的开放态度谈论堕胎和性关系等行为都似乎将她自己置于一个负面的光环中，但她仍然设法将其转变成一种为妇女享受性愉悦的权利而抗争的政治计划，并推动自己的学术进步和个人成长。梅琳最终决定，以观众对她的堕胎纪录片的反应作为自己硕士论文的主题。

梅琳的故事频频出现在媒体上。她在主流妇女杂志中分享自己与四位男友的亲密细节。梅琳说她无法忽略这些："作为一个有创造力的人，我能够去保护我自己、我的工作和我的媒体作品。"对她而言，个人的就是政治的："我希望用我自己的生活去创造一场社会运动。我每日做的事情可以成为讨论的对象，并激发公众的讨论。"在拍完处女作之后，梅琳获得政府的资助，继续拍摄了一部关于她的母亲并探讨母女关系的纪录片。她说，她希望通过拍摄的过程在母亲面前呈现自己。尽管梅琳承认，她因为得不到家庭和朋友的理解而被边缘化，但她仍然坚持应该诚实地将欲望呈现在自己、自己喜欢的人以及更大范围的社会面前。她相信正是诚实让她显得与众不同。但她的朋友却常常抱怨她"不知道自己到底要些什么"。

> 我周围的人都不真正地认同我。我的朋友要不就是社会运动分子，要不就是性别研究者。但是他们中的大多数都没有经历过多性伴的亲密关系。即使有，也不会像我这样公开谈论。有时，我觉得我只是活在自己的世界里。

梅琳的多性伴关系经历成为她创作艺术的灵感，并使她获得媒体以及社会的注意，她也借此创造了属于自己的魅力光环。她的故事突出了"道德谴责"在结构上的双面性。在资本主义的秩序里，名人地位和媒体报道可以轻易被转换成具有市场价值之物。对于手段有限的女性而言，这种缔造偶像的策略虽然会招致道德谴责，但却可以成为她们构建另一种魅力光环的重要资源。

苏外的案例

32岁的苏外曾经是一名研究主任，其后转为自由作者。据其所述，她在9岁时开始对阅读色情文学感兴趣。此后，当她发现有某个女性主义组织并不反对色情文化时，她便欣喜地加入其中，并逐渐成为积极的活动分子。像梅琳一样，苏外也善于把社会压力转化为建构属于自己的魅力光环。苏外的性伴侣除了一名同性恋女性之外都是男性，其中包括了她的固定男友、性伴侣、一夜情对象以及男性性工作者。

苏外声称，自己所坚持的原则就是"对所有人坦白"式的诚实。但这个原则常常让她感到受困扰或者沮丧,似乎总是与初衷大相径庭。对梅琳而言,最重要的是身体的自主权。她很少谈论性愉悦,但非常关注例如堕胎和女性对于自己身体的所有权等在性领域中的选择权。苏外因为在报纸的专栏中公开自己的性对象而出名。

> 我相信,妇女应该在各个方面维护自己,这包括了女性足量的、多样化的性趣。她们不应该仅局限于关注工作中的性歧视、家庭中的性虐待等社会话题。

对苏外而言,女性主义以及"浪女"、"淫妇"等自己贴上的标签,都曾帮助她应对自己的挣扎。她在报纸和杂志上写下自己的性经验。"性没有什么大不了的,但是香港女性太害羞,害怕讲出来。我很乐意告诉她们我的生活。"苏外的另类生活方式在香港社会为她赢得了独有的声誉。她常常被邀请去电台做主持、撰写专栏文章或是在妇女论坛和性论坛上演讲。

英英的案例

37岁的英英曾经在本地大学教书,之后转到海外一所在性和人权研究方面颇有名望的大学,成为那里女性研究方向的讲师。她也积极地参与剧场演出。她在完成了有关女性的戏剧作品后,将自己的体会与反省写成学术文章,发表在一家国际性学术期刊上。她认为自己与律师男友之间的关系是最主要的,但这并不妨碍她同时与其他身处不同地域、不同社会地位甚至性别、族群、阶层、国籍、年龄以及性取向都各自不同的人发展别样的性关系。虽然英英并不像梅琳和苏外那样公开自己的多性伴关系与生活方式,但是她的案例再次表明,香港女性在一个具有性别刻板成见的社会里,如何利用她们自身的经验,通过艺术与学术方面的追求,创造出属于自己的魅力光环阶梯。

> 我当然认为自己的生活方式比一夫一妻制以及社会规定的其他形式更好。虽然到了某时某刻,我也想稳定下来,只保留一段固定的关系,但现在还绝对没到那个阶段。通过与这么多不同的人建立亲密的关系,我可以从中学到很多,这种探索是非常珍贵的。有些男人是居家型的,我就学着煮菜;有些男人是学术型的,我就和他们讨论哲学问题。

英英认为,要找到一个能够让自己感受到激情、愿意与之亲密相处的人,殊非易事。因此,她宁愿尽己所能地享受每一段关系。

在访谈期间,英英的固定律师男友正好告知她,他让另一个女人怀孕了。他决定为孩子提供支持并定期探访孩子,而英英对男友的这一决定表示支持。"如果我能在类似这样的事情上与他一同面对、一同经历,那么我想世界上应该再没有什么对象能够将我们分开"。这件事情也为她赢得了新的筹码。"如果有天别人也让我怀孕了,我想他也应该支持我,而不是只在一旁评头论足、推判不休"。我们也几乎可以预料到,她将会把对这次的经历的反思写进自己的学术文章和戏剧作品之中,并为自己将来的发展提供新的理念与材料。

讨论:一种缔造偶像的政治学?

上述三个案例揭示了女性如何通过对自己的身体、性与关系的特有的表达方式,创造出属于自己的魅力光环阶序层级。不同的个体,性认同/位置产生了不同的作用。对梅琳而言,最重要的是对身体的自主权。她的案例说明,女性可以对自己的身体作出包括裸露、怀孕、堕胎等在内的决定;特别的,她们可以通过展示自己因为堕胎经历而导致的身体的创伤和伤痕来让堕胎这一行为去羞耻化。对苏外而言,这是一场与性愉悦有关的庆祝,她因为在报纸的专栏中公开自己的性对象而出名。对英英而言,这意味着男性与女性都拥有对身体的自主权、对性愉悦的享受权,而且哪怕在一段稳定的关系中,女性也应当尊重伴侣的身体自主权。

这三位女性在案例中都宣称她们并不介意被视为或是被称为"多情好色之人"。显然她们并非不了解人们可能对此持有的社会评判标准,但她们似乎从社会压力中找到了积极的一面,不断地更新身为女人的自己,让自己的性认同与生活方式变得政治化。虽然禁忌与规范各不相同,但她们都证明了她们可以按照自己的意愿和方式去生活。作为女性,公开自己的多性伴关系以及生活方式意味着她们可能会面临高风险,但她们愿意为此承担风险并因而获得了回报。依据鲁宾(Rubin)的理论,梅琳、苏外、英英都会被驱逐到异性恋世界的光环之外,但实际情况真是如此吗?这三位女性都非常了解,她们的性经验和开放的分享态度实际上填补了香港万千景象中的空白。她们并没有与公认的魅力光环阶序层级直接对抗,相反,她们通过缔造偶像的政治学去创造了属于自己的魅力光环空间。虽然香港女性的选择是有限的,但这些受访者却选择了公开她们关于亲密的另类理念、与妇女权利话语结合的女性主义意识形态以及对身体的自主权,以便参与公共的讨论,并进一步激发社会文化的变革并拓展自己受尊重的生活空间。这些案例表明,社会资本和文化资本只是社会阶层身份的组成部分之一,而不是决定性的因素;它们是追求另类生活方式的重要力量。

● 徘徊在超越之间

黄果的案例

在所有的受访者中，只有黄果似乎对自己的性缄默不语。今年57岁的黄果已经结婚，有一个女儿。他有一个男性爱侣，而家人一直以为那只是他的拜把兄弟。黄果宁愿对他的家庭保守自己的同性恋生活秘密。"保守这个秘密，这是我的原则。这样我就可以做一个完美正常的异性恋者，直到我结束此生"。假如他有天会被他的女儿或是妻子发现这个秘密，他也会否认自己同性恋身份。他强调，除非在行为上被"当场撞破"，否则他没有必要承认任何事情。黄果总是将他的同性恋伴侣当做拜把兄弟去介绍给他的家人以及朋友。但是他没有预料到的是，他的女儿竟然会爱上他同性伴侣的儿子并最终结婚。他坦承，自己已经几年没和太太有过性生活，这让他太太近年来脾气变得不太好。他的应对方法是："我允许她买任何她想要的东西。而且我也从不挑战她在家里的权威。"黄果尽可能地与自己女儿的公公保持距离，这显示了他依然不能摆脱社会的压力。很显然，虽然黄果告诉研究人员自己是一位"同志"（香港本地对于同性恋者的称呼），但是他并不想"出柜"公开这一身份。他对此解释道，或许隐藏自己的秘密会更加有利，这样他的女儿就不会因为自己父亲和公公的同性恋关系而受到社会的歧视。另一方面，黄果又以义工身份积极地参与同性恋机构的活动。

黄果经常在相同的社会空间和生活空间中演绎不同的角色与性身份。他形容自己是一个理想的丈夫、有爱心的父亲、好兄弟、模范市民。按照他的说法，没有人会批评他的生活，他几乎是一个完美无缺的人。黄果的生活或许可以用"逝去型的政治学"（Johnson, 2002; SeidMan, 1999）来形容，但我更愿意将其定义为"超越型的政治学"。正是这种"超越型的政治学"帮助了像黄果这样的个人，通过利用关于男性气概、性与公民身份的世俗阶序，获得一种魅力、一种完美状态，从而隐藏自己逾越界限、不守规矩的行为。在外界看来，黄果身为丈夫和父亲处于某个相对固定的社会位置中；但他通过强调私人空间的重要性和合法性，实际上在不同的生活空间中占据了更多的主体位置。虽然我们永远不可能去了解哪些场景属于私人领域、哪些情境属于公共空间，但是受访者却能强烈地感受到私人空间和公然猥亵之间的区别。他们的经验证明了我们需要超越常规的看法，这种常规的看法误以为公共与私人总是相对立的，可是"很多背景是相互交映的，许多事件从某种意义上说属于私人，但是从另一种意义上说又可能属于公共领域"（Warner, 1999: 173）。这也带来了另一个问题：像黄果这样的人看上去相信自己可能至死也要保守住关于同性恋关系的秘密，但这些越界（transgressions）难道真的是"看不出来的"吗？

莉萨的案例

莉萨，43岁，有一个儿子。她在嫁给一位商人后就开始成为一名全职家庭主妇。莉萨的家庭条件优越，丈夫总是把她当做小女孩一样去宠爱，并称呼她为"娃娃太太"。但是两人间寥寥无几的性生活让莉萨非常困扰。两年前，她曾经离家出走，直至与她的情人分手后才回家。"当我的先生发现我的情人已经结婚后，他就请求我回家，重新开始。"莉萨非常感谢丈夫能在她对情人感到失望时即刻出现并给予她关爱。此后，莉萨决心成为一个她丈夫所期望的好太太。"我告诉自己，我不会再用我的婚姻去换取幼稚的浪漫了。"莉萨虽然还常常会流连于深宵派对，或者在卡拉OK歌厅里与陌生人谈笑唱和、觥筹交错，但是她决定再也不会坠入爱河了。

的确，由于自己的已婚地位和丈夫忙于经商的缘故，莉萨已经不可能拥有开放的性生活，但她可以利用自己身为中产阶级家庭妇女所拥有的金钱与闲暇，积极地参与社交活动。换言之，她的中产地位背景既可以酝酿、又可以阻止某种策略，而这两可之间则取决于影响个人决定的其他变量因素。对于像黄果和莉萨这样的已婚者来说，他们的关系与他们改变婚姻状态的意义取决于他们的需要与生活环境。我们需要进一步了解的是，他们如何通过不同的途径和方式来处理各不相同的生活空间和关系，同时又尝试着保持秩序感和平衡感。

格雷格的案例

格雷格，36岁，从律师转行去做了音乐人。他公开了自己的同性恋身份。在接受访谈时，他正与三位男性同时保持着为时长短不一的关系。他的三个伴侣都知晓彼此的存在以及格雷格对每个人的承诺。格雷格承认，时间和体力是最棘手的问题。"基本上我必须满负荷地运作以照顾到每个人的需要。工作现在只是我的兼职。"虽然格雷格把这些劳力费时的关系称为"需要极为大量的维护"，但他仍然尽最大努力去满足每位伴侣的需要，同时也通过同性恋的渠道去寻找逢场即兴的性机会。对他而言，即兴的性目的单纯，所以陌生人身上存在着一种"美丽"的吸引力，可以帮助彼此去了解对方的需要并相互满足。

当问到这类即兴的性行为是否会威胁到他的其他三段关系时，格雷格流露出困惑的表情，"这只是个人的性趣问题。有的人多些，有的人没有。"对格雷格而言，这不过是一种基本需求，与他的稳定关系截然不同。稳定关系是"一种罗曼蒂克的感觉，是情感上的诸般关联，是相亲相爱、互助互动"。他坚持不与伴侣们过多地讨论自己的即兴性行为，他不想因此将自己的生活变得更复杂。他希望能通过享受那种带有负罪感的愉悦来继续保持性的探索所带来的刺激。

讨论：多元空间与多元关系

鲁宾（Rubin）的性的阶序层级理论用一个简单的甚至过于简单化的同心圆来描述各种社会空间，圆的中心是魅力光环，光环之外的部分则在圆的外圈。上述案例表明，这一理论需要进一步去推敲和商榷。在鲁宾（Rubin）的分析框架中，黄果、莉萨和格雷格毫无疑问会位于魅力光环之外，但是我们能看到他们在光环的边界两侧来回逾越穿行。他们有时会与光环阶序层级的中心"背道而驰"，那时他们就会停留于光环之外，并且努力地试图赋予光环之外另一种魅力。对许多人而言，不同的生活空间确实存在，这些空间允许个体和社会群体穿梭于不同的生活小世界之间。正如这三个案例所表现的那样，那些穿梭有时候会通过一种超越的政治学来实现。对莉萨而言，在丈夫的工作空间和卡拉OK歌厅这些公共空间中，性的话语和实践受制于不同的社会结构，并呈现出不同的形式；而当自己和亲密女性朋友在一起时，莉萨可以谈论自己的婚外情。值得注意的是，当受访者将自己的越界想象为"私人的"和"暗藏其中的"时，这些越界行为事实上具有了政治的和伦理道德的含义，并延伸到诸如卡拉OK歌厅和朋友圈等公共领域中去。此外，在理解了这些越界行为的"可见性"后，我们可能必须着眼于"普通人"在没有宣称选择另类生活方式时会如何为自己的多性伴关系辩护，并将其解释为只是一种稍纵即逝的、意外的行为。

● 徘徊在忽略之间

亨利的案例

20多岁的亨利刚从大学毕业，即将成为一名消防员。对亨利来说，所有的性关系都是关于追逐和被追逐的游戏的一部分。虽然游戏的规则由更大范围的社会预先确定，而且具有限制性和道德性，但规则也有弹性甚至可能被打破。熟悉游戏规则的圈内人也可以设计自己的规则。对亨利而言，在出租车上丝毫不顾忌司机的瞪视，肆无忌惮地抚弄刚刚才结识的美籍华裔辣妹的身躯，这只是游戏诸般乐趣的其中一部分。把辣妹带回家、做爱，然后在清晨送她回家却不索要电话号码，这才是游戏的结尾。这样的戏份情节在亨利身上已经上演很多次。但过了一些日子后，当所有这一切成为熟能生巧、完美无缺的技巧，当游戏的输赢胜负和模式已经毫无悬念，亨利开始感到单调而厌烦。这种厌烦的情绪也开始在他和固定女友之间弥漫。

亨利当然愿意保持对自己女友的忠诚，但是他一旦不能忍受单调和无趣，就已经做好了分手的准备。"如果我不能保持自己忠于女友的承诺，我可能会对自己感到失望，但我不会感到愧疚。我必须承认我只是一个普通的男人"。社会上的刻板成见常常将男性塑造成疯狂追寻性爱机会、容易屈服于性诱惑的形象，亨利不但欣然接受了这一形象，还以此为自己建立了性别的行为许可标准。

黛西的案例

31岁的黛西是华裔加拿大人，同性恋社会运动分子、社会工作者，也是一个中上阶级家庭中的好女儿、好姐姐。她对朋友忠心，对爱人忠诚，热衷于到世界各地旅游。但黛西承认，她是通过自己建构的道德安全网来安心享受出轨的。

> 除了和我这个女朋友之外，我永远不会和其他女孩那样做。我通常会跳过最后一步，因此我不会感到愧疚。我曾经一度不能自控，但之后也没有发生什么事情。

黛西有一个固定的日本女友，这是唯一能够让她想要安定下来的关系。但是她又不得不承认，她有时候也不禁会被其他人吸引。只有与亚裔女人的亲密关系才能让黛西觉得舒适，她从来没有和非亚裔的女人发展过关系。在访谈中，她不断地谈到自己的阶级/家庭背景、她曾接受的既严厉又适当的教育、她在香港和加拿大学校的生活经历、她在美国的工作和社会经验以及她的同性恋者和女性主义社会运动分子的身份。然而她却避而不谈如何处理自身的道德偏差。她不停地进行自我辩护，或是将话题转移到强奸、种族歧视等更为宏观、不涉及个人的道德问题。她认为自己更适合于一段长期的稳定关系。她为自己能勇于在香港社会公开性取向而感到骄傲，因为只有少数同性恋者才敢这样做。她的案例表明，一个人的性选择实际上与自己对性文化、职业市场、对未来的看法等方面的各种衡量算计有关。

讨论：永恒的魅力光环？

上述各人的经历表明，人们在应对暗藏的越界时，会如何足智多谋地采取让自己的偏差显得无足轻重的策略。他们会主张说，这些微小的越界并非他们日常生活的一部分，也不会对他们的主要关系和日常生活造成影响。他们用自己的方法去描绘自己的生活和欲望的地图。这些策略也被社会强化了。像亨利和格雷格这样的独身个人有着打情骂俏、处处留情的正当性，无须让旁人得知。忽略型的政治学有权力去合法化某些偶尔为之的出轨，以帮助他们继续停留在魅力光环当中。当完全的坦承诚实不能容于、甚至威胁到他们现有的关系网络时，忽略和隐瞒通常被看做应该选择的策略。几乎所有的受访者都会试图进一步去补充和完善这种观点，宣称他们这样做只是为了保护其他人，不让其他人受到伤害或是感到尴尬。

● 从性的阶序层级到欲望的流动

拥有多位性伴侣的个人拒绝被束缚在某个社会空间或者某一固定的性身份认同之中，他们在魅力光环内外的边界上来回穿梭。在本文所有的案例中，只有很少的受访者认为自己是"多情好色之人"或"非一夫一妻制的拥护者"。他们中的大多数认为多性伴关系只是自己生活中的一部分，自己不应该因此而被加以某个被总体化了的身份：这是一个拥有另类生活方式的人。

在他们的叙述中，的确存在着多元的空间，允许个人或社会群体穿行逾越其中。在这些不同的空间里，性的话语和实践受制于不同的结构、有着不同的表现形式。只要能很好地定义与划分不同的社会空间、很好地维持与区隔不同的生活空间，对一个人来说，他/她是否信仰与践行一夫一妻制就无足轻重了。有的受访者对自己的生活方式抱持非常开放的态度，而另一些受访者则相当隐秘。但是所有人都同意这点：在不同场合维持不同的得体举止非常重要，这无论是对他们自己还是旁人来说都会更为有利。他们认为最重要和最有用的是根据不同的场景遵循不同的行为准则，而不是死守着绝对化的道德规范。鲁宾（Rubin）的性的阶序层级概念假设存在着单一无复的社会空间和固定不变的社会认同感；但受访者的生活经验却表明，个体可以运用偶像缔造、超越或是忽略等政治学策略，来改变他们的多性伴关系与多元空间经验在性层级框架中的意义。

在此我们需要一个能承认不同社会政治情境中的所有身份认同的理论模型，而这一做法值得商榷（Tsang & Ho，2007）。我们需要一个多维度的分析框架，鲁宾（Rubin）所论述的性价值/性实践只是其中的一个维度而已，需要考虑的其他因素还包括了性别、阶级、教育、族群和文化等。首先，我们要仔细考察认同感的"被建构性"和"多样性"，尤其是在香港这个身份政治的发展并未像西方一样已经超越于（性）认同的社会。其次，我们需要进一步探讨个体如何通过获得社会资源与文化资源以及在越界中拓展个人技巧，最终改变他们自己的体验。

如果个人会在不同时间里使用不同的隐喻来创造特别的效果或是取得不同的效果（Barker，2005），那么性的阶序层级和异性恋规范等概念已经不能帮助我们去充分了解关于认同、欲望以及情境的流动性，这时我们又应该如何去修正自己对这些概念的理解？尽管福柯的理论对此有所影响（Foucault, 1980），但性认同之外的欲望依然没有得到足够的重视。正如库利克（Kulick, 2000）所论述的那样，许多研究者依然陷于"'性=认同'这一公式"中。为了有所进步，库利克（Kulik）提议将研究的重点从性认同转移到欲望。瓦伦蒂娜（Valentine）也建议我们应该着重于理解"各种晦涩难懂、不易理解的欲望"，这样才能使我们窥探到情色欲望的复杂性、情色欲望的各种实践表现形式（语言形式或其他形式）以及情色欲望与认同感诸类别之间的关系（Valentine, 2003: 124）。瓦伦蒂娜（Valentine）提出，虽然性与性别的分离在理论上已经成果丰硕，但这一分离会毫无保留地让身份认同的标签具体化，以至于女性主义者和酷儿理论学者会难以解构身份认同（2003: 127）。同时，我也曾提出，欲望的流动性和流动无法在现有的关于性别和性的理论中得到揭示，但如果政治上的或理论上的进展能为同时属于探索领域和行动领域的"性活动"辟出空间，就能在无意间建立了解释的系统。我在这里所谈到的欲望的流动并不仅仅指性偏好，还包括了某种欲望：努力与不同的人发展不同关系，尝试能联系自我与他人的各种方式。在所有的案例中，虽然苏外和英英认为自己是异性恋者，但她们依然提到曾与其他女人有过亲密关系。在"个体化、反身性日增、去传统化以及同性恋/异性恋的二元关系去稳定化"的社会情境中（Roseneil & Budgeon, 2004），关于亲密和性的实践已经不能——假设曾经能——再仅仅通过性的阶序层级、魅力光环的内外等概念来加以理解。如果要真正了解这些人士，我们需要修正某些假设，提出理解欲望的新路向，以此探索"越界操演"的失稳效应（Butler, 1993）。

● 结论

多性伴的个体会参照他们的不同处境来协商他们的关系，即不被困于鲁宾（Rubin）的魅力光环内外的道德秩序之间，也没有被操控于鲁宾（Rubin）的性的阶序层级之中。本文的受访者们策略性地根据自己所处的不同环境来运用自身的优势，这要求他们在游戏中技巧性地操演，以提升自己的生活空间，并增加满足自身欲望的机会。

从某种程度上说，私人的、潜藏的实践也总是具备公开的、公共性的一面。受访者在经历各自不同的关系时，其感受是私人的、特别的甚至是独一无二的；他们通常并不认为自己是社会现象的一部分。他们并没有意识到，自己同时正处于以此运动的信息传播、示范和助长等过程中。他们虽然常常刻意隐瞒自己秘密联络的信息，但这些信息都几乎不可避免地以流言或其他的监视形式被他人获得和传递。那些无名的他者（如酒店的服务员、出租车司机、卡拉OK歌厅的工作人员等）目睹了他们的实践，并影响了他者对道德标准和忠诚的现实的重新构建。这些过程也有可能发生在朋友的坦承分享之间，或是在与研究者或治疗师的谈话之中。本文认为，他们的操演将不可避免地被其他人得知，进而证明和展示了另一种生活的实践和选择。这种展示将会吸引或是助长他人进行类似的越界。本文作者也指出（Ho, 2001; Ho & Tsang, 2000, 2005; Tsang & Ho, 2007），个人或者小群体所开展的、未经精心设计、不含政治规划和策略的行动，同样也能成为更大规模的社会运动的一部分，有时候甚至能带来显著的政治影响。多性伴者的个人行动的累积效应，相信有可能会产生深远的后果。

社会研究和研究者也是一种社会性的、政治性的表达与行动，是一种研究者和被研究者之间的合作（Ho & Tsang, 2002）。受访者选择接受访谈，而这种与研究者的谈话可以被建构为有目的性的社会行动与政治行动。受访者通过坦白的发言，也参与了对社会文本的建构，拥有了属于自己的声音，并最终拓展了自己的生活空间。他们并不想仅仅停留在限制性的魅力光环之内，也不想完全被隔离于被社会排斥的外部世界。相反，本文中的男女受访者通过参与此次研究，拥有了属于自己的声音，并可能尝试去获得新的流动性与自由、拓展自己的生活空间和生活机遇、增加各种满足自身欲望与得到他人认可的机会。

● 致谢

在此感谢曾家达博士和郑思灵博士给予的富有思想性的建议以及在时间上和精力上对此项目的支持。最后，也对编辑者的辛劳工作谨致谢意。

（何式凝）

Ho, P. S. Y.（2006）. The （Charmed） Circle Game: Reflections on Sexual Hierarchy Through Multiple Sexual Relationships. *Sexualities,* 9（5），547-564.

参考文献

Amos, A. and Parmar, P. (2001). Challenging Imperial Feminism, in K.-K. Bhavnana (ed.) *Feminism and "Race"*, pp. 17–32. Oxford: Oxford University Press.

Anapol, D. M. (1997). *Polyamory: The New Love Without Limits*. San Rafael, CA: IntiNet Resource Center.

Barker, M. (2005). This is My Partner, and This is My... Partner's Partner: Constructing a Polyamorous Identity in a Monogamous World, *Journal of Constructivist Psychology* 18, 75–88.

Bristow, J. (1997). *Sexuality*. Florence, KY: Routledge.

Butler, J. (1993). *Bodies that Matter*. New York: Routledge.

Easton, D. and Liszt, C. A. (1997). HYPERLINK "http://www.amazon.com/exec/obidos/ASIN/1890159018/ref=nosim/SocietyforhuMans". San Francisco: Greenery.

Foucault, M. (1980). *Power/Knowledge: Selected Interviews and Other Writings, 1972–1977* (ed. C. Gordon, trans. C. Gordon et al.). Brighton: Harvester Press.

Ho, P. S. Y. (2001). "Breaking Down or Breaking Through: An Alternative Way to Understand Depression Among Women in Hong Kong", *The Journal of Ethnic and Cultural Diversity in Social Work* 10 (3), 89–106.

Ho, P. S. Y. and Tsang, A. K. T. (2000). Beyond Being Gay: The Proliferation of Political Identities in Colonial Hong Kong, in D. Howarth, A. J. Norval and Y. Stavrakakis (eds.) *Discourse Theory and Political Analysis*. pp. 134–150. Manchester: Manchester University Press.

Ho, P. S. Y. and Tsang, A. K. T. (2002). The Things Girls Shouldn't See: Relocating the Penis in Sex Education in Hong Kong, *Sex Education* 2 (1), 61–73.

Ho, P. S. Y. and Tsang, A. K. T. (2005). Beyond the Vagina–Clitoris Debate: From Naming the Sex Organ to the Reclaiming of the Body, *Women's Studies International Forum* 28, 523–534.

Ho, P. S. Y., Wong, D. H. W., Cheng, S. L. and Pei, Y. X. (2005). "The Real Deal or No Big Deal – Chinese Women in Hong Kong and the Orgasmic Experience", *Issues in Contemporary Culture and Aesthetics* 1 (1), 177–187.

Jackson, S. (1999) Heterosexuality in Question. London: Sage. Johnson, C. (2002) "Heteronormative Citizenship and the Politics of Passing", *Sexualities* 5 (3), 317–36.

Kulick, D. (2000) "Gay and Lesbian Language", *Annual Review of Anthropology* 29, 243–285.

Lano, K. and Perry, C. (eds.) (1995). *Breaking the Barriers to Desire: Polyamory, Polyfidelity and Non-monogamy – New Approaches to Multiple Relationships*. Nottingham: Five Leaves Publications.

Mohanty, C. T. (1991). znder Western Eyes: Feminist Scholarship and Colonial Discourses, in C. T. Mohanty, A. Russo and L. Torres (eds.) *Third World Women and the Politics of Feminism*, pp. 51–80. Indianapolis: Indiana University Press.

Ng, M. L. and Ma, J. L. C. (2001). "Hong Kong", *The International Encyclopedia of Sexuality* 4, 712. New York: The Continuum International Publishing Group.

Ng, C. W. and Ng, E. G. H. (2005). Hong Kong Single Women's Pragmatic Negotiation of Work and Personal Space, *Anthropology of Work Review XXV* (1-2), 8-13.

Potter, J. and Wetherell, M. (1995). "Discourse Analysis", in J. Smith, R. Harré and R. van Langenhove (eds.) *Rethinking Methods in Psychology,* pp. 80-93. London: Sage.

Razack (1998). *Looking White People in the Eye: Gender, Race, and Culture in Courtrooms and Classrooms*. Toronto: University of Toronto Press

Roseneil, S. and Budgeon, S. (2004). "Cultures of Intimacy and Care Beyond 'the Family': Personal Life and Social Change in the Early 21st Century", *Current Sociology*, 52 (2), 135-59.

Rubin, G. (1984). "Thinking Sex: Notes for a Radical Theory of the Politics of Sexuality", in C. S. Vance (ed.) *Pleasure and Danger: Exploring Female Sexuality*, pp. 267-319. London: Pandora.

Schueller, M.J. (2005). "Race-Analogy and (White) Feminist Theory: Thinking Race and the Color of the Cyborg Body", *Signs: the Journal of Women in Culture and Society*, 31 (1), 63-92.

SeidMan, S. (1999). Beyond the Closet? The Changing Social Meaning of Homosexuality in the United States, *Sexualities* 2 (1), 9-43.

Tutty, L., Rothery, M. and Grinnell, R. Jr. (eds) (1996). *Qualitative Research for Social Workers: Phases, Steps, and Tasks. Boston,* MA: Allyn and Bacon.

Valentine, D. (2003). I Went to Bed With My Own Kind Once: The Erasure of Desire in the Name of Identity, *Language and Communication* 23,123-38.

Warner, M. (1999). *The Trouble with Normal: Sex, Politics, and the Ethics of Queer Life*. New York: Free Press.

Yeung, A., Chou, Ruby C. M. and Yu, Sam W. K. (2004). Managing Social Exclusion: The Strategies used by Managerial Women in Guongzhou and Hong Kong, *International Social Work* 47 (4), 503-13.

期望值并不高：香港的性与家庭主妇

本报告研究那些被形容为拥有"美好的"、"正常的"、"受祝福的"性的已婚女性的生活。针对香港师奶（家庭主妇）的案例研究表明，我们很难想象已婚女性（或任何社会类属）由于其性的阶序层级而享有特权。这些女性表面上享有社会的尊敬和祝福，但根据她们各自的社会境遇不同，这些祝福可能会促进或隐藏她们对于性欲以及性爱的表达。这些女性对于美好性生活的憧憬和体验由许多部分组成。当女性能够实现在自己的生活境况中很重要的（有关婚姻维系或家庭和睦的）心理及社会目标时，她们可能会感觉美好；当女性从包括兴趣爱好、娱乐活动或其他亲密关系在内的不同追求中获得情欲满足而非性高潮或肉体欢愉等层面上的性满足时，她们也可能会感觉良好。并且女性可能会不断地在不同的人生阶段中重新表述自己的愉悦，她们可能会在自己关于美好性爱的公式中添加或者删除社会尊重、性高潮、情感亲密以及其他各种特定元素。

本报告中包含了一项对香港已婚中年女性的经历以及她们如何理解对应于"师奶"（中年家庭主妇）地位的生活、婚姻与性关系的研究。在香港，人们通常将遵循"传统"的、异性恋的生活方式的中年华人女性称做"师奶"。"师奶"二字的字面意思分别为"老师"和"乳房"。在20世纪60—70年代期间，该词曾被用来尊称老师的妻子（师母）。在20世纪80—90年代期间，该词开始被用来指代位于徙置屋内、不从事生产劳动的家庭妇女。到了21世纪的香港，该词开始沦为贬义，被用来称呼那些在大众看来通常是无知的、超重的、贪小便宜却未必精明的已婚中年女性。此类女性的典型形象是：对讨价还价孜孜不倦，喜欢飞短流长；除了取悦丈夫、让子女开心外，她们便没有更加高远的人生目标（师奶，2006）。因此，她们有时觉得被人称为"师奶"是对自己的一种羞辱，这种想法绝不奇怪。根据鲁宾（Rubin, 1984）的分类，在香港，异性恋的、一夫一妻婚姻下的已婚已育师奶无疑拥有自己的小圈子，且位于性的阶序层级的最高层。但这些师奶对于这种表面上的高阶性的阶序层级地位有何感受呢？

早在 1984 年的论文《对性的思考》（"Thinking Sex: Notes for a Radical Theory of the Politics of Sexuality"）中，鲁宾（Rubin）就广泛地检视了各种性的污名（stigma）与规限，并认为：人们会借用一系列阶层等级的关系来区分什么是"美好的性"，什么是"坏的性"。"好的性/正常的性"与"坏的性/被诅咒的性"之间存在着界限，而Rubin指出了宗教、精神治疗、大众以及政治等不同方面的性话语如何不断地重新制定与划分了这一界限。这些话语只将人类性能力中的一小部分划定为是神圣的、安全的、健康的、成熟的、合法的和政治正确的。这些被"魅力光环"所笼罩着的性，指的是"异性之间的、婚姻之内的、一夫一妻的、以生育为目的的和非商业性的"，并且必须是一对一的、建基于情爱关系之内的、同代人之间的、只在家里进行的。任何触犯这些规则的性都会被认为是"坏的"、"不正常的"、"违背自然的"，它们只能位于"魅力光环"的外缘。而"坏的性"则可能是同性之间的、婚姻之外的、乱交的、不以生育为目的的或者商业性的。鲁宾（Rubin）还指出了性的阶序层级的另一个方面，即，到底应该在哪里划界，到底什么样的其他活动——如果存在这些其他活动的话——是"有可能被予以接纳"的，在这些问题上一直存在着争议（Rubin, 1984：282）。

什么是美好的、正常的、自然的、受祝福的性爱呢？拥有美好的、正常的、自然的性爱的女性能因此而得到什么好处？鲁宾（Rubin, 1984）认为，社会特权以及坚实的物质利益与正当的性所具有的社会合法性密不可分。"如果个人的行为在（关于各种被认可的性行为的）性阶梯上地位较高，个人就会得到一系列奖励性的回报：精神健康被认可为合格、受到尊重、合法性得到承认、享受社会流动和物理空间流动方面的自由、得到制度性的支持和物质利益等。"（p. 279）看起来，香港的师奶们应该享有着上述好处。但事实真的如此吗？

在我此前的研究中，我曾考察过香港女性是如何在"师奶"这一被赋予了贬义的社会类属以及种种关于女性角色的主流规范与价值观中定位自己的（何式凝，2008a、2008b）。本文认为，对许多女性的生活来说，鲁宾（Rubin）关于性的身份认同以及它与"好的性"之间的关系等想法是过于简单化的，并且需要面对以下问题：①鲁宾（Rubin）所谓的"好的性"是什么？它是否可以被视为具有一种被社会广为接受的身份认同？②这些女性在拥有被社会尊重的地位时，是否真的感受到自己已经获得了社会的尊重或者得到了社区的重视？她们是否真正感受到了自己享有的好处？③位于高阶的性阶序层级的人们是否真的觉得自己的性爱是正常的、受祝福的？社会认可与性欢愉之间的关系是什么？④什么是构成这些已婚女性美好的、幸福的性爱的要素，是社会认同、尊敬，还是性欲高潮以及肉体欢愉？又或是因为实现了其他心理或社会目标？

◉ 文献综述

鲁宾（Rubin）将"美好的性"视为社会的尊重，但也有其他学者赋予"美好的性"不同的概念。其中一个思想学派关注的是女性的身体体验以及肉体感觉。特别是高潮体验，在医学话语以及大众女性杂志中已经成了一种关于性技能与性幸福的标志。性高潮被认为是代表了一种"高峰"的性体验，用人文主义的术语来说，性高潮是自我超越或自我实现的形式（Bejin, 1986; Potts, 2000）。

另一个学派则将"美好的性"看做关系上与情感上的亲密。尤其是女性主义理论不断地动摇并颠覆了关于性爱的男性中心视角，包括那种对通过男性阴茎插入而获得的女性高潮的强调（Jackson & Scott, 2001; Nicolson, 1993; Tiefer, 1995）。这些研究认为女性很少以纯粹生理上的语言来描述性高潮，女性对性高潮的描述总是与"飘飘欲仙"、"妙不可言"等想法以及关于爱与亲密的浪漫象征联系在一起，对女性来说这可能是将高潮体验合法化的一种手段（Potts, 2000; Roberts, Kippax, Waldby & Crawford, 1995）。近期的许多研究指出，对性的满足感来说，人际关系与生活质量等社会与情感因素十分重要（Haavio-Mannila & Kontula, 1997; Hurlbert, Apt, & Rabehl, 1993; Parish et al., 2007; Ridley et al., 2006; Young, Denny, Young & Luquis, 2000）。里德雷等（Ridley et al., 2006）提出，无论是积极的还是消极的情感，对于认识人如何在身体里以及人际关系中体验色欲（lust）都是非常重要的。缺乏足够的情感亲密性，是造成性的欲望减少的重要因素，因为女性将性的欲望解读为非性的亲密性的一种延续（Basson, 2001a, 2001b, 2002）。当女性觉得自己不受尊重、被低估、被贬低时，当她们的性伴侣没有什么做爱技巧或存在自身的性能力问题时，她们会丧失性的欲望（Leiblum, 2002; Leiblum & Rosen, 1988）。伍德、科赫和曼斯菲尔德（Wood, Koch & Mansfield, 2006, 2007）发现，女性将性的欲望概念化为一种全身心的感觉，这种感觉既包括情感方面又包括肉体方面——不管她是否拥有性伴侣。

第三个学派关注的是基于声誉的性身份认同与具有结构性模式的各种性地理（例如，塑造性行为的社会空间）之间的联系与互动。赫希、曼尼塞斯、汤普森、尼格罗尼、派尔卡斯以及德尔·里奥（Hirsch, Meneses, Thompson, Negroni,

Pelcastre & Del Rio, 2007）发现，在墨西哥乡村地区，由文化构建的声誉观念带来一种旨在最大程度地减少男性社会风险（各种对男性社会地位或关系的威胁）的性行为，但它事实上却增加了已婚女性感染 HIV 的风险。女性主义学者宣称，人类的性的化身既不是存在于性所在的社会空间之外的抽象可能性，也不是器官、身体空洞与性高潮的简单组合。应该在社会情境中理解性的实践与体验，并同时考虑到性的日常置身感以及更为广义的社会文化过程（Jackson & Scott, 2001, 2007）。

本文遵循同一种研究方向，探索已婚女性的性表达如何受到她们的性地理以及更为广阔的社会情境的影响。根据各自不同的社会境遇，已婚女性受社会尊重的地位既可能阻止也可能利于她们的性体验以及对社会特权的享受。一些女性为了表现出"庄重"与"体面"，可能会节制戒绝自己的各种性冲动，并因此留在了"魅力光环"之中，保持了她们在性的阶序层级中的社会地位；另一些女性则可能倾向于打破自己社会地位的约束，去追求自己的欲望。因此，我们不能去假设与臆断下列观点：已婚女性（或任何社会类属）会因为自己在性的阶序层级中的地位所表现出的操守德行而享有特权、获得好处。

● 香港的性爱——低期望值

无论是香港男性还是香港女性，他们的性满意度都不高。2007 年杜蕾斯全球性调查的结果证实了这一结论。该调查对26个国家或地区的 26000 人进行了问卷调查，问题涉及诸如性满意度水平等性生活的方方面面。该调查并未分性别进行分析。香港的情况并不算好，其性满意度水平在受调查的26个国家或地区中排名第24位（杜蕾斯全球性调查，2007）。在来自中国香港与中国内地的受访者中，只有24%的受访者表示自己总能在性生活中体验高潮，这一比例在受调查的地区中是最低的（在所有受调查地区的受访者中，表示自己总能在性生活中体验高潮的平均比例为48%）。在所有受调查地区的受访者中，有 59%的人强烈同意"性生活对我而言很重要"，在该比例方面排名最后的几个地区分别是泰国（38%）、日本（39%）与香港（48%）（亚洲人性生活满意度调查，2007）。长时间的工作以及专注于各种物质主义追求，可能是造成香港在本次调查中情况不佳的原因；崇尚低调的华人文化也可能使香港在数据上的表现并不理想。但根据我们对香港文化的了解，上述调查结果大致反映了现实的情况。

2003 年，香港家庭计划指导会（Family Planning Association）曾组织了一项调查，其结果显示，香港的大多数已婚女性认为性生活乏味无趣：

在1607位受访女性中，只有28%表示对自己的性生活既有兴趣又感到满意。在1147位受访男性中，有52%表示对自己的性生活既有兴趣又感到满意（Chow, 2003, 第3-4段）。

这一调查结果表明，男性对自己的性生活能够既有兴趣又感到满意，但并没有考虑到自己的伴侣在这方面的感受是否与自己一致。

许多学者都曾提到，在香港，性实践受到中国传统文化和犹太-基督教（Judeo-Christian）的双重影响（Ng & Ma, 2001; Tsang, 1987）。这两个系统都以父权主义为特征，它们的话语结构成了女性社会生活的强大支配力量。根据梁（Leung, 1995）的观点，"女性长期的从属地位归因于工业化的香港根深蒂固的向心家族系统"（p.41）。这种观点强调了父权主义和资本主义的双重压迫，在抚养与教育方面的主流话语通常都会强调女子的贞洁，认为年轻女子在婚前是不应该发生性行为的。例如，吴和吴（Ng & Ng, 2005）认为，在一段伴侣关系中，男性仍然被视为"更为有趣的一方"、是"保护者"，而女性则被认为是必须依附于其丈夫的"被保护者"。"婚姻应该优先于家庭。婚外亲密行为和缺乏了爱情的性关系通常不被认可"（p.15）。

在1997年中国恢复对香港行使主权后，香港与中国内地之间的社会联系与经济交流日益频繁，这让许多香港女性感受到了威胁，因为她们的丈夫可以经常过境去找二奶（即小老婆；Ng & Ma, 2001）。2006年香港中期人口统计的结果表明，香港的性别失衡问题更加严重了，香港的男女性别比达到了100∶91.1（特区政府统计处，2007）。

据观察，中国香港男性与内地女性结婚的趋势越来越明显（2002年，中国香港男性与内地女性注册结婚的案例有7724对；而到了2005年，该数字上升为16800对）；相比之下，香港女性与中国内地男性结婚的案例在数字上的增长则大为落后（从2002年的977对上升为2005年的2700对；特区政府统计处，2006）。因此，香港女性在择偶结婚这个问题上，同时面临着来自本地其他女性与内地女性两方面的挑战。

香港社会的这些特殊情况引起了我的研究兴趣，我想借此探究香港女性如何在不违反各种社会规范的前提下让自己做到既是"好的"（被社会尊重）、又是"具有性吸引力的"（以性满意度为表现），如何在一个不能接受婚外性行为的社会里处理好自己的两性关系。本研究还探索了女性如何在这种情境中——尤其是在这种既要保持"魅力光环"又要背负"师奶"这一被污名化的标签的矛盾境地里——建构自己的性别与性。

● 方法

本文中涉及的研究是某项研究计划的一部分。该研究计划旨在探索香港女性如何与"师奶"的身份联系在一起，并如何在这种情境下处理自己的性（Ho, 2008a, 2008b）。该研究计划通过10个焦点小组与15次深度访谈去了解45位已婚女性的性生活史，并特别留意这些女性对性的体验。本文的研究结果正是基于由此获得的数据与发现。本研究采用阐释主义-建构主义作为特殊的质性研究范式，因为它关注意义，并且希望去理解不同社会个体对某种境况形势的定义（Schwandt, 2000）。为了强调"可审核性"（Shek, Tang & Han, 2005），我采用了一套透明清晰的程序。具体的数据采集程序如下所示。

● 抽样与受访者

本研究采用的是理论抽样（theoretical sampling）的方法，而非随机抽样的方法。"理论抽样"这一术语由格拉泽和施特劳斯（Glaser & Strauss）在1967年首先提出，指的是根据现有研究的场所与案例选取新的研究场所或研究案例以进行比对的过程。理论抽样的目标并不是要对所有可能的差异进行典型性的描述，而是为了更深入地了解所分析的案例，以便发展出分析框架并重新定义各个概念。所以理论抽样关注的是数据与理论的互动。它并不是依据固定的框架来进行唯一一轮数据采集工作，而是会进行数轮数据采集。数据的缺陷与理论的不足，会迫使研究者回到采集地，从其他样本那里重新采集数据以弥补缺陷。在本研究中，采用理论抽样法意味着，为了确保受访者能够具有最为广泛与典型的代表性，在抽样中应包括四位离异女性、三位已婚未育女性以及一位丧偶女性（Strauss & Corbin, 1997）。

我在一开始曾询问自己社交圈子里的人是否认识任何典型的师奶——身为全职家庭主妇、并无领薪受雇的中年已婚女性。但是，我很快便发现，这种把女性简单地归入各种简单划一的类属——例如"受雇"与"未受雇"——里的方法是存在问题的。那些自称不需要外出工作的女性实际上往往都在婚前或婚后从事着或曾从事某种形式的工作。这个发现促使我对"异性恋婚姻中的已婚女性"提出了更为深入的问题，因为这一术语绝不像在我一开始的想法里那么无懈可击：什么样的女性才可以称得上是好的、正常的、身在异性恋婚姻中的已婚女性？那些离异或者丧偶的女性倾向于把自己定位为"已婚"女性而非"单身"女性，因为她们曾有过婚姻。

最后，有45位中年已婚妇女参加了焦点小组与/或个别的深度访谈。她们中有4位是来自中国内地的新移民（在香港的居住时间未满7年）。调查发现，这4位新移民的观点与身为香港永久居民的女性的观点有很大不同，这为我理解香港"本地"女性的经验提供了参考。

在4位新移民之外，其余41名受访者的年龄介于35—55岁之间，平均年龄为42.1岁。她们中的80%均已婚，其余20%的婚姻状态分别为分居（2人）、离异（4人）、寡居（1人）以及再婚（1人）。在这41名受访者中，有9人未育有孩子，其余32人的子女数目由1名至4名不等。41名受访者育有子女数量的平均数为1.27。在受访者中，有1人依靠社会保障生活，其他人均依靠（据受访者本人或其家人的）家庭收入生活。

在受访者中，有40%的人是全职家庭主妇，有约24%的人从事全职工作，包括管理工作、专业工作或专业辅助类工作（社区工作者、社会工作者或会计师）、销售类与服务类工作（业务员或保险经纪）以及文员工作。20%的受访者从事自由职业性质的工作，包括了在家从事编辑工作、家政工作或开展电话性爱服务。在受访者中，有3位还是学生，有4位在经营自己的生意（家庭面包店、精品店、印刷公司或报刊亭）。

◉ 访问程序

本研究中的45位女性受访者参加了关于其生活史的10个焦点小组与15次个别的深度访谈。每个焦点小组里有5-12名受访者，她们给出了各自对"师奶"一词的看法，并对自己是否属于这一社会类属自行做出判断。之后她们会描述自己的生活方式是怎么样的，她们看待自己与"师奶"这一社会类属的关系，她们如何看待与这一标签相联系的主流规范与价值观。在分组访谈并稍微了解她们的情况之后，我给其中的几位阅历更丰富的受访者——那些我觉得会有助于我深入了解这个问题的人——打了电话，约她们进行单独的访谈。我还同时邀请她们帮助我确定哪些案例是有趣的、哪些故事是非典型的。

为了深入探索每位受访者的生活，我拟定了一份访谈提纲。访谈的第一部分是调查受访者怎么定义"师奶"一词，以及她们是否认为自己属于这一社会类属。访谈的第二部分是与受访者分享她们对爱情、性、友谊、家庭、婚姻、孩子、身体、自我、样貌、贞洁、堕胎、工作和娱乐的想法和经验。我还特别邀请她们针对以下问题给出自己的评价：师奶是否真的拥有某种身份认同？她们会对这种身份认同感觉良好吗？如果她们对别人眼中她们已经拥有的各种社会特权感到不满意，那么她们还想要什么？对她们来说，什么是"好的性"？她们如何在维护自己的声誉和社会尊重与追求情欲之间寻找平衡？访谈在便利受访者的地点进行，如社区中心、大学教室或者访谈者家中。

与接受单独访谈时相比，受访者在焦点小组中更倾向于把自己定位为某个集体社会类属中的一员。许多受访者热切地向研究者解释自己遇到的种种困难：她们很难满足社会将她们视为"母亲"与"妻子"时赋予的各种期望。我发现，从焦点小组中获得的数据有助于我去了解这些女性对加诸己身的社会偏见的认识，以及她们对于重新定位自己的渴望。在单独的访谈中，受访者则更愿意透露自己在私人生活、经历、人际关系以及家庭背景等方面的反思。这样，我就可以更好地了解她们在面临种种社会力量时所作出的各种选择。

● 数据分析

通过单独访谈与分组访谈，我获得了总时长超过80小时的录音资料，并将其转录处理为600多页的文字数据。为了避免研究者的主观偏见影响数据分析，由两名研究助理阅读了所有的访谈底本。作者与研究助理各自独立地设计出译码类别，然后将所有的译码类别应用于对首批三个案例的分析过程中。这些类别包括：身份、污名、身份认同策略、性别角色、社会地位、婚姻、妻子、母性、爱情、性关系、婚外关系、性满意度、高潮、身体、自我、贞操、堕胎、工作、娱乐以及社区。随着分析过程的推进，我们新增了一些类别：幸福、性的自我形象、情欲/情色满意度以及通过性去拓展社会空间。

● 调查结果

香港的师奶们认为她们受到尊敬了吗？

显然，已婚女性应当享有鲁宾（Rubin, 1984）所提及的那种社会尊重，因为她们的性活动并没有问题，而且她们看起来是身处"魅力光环"之中的。但对香港的师奶们来说，事实并非如此。香港的中年已婚女性意识到，类似"师奶"这样的各种标签如同枷锁一般紧紧地控制着她们，而且轻视和贬低了她们的贡献。她们创造出各种策略，试图通过更改"师奶"一词的含义或者创建新的身份，避免自己被这一固有的身份牢牢地标签化（Ho, 2008a, 2008b）。

有些受访者坚称，即使是在街市这一"师奶"称呼曾一度红红火火的场所，如今这个标签也已经无甚用处、不再流行。她们更喜欢别人称她们为"靓女"或"美女"（均以"美"作为标志），而不是"师奶"（与年龄、阶层以及社会地位联系在一起）。一个重要的问题是：这些女性真的认为自己配得上"靓女"这一称呼吗？许多已婚女性都知道减肥与美容对自己来说有多重要，因为这样的话别人就不会把她们看成是"师奶"（Leong, 2006）。但这些女性通常都被形容为身材超重、缺乏吸引力，所以她们去做有氧运动和去健身房（如阿婷和阿伦）、签约参加昂贵的减肥疗程（如阿伦和苏珊）、去跳交谊舞（如阿婷和苏珊），以尽可能符合公认的美的标准。这些女性由自己的直觉得知，根据世界上最为苛刻的香港审美观，她们还不够吸引人。

像阿婷这样的女性意识到，她们需要加倍努力，才能让自己看起来漂亮，从而获得安全感："但是我不论做什么都不够。那些内地女人们那么年轻，但我却老了！"许多已婚女性认为自己是没有用的、落伍的、缺乏吸引力的，并且感到自己的人妻地位受到了内地女性的威胁。她们绝对没有像默认的那样享受到什么好处。阿伦的故事说明，女性的渴求与期望值如何随着自己的人生阅历以及香港与内地关系的变化而发生了变化：

> 长期以来，我并不关心自己的容貌。我觉得我自己对于我的家庭以及孩子们很重要，因此我并不关心我是美是丑。但现在我觉得我需要打扮自己了。我的确在乎别人怎么看我。

许多女性开始意识到她们与本地年轻女性之间存在着竞争，而且与内地的二奶（小老婆）之间也可能存在竞争。苏珊说：

> 我的人妻生活应该到此为止了。如果我还把自己看做是某人的妻子，那我就完蛋了。每当我环顾四周时，都会看到比我漂亮的女人。……我知道我丈夫想要什么，我会努力把我自己打扮得年轻漂亮。

由此可见，那些在表面上获得社会尊重的人群并不一定会受到别人的欣赏与重视。对于拥有不同阶层背景和社会资本的中年已婚女性而言，为了维系或提高她们所获得的社会尊重、心理健康以及鲁宾（Rubin）认为她们应当享有的各种好处/特权，她们还需要加倍努力。

不完整的性爱？

鲁宾（Rubin）认为，异性之间的、婚姻之内的、一夫一妻的性位于"魅力光环"的中心以及性的阶序层级的最高层，但她并没有提及这些女性的性满意度或性高潮。显然，她所谓的美好性爱并不是真的指美好的性体验或性满意度，而是指社会确认对性爱的满意度。本研究深入探索美好性爱的不同概念。它与社会认同以及社会尊重有关吗？它与性高潮以及肉体感受有关吗？女性想要的关系的亲密性和其他的心理满足感与社会满足感如何体现在她们关于"好的性"的观念中？

在一开始针对这些女性的性生活展开访谈时，我惊讶于她们很少提到性高潮。因此，在后期的访谈中，我增加了有关性高潮的问题，以便了解华人女性是在不断改变的女性的性话语的情境中体验性高潮与性愉悦的。

在被问及自己的性高潮体验时，80%的受访者说自己是在30—40岁这一年龄段首次达到性高潮的，大约是在婚后10年。在被问及自己是如何达到性高潮时，大多数受访者说自己达到性高潮"纯属意外"；性高潮既不是什么重大发现，也不是什么难忘事件。她们只是觉得性高潮自然而然地就达到了，用不着把它看成是一个目标。正如李所言："它就这么发生了，我并不觉得需要去刻意寻找它。"

王也说，"你并不是每次做爱时都会达到性高潮。没有高潮是很常见的。我也是等医生告诉我后才知道这一点。"这些女性了解关于解剖学、性欲以及性需求等方面的两性差异的知识，她们并不期望每次做爱都能达到高潮，因此她们也不会因为没有达到性高潮而失望。除了贝蒂之外，其他所有受访者都不认为，如果达不到性高潮，她们的性爱就是"不完整的"或者"不能令人满足的"。吴的观点是：

> 女性如果性爱过程中觉得自己卑微渺小的话，就会产生一种孤独感，但我认为在大多数情况下，女性可以忍受这种孤独。我认为女性更加保守，除非她们知道如何自慰，否则她们根本不会想到这个。

吴认为，女性只有通过自慰才会了解性高潮是一种什么样的感觉，才会意识到她们在与伴侣的性爱生活中可能需要有性高潮。张认同吴的观点，认为她们这个年龄段的女性知道如何自慰的并不多："对于那些没有自慰经历的女性，我想她们并不会介意自己是否能达到性高潮。"

对贝蒂来说，性高潮是必需的、最基本的需求。她想要的更多，但是她说：

> 我总是能得到性高潮，但我并不是性饥渴之类的。一个长达5分钟的热吻就可以让我湿透。我的问题在于自己的丈夫就像是一匹老马，懒得主动进攻。

值得注意的是，这些女性在想象愉悦的性爱时，她们并没有将愉悦的性爱等同于身体上的感觉或性高潮。例如，杰德告诉我说，女性即使没有得到性高潮，也可以拥有美妙的性爱：

> 婚姻并不是一夜情。为什么要计较单独某一次性体验的得与失？这是长期的关系，甚至是持续终生的关系，所以没有必要每一次做爱都去打分。

我们并不会通过床笫之事来评价某段关系（阿梁）。所有的受访者都强调，重要的是整个性爱的环境。她们认为，幸福生活比美满的性爱更重要。有时她们用"幸福"（幸运、祝福）一词形容美满的生活。当被问及"幸福"具体指代什么时，她们说"幸福"的意思就是，她们对自己所需要的任何东西，能每样都拥有一点。有的受访者认为，除非自己有好丈夫、漂亮的房子、乖巧听话的孩子、可靠的经济来源、和谐的家庭关系、自己的社会生活、在家庭以外的成就，否则性高潮——如果真能有的话——并不真正代表了美好。许多受访者一再表示，即使她们并非经常能达到性高潮，她们也"应该被认为是非常幸福的"。她们关于"美好的性"的概念包括了那么多其他的因素，你可能都会怀疑她们所谈论的根本不是性！

在研究中，帕兹（Potts，2000）曾提到的那种"非有性高潮不可"的强制性并未有所表现。受访者几乎都没有提到帕兹（Potts，2000）所定义的那种不能到达性高潮的性爱所具有的"未完成"感或"未决"感，却经常将性高潮前后彼此肌肤相亲的愉悦描述为她们幸福体验的重要部分。正如乔伊斯所述："重要的是相互契合的关系。努力达到性高潮的整个'前奏'都很重要，但如果你不能感受到真正想要的感觉，那性爱未尝不是退而求其次的最好选择。"

即使对于那些有过性高潮经历的女性来说，美好的性爱也仅仅是幸福生活的极小部分，而幸福生活比美好的性爱更为重要。虽然愉悦的性爱——至少从幻想层面看——是幸福生活的一个组成部分，但它往往不是她们婚姻生活中最重要的部分，也不是她们现实体验的一部分。

特雷西、帕斯蒂、朱莉、艾利丝和阿春都认为，自己拥有幸福的婚姻、美满的性爱以及乖巧听话的孩子，但性高潮只是她们幸福方程式诸多因素中的一个而已。对艾达、张和琳达来说，性高潮没什么大不了的。她们认为，性高潮虽然是种很美好的感觉，但它也会让人疲惫不堪，还会带来一些麻烦：

> 我事后经常会头疼。我在到达性高潮后没有时间休息。我的两个女儿都在，我不想每次都到性高潮。我更喜欢拥抱和亲吻，不需要每次都到性高潮。（艾达）

> 我第二天早上醒来会觉得想要更多的性爱。这种感觉并不好。（张）

> 性高潮是一种脑力劳动。你需要考虑如何激发自己。你必须幻想一些可以引起性欲的东西。（琳达）

婚姻方程式中的美好性爱

在被问及性爱是否重要时，所有受访者都认为性爱对婚姻的维系、孩子的幸福、家庭的和谐、生育繁衍、自尊心以及顾及他人的快乐来说是很重要的。

安吉和艾美都在新婚时出现过性交问题。她们抱怨丈夫的进入让她们觉得疼痛。艾美的一位性学家朋友介绍她向一位医生寻求帮助，她的问题在不到一年的时间内就得以解决。尽管艾美对婚姻生活中的各种性爱行为很满意，但她觉得她要去证明自己能像其他人一样进行性交，对她来说这点很重要："如果连年轻人都可以轻松进行性交的话，那我为什么不能？

> 我从来不确定我的丈夫是否接受我们这样的（无性）婚姻，尽管他看上去很支持我，而且从来没有因为这个问题真正责备过我。但我非常清楚，他希望我们能拥有正常的性生活。"

安吉则没有感到自尊心受挫或担心自己丈夫的感受，而是觉得自己需要去考虑生育的问题，因为她已经三十多岁了。于是，她加入了一个性治疗小组："我和我丈夫都喜欢小孩子。没有孩子的家庭是不完整的。"许多女性认为孩子比性爱更重要。维基结婚一年后便与丈夫离婚了，她认为性爱已经与她这个离异女性没啥关系了，因为抚养自己一岁大的儿子才是最重要的事情。在访谈中，芳描述了生孩子的剧痛，之后她认为抚养孩子是她一生中最重要的事。她和丈夫决定轮流照顾儿子，那样儿子每天二十四小时都有人照料。

孩子的幸福也很重要，而且一些受访者将性爱视为保证家庭和谐团结的工具：

> 如果丈夫感觉幸福的话，他说话也会更温和。孩子也就不会受煎熬。（阿林）

> 如果丈夫出差回来不想做爱，那么我知道我可能会有麻烦了。（阿明）

> 我丈夫大部分时间都待在中国内地料理工厂的事，每次我去看他时，都一定会在离开的前夜跟他做爱。如果在我去看他期间我们连一次性爱都没有的话，那我会觉得非常不舒服——他还需要我吗？（艾斯特）

问题在于，我们能否说这只不过证明了，这些女性只是想利用性生活来达到自己的目的——为了她们自己身份的安全感、为了再次确认婚姻的承诺、为了建立自己的情色形象、为了生计、为了家庭和睦或为了理想的婚姻和家庭关系？显然，美好的性爱也是女性实现在自己的生活境况中很重要的其他心理目标与社会目标的一种方式。这也许可以被看做在面对强大的压抑时的一种妥协，或者是维持自身能力与生活空间、追求幸福和满足感的一种反抗策略。

作为性满足的美好性爱

值得注意的是，有的受访者认为，性高潮和性爱对性关系的整体质量来说并不重要。她们更青睐一些浪漫的形式，比如与丈夫约会（不一定要发生性行为）。约会是美好生活的一部分。梅忆述了自己与前夫相处时感觉最为强烈的其中一瞬间。结婚以后，她很少有机会与丈夫单独外出——总是会有小孩和家人在他们身边。有一次，他俩需要一起出席某位近亲的葬礼。她始终清晰地记得他们长久以来能够单独外出的那唯一一次机会。那天，她必须先乘坐小巴士到丈夫的公司附近与他相会，然后再一起乘坐出租车前往殡仪馆。她说：

就算只是说出来，我也觉得尴尬。为什么那次去葬礼，我会觉得那么开心？当我与他坐进出租车时，我的心就跳得很厉害。我期待这个时刻已经很久很久，就好像我要去约会一样。

这些女性想要得到的并不是公然明显的性爱愉悦，而是浪漫意义或情色意义上的愉悦，比如被某人需要着和热望着的那种感觉。其他受访者例如哈钗，则不介意被人看到自己正在有意地做一些出格的事情："我抽烟，和（其他）男人发生性关系。我不是你们所谓的那种家庭主妇。"她还和一个同性恋组织的不同成员约会玩耍，但她说那是纯粹的"社交"关系。

还有一些女性曾经和她们的同性朋友有过亲密关系，尽管她们并没有明确表示那种关系是否是性关系。凯蒂在退休后，和自己在舞蹈班认识的女人艾美相当亲密：

现在我们一起跳舞，一起做任何事。她没有受过太多教育，但她就像是个女超人，什么事都会做。从家里的修修补补到电脑操作，她无所不能。她是唯一一个能让我为她做那么多运动的人。

在艾美的鼓励下，凯蒂变得更乐于参加粤剧、交谊舞、插花和烹饪等各种活动。哈钗和凯蒂不会从性爱角度谈论她们和其他女人的关系，但她们和自己活动伙伴之间的关系显然是非常亲密的，她们也承认，活动伙伴是让她们感到幸福的重要因素。探求情色满足感在女性对"美好性爱"的观念中的重要性非常重要。这里所说的情色满足感与约会、兴趣小组、娱乐活动以及同性亲密关系等有关。她们处理这些活动和关系的方式，可能决定了她们在性的阶序层级中的身份与地位是否会发生改变。

美好性爱方程式中的社会尊重

在45位受访者中，有4位离异女性，其中2位是自己提出离婚并选择离开她们所在的"魅力光环"去寻求自己的幸福生活和美好性爱的。在那些仍然选择留在婚姻生活里的受访者中，有4位明确表示，自己之所以这样做，是为了维持她们"师奶"（家庭主妇）或"太太"（贵夫人）身份的安全性。

例如，吉蒂曾经离家出走，直至与她的情人分手后才回家。

  我的家庭条件很优越。丈夫总是把我当做小女孩一样去宠爱，尽管我们的儿子都快20岁了。去年我曾和情人私奔，但最终是丈夫把我接回了家。我告诉自己，绝对不要再用自己的婚姻去换取幼稚的浪漫了。

现在她还是会和男性朋友一起外出，但她说自己变得更谨慎了："我想去参加派对，但我不会再私奔了。我只想享受男人拥我腰间时的片刻温柔。"

贝蒂也曾有过类似的处境。她每天尽责回家，尽力顺从家人对自己的一切期望，但她的感情生活事实上却是受她与最近偶然遇到的初恋情人的幽会所主宰："我对男人已经有很长一段时间没有这种感觉了。这是友情还是爱情，我并不在乎。"

关系中的暧昧不清给予了吉蒂一种机动的空间。而对贝蒂来说，她能够在婚姻的约束下演好自己身为母亲的角色，同时又可以通过与其他男人幽会来为自己的生活增添浪漫色彩。在第二次接受访谈时，贝蒂已经从家里搬出来独自居住，因为她需要"修整一下"并好好思考自己的婚姻。她现在每天都依然重复着与搬出独居前完全相同的家庭生活，唯一的不同就是会在晚饭后回到自己租住的小公寓。她从来不觉得自己的性欲很低，她只是因为自己和丈夫的关系而感到失落。

有两位受访者，凯蒂和乔，都抱怨自己的性欲因为到了绝经期而变得低下。她们两人都说，自己的身体在性交时很干涩，让自己觉得很疼。凯蒂说她还能被书籍中和电影里的情色情景唤起自己的性欲。她承认，这其中一个重要的因素是，她与已经从政府公务员职位上退休的丈夫之间缺少沟通交流："我就是不想在家里看到他。请问：与一个从不看书、没有任何兴趣爱好的人生活在同一个屋檐下，到底有什么意义？"

而乔发现自己的性欲在一夜之间就突然消失了：

  我认为这是绝经期的缘故。我想这是很自然的事。他必须接受这个事实。也许我可以去看医生，但我发现我完全丧失了性欲，而且我变得毫不积极好动。我不再机敏，我的脸上再也没有一丝机灵敏锐。

当被问及她是否想要通过被她描述为"青蛙王子"的前男友来恢复自己的性欲时，她说："我不确定。他问我能不能和他一起去日本旅游。我很想这么做，但我又不想对我丈夫撒谎。"凯蒂和乔觉得，她们实在无法承受失去她们所拥有的东西，因此她们选择不再追求自己的性愉悦，以此换取自己在丈夫、家庭和社区眼中的受尊重形象。吉蒂能否为了已拥有的社会尊重而抑制她对夫妻生活的不满情绪？没有人知道答案，但是她正在以自己的方式保持她的欲望——以及她对生活的品位——的鲜活感。

在4位离异女性中，莉迪娅承认"性饥渴"是自己提出离婚的主要原因之一。她在离婚前已经有3年多没有和丈夫进行性生活了。她说，如果每年哪怕能有一次或两次性交的话，她都会觉得幸福，至少那能让她相信自己还是个已婚的女人。莉迪娅嫁给了一个有钱人家的儿子，而她自己只是一名会计。当她清楚地看到丈夫甚至不愿给她一个拥抱时，她发现自己在性方面沮丧到了极点：

> 那天我们家所在的大楼起火了。我从20楼一直走到地面。我边下楼边拨打丈夫的电话，希望他能赶过来。当我在大楼外面看到他时，就跑了过去，非常渴望他能给我一个拥抱，但他只是说："我们回家吧。"这就像是把我推开一样。我太生气了，伸手给了他一个耳光。

莉迪娅的丈夫最后终于同意去接受性治疗，但他在两个疗程之后拒绝继续接受治疗。他说："为什么就不能把我当成病人呢？由得我爱做什么就做什么吧。"莉迪娅再次感到生气与受挫。她说会考虑辞职去国外留学。她相信这只是她提出离婚前的一个过渡期。

伊维对于她的婚姻也采取了类似的方式。和贝蒂、吉蒂以及莉迪娅一样，在经历了5年的"性爱破裂"（这是她在离婚申请中的说法）后，伊维选择了放弃她的婚姻。她说，自己在离婚前最担心的不是如何挽回家庭，而是如何"挽回他人眼中的幸福家庭形象"，直到有一天，她遇到了自己的新男友。伊维与一位基金经理结婚并共同生活了11年，在很多人看来，她拥有幸福的家庭，过着贵妇人的生活，尤其是她在3年前辞职攻读研究生学位。她在过去5年里一直受到自己在性上的受挫感困扰，直到她决定与丈夫离婚：

> 我刻意地穿着打扮，让自己看上去很性感。每天我都对自己说：也许今天就是我的好日子，也许今天他会想和我做爱。然而，日复一日，年复一年，什么都没有发生。有时，我会问他："是不是要我在你面前裸体跳舞，你才会碰我？"而他回答说："别孩子气了，早点睡吧。"……我的一个女性朋友也离婚了，她的感觉是，即使她在她丈夫面前跳裸体舞，他还是不会看她一眼。

伊维开始频繁提到想要孩子，迫不及待地想要与丈夫发生关系。然而，依然没有任何事情发生。一天，她去医院看望自己需要动大手术的母亲，却遇到了某个人：

> 我当时感觉自己的境况糟透了，直到我遇到了我的男朋友。那时我母亲正在生死线上挣扎，而我的情绪极其低落。我穿着牛仔服，无暇化妆，只能以素颜示人。但却有人告诉说，他发现我很吸引人。

当这些看上去"幸福的"家庭主妇们被问及她们在外遇中寻求的是什么时，她们坚持说自己想找的是关爱和体贴，而不是性爱：

> 这是婚姻和外遇最大的不同之处——在长期的关系中，总有许多让人分心的事。我的丈夫总是有其他的事要做——看电视、发短信、关注股市。而在我的外遇关系中，我的情人可以给我 100% 的关爱。这是我有生以来第一次可以毫无保留地做爱。我强烈地想要占有这个男人，甚至还想跟他生个孩子。截然不同的性爱让我意识到自己已无法回头。（伊维）

说到促使她决定离婚的原因时，伊维说："主要是因为感情需求。我已经 40 岁了，没法再等下去，我必须抓住机会。"当被问及她是否被这个男人所打动时，她说："他说话非常温柔。他移转身体，紧靠着我。他当然因为我而'兴奋'了，但是我没有。我是被感动了，因为我太渴望被爱了。"

这些心怀不满的异性恋者选择了跨出界线，离开她们所在的魅力光环，为的是情色上的满足以及实现其他精神上和社会意义上的目标。当然，是否存在着一位可以给予女性更好的自我性爱形象的新好男人，这是让每位女性选择是继续留在性的阶序层级的最高点抑或是跨界进入另一片天地的重要因素。

● 讨论

本文主要探索了异性恋者的经历，特别是那些已婚、育有孩子、被视为家庭主妇的女性的经历。研究发现，"美好的"、"正常的"和"自然的"异性恋并不像我们设想的那样，而且用这些词描述已婚女性的性爱生活可能会过度简单化了异性恋的生活，尤其是应归于不同类属的女性的生活。因此，我们需要质疑目前被广为接受认同的一种假设，即，那些生活在"魅力光环"里的人受到社会的承认与尊重，并享有特权和道德优越感。实际上，那些被归为"正常"和"自然"的人意识到，她们其实也只不过是普通人，经常被人想当然地定义和标签化。我们不应臆测女性异性恋和社会特权之间有何关联：一个"好"妻子的"美好"生活可能并不像看上去那么美好。事实上，很多女性并不真的拥有美好的、正常的、受祝福的性，即使从鲁宾（Rubin，1984）所描述的社会尊重的意义上看也是如此。

身在鲁宾（Rubin，1984）所定义的魅力光环里的人们并不一定享有特权，却有可能受到过分约束。在现实生活中，人们总是想方设法要逃出这座城堡。许多女性可能会拒绝以某种稳定的身份被禁锢在某个社会空间内。一些心有不满的异性恋者会跨出界线，逃离自己的婚姻生活。香港的师奶们都很明白，她们并不受社会的重视，因此她们想出了各种方法去越过各种定义什么是"好的、异性恋的、已婚的女性"的底线。但这种越界行为并非为"行为偏差者"所独有，即使是最"正常"和最温顺的女性也有可能越界。这些所谓的"正常的、已婚的异性恋者"可能也想获得一些新的经历与关系。总的来说，她们对"常态标准"的不满与背离被有意忽略了，为的是维持某种幻觉，即，真的存在着一小群"良好的、已婚的女性"，她们没有对性的情欲或者对生活的渴望，她们的存在复制与再现了那种被广为接受的社会秩序。尽管这些女性似乎仍留在她们的"魅力光环"里，但我们必须认识到，她们其实渴望离开这种"魅力光环"，在枯燥乏味的"常态标准"之外，探索其他形式的关系。欲望的本性是矛盾的，我们所掌握的有限的概念类属——例如性别、性或身份——并不能充分地描述与刻画欲望的各种实现方式（Ho, 2006; Tsang & Ho, 2007）。就像库利克（Kulick, 2000）和瓦伦蒂娜（Valentine, 2003）所认为的那样，我们应该关注各种"晦涩难懂、不易理解"的欲望，这样才能使我们窥探到情色欲望的复杂性、各种实践表现形式以及它与各种类属的身份认同之间的关系。

本研究显示，女性对美好性爱的想象似乎拥有许多来源与场所。这些已婚女性的情色满足感源于诸多因素，包括爱情与关爱、性亲密与性满足、情色追求、社会确认以及她们在身为妻子或母亲的角色之外其他满足欲望的补充物。兴趣小组、娱乐、外遇等，都是她们做出其他选择的"护照"：不用再做一个妻子、一位母亲；或者让身为妻子与母亲这一现实更能被忍受（Ho, 2007a, 2007b, 2008a, 2008b）。她们生活的意义被扩展了的关于补充性的领域不断重新构造（Gergen, 1997）。对正常的、自然的异性恋者来说，女性生活中的社会确认与体面并非她们维持心理健康和社会特权的唯一因素。在她们的快乐公式中，还包括了其他因素。任何婚姻可能都无法向女性提供她们想要的一切，而每位女性都有着各自不同的婚姻。这意味着，在女性的一生中，她们反复地重建自己的期望：可以实现哪些愉悦？如何实现那些愉悦？她们根据自己所在的特定的社会情境与关系情境，决定性高潮与社会确认在她们的"美好性爱"公式中的重要性。

本论文的研究结果与许多研究者的发现一致，即：用来衡量女性性满意度的最佳标准并不是各种具体的性回应，而是她们的关系与生活的各种固有特性（Haavio-Mannila & Kontula, 1997; Hurlbert et al., 1993; Young et al., 2000）。这说明了拓展对情欲的概念化过程非常重要。我们需要考虑更为广义的社会情境，但也需要去了解，与女性的性地理及其社会身份的价值有关的各种意义如何影响女性的生活与性身份。"师奶"这一标签的含义从尊称变为对中年家庭主妇的贬称，这暗示着香港在第二次世界大战后在经济发展和社会文化情境等方面发生的变化，以及这些变化如何改变了社会对女性的期望。人们必须通过每天的性实践来改造各种可用的文化场景，使它们成为在某一特定社会群体中可用的"实现"性的方式。因此，必须注意到香港的华人女性如何以各种独有的方式去追求她们认为与性或浪漫有关的东西，无论那是出于她们的性爱受挫感或情色不满足感，还是她们在维系社会尊重和社会体面等其他方面的欲望。作为在文化意义上对情色不满足感的特定反应，她们的娱乐活动、外遇关系、离婚行为以及与同性的亲密关系（尽管她们并没有将自己定性为女同性恋者）值得引起注意。

　　本研究存在着若干局限。本研究的目的在于从女性自身的角度出发，深入了解她们的生活，在研究中大多采用了质性研究的方法。对样本的选择，是为了尽可能地表现各种女性经历的多样性，而不是为了达到实证意义上的一般化，因此样本量并不大，也没有采用随机抽样。本研究仅针对华人女性的某一文化群体，至于她们的经历与中国内地女性、亚洲其他国家的女性或西方女性的经历有何相似之处与不同点，还有待进一步研究。本研究以香港这个绝大多数居民是华人、但已经显著西方化的社会与文化为例，对于女性在这方面经历的普适性研究可能会有所启示。本研究中受访女性的叙述，充分展现了女性的欲望如何随着时间的推移、根据社会情境和生活环境而发生变化。在研究女性如何以各种不同的方式去理解"美好的性"时，应当引入与发展关于女性气质的其他理论或者能描述女性各种欲望的全新概念框架。

● 结论

　　从理论上说，这些已婚女性身处性的阶序层级的最高点，至少应该享有社会的尊重，但事实并非如此，她们知道自己并没有真正受到重视。香港许多已婚的中年女性都意识到，"师奶"已不再是一个受社会尊重的类属，而变成了一种与平庸、无趣、没有性魅力等形象联系在一起的、被贬义化了的身份。师奶、家庭主妇与持家妇女是受到尊重的身份，但她们本身并没有得到尊重，尽管她们与性行为偏差者或身处魅力光环外缘的人相比，看似拥有一种被社会接受的社会地位。许多女性不得不去应对这样一种矛盾：身处魅力光环的中心，却拥有一个被贬损的身份。她们必须努力提高自身价值，才能重新获得他人的尊重，这一事实恰恰体现了上述矛盾。她们所享有的那种社会尊重和社会体面其实只是社会对她们的认可而非赏识。因此，我认为，许多女性实际上并未真正拥有"美好的性"，即使从鲁宾（Rubin, 1984）所描述的社会尊重的意义上看也是如此。

　　我进一步认为，社会尊重和社会体面不仅不能确保性高潮或身体感觉层面上的美好性爱，实际上反倒有可能因为受到结构化、模式化的性地理约束而阻碍了美好性爱的发生。很多女性不得不放弃对自己的性愉悦与其他欲望的满足感的追求，来维持表面上受社会尊重的体面地位。已婚女性承受着诸多压力与限制，这使得她们不能毫无顾忌地获得改善她们生活所必需的社会曝光与性探索。尽管来自她们生活世界的有限期望可以帮助她们获得一定的满足感，但许多女性还是强烈地感觉到了受限和厌倦，于是她们开始寻求更为刺激、更加情色的性关系和生活体验。换言之，这些女性看似享有的社会尊重等祝福有可能帮助或阻碍她们表达自己的情色欲望与性满足，而这取决于她们在特定社会环境下的需求。

鲁宾（Rubin, 1984）所认为的美好性爱往往不同于女性自己的定义和经历。尽管鲁宾（Rubin）在阐述自己的性的阶序层级公式时，关注点并非女性是否拥有性愉悦层面上的美好性爱，但我认为我们仍应在这方面进行深入研究，否则，我们（学者和研究者）所探讨的美好性爱，不管结论如何，都不能符合女性真实的生活体验。从受访女性的叙述中可以发现，她们对于美好性爱的看法包含了诸多因素，或者说至少包括了四个维度。女性能感受到美好性爱的原因可能是：①她们所做的事是正确的，那样她们才会获得社会认可和尊重；②她们获得了性高潮或身体感官上的愉悦（常常与其他心理满足感有关）；③她们从包括兴趣爱好、娱乐活动或其他亲密关系在内的不同追求中获得了情色满足，而非性高潮或肉体愉悦等层面上的性满足；④她们可以实现在自己的生活境况中很重要的其他心理目标与社会目标（可能与婚姻的维系或家庭的和睦有关）。女性可能会不断地在不同的人生阶段中重新表述自己的愉悦。她们可能会在自己关于美好性爱的公式中添加或者删除社会尊重、性高潮、情感亲密以及其他各种特定元素。

（何式凝）

Ho, P. S. Y. （2008）Not So Great Expectations: Sex and Housewives in Hong Kong. *Journal of Sex Research*, 45 （4），338-349.

参考文献

Asians Rate Sex so-so: Survey. （2007, April 17）. Yahoo News. Retrieved May 5, 2007, from http://News.yahoo.com/s/afp/20070417/ wl_asia_afp/lifestyleSexasia.

Basson, R. （2001a）. Human Sex-response Cycles. *Journal of Sex and Marital Therapy*, 27,

33 – 43.

Basson, R. (2001b). Using a Different Model for Female Sexual Response to Address Women's Problematic Low Sexual Desire. *Journal of Sex and Marital Therapy*, 27, 395 – 403.

Basson, R. (2002). Women's Sexual Desire—Disordered or Misunder- stood? *Journal of Sex & Marital Therapy*, 20 (s), 17 – 28.

Bejin, A. (1986). The Influence of the Sexologists and Sexual Democracy. In P. Aries & A. Bejin (Eds.), *Western Sexuality: Practice and Precept in Past and Present Times*, pp. 201 – 217. Oxford: Basil Blackwell.

Census and Statistics DepartMent. (2006, April). Gender Imbalance in Hong Kong [Feature Article]. Monthly Digest of Statistics. Retrieved May 5, 2007, from http://www.bycensus2006.gov.hk/ FileManager/EN/Content_962/06bc_summary_Results.pdf.

Census and Statistics DepartMent. (2007). Hong Kong 2006 Population by-census—Summary Results. Retrieved May 5, 2007, from http://www.bycensus2006.gov.hk/FileManager/EN/Content_962/06bc_ summary_Results.pdf.

Chow, C. (2003, May 13). For Most Married Women, Sex is a Bore. *South China Morning Post*, p. C1.

Durex World Sex Survey—Nigerians, Longest Sex (24 minutes) — Indians, Quickest Sex (13 minutes). (2007, April 18). *WorldTime News Report*. Retrieved May 5, 2007, from http://www.wtnrradio.com/News/story.php?story=178.

Gergen, K. (1997). *Realities and Relationships: Soundings in Social Construction*. Cambridge, MA: Harvard University Press.

Glasser, B. G. & Strauss, A. L. (1967). *The Discovery of Grounded Theory: Strategies for Qualitative Research*. Chicago: Aldine Publishing Company.

Haavio-Mannila, E. & Kontula, O. (1997). Correlates of Increased Sexual Satisfaction. *Journal Archives of Sexual Behavior*, 26, 399 – 419.

Hirsch, J. S., Meneses, S., Thompson, B., Negroni, M., Pelcastre, B., & del Rio, C. (2007). The Inevitability of Infidelity: Sexual Repu- tation, Social Geographies, and Marital HIV Risk in Rural Mexico. *American Journal of Public Health*, 97 (6), 986 – 996.

Ho, P. S. Y. (2006). The (charmed) Circle Game: Reflections on Sexual Hierarchy Through Multiple Sexual Relationships. *Sexualities*, 9, 549 – 566.

Ho, P. S. Y. (2007a). Eternal Mothers or Flexible Housewives: Middle- aged Chinese Married Women in Hong Kong. *Sex Roles: A Journal of Sex Research*, 57, 249 – 265.

Ho, P. S. Y. (2007b). Desperate Housewives—the Case of "Si-nai" in Hong Kong. *Affilia, Journal of Women and Social Work*, 22, 255 – 270.

Ho, P. S. Y. (2008a). Squaring the "charmed" Circle: Normality and Happiness of Women in Hong Kong. *Asian Journal of Women Studies*, 14, 30 – 58.

Ho, P. S. Y. (2008b). Re-visiting Orgasm and Desire: The Representation of Si-nai in Hong Kong. *Envisage: A Journal Book of Chinese Media Studies*, 5, 83 – 106.

Hurlbert, D. F., Apt, C., & Rabehl, S. M. (1993). Key Variables to Understanding Female Sexual Satisfaction: An Examination of Women in Non-distressed Marriages. *Journal of Sex & Marital Therapy*, 19, 154–165.

Jackson, S. & Scott, S. (2001). Embodying Orgasm: Gendered Power Relations and Sexual Pleasure, *Women and Therapy*, 24 (1/2), 99–110.

Jackson, S. & Scott, S. (2007). Faking like a Woman? Towards an Interpretive Theorization of Sexual Pleasure. *Body & Society*, 13, 95–116.

Kulick, D. (2000). Gay and Lesbian Language. *Annual Review of Anthropology*, 29, 243–285.

Leiblum, S. R. (2002). Reconsidering gender Differences in Sexual Desire: An Update. *Sexual and Relationship Therapy*, 17, 57–68.

Leiblum, S. R. & Rosen, R. C. (Eds.). (1988). *Sexual Desire Disorders*. New York: Guilford.

Leong, S. (2006). Who's the Fairest of Them All? Television Ads for Skin Whitening Cosmetics in Hong Kong. *Asian Ethnicity*, 7 (2), 167–181.

Leung, B. K. P. (1995). Women and Social Change: The Impact of Industrialisation on Women in Hong Kong, In V. Pearson & B. K. P. Leung (Eds.), *Women in Hong Kong* (pp. 22–46). Hong Kong: Oxford University Press.

Ng, C. W. & Ng, E. G. H. (2005). Hong Kong Single Women's Prag-matic Negotiation of Work and Personal Space. *Anthropology of Work Review*, 25, 8–13.

Ng, E. M. & Ma, J. L. C. (2001). *The International Encyclopedia of Sexuality*, (vol. 4), New York, London: Continuum International Publishing Group.

Nicolson, P. (1993). Public Value and Private Beliefs: Why do Women Refer Themselves for Sex Therapy? In J. M. Ussher & C. D. Baker (Eds.), *Psychological Perspectives on Sexual Problems: New Directions in Theory and Practice* (pp. 56–78). London: Routledge.

Parish, W., Luo, Y., Stolzenberg, R., LauMann, E., Farrer, G., & Pan, S. (2007). Sexual Practices and Sexual Satisfaction: A Population Based Study of Chinese Urban Adults. *Archives of Sexual Behavior*, 36, 5–20.

Potts, A. (2000). Coming, Coming, Gone: A Feminist Deconstruction of Heterosexual Orgasm. *Sexualities*, 3, 55–76.

Ridley, C. A., Cate, R. M., Collins, D. M., Reesing, A. L., Lucero, A. A., Gilson, M. S., & Almeida, D. M. (2006). The Ebb and Flow of Marital lust: A Relational Approach. *Journal of Sex Research*, 43, 144–153.

Roberts, C. Kippax, S. Waldby, C., & Crawford, J. (1995). Faking It: The Story of "Ohh!", *Women's Studies International Forum*, 18 (5–6), 523–532.

Rubin, G. (1984). Thinking Sex: Notes for a Radical Theory of the Politics of Sexuality. In C. S. Vance (Ed.), *Pleasure and Danger: Exploring Female Sexuality* (pp. 267–319). London: Pandora.

Schwandt, T. A. (2000). Three Epistemological Stances for Qualitative Inquiry: Interpretivism, Her Meneutics, and Social Constructionism. In N. K. Denzin & Y. S. Lincoln (Eds.), *Handbook of Qualitative Research* (2nd ed.). (pp. 199 - 213). Thousand Oaks, CA: Sage.

Shek, D. T. L., Tang, V. M. Y., & Han, X. Y. (2005). Evaluation of Evaluation Studies Using Qualitative Research Methods in Social Work Literature (1990 - 2003): Evidence that Constitutes a Wake- up Call. *Research on Social Work Practice*, 15, 180 - 194.

[Si-nai]. (2006, December 23). In Wikipedia, the Free Encyclopedia-Chinese Version. Retrieved December 24, 2006, from http://zh.wikipedia.org/w/index.php?title=%E5%B8%AB%E5%A5%B6& Oldid=3198096.

Strauss, A. & Corbin, J. (Eds.), (1997). *Grounded Theory in Practice.* Thousand Oaks, CA: Sage Publications.

Tiefer, L. (1995). *Sex is not a Natural Act and Other Essays*. Boulder, CO: Westview.

Tsang, A. K. T. (1987). Sexuality: The Chinese and the Judeo-Christian Traditions in Hong Kong. *Bulletin of the Hong Kong Psychological Society,* 19/20, 19 - 28.

Tsang, A. K. T. & Ho, P. S. Y. (2007). Lost in Translation: Sex & Sexuality in Elite Discourse and Everyday Language. Sexualities, 10, 623 - 644.

Valentine, D. (2003). "I Went to Bed with My own Kind Once": The Erasure of Desire in the Name of Identity. *Language and Communication*, 23, 123-138.

Wood, J. M., Koch, P. B., & Mansfield, P. K. (2006). Women's Sexual Desire: A Feminist Critique. *The Journal of Sex Research*, 43, 236 - 244.

Wood, J. M., Mansfield, P. K., & Koch, P. B. (2007). Negotiating Sex ual Agency: Postmenopausal Women's Meaning and Experience of Sexual Desire. *Qualitative Health Research,* 17, 189 - 200.

Young, M., Denny, G., Young, T., & Luquis, R. (2000). Sexual Satisfaction Among Married Women. *American Journal of Health Studies,* 16, 73 - 78.

欲望：金钱、快乐与自我 DESIRE

我们通过不同的研究个案，探讨人如何通过追求其他欲望的满足去弥补性欲需要或保持情色能量。在撰写这些研究时，我们已经认识到，应重视性欲与日常生活中表面上"非性"部分的关系。

性带来的高潮固然令人快慰，但其他事物例如宠物等也同样重要。世上存在着很多可以用金钱买得到的事物，同时也存在着很多金钱买不到的东西。如果金钱能够改善人与人之间的关系，并改善妇女的生活，也不失为一件令人愉快的事。

在此，欲望是一个很好的切入点，因为它覆盖了生活世界的所有层面，它挑战、动摇并质疑了那些被想当然地认定的概念，例如：生物学意义上的性别、婚姻、性高潮、爱情、伦理、语言及文化、精神性、政治、公民身份、政府的角色、公共品。

"私房钱"——香港华人女性的退休计划策略

本报告重新检视了关于"贫穷的女性化"论点的各种假设,探究香港华人女性对年老以及处理年老与退休事宜的策略的观念。本文质疑以男性为中心的退休计划模式的各种假设,同时强调了对贫与富的定义在女性心目中的重要性。通过检视女性如何管理个人储蓄或"私房钱",可以看出她们在各个相互联系的生活领域中的自我实践,而退休计划更是不能与之分割。

公共话语、政治以及与退休有关的社会方案大多被以男性为中心的模式所支配。这种模式完全基于一条关于不断的生活转型、就业和退休的理想化的生命轨迹,以一个被假定为理性经济人的男性工人作为假设的原型(Hewitson, 1999)。这种模型中"男权主义的"假设,忽视了女性劳动力的重要性与特征(Beasley, 1994; Collins, 1990; DeVault, 1991; Folbre & Bittman, 2004; Hooks, 1984)。而像怀孕那样的与女性有关的经历也受到了这种模型的漠视,这些经历让女性无法在劳动力市场中持续就业,扰乱了她们的职业发展路径。这种模型还无法识别出相当一部分没能得到足够经济补偿的女性劳动力,因此她们的需要并没有在退休方案中体现出来。为了回应这种以男性为中心的模型,一些女权主义经济学家,如格莱帕德(Grapard, 1992)、赫维特森(Hewitson, 1999)、雷文(Levin, 1995)、尼尔森(Nelson, 2003)与威廉姆斯(Williams, 1993)等人,认为现有的各种经济模型需要修改其部分前提。尼尔森(Nelson, 2003:110)认为,我们需要的是这样一些新的经济模型:"它们会把世界诠释为开放的、相互联系的以及灵活的,这个世界里被选取的观点和采取的行动以某种最基本的运作方式在起作用。"通过这种方法,我会超越建基于过度简化的世界观之上的标准的新古典主义经济学,"它是各种法则与机制的封闭系统,并以将个人视为原子化的主体、不涉及价值判断为其假定"(Nelson, 2003:110)。

在很多社会研究中，种种自认为社会性别中性化的话语对女性的经历视若无睹（DeVault, 1991; Smith, 1987），这包括了各种泛泛的老生常谈，例如现在被广泛接受的关于人口老龄化社会的见解。其中一个例子就是世界银行所做的一项研究（1994），它认为要达到既保护贫穷的人、又促进增长这种双重目标，最佳的方法是"三管齐下"来提供全面的退休保障：①由公众管理的、由税收支持的针对老年人的社会安全网；②由私人管理的、强制性的完全提存准备式缴费计划；③自愿性的私人储蓄。可是，这里并没有特别针对性别的规定，而且该研究忽略了女性特有的生活与工作经历。

在香港，有的研究者建议，通过鼓励中年人士开始规划自己的退休安排，来解决因为人口老龄化而出现的那些经济问题（Chow & Kwan, 1986; Kwok, 2001; Lee & Law, 2004; Ng, Phillips & Lee, 2002）。香港现行的是非法定的援助计划，称为综合社会保障援助计划（综援）（Comprehensive Social Security Assistance Scheme, CSSA），它经过入息审查（means-tested），向有需要的人士提供基本福利。强制性公积金（强积金）（Mandatory Provident Fund, MPF）是一个投资计划，依靠的是雇主与雇员各自缴出的占雇员薪金5%的强制性供款。如果再算上私人储蓄，香港可以说拥有前述"三管齐下"的老年保障。可是，人们大都相信，它们并不足以满足退休人士的需要，因为能提存或储蓄下来的金额很少（Chow & Kwan, 1986; Lee, 2000; Lee & Law, 2004; A. Siu, 2002）。

强积金和综援的实施是以香港的退休主导话语模式为基础的。这种模式包含的是关于工作生活、有薪受雇以及补偿的以男性为中心的看法。它最多只能通过中央分配制度给那些不幸的人提供帮助，可是，它并没有留意到那些不符合"全职受雇然后退休"的典型分期的女性的需要。此外，在这种由男性构建的社会保障制度下，女性不能从她们丈夫或前夫所得的利益中分享到一分一毫。这种模式的因果关系似乎就是：那些为照顾老弱妇孺付出了最多时间和金钱的人们（女性），却几乎无法得到什么金钱上的补助与救济（Folbre & Bittman, 2004）。例如，强积金计划并不包括边缘收入工作人士，它们中的相当部分是女性尤其是家庭主妇，这仅仅是因为家庭主妇在家中的工作与劳动并不能以报酬方式得到折算与估测（Lee, 2003）。

很多关于香港老年人及其退休的研究（e.g., Chou, Chi, & Chow, 2004; Chou & Chow, 2005; Chou, Chow, & Chi, 2004; Chow & Kwan, 1986; Kwok, 2001）都没有对女性的经历给予足够的重视，它们所采用的理论框架漠视了女性的生活与经历，主要是建立在以男性为中心的经济模式的基础之上。但是，该领域的部分研究也注意到了女性的经历（e.g., Lee, 2000, 2001; Lee & Law, 2004; Leung & Ho, 2002;

Tang, 2000），或多或少地提供了明确的社会性别分析，并将"贫穷的女性化"论点纳入自己的理论框架。有的研究者认为，与男性相比，女性在老年时更有可能变得贫穷，因为她们的预期寿命更长、此前在劳动力市场的参与程度更低、受到劳动力市场的区隔、收入更低、接触社会保障的渠道更为有限（Chan, 1999; Lee, 2001; Leung & Ho, 2002; Tang, 2000）。李（Lee, 2001: 31）认为，香港女性的受雇模式、受雇历史、寿命以及生命周期模式"折射出老年人女性的贫穷化，正如其他发达社会的老年女性所经历的那样"。

● "贫穷的女性化"（Feminisation of Poverty）

根据这种论点，与男性相比，女性在经济上更为脆弱（Pearce, 1978, 1983, 1990）。基本的论点是：女性需要面对各种男性不需面对的显著的劣势与阻碍，这让她们更容易变得贫穷并持续贫穷。很多女性主义学者注意到社会性别歧视如何持续地影响着女性在劳动力市场的薪酬和受雇机会（Butler & Weatherley, 1992; Skirboll & SilverMan, 1992; Wingrove & Selvin, 1991）。女性的另一个劣势在于，她们在传统上被赋予的照料孩子与照顾家庭的责任，让她们的受雇历史更容易半途中断（Skirboll & SilverMan, 1992）。

这种主要建基于社会性别分析的"贫穷的女性化"论点所存在的问题是：它倾向于只是关注"客观"的现实，或者只是（通过社会经济指标）关注政治经济学，并且强调各种对女性不利的结构性因素。针对这种论点的种种不足之处，梁和何（Leung & Ho, 2002）建议，重要的是要与全球化、个体的选择与约束等结构性问题相结合；将女性的行为看做主要是对贫穷的反应；而且要集中注意那些影响她们生活的、隐含的、繁复的关系。他们认为，不但要考虑女性那些自利的、以效用最大化为目的的行为，还要注意到各种被规范的承诺和感情要素，因为它们限制了女性的选择，并让她们的贫困持续下去。这一研究与劳（Law, 2001）及李（Lee, 2003）等人的研究都提出，"性别的社会化"让女性相信她们的家庭会在自己年老时照顾自己，这或许可以解释为什么女性没有对自己的退休做出规划。从某种程度上说，这些研究意识到，女性可以有另外一些完全不同的退休财务计划。

本文通过探究香港华人女性对年老以及处理年老与退休事宜的策略的观念，重新检视了"贫穷的女性化"论点的可靠性。更准确地说，本文指出了"贫穷的女性化"论点中隐含的一些问题。首先，该论点主要关注的是贫穷，而不是造成贫穷的女性化过程。在讨论贫穷的女性化时，女性的特定性别不应被视为在解释什么问题时都具有"依赖性"式的重要性（例如，总体人口的贫穷是核心问题；性别问题让贫穷更加恶化），但依然应该在认识论中占据着中心位置。过往的女性主义研究都略微注意到女性的经验和她们对现实的认识（这是一种社会文化结构的产物），以及这些如何在金钱和经济意义上让女性变得相对贫穷。可是这些研究倾向把女性定位为结构性剥削与/或负面的性别社会化的受害者或被动承受者。它们似乎在暗示，贫穷的女性化之所以成为可能，是因为社会化的力量与主导性的话语让女性接受了一个以男性为中心的补偿制度及/或报酬制度以及种种与社会价值观联系在一起的、剥削性的、"去权化的"社会安排，而且并未遇到什么反对。虽说这确是实情，但贫穷的女性化不一定就要被简单地看做残酷的；相反，它可以是有建设性的，尤其在它被视为各种反抗策略的产物时（Foucault, 1978）。我根据本研究所收集到的实证数据，认为即使女人在某些情况下真的算是受害者，她们也依然拥有各种反抗策略。因此，我在本文中指出，女性在自己的退休计划事务中，在考虑到镶嵌于退休计划事务之中的话语与特定情况后，实际上是如何作出各种决定的。

　　此前研究的第二个不足之处是，虽然它们考虑到了那些决定女性选择的社会规范与价值，例如女性照顾孩子和家庭的责任、劳动力市场中存在的性别主义、影响女性生活的权力关系网，但它们还是倾向于关注那些扎根于社会的政治经济结构中的社会经济的不公。这样做的结果就是，它们所提出的解决经济不公问题的方法是一些政治经济上的结构重组。这一重组又可能会包括收入再分配、劳动部门重组、以民主决策方法进行投资或改革其他基本的经济结构（Fraser, 1997）。近来，一些政治理论家希望概念化这些文化意义和象征意义上的不公现实。例如，泰勒（Taylor, 1992：25）认为，这些"不被承认"或"被错误地承认"可能都是压迫的一种形式，把人束缚在一个"虚假、扭曲、简约的存在模式里"。承认不只是礼貌礼仪，还是"人的一种必需品"（Taylor, 1992：25）。我与泰勒（Taylor, 1992）及佛瑞塞（Fraser, 1997）的观点一样，尝试去理解女性对自己未来的种种愿景是如何与她们的看法和经验联系在一起的；女性并不只是社会经济不公平下的产物，因此，可怜巴巴地要求再分配补偿，她们需要获得（对男女差别以及她们对自己的需要与状况的理解的）承认，以作为对她们的额外治疗，让我们得以聆听她们的声音。

　　此前研究的第三个不足是，它们采用的都是以男性为中心的经济模式，突显的是物质效用与主观的价值表征——金钱——的地位。经济学过度地强调了（与家庭相对的）市场和（与他人利益相对的）自身利益。类似的，现代会计系统对金钱的重视程度远高于对诸如时间和关系等其他的事物的重视程度。在批判资本主义秩序的女性主义经济学的想象中，对价值、效用、购买与/或交换的看法都与现有主流经济学不同。在女性主义经济学中，互依互赖、互利互惠以及信任等理念即使不比金钱更宝贵，至少也与金钱具有同等的价值。以女性为中心的或曰"女权中心"式的对贫穷的理解，常常和对被遗弃、被孤立和缺乏支持的恐惧有关，而不仅仅是金钱上的匮乏。紧密的人际关系互动与情感互动所提供的机会是生活质量以及人类能力发展的关键所在（Folbre & Bittman, 2004）。我在此提出的是改变经济学的价值体系，使其能更为令人满意地分析女性和男性的经济行为。我提倡的是在经济学中一个多重的而不是单一的、关于价值估算与交换的工具。我也认同贝斯利（Beasley, 1994）的观点，即，女性主义学者应致力于为经济学建立一种女性主义的模式。

本研究的以下发现质疑了以男性为中心的退休计划模式的各种假设，同时强调了对贫与富的定义在女性心目中的重要性。它们说明，通过检视女性如何管理个人储蓄或"私房钱"或"私己钱"，可以看出她们在各个相互联系的生活领域中的自我实践，而退休计划更是不能与之分割。"私房钱"与"私己钱"都是中文里对（通常是秘密地）储钱的指称，那是未婚女性与家庭主妇为她们自己建立的保障，因为她们并不信任自己生命中的男性。本研究的目的在于展示：我们可以通过研究女性所拥有的金钱中的这一"秘密核心"，去理解女性事实上如何看待、评价与管理金钱。本研究发现，这些女性的私人储蓄，虽然作为投资并不能必然带来即时的好处，但却能增加女性的金融资本与社会文化资本，让她们——尤其是在晚年——获得安全感。

● 方法

我在3位社会工作专业研究生（下称研究团队）的协助下开展此次研究。18位阶层、教育背景与婚育状况各不相同的中年女性（年龄介于41—58岁之间），在2004年4—6月期间接受了访谈。这些受访者是通过立意抽样法遴选出来的，其目的在于让这些样本能涵盖具有各种社会人口学背景与关系情境的中年女性总体，"以便尽可能地去比较让一个范畴的性质与维度不断变化的各种大事情、小插曲与偶然事件"（Strauss & Corbin, 1998：202）。

这18位女性中的10位已婚并育有孩子，5位现已离婚并育有孩子，2位单身，1位守寡。8位受全职雇佣并参与了强积金计划，2位有兼职工作但并未参与强积金计划，2位自营生意，3位在婚后曾尝试外出工作、现为全职家庭主妇，1位通过提早退休计划，1位正在领取综援，只有1位自婚后一直没有工作。总的来说，那些自称不需要外出工作的女性大多曾在婚前或婚后以各种形式受雇，所以，我们难以找到任何令人满意的划分标准，以区分哪位受访者可以退休，哪位受访者还未能退休。这些女性曾受雇的工作涉及各行各业：家务助理、酒楼工人、保险经纪、私人投资者、自营生意；她们的工作性质既有全职又有兼职。

为了深入探索每位受访者的生活，我们拟定了一份访谈提纲。通过对18位受访者进行访谈，我们获得了总时长超过40小时的录音资料，并将其转录为400多页的文字数据。本文中出现的姓名均为假名，以保护受访者。研究团队制定了译码手册，以便使各种译码条目统一化，又可以在新条目被识别出来时作常规复核之用。对数据的译码工作由Nvivo软件完成。在第一层次的译码工作中，研究团队的成员一起对某个案例进行了译码，以保证每个成员对各个意义单元的定义以及对每一个译码的表述的一致性。在第二层次的译码工作中，研究团队的成员通过比较各个条目来识别出它们之间的关系。"私房钱"这一术语，或就其字面意义而言，"私人房间里的金钱"，被引入各次访谈，以观察女性们是否需要以这些"私人的"或者隐秘的储蓄方法作为她们自己获得安全感的唯一途径（《人人都想存下的私房钱》"The Si Fong Chin that Everyone Wants to Keep," 2004）。从数据中浮现出的各种主题在经过分析后，成为本研究各主要结论的基础（Tutty, Rothery & Grinnell, 1996）。

● 发现

在本研究的发现中，有大量的证据足以支持下列观点：至少在退休计划这一问题上，许多女性有着自己一套独有的理解与评估各种事物的方法、一套她们自有的构建属于她们自己的世界的方式。这些女性的某些行为或许称不上"在经济学意义上是明智的"，或许最终导致了贫穷与经济困难，但是，这并不意味着这些女性没有意识到这些问题或者缺乏应对问题的能力。相反，她们只是从另一种角度去看待这个关于钱与人的世界，并相应地展开行动。

● 不相信男人

虽然强积金计划是一个公开的退休保障计划，但退休保障这种理念对许多香港女性来说却相当陌生。绝大多数受访女性都意识到自己并未能很好地受到强积金计划保障，因为这一计划并没有包括家庭主妇与低收入的工作人士。此外，绝大多数受访女性都认为自己并不能依靠丈夫的退休金，因为她们并不知晓丈夫的退休计划，而且并不能因身为配偶而从丈夫的退休计划中受益。一些经历过婚姻关系与婚姻状态变化的女性意识到，她们不能靠自己的婚姻而获得保护。事实上，在许多女性受访者的叙述中值得注意的一点是，除非旁人提起，否则她们都在叙述中略去自己的丈夫。绝大多数受访女性倾向于将自己的丈夫视为家庭的负担，至少在财政方面如此。

张太太的故事就是一个典型案例。张太太现年50岁，两年前起在她兄弟开设的酒楼里做点心女工，此前她曾有过很多不同的零散工作。在接受我们的研究与访问时，她每个月赚取港币4000元（约合515美元），仅仅足以维生。值得注意的是，张太太的工作薪金其实并不比一位领取综援的长者每月得到的港币3600元（约合463美元）（社会福利署，2004）多多少。2004年，特区政府改变了所有申领综援人士的申请资格，将其最低居港年期提高到了7年。由于在现居香港、但居港年期少于7年的人士中来自中国内地的女性占了绝大多数，因此政府的这一新要求剥夺了这些女性获得社会保障的权利。张太太的低收入还意味着她不会从强积金计划中受益。虽然张太太不能长时间站立，但她依然坚持为酒楼工作，以维持稳定的收入。

在张太太生下第二个孩子后，她的丈夫有了婚外情。此后，张先生就很少回家，虽然他每个月还是把孩子的抚养费交给张太太。当张太太被问及她自己的退休时，她似乎并不感到担心，因为她的信仰是要活得简单："我认为一个人即使没太多钱，也可以活得很愉快。如果你不提出太多要求，生活应该是美好的。"当她被问及如何去应付健康危机和其他紧急情况时，她说："我不认为我的孩子会让我死去（而不管不顾）。"

姗女士现年51岁，离异，有三个20多岁的孩子。她的大儿子和女儿从事全职工作，最小的儿子有兼职工作但仍然依赖于家里的财政支持。姗女士是一家老人院的私人看护，每个月赚取港币7000元（约合901美元）——如果住在公屋或者棚户区的话，则刚刚足够维持生计。姗女士却与自己的三个孩子租房共住，在离婚前她一直没有去工作，而她的所有资产都是与前夫联名拥有的，所以当她的前夫破产时，她也失去了一切。她至今仍在还债，同时还要帮助她的女儿缴付信用卡账单上的欠款。姗女士在经历了这种种痛苦后强烈地意识到，女性拥有自己丈夫不知道的私己钱是合情合理的：

> 我认为已婚女性拥有私房钱是明智的做法。不管谁向你借钱，不管他们的情况多么紧急，你都要为自己留下一些东西。千万不要倾尽你的全部所有去帮助别人。

◉ 不信任投资制度

女性倾向于避免使用自己的储蓄来进行投资，哪怕她们被许诺了可观的回报。许多女性对投资的信心不足，总是不信任自己的丈夫，但她们却对自己有信心，并以秘密保留一部分自己资产的形式表达出对自己的这种信心，因此她们最终并不会一无所有。她们偏好于将自己的储蓄用于那些能稳定她们自己的家庭关系或者她们子女的家庭关系的事情上。但储蓄并不仅仅是关于金钱的问题，对这些女性来说，如果不拥有任何资源，就意味着被各种亲密关系定义着的她们的整个世界已经危如累卵。我很少听到这些女性说，她们因为所得太少，所以不能储蓄。

在所有我采访过的家庭主妇中，汤太太在家庭财务上似乎最为困难。她是唯一一位明确表示自己毫无储蓄的受访者。汤太太现年45岁，自从1998年抵港后就一直照顾家庭和两个孩子（目前年龄各为14岁与18岁）。以前汤太太的生活看上去还不错，全家人的生活靠身为太极拳师傅的汤先生的拳术课学费收入来支持，直到2002年，当时70岁的汤先生被发现患上老年痴呆症，这样的好日子终于结束了。汤先生被送进老人院里接受治疗，汤太太必须每月为他支付港币4100元（约合527美元），但她每月得到的综援总额只有港币7000元（约合901美元）。汤太太开始在咖啡店里兼职，但因为工作时间太长，她无法监督儿子完成功课，所以她决定不再工作。她说自己从来没有想过，在移民香港后竟然会依靠综援生活："我一直对此感到很难受。但当我的丈夫在养老院里时，我又能做什么呢？我需要支付他的费用。我需要照顾好两个孩子。"她说，自己只能把全部希望都寄托在女儿身上。汤太太会不会觉得政府给予的金钱只够她维生呢？如果她真的可以存下些钱，那恰恰只能证明她所领取的综援金额偏高了。对改善香港贫穷女性的生活感兴趣的学者、研究人员与政策制定者也许需要去留意这一事实：有的女性一直感到自己被边缘化了或者被排斥了，而并不认为自己是社会的利益攸关者（Lee，2000）。接受社会保障的这一经验或许使她们难以计划自己的未来并为之负责。

◉ 对其他人的义务

与此同时，我也听到许多受访者说自己因为储蓄为数不多而感到沮丧，因为她们觉得自己没能尽到家庭义务。李女士现年48岁，单身，与弟弟一起生活。身有残疾的她是一位公务员。她说，因为她的家庭成员总向她借钱，而她又很难拒绝他们的请求，所以她的储蓄一直并不可观。虽然参与了强积金计划，但李女士依然为自己的退休生活担心，因为她认为，她将来从强积金计划中得到的款项将不足以支持自己的生活：

> 我最担心的是住房问题。我真的希望自己能成功申请到一个公屋单位。我的亲戚们（在我的退休问题上）能给予我的最好帮助就是还清所有我借给他们的钱。但这一愿望成真的机会实在太过渺茫，所以我试着不去想这些。

许多女性无法为自己留下可观储蓄，不仅仅是因为她们的工作历史常被中断，还因为她们的家庭情况不佳，她们又觉得要对自己的家庭成员承担义务。一个人可能会说，世间其实本无任何关于个人储蓄与花费的既定程序，女性只是为了维持与支撑对她们来说是重要的各种东西才进行储蓄。把私房钱存起来，是因为她们以一种自认为合适的方式去珍视某些应受保护的关系，而不愿施行那种个人主义的自我保护。

当那些女性的丈夫并不可靠时，她们似乎感受到一种更为强烈的自我保护需要。值得注意的是，她们为其他人而储蓄的渴望，与那种认为储蓄是为了自己的未来生计与生存的个人主义模式形成了强烈的对比。私房钱是她们维持控制权的策略；当她们的工作得到的不是承认而只是轻视与贬低时，私房钱在某种程度上让她们所珍视的价值观得以留存。但是，她们经常需要为此付出代价：许多女性陷入了一种"索取抑或施予"的两难局面，她们的感觉永远受到"放纵自己抑或保护他人"这种权衡抉择的影响。

● 私房钱：你的还是我的？对还是错？

女性经常会因为要考虑到底是"为自己而储蓄"，还是"为家庭而储蓄"而挣扎不已。大多受访者似乎认为自己和家庭的界限被模糊了。欧女士现年43岁，离异，育有孩子。欧女士是少数明确认为应该"为自己而储蓄"的受访者中的一位：

> 每个月，我都将我的收入分成几份：一份是家庭开支；一份给我的母亲；一份用来偿还房屋的按揭贷款。我再把剩下的钱划分为两份：其一是（在紧急情况下使用的）存款，其二是给自己准备的私人储蓄。

周女士的案例则与欧女士相反。周女士现年52岁，离婚，现在是一名餐馆侍应。周女士坚持一切事情都应该只了为家庭："我不是挥霍无度的人。我手里有余钱。如果我有钱，我会存入银行。当我需要钱时，我会到银行提款。我只为了我的家庭而花钱。"

王太太现年42岁，已婚，育有两个年龄各为11岁及14岁的孩子。王太太并未工作，也没有参加任何体制化的退休保障计划，她相信自己的丈夫会通过他的退休基金和储蓄继续向家庭成员提供财务支持。她是某一类受访者的典型代表：认为在自己拥有的资源问题上并不存在着关于"自己"与"家庭"的鸿沟分野。

> 我想，我只有在我丈夫即将退休时才会考虑到自己的退休问题。目前，我并不需要太多地考虑此事。实际上，我和丈夫曾经讨论过这个问题，否则，我不会感到如此安全。

有的受访者认为，妻子拥有私房钱是不信任丈夫的表现。毫不奇怪的是，许多女性都因为拥有私房钱而出现了负罪感，即使她们的私房钱并不只是为了自己而留下来的，我们并不为女性因为留下私房钱而产生罪恶感感到惊奇。那些悄悄存钱的女性担忧的是她们出于保障性动机而留下私房钱的行为有可能会被误解为是自私的行为。例如，兰女士，现年41岁，是一位全职家庭主妇，已婚，育有两个年龄各为8岁及12岁的孩子，从生下大儿子时起她就成为了一名家庭主妇。她认为，自己会因为悄悄存下私房钱而感到尴尬。存下私房钱并不是一件简单明了的事情，特别是在它被认为不是必需品的时候。虽然有些受访者光明正大地公开存钱，但大多数受访者说自己只能悄悄地存下私房钱。

除了因为罪恶感之外，秘密行事还让她们对金钱有了更多的控制权，例如当家里对于什么才是真正的家庭需要的理解存在分歧的时候。秘密地留下自己的钱，还让她们免于受邀进行风险性投资或被毫无用处的家庭开支浪费掉。例如劳太太，现年50岁，已婚，育有两名年龄各为24岁和26岁的女儿：

> 我的丈夫一直考虑要进行投资。我因为他而一直损失惨重。他想开始经营自己的生意，我请求他不要那样做，因为他真的不了解那个行业，但他并没有听我的话。我一直在和他争论……如果我是他的话，我会感到幸运。

女性在家庭中不但扮演着秘密储蓄者的角色，她们还必须经常决定金钱在有需要时应该如何使用。许多女性发现，她们对自己储蓄的使用方法有可能会让她们的关系面临危机、给她们的家庭带来困难。当劳太太自己得了癌症时，她重新考虑了自己存款的用途：

> 在我突然遭受致命病魔的威胁后，我意识到健康比金钱更重要。我从此变得更加慷慨，当我看见自己的朋友在财政上捉襟见肘时，我更愿意去救济他们。

经常储蓄的女性发现，她们必须用自己的部分存款解决家里的各种问题。她们将会优先考虑孩子而非丈夫。受访女性倾向于将存款用于那些能稳定她们自己的家庭关系或者她们子女的家庭关系的事情上。她们愿意为一些实在的、基本的消费品付款，例如购买楼宇的首期费用或教育开支。

分配资源与拨出款项，这常常让女性身处一种微妙的境地，因为她们的有关决定将会让她们在家庭里赢得或者失去盟友。虽然这从来都不是什么容易处理的事务，受访者对作出决定并且维护她们所作决定背后的各种价值观从不逃避和犹豫。这一策略有可能被解读为：由于女性总的来说未能拥有可以让自己在家庭里获得认可与尊重的各种真正的财务资源，因此她们不得不采取这一策略。男人可以通过挥霍钱财来获得认可与尊重，但女人如果也这样做，就无法得到认可与尊重。而且女人也大多不喜欢挥霍：她们会借钱给身边最有需要、境况最为困难的人，她们把辛苦攒下的钱又从自己口袋里掏了出来。

● 私房钱：全部投资在关系上？

显然，对本研究中绝大多数受访者而言，存下私房钱并不是一件简单明了的事情。但她们中的许多人有一个共同点：她们经常牺牲自己的安逸与安全，把自己的钱借给其他家庭成员，以此来展示她们的爱。作为回报，她们期盼能从那些受益于私房钱的人那里得到关心、认可或者长期的财政支持。对绝大多数受访者来说，她们会尽量不依靠自己的丈夫来维持生计，但育有孩子的女性似乎不那么容易放弃对孩子的期望。欧女士这位43岁的离异女性觉得，自己虽然没有丈夫，但孩子让她不觉得孤单：

> 如果我想独自生活，那我一开始就不会结婚。我在离婚后被迫学会独立谋生。但我还有自己的孩子，我还能（与孩子们）保持亲属关系。

虽然孩子们将来未必能在财政上帮助这些女性，但她们依然抱着这样一种信念或者愿望。陈女士现年42岁，离异，有一个现已失业的20岁的儿子和一个尚在读书的11岁的女儿。她表示：

> 我不想成为孩子们的负担。他们在结婚之后会有自己的家庭。我必须安排好自己的未来。他们也许无力支持我的生活，但我不认为他们会离弃我。

欧女士为大儿子与女儿偿还债务，还和小儿子及儿媳一起住在她所拥有的房子里。欧女士的小儿子和儿媳的收入有限，但欧女士展现出与陈女士类似的信念——虽然自己的孩子目前在财政上有困难，但他们以后会照顾她。

令人困扰的是，在某些情况下，当这些女性由于没有存款而不能向她们的家庭成员提供所需要的金钱时，她们的家庭成员仍然会要求她们有所帮助，例如向银行贷款、通过其他途径借钱，然后为了还债而推迟退休甚至永远无法退休。许多受访者所表达的只是能和孩子们住得近一些的简单愿望，但她们对此却总是并不乐观。这些女性将搬入老人院视为自己的最后归宿。正如姗女士所说：

> 如果我能住在儿子隔壁，那当然最好。我可以在儿子的房子租一个房间，与儿子和儿媳一起居住。我不介意做他们的保姆（仆人）。许多老年人都必须那样做，特别是当他们的孩子不那么富有时。

绝大多数受访者表达了这种愿望：希望与孩子或其他家庭成员建立起良好的关系，希望这些家庭成员能在她们年老后照顾她们。这并不意味着她们完全没有察觉到其中隐藏着的风险。部分受访者开始怀疑，在自己子女身上投资那么多是否明智。兰女士察觉到："我把自己的时间和精力、自己的一切所有都投到我的孩子身上。我从不知道这样做是否明智。我以前觉得这样做是正确的。"

但是，做这些"正确的事"对受访者而言非常重要，即使这对她们来说意味着必须努力工作、艰难谋生。

许多受访者选择以一种灵活和简单的生活方式去面对老年与退休。劳太太说，她并不相信自己能长寿，所以没有必要为自己的未来进行大量的储蓄；她孩子的未来更加重要。正如她所说："只要我还有一丝能力在街上捡废旧瓶罐然后卖了换钱，我就不会饿死。"对没有孩子的受访者来说，其他较为远房的家庭成员就成了她们重要的资金来源。现年57岁的青女士几乎把自己的一生都用来照顾家庭。她在20世纪70年代时还是单身，身为注册护士，她的收入稳定并且相对较高。她的绝大部分钱财都用在了资助三位远赴英国读书的兄弟身上。如她所言：

> 我总是在购买英镑。我唯一关心是我三个兄弟的学费和生活费。幸运的是，我的弟弟在医学院拿到了学位，那是对我的最大奖励。他们就像我的孩子一样。我想为他们提供教育机会。我无法对他们置之不理。不管他们遇到任何问题，我都会满足他们的需要。我有时会给他们购买昂贵的礼物，因为我希望他们开心快乐。

伍太太现年56岁，已婚，与丈夫以及三个20多岁的孩子同住。她也寄希望于自己还在中国内地的亲戚身上。例如，她相信自己的姻亲会将他们继承的三间房子转赠给她，以报答她和丈夫对他们的关心与照顾：

> 我照顾一些年长的亲戚。每当他们遇到任何问题，我就必须去照顾他们。有时，我觉得自己不妨回去与他们同住。如果我的父母与姻亲有恙，我必须为他们支付医疗费。我同时照顾着几位老人，这并不容易，我怎么可能为自己存下很多钱呢？

女性在人际关系上投资，期望的是金钱的回报还是获得亲密关系？

受访的女性基于不同的理由，以金钱或其他种类的支持等不同的方式对各种关系进行投资。她们期望得到什么样的回报？部分受访者说，她们衷心地希望能为自己所爱的人解决难题。部分受访者明确地表示她们希望通过在关系上的投资，使在自己晚年时得到可能每月只有寥寥数千元的定期收入或者财政上的保障。在大部分的案例中，受访者都强调她们期望自己的投资能得到回报，但这种回报不仅仅是经济上的，还可以是精神上的。这些经济活动是未必能产生即时收益的投资，但却能在互依互赖的基础上，而非诸如金钱、所有权等个人主义意义上的功利之物的基础上，增加女性的金融资本与社会文化资本。劳太太的案例最能说明这点。

劳太太对丈夫并不抱什么希望，但她相信女儿会在她晚年时从经济上与感情上照顾她。作为一位癌症康复者，她相信借钱给女儿支付购房的首期费用更为重要。她通过公积金计划和自愿提早退休计划得到一大笔款项，因为知道女儿需要买屋结婚，所以借钱给她支付购房的首期费用。劳太太没有将此事告诉劳先生，因为他会要求她把钱放到一些投资计划里去。她目前只想参加最为安全的理财计划，例如投资基金和储蓄。她对自己晚年的财政状况抱有信心，因为她相信在女儿身上的投资会为自己带来长期而稳定的收入。那些被迫为丈夫或子女还债的受访者同样希望自己现在代偿的这些债务在将来会以自己每月获得款项的方式得到归还。她们也相信，孩子会在她们的晚年以各种形式的关怀照顾来感谢她们对家庭的种种付出。

就算是为孩子代偿债务的受访者，也相信她们的孩子将来会有能力以各种方式照顾她们。欧女士希望自己在孩子身上的投资至少会得到部分的回报。她在一所老人院里做实习护理员，月收入为港币6000元（约合772美元）。可是，因为钱财问题，她已经有6个月没有跟大儿子说话了。欧女士的大儿子与自己的妻儿住在一起，经常向她借钱但并不归还。但是欧女士说，如果以后大儿子需要钱的话，她还会帮他。欧女士的女儿是个寡妇，孩子由她亡夫的父母照顾。她的女儿常常陷于财政困难之中，需要定期向母亲借出小额金钱，但无法归还。女性常常把存款借给子女以及其他家庭成员，即使她们知道对方还钱的机会微乎其微。她们这样做，是因为她们真心地希望能帮助家人解决各种问题。这种帮助家人和维持良好关系的愿望有可能会将对象从至亲扩展到关系较为疏远的亲属——例如外甥、侄子等从她们那里收到零用钱和礼物的人——身上。有两位受访者是单身人士并且未育有子女，但也要像照顾自己的孩子一样去照顾自己的兄弟姐妹。如前所述，青女士把自己的绝大部分积蓄都用来支持三个兄弟到英国接受教育，而另一位单身女性李女士虽然没有丈夫和子女，但身为公务员并有稳定收入的她同样被期待给予有家庭负担的其他家庭成员以金钱支持。

　　这些女性在人际关系上的投资有可能采用的是在行动上对家庭成员予以帮助的形式，例如照顾孙子孙女和做家务，并以此获得些许收入。如前所述，一位受访者谈到了自己有可能在自己孩子的家里做他们的保姆（仆人），帮他们料理家务、照顾孙辈，以此换取一个落脚之地并与孩子们多多亲近。其他许多受访者也表达了和孩子们住得近一些的愿望，但她们对此却总是并不乐观。因此，这可以被视为这些女性用以保障自己能有个体面未来的某种策略：她们与自己的孩子或者其他家庭成员发展良好的关系，希望自己在晚年时能得到他们的照顾。部分受访者说，她们的适应性很强，能通过善用眼下所拥有的所有资源的方式去应对财政上的困难状况。无论她们的未来看起来将会（因为她们的年龄与过时的技巧而变得）何等坎坷，她们都坚称自己易于适应，并能在面对有限的资源时调整自己的各种期望。这一系列的思考方法与那种以男性为中心的理财计划大相径庭，那种以男性为中心的理财计划向来是"进取的"，认为重返贫穷境况是一种反映了个人弱点的耻辱与标志。据受访者所言，在她们出生与成长时，香港还只是一座属于第三世界的城市，她们学会不要把全社会的富足充裕视为理所当然。在困苦的经济状况下尽力存下哪怕只是些许余款，也是一种赋权的方式，一种与共患难者齐心协力、同甘共苦的姿态。

　　正如德里达（Derrida, 1991：27）所提出的关于礼物的悖论那样，"一方面，所有的礼物背后都有着束缚、都紧系着义务；另一方面，任何礼物又都必须摆脱义务、解除束缚"。刚才所讨论的投资，虽然有时候以货币为媒介，但可以被理解为在更为复杂的经济秩序中进行的活动；这一活动不但包括了对物质以及被市场估价的商品的交换与分配，还包括了对其他有价值的事物的交换与分配，如认同、个人关系与互相照顾等。德里达（Derrida）指出，"任何认同、自我认同或感恩都可以成为礼物的动机，或者成为一种要求获得回报甚至外加利息的、有法律约束力的契约"（p.27）。这些投资未必能即时带来收益，但却能在互依互赖的基础上，而非诸如金钱、所有权等个人主义意义上的功利之物的基础上，增加女性的金融资本与社会文化资本。从这个角度上说，女性改变了"贫穷的女性化"的论点——先于贫穷的女性化。

　　由本研究受访者的经历与渴望中得到的模型与财政独立的男性主义模型截然不同，这是一种关于与家庭成员之间相互依赖关系的模型。无论未来是美好的还是暗淡的，这些女性都期盼着它的到来，并愿意为之牺牲。从这个角度看，本研究的各种发现与此前那些发现女性愿意为了亲属、关系与亲密感而牺牲自己的研究是一致的（Folbre & Bittman, 2004; Nelson, 1996）。女性的退休计划无法超越这些边界。

我们的人生被有关工作的现代概念主导，退休只是一个人的工作历程在逻辑上的结论：当一个人再无能力工作时，或者当一个人再也无须工作也可以维持生计时，他就可以退休了。但一个人是无法从自己身处的种种关系中退休的。而女性自然而然地就倾向于这样去看待退休问题。我在研究女性对老年和退休的各种观念时的发现，与那些对老年人的幸福感进行的研究所取得的发现也是一致的（West, Reed, & Gildengorin, 1998）。也就是说，幸福感与金钱无关，而与家庭素质、所感受到的友谊的重要性（Siu & Philips, 2002）、"传承创新/代际关怀"或者更广义上的"奉献自己，使后代欣欣向荣"（Cheng, Chan, & Phillips, 2004）有关。女性的行为似乎能反映她们与其他人的联系，而不仅仅只是反映她们自己的利益（Nelson, 1996：134）。

● 结论

通过检视这些香港华人女性的叙述，我发现这些女性的观念和经验，与那些源自以男性为中心的退休计划模式、关注个人经济进步的观念和经验并不相同。我也发现，女性并不像"贫穷的女性化"论点所暗示的那样只是贫困的被动受害者，而是能通过采用各种策略来保证她们自己对各种资源的控制权。研究中的每位受访者都针对自己面临的各种独殊的境况，创造出某些抵抗策略，例如在家庭关系上投入金钱与时间，并期望能在未来获得经济上与情感上的支持作为回报。

在更为抽象的层面上，我的研究质疑了以男性为中心的模式的各种假设，即，每个人都是无差异的经济单元，工作只是为了赚钱与消费。人们不加批判地全盘接受了那些没有考虑到性别问题的经济学理论与经济学工具，但它们是"与男性主义的种种特征相联系的、关于各种标准与规范的权威构建"（Fraser, 1997：20）。但是，性别不仅仅是"一种政治上与经济上的差异化"，还是"一种文化上与价值衡量上的差异化"。因此，社会经济问题不能简单地通过政治——经济再分配这种单一的对策得到解决，还需要将对策部分地建立在承认问题本身具有多元价值这一基础之上。就像贝妮亚（Beneria, 2003）与弗瑞塞（Fraser, 1997）所提议的那样，要想解决这些问题，就需要在诸如"发展"的定义等方面进行根本性的发问与质疑，并改变有利于男权主义、拒绝对女性给予平等尊重的各种文化价值观及其在法律上与实践中的表现。

本研究的发现暗示了应当对女性开展关于退休的教育。虽然绝大多数社会服务机构都或多或少地接受政府的资助，但对它们来说，不假思索地赞同官方一整套的退休计划与社会保障计划也许并不明智。实际上，它们需要指出这些计划的各种限制与缺陷，尤其是对女性而言的各种限制与缺陷。另一种有用的方法或许是去加强与确证女性的"直觉"，让她们不要过分信任官方认可的各种与退休有关的计划与安排。此外，还要提醒和建议妇女去强化自己的关系网络。例如，应当让女性意识到和考虑到这样一种可能性，即，将她们的人际网络从一个个核心家庭，拓展到各种仿效"斋堂"、"姑婆屋"[在19世纪中国珠江三角洲顺德丝绸产区，为反抗封建婚姻制度而终身不嫁的女性们（"自梳女"）所居住的互助之屋。Honig, 1985; Sankar, 1986]与"宗亲会"（殖民统治时代香港的自助与互助组织。Yuen, 2003）的组织中去。在这个时代，贫富悬殊日益加剧，港英当局在全球化的各种力量夹击下正在失去自己的财政控制力与影响力。"私房钱"这个概念作为一种个人自我保护的有用策略，应当被重新赋予生命力并被认可为合情合理。在绝大多数社会里，制度化了的退休计划是理所当然的和简单明了的，但是，对许多女性来说，这种看法应当进一步包容她们在自己的经济生活里不断被要求去坚守的那些信念。

（何式凝）

Ho. P. S. Y. （2007）. "Money in the Private Chamber" - Hong Kong Chinese Women's Way of Planning for Their Retirement. *Affilia: Journal of Women and Social Work*, 22, 84-98.

参考文献

Beasley. C. （1994）. *Sexual Economyths: Conceiving a Feminist Economics.* New York: St. Martins Press.

Beneria, L. （2003）. *Gender, Development, and Globalization: Economics as if All People Mattered.* New York: Routledge.

Butler, S. S., & Weatherley, R. A. （1992）. Poor Women at Midlife and Categories of Neglect. *Social Work,* 37, 510-515.

Chan, L. F. （1999）. *Feminization of Poverty in Hong Kong: The Experiences of Pauperization of Lone Mothers Receiving Comprehensive Social Security Assistance* （CSSA）. Hong Kong: University of Hong Kong.

Cheng, S. T., Chan, A. C. M., & Phillips, D. R. （2004）. Quality of Life in Old Age: An

Investigation of Well Older Persons in Hong Kong. *Journal of Community Psychology*, 32, 309-326.

Chou, K. L., Chi, I., & Chow, N.W. S. (2004). Sources of Income and Depression in Hong Kong Elderly Chinese: Mediating Effect and Moderating Effect of Social Support and Financial Strain. *Aging and Mental Health*, 8, 212- 221.

Chou, K. L., & Chow, N.W.S. (2005). To Retire or not to Retire: Is There an Option for Older Workers in Hong Kong? *Social Policy and Administration*, 39, 233-246.

Chou, K. L., Chow, N. W. S., & Chi. I. (2004). Preventing Economic Hardship Among Hong Kong Chinese Elderly. *Journal of Aging and Social Policy*, 16, 79-97.

Chow, N. W. S. & Kwan, A. Y. H. (1986). *A Study of the Changing Life of the Elderly in Low-income Families in Hong Kong*. Hong Kong: Writers' & Publishers' Cooperative.

Collins, P. H. (1990). *Black Feminist Thought: Knowledge, consciousness, and the Politics of Empowerment*. New York: Routledge.

Democratic Party of Hong Kong. (2005, April). *Alternative Report of the Implementation of the International Covenant on Economic, Social and Cultural Rights in the Hong Kong Special Administrative Region of the People's Republic of China*. New York: Committee on Economic, Social and Cultural Rights, United Nations.

Derrida, J. (1991). *Given Time, I: Counterfeit Money* (P. Kamuf, Trans.). Chicago: University of Chicago Press.

DeVault, M. L. (1991). *Feeding the Family: The Social Organization of Caring as Gendered Work*. Chicago: University of Chicago Press.

Folbre, N., & Bittman, M. Eds. (2004). *Family Time: The Social Organization of Care*. London: Routledge.

Foucault, M. (1978). *History of Sexuality* (Vol. 1; R. Hurley, Trans.). New York: Vintage Books.

Fraser, N. (1997). *Justice Interruptus: Critical Reflections on the "PostSocialist" Condition*. New York: Routledge.

Grapard, U. (1992, June 24-26). Who Can See the Invisible Hand? Or, from the Benevolence of the Butcher's Wife. Paper Presented at the First Conference on Feminist Economics, Washington, DC.

Hewitson, G. (1999). *Feminist Economics: Interrogating the Masculinity of Rational Economic Man*. Northampton, MA: Edward Elgar.

Honig, E. (1985). Burning Incense, Pledging Sisterhood: Communities of Women Workers in the Shanghai Cotton Mills, 1919-1949. *Signs*, 10, 700-714.

Hooks, B. (1984). *Feminist Theory from Margin to Center*. Boston: South End Press.

Kwok, H. K. (2001). Family Support Net Work and Community Development in Hong Kong. In K. W. K. Law (Ed.), *Aging, Gender and Family in Singapore, Hong Kong and China*, pp. 169-186. Taipei: Program for Southeast Asia Area Studies, Academia Sinica.

Law, K. (2001). Gender Differences in Pre-retirement Preparation: An Exploratory Study of the Middle-aged Residents of Hong Kong. In K. W. K. Law (Ed.), *Aging, Gender and Family in*

Singapore, Hong Kong and China, pp. 117-131. Taipei: Program for Southeast Asian Area Studies, Academia Sinica.

Lee, W. K. M. (2000). Women Employment in Colonial Hong Kong. *Journal of Contemporary Asia,* 30, 246-264.

Lee, W. K. M. (2001). The Feminization of Poverty in an Aged Population in Hong Kong: The Recycling of Poverty in the Workplace to Retirement. *Asian Journal of Women Studies,* 7 (3), 31-62.

Lee, W. K. M. (2003). Women and Retirement Planning: Towards the Feminization of Poverty in Aging Hong Kong. *Journal of Women and Aging,* 15, 31-54.

Lee, W. K. M., & Law. K. (2004). Retirement Planning and Retirement Satisfaction: The Need for a National Retirement Program and Policy in Hong Kong. *Journal of Applied Gerontology,* 23, 212-233.

Leung, L. C., & Ho, C. K. (2002). Gender and Poverty: Voices of Women in Hong Kong. *New Global Development,* 18 (1-2), 69-83.

Levin, L. B. (1995). Towards a Feminist, Post-keynesian Theory of Investment: A Consideration of the Socially- and Emotionally-Constituted Nature of Agent Knowledge. In E. Kuiper, N. Ott, & Z. Tzannatos (Eds.), *Out of the Margin: Feminist Perspectives on Economic Theory,* pp. 100-119. London: Routledge.

Nelson, A. J. (1996). *Feminism, Objectivity and Economics*. London: Routledge.

Nelson, A. J. (2003). Once More, with Feeling: Feminist Economics and the Ontological Question. *Feminist Economics,* 9, 109-118.

Ng, A., Phillips, D., & Lee, W. K. M. (2002). Persistence and Challenges to Filial Piety and Informal Support: A Case Study in Tuen Mun, Hong Kong. *Journal of Aging Studies* 16, 1-20.

Pearce, D. (1978). The Feminization of Poverty: Women, Work, and Welfare. *Urban and Social Change Review,* 11, 28-36.

Pearce, D. (1983). The Feminization of Ghetto Poverty. *Society,* 21, 70-74.

Pearce, D. (1990). The Feminization of Poverty. *Journal of Peace and Justice Studies,* 2 (1), 75-85.

Sankar, A. (1986). Sisters and Brothers, Lovers and Enemies: Marriage Resistance in Southern Kwangtung. In E. Blackwood (Ed.), *The Many Faces of Homosexuality: Anthropological Approaches to Homosexual Behavior,* pp. 69-82. New York: Harrington Park Press.

The Si Fong Chin that Everyone Wants to keep. (2004, March). *Singapore Daily.* Retrieved August 28, 2004, from http://biz.sinchew-i.com/bzwen.phtml?sec=830&artid=200403140094.

Siu, A. (2002). Hong Kongs Mandatory Provident Fund. *Cato Journal,* 22, 317-332.

Siu, O. L., & Phillips, D. R. (2002). A Study of Family Support, Friendship, and Psychological Well-being Among Older Women in Hong Kong. *International Journal of Aging and Human Development,* 55, 299-319.

Skirboll, E., & SilverMan, M. (1992). Women's Retirement: A Case Study Approach. *Journal* of *Women and Aging*, 4, 77-90.

Smith, D. (1987). *The Everyday World as Problematic: A Feminist Sociology*. Boston: Northeastern University Press.

Social Welfare Department. (2004). Social Security. Retrieved August 30, 2006, from http://www.swd.gov.hk/en/index/site_pubsvc/page_238/sub_672.

Strauss, A., & Corbin, J. (1998). *Basics of Qualitative Research: Techniques and Procedures for Developing Grounded Theory* (2nd ed.). Thousand Oaks: Sage.

Tang, K. L. (2000). Ageism and Sexism at Work: The Middle-aged Women in Hong Kong. *Gender, Technology, and Development*, 4, 225-253.

Taylor, C. (1992). *Multiculturalism and the Politics of Recognition*. Princeton, NJ: Princeton University Press.

Tutty, L., Rothery, M., & Grinnell, R., Jr. (Eds.). (1996). *Qualitative Research for Social Workers: Phases, Steps, and Tasks*. Boston: Allyn & Bacon.

West, C. G., Reed, D. M., & Gildengorin, G. L. (1998). Can Money Buy Happiness? Depressive Symptoms in an Affluent Older Population. *Journal of the American Geriatric Society*, 46, 49-57.

Williams, R. M. (1993). Race, Deconstruction, and the Emergent Agenda of Feminist Economic Theory. In M. A. Ferber & J. A. Nelson (Eds.), *Beyond Economic Man*, pp. 144-152. Chicago: University of Chicago Press.

Wingrove, C. R., & K. E. Selvin. (1991). A Sample of Professional and Managerial Women: Success in Work and Retirement. *Journal of Women and Aging*, 3, 95-117.

World Bank. (1994). *Averting the Old-age Crisis: Policies to Protect the Old and Promote Growth*. New York: Oxford University Press.

Yuen, T. Y. K. (2003, September 5-7). Hong Kong: Governance, Organizational Effectiveness and the Nonprofit Sector. Background Paper Presented at the Asia Pacific Philanthropy Consortium Conference, Makati City, Philippines.

香港"师奶"情欲再表述

本报告通过小组会谈以及面谈,以了解一群年龄介于35—55岁的香港已婚女性对于"师奶"这个称谓的认识以及作为"师奶"的感想,并借由这一概念切入到她们的生活,尤其是性生活之经验。研究目的在于揭示香港女性的身份、性意识、对高潮的感受和想象,与现存西方理论论述有何相近或相异之处;并利用实证数据来验证存在于女性性意识理论假设背后的问题。本文期望借由香港华人女性的个案,作为关于西方女性性意识和性欢愉理论的反证。

● 导言

"师奶"在20世纪60年代是尊称,80年代是平民妇女的代名词,到90年代已慢慢变成一种侮辱,[①]时至今日,女人被称为"师奶"会有什么感想?是否一声师奶便真的能引发"无知、肥胖、抢米、讨价还价、鸡婆、说三道四"等负面联想?(冼韵姬,2004)在香港的日常用语中,师奶一般泛指已婚育有子女的中年妇女,她们多为家庭主妇,全职处理家务或赚钱不多。本文借由十个专题小组晤谈(focus group)及十五个个别面谈了解一群年龄介于35—55岁的已婚女性[②]对于"师奶"这一称谓的认识,以及被称为"师奶"的感受,其目的有二:①探讨中年妇女的生活

---

① 冼韵姬:《隐/现师奶》,转载自《文化大笪地》第1期之"文化跳虱"(http://www.culture-ddd.com/flea/flea.htm#),2004。

② 受访者的年龄由38岁至46岁,其中一位52岁。大部分是家庭主妇,并无受雇。其中八位有兼职工作(主要是家务助理),两位经营自己的生意,一位在家族经营的机构内工作,两位全职受雇。她们大部分都是中学毕业,三位有大学或以上学位。她们各自有子女一至四名:大部分只有一个孩子,一位有三个,另一位有四个。三位已经离婚,其余全都已婚并与配偶共同生活。大部分为中等收入背景,一位正在领取公共援助,有几位似乎环境富裕,三位有外籍丈夫。

经验，包括性生活。①②展示香港女性的身份及性意识，跟现存西方理论论述有何相近或相异之处；并利用实证数据来验证存在于女性性意识理论假设背后的问题。换言之，我们期望借由香港华人女性的个案，作为关于西方女性性意识和性欢愉的理论反证。

福柯的理论指出：性的压抑有产生知识及开辟空间的作用，进而帮助我们了解到女性在受到压抑的同时，可以通过性重新界定自己的身份，参与创造知识。不过福柯的理论也有不足之处。我们似乎无法超越一种既有的、常用的研究方式——总要有一个压抑性的假象，借着攻击这假设来建构另一幅更复杂的图像。不难发现，有些女性主义者也会采用这种做学问的方法，例如拆解一个未经证实而存有预设立场的"高潮规范"正是其中一种建立在福柯式理论基础上的论述。

本文要提问的是：究竟女人面对的压抑是什么？是否真的有一个所谓的压抑性的假设作为大前提始终存在，而学者的责任就是以此为攻击目标而已？为何必须要假设有个共同敌人然后群起而攻之？到底敌人在哪里？高潮规范是否女性情欲探索唯一的敌人、阻碍她们寻找性的欢愉？我们一直攻击的这个高潮规范，究竟是否存在？

本文的论点是，西方学术界里的"高潮规范"并没有在香港师奶的个案中呈现，更重要的是，我们不应只顾着攻击这个假设性的概念，而是要超越它，让我们能了解她们的性生活的种种色彩。

● "高潮规范"：女性性意识的最主要演绎

"马斯塔与琼森"（William Masters & Virginia Johnson）是一个以研究人类性反应为主，并于20世纪60—90年代活跃于美国的学术团体。马斯塔与琼森于1966年发表的《人类的性反应》（"Human Sexual Response"）一文中，提出了"人类性反应循环"（Human Sexual Response Cycle, HSRC），这个循环包括人经历性活动的四个阶段的生理过程——刺激、稳定、高潮和消散；这大抵是美国社会中最广为接受的论点，俨然成为有关正常性机能中最具影响力的"真理"。此想法甚至被表述为世界（包括西方以外）的主流想法。

---

① 访问者使用民族志式研究设计。开始阶段的访问法以现象学方式定位，并没有固定架构且以主题为中心。访问全部现场录音并于其后笔录。在引述受访者的说话时，原来的粤语将转为中文书面语。访问数据根据当时的主题分类，成为特定主题下的各个系列的引述，继而在这些主题的背景下，再阅读并进一步分析文字部分。

也有作者，如安德·贝吉（Ande Bejin）格外强调高潮，认为它是性反应中最重要的一环，甚至将它提升为性快乐的最高境界。他假设"每一个体只要愿意亦有能力达到这种境界……而'高潮'这种性享受被认为是健康的性生活的象征"。[1] 简单而言，高潮成为"性健康的指标"，因此亦是"快乐"的主要元素。[2]

很多女性主义者对这类说法提出挑战，认为这种论述表面上倡导"性解放"，背后也逃不出以"男权为中心的假设"。[3] 这群女性主义者意在揭露，当性的重点在于阴茎插入阴道所达到的高潮时，这种说法正是"阴茎主义中心"的思想。姑且不论这种"高潮规范"受到女性主义者严厉的批评，同时也成为理解性意识或"性符码系统"的基础；假借德里达的说法则是，高潮渐渐成了"及物指涉"（transcendental signified），变成了解女性性感受的主要指标。在美国社会，或许可以因为女性主义者一直以来高举性高潮的旗帜，使之成为"神话"，勉强作为解释；但在华人社会中，高潮是否同样主导着女性性生活正是本文所要探讨的议题。

另一方面，本文尝试阐明，部分女性主义者在坚持高潮规范如何压迫女性的同时，亦有可能巩固这种假象——以为女人的性生活真的是以高潮为中心指导思想。但究竟有多少华人女性听过这种说法，进而以这种说法作为她们行为的准则呢？而这是不是香港女性对性行为的主要见解？大部分女性是否听过这种理论并以此作为参考？所谓的高潮规范的压抑性，是否真的存在于香港女性的生活里？

安妮·帕兹（Annie Potts）曾在《高潮、高潮、过去了：女性主义解构的异性高潮》（"Coming, Coming, Gone: a Feminist Deconstruction of Heterosexual Orgasm"）一文中，提出反对贝吉的说法。她以女性主义论述分析去解拆高潮规范，以"出现／没出现"（presence/absence）的二元对立去了解异性性交的高潮，想识辨出隐藏在其中的问题和谬论"有"明显高于"无"。帕兹试图从解构中揭露，习惯性地以有没有高潮作为"性的真理"和终极的健康异性性交指标，是否足以帮助我们去了

---

[1] Ande Bejin, eds., P. Aries and A. Bejin The Influence of the Sexologists and Sexual Democracy. *Western Sexuality: Practice and Precept in Past and Present Times* (Oxford: Basil Blackwell, 1985), p.201.

[2] Ande Bejin, p.203.

[3] Shere Hite, *The Hite Report: A National Wide Study of Female Sexuality* (New York: Dell, 1977); Luce Irigaray Women's Exile: Interview with Luce Irigaray. Ideology and Consciousness, 1, 1977, pp.57-76; M. Jackson, "Sex Research and the Construction of Sexuality: A Tool of Male Supremacy." Women's studies International Forum, 7: 1, 1984, pp. 45-51; Koedt, Radical feminism (New York: Quadrangle, 1972); K. Millet, *Sexual Politics* (New York: Doubleday, 1970); A. Rich, "Compulsory Heterosexuality and Lesbian Existence." Signs, 5,4, 1980, pp.631-660; M. Sherfey, *The Nature and Evolution of Female Sexuality* (New York: Random House, 1972).

解个人的经验呢？她提醒我们，这些对立也只是依赖"形而上的出现"来定义。①帕兹发现，通过"颠覆高潮为中心"的理论，我们可以看清楚情欲的潜力："情欲本身没有预先设定的目标、不跟随性学支配的步骤（例如马斯塔与琼森的模式），其实欲望有无限的可能性，可带领我们到任何地方。"显然，帕兹能够指出贝吉与其同派理论的谬误，是十分有贡献的。只不过她最后所得之结论却令人费解，她指出，"新世纪来临前最主要的共识"仍是以高潮为主。尽管帕兹抨击使用"有/无高潮"的对立性质，但是她的理论始终建立在此二元对立的立场上。在理解性意识的前提下，她以颠覆高潮规范的方式发声，却仍旧回归于高潮占主导地位的假设。

本文提出的论点是：在研究方法上我们能否脱离建立假设然后推翻的模式？我们是否能以现今女性生活的真实经验作为起点，多角度多面向去了解女性的情欲，而不是预设她们是受着某一个单一理想/规范的支配？即使女性在过去受制于某一种主流论述，我们要思考的是这种想象是否仍适用于剧变社会中不断转型的女性经验。

● 重新探讨福柯的"压抑性拟设"

对福柯而言，在当代论述中，性意识的历史普遍被认为是一个挣脱压抑的历史，"性"从压抑及被隐藏之下挣脱而出，取得更大的自由和释放。根据这种看法，过去的历史就是一种性的压抑，而近期的历史就是推动更多关于性的选择、性的表达和自由。福柯针对此历史观详细批判，强调压抑并不是权力在现代社会运作的唯一方式，甚或不是最主要的。他将当代社会的权力运作模式概念化，成为"权力知识复合体"。他认为，操控是通过论述的产生及"制造真实"进行的。福柯认为自17世纪开始的现代工业社会，并不是性压抑增加的时期。反而是性讨论爆发的年代：

> 再没有更多的权力中心了……再没有更多场景，欢愉如此密集、权力如此顽强驻守，非要扩散到每一处不可。②

福柯的意思大致是说，表面上看来，因为有太多的从上而下的控制，人们越来越不能，也不敢表达他们对性的看法和感受，社会自然会充满着性压抑。但是，事实却是，越来越多人谈及性，而人们的生活与性也扯上越来越多的关系。社会上有更多关于性的知识产生，制造出各样的规条、各种生活模式，让更多人参与新知识

---

① Annie Potts, The Essence of the Hard on. *Men and Masculinities*, 3: 1, 2000, pp. 85-103.

② Michel Foucault, 1976.

的制造，进而开拓人类创造自我资源的无限可能。随着所谓性压抑而来的是新的权力中心兴起。跟随着福柯的框架，似乎可以说"高潮规范"是其中一个新的权力中心，或是说，高潮是一个新场景，欢愉最多、权力斗争最厉害。在本文中，我将特别集中讨论已婚女性的性意识。

如乔恩·福布斯（Joan Forbes）解释，在性学论述内，当代社会的已婚女性的性欲不单被要求从属于丈夫，更要受一连串新规条、戒律和索求去模塑及操纵。[①]福布斯称之为"强迫性自我实践"。从前的已婚妇女只要能满足丈夫的性要求便足够，而现在理想的标准要求她们既要使丈夫快乐，又要从中得到快感。女性受到越来越多的压力，所以亦有理论主张女性不单要摆脱旧的、也不应屈从于这些新规条、新"妇德"。[②]

我们需要再进一步发展福布斯的论述。我们需要提出的问题是：坚持世上有所谓压倒性的性意识解说，管他是从前的压抑性拟设，还是新近的高潮规范，女性总呈现出被动的、受规条和压抑需求的。为何我们只能依着这条路去发展大同小异的理论？为何我们的理论不能突现出女性的主体性／能动性？承认有性压抑，再关注到性压抑的表达模式在转变，都是有意义的发现。不过，在学术方法论上缺乏反省，将无法超越福柯式理论，而只会一直延续性压抑历史的假设，对假设反复攻击，却难以真正了解女性的个人经验。

由此看来，很多女性主义者的方法论其实跟福柯理论（将性意识史等同为性压抑史）有着同样的问题。首先，这两种说法同样在打击虚假的对象，缺乏实据，其假设与人的实际生活往往有距离，理论自成一种"普世真理"，更忽略了各地文化及社会背景的差异。其次，这些研究甚少涉及权力运作的复杂性，只触及面对权力的压抑性，较少留意论述的多样性和压抑不断增生的效力，形成更多的讨论和抗争。[③]如我们真要讨论福柯，我们似乎要多注意规管和操纵是怎样通过学术的力量，去定义、分辨和归纳人的活动，以建立各式各样基础的"真理"，怎样使人将女性的性意识跟高潮连接一起，而不再只是审查和否定压抑。

---

① Joan Forbes, Disciplining Women's in Contemporary Discourses of Sexuality. *Journal of Gender Studies*, 5:2, 1996, pp.177-189. 这些新规条包括：美食 (hot soup) ／ 扮靓 (lipstick) ／ 性爱 (availability of sex) ／ 能在性爱中得到高潮 (ability to achieve pleasure)，三从四德以外，连个人的快乐都有成功指标，评定成败得失。

② Petula Sik Ying Ho, Desperate housewives - The case of "Si-nai" in Hong Kong. *Affilia*, 2007, 22:3, pp.255-270.

③ Rosi Braidotti, *Patterns of Dissonance* (Cambridge: Polity Press, 1991), p. 82.

◉ 香港华人已婚女性的个案

借着晤谈，我想了解一般被称为师奶的香港女性，她们的生活经验里的性满足、她们的身份跟性满足有怎样的关系、她们是否如西方最主要的理论所说以高潮作为评量性满足的目标、她们心目中的理想性生活跟高潮有何关系。从她们实在的生活经验，我期望得以更深入讨论所谓"高潮规范"及"性解放的压抑"这两个论述。

我期望从研究中解答几个主要问题：

第一，马斯塔与琼森提出的四个阶段以高潮为"终极目标"，可是，我们的社会是否一样受到这种规范式的论述支配？以为只要根据琼森提出的程序化步骤去经验性，便会到达所谓"最好的"终点？

第二，西方学者对女性性生活的了解，是否适合华人女性？

第三，是否香港华人女性的性生活亦是同样的"目标为本"、视高潮为唯一的满足标准？

第四，是否真的有一个以高潮为性快乐的终极目标的"主流"论述一直在支配着香港女性的情欲？抑或她们有其他的追求？她们的理想是什么？

完美性爱：高潮不是唯一的

在下文，我将会探讨，什么才算是女性的经验中或者是想象中"美好"的性爱。研究发现，所谓的美好性爱并不等同肉体上的快感或高潮；很多妇女一再强调，没有高潮的性生活或性爱还是可以很"美好"；她们往往会强调，性爱的好坏应该要以整个性关系为背景来判断。很多时候，受访者会用"幸福"去形容所谓的快乐人生。当被问及怎么样的人生才称得上是"幸福"的时候，她们认为幸福就是"每样她们需要的东西都拥有一点点"。对很多妇女来说，如果没有一个好老公、没有一个漂亮的房子、没有乖巧的儿女、没有安稳的经济支柱、没有和睦的家庭生活，那么就算有高潮也不见得是好事。以她们对于好的性爱的定义来看，性爱似乎包含了一系列的元素。

帕兹认为高潮现已变成一个引起公众关注的议题，我们却发现香港的"师奶"并没有特别重视它。那就是说，帕兹提及的那种几乎是强制性出现的"高潮规范"根本不存在。虽然，受访者在形容她们性爱欢愉的时候，每每会提及高潮"前"与高潮"后"的愉悦，但是，如帕兹在文中所述，那种因为无法在性爱中得到高潮而产生的"不完满"、"不解放"的感觉，我的研究对象并没有类似的情况出现。在理想层次上，欢愉的性生活往往是理想婚姻中不可或缺的一部分，不过，事实上，性爱是否欢愉不但不是婚姻中最重要的元素，而且也不见得是师奶的真实的体验。

研究参与者使我们知道，我们不应该假设世上有单一、划一的高潮观念。我们根本不能随时地轻易地对她们的体验盖上"阳物中心"的标签。即使这是学术或性学专家们制造且流传下来的迷思。

在我研究的香港华人女性中，很少在陈述性生活时引用"高潮"一词，除非受访问者特别被邀请去谈论高潮。我更发现，很少女性会认为高潮是自然的，或是"终极"的性欢愉。大部分受访者表示，她们在三十岁左右，约结婚十年后，才开始体验到高潮。当被问到她们怎样终于发现高潮，她们大都说高潮并不是什么大发现或重大事件。当然那是好的性体验，但对大部分受访者来说，高潮是意外地发生，她们只接受它"来了"而非刻意去追求它。李太太这样说："它就那么发生了。试着试着就成了，不用去找的。"

她们多相信一个人早晚会遇上高潮的，不必刻意寻找。我问那是不是一个女人应该有的知识，李太太补充说："这不是你要教女儿那样子的事。你要教她月经呀、怀孕呀的事情，其余的她自己会学。没有人能教你的，你渐渐便会学到了。"

她们不会期望每一次性活动都有高潮，就是说没有也不会失望。其中一组女性受访者来自中产屋苑太古城，其中的陈太说："高潮不是每一次做都必然有的事，那是正常的。我的医生告诉过我这是正常的。"

她们大部分说，并不会因为达不到高潮而觉得性事不完满或对此不满意。比如吴太说："女人没有性会觉得寂寞，但一般来说女人都能忍受的。我想女人比较保守吧，她们甚至不会想起的，除非她们懂得怎样自慰。"

吴太特别提到，只有通过自慰女性才可以了解高潮及自己对伴侣的性需要。张太就回应说，跟她们差不多年纪的女性都不懂得怎样自慰："如果她们不自慰的话，我猜她们也就不会介意有没有高潮。"

她们说，性不是什么。那是很好的感觉但也会使人疲累且有麻烦。以下几位妇女不约而同指出高潮之后的后遗症：

之后老是头痛。（盈）

高潮之后又没时间休息，两个女儿常常在，我不想全程投入啊。我宁愿拥抱接吻算了。（雯）

我明早醒来会想要更多的，那滋味不好受啊。（珍妮）

另一组的受访者，我们问她们宁愿吃好的还是有好的性呢，她们全认为吃好的

更重要。她们这样说:

> 我宁愿吃"阿一鲍鱼"①好过做得好好,然后去"大家乐"。②性是什么时候要都可以啦,很少机会吃到阿一鲍鱼呀。(胡太太)

> 吃得好。至少我能够去找好的食物,但我可以做什么使自己的性生活好一点呢。(吉蒂)

> 女人很爱吃的。她们生活为吃得好多过为别的。(陈太太)

> 吃得好才有好的性呀。(李太太)

> 性只是我们生活中很微小的部分吧。吃得好更重要。(张太太)

不过,当被问及性——即所谓的"微小的部分"——是否重要,她们全都认为性对于家庭的和谐及完整、自尊和控制别人的欢愉等都是重要的。有些妇女甚至把性爱视为维持家里生活快乐的方法:

> 如果他开心的话,他讲话也会温柔点。然后,小孩子也不用挨骂。(阿莲)

> 如果他公干回来,而不想跟我发生性爱,那么我知道完蛋了!(阿明)

> 每次我去内地工厂看他的时候,我尽量会在离开的前一个晚上与他做爱。如果在整个旅程我们没有的话,我心里会觉得很不是滋味儿。那是不是说他不再需要我?(艾丝特)

值得留意的是,大部分的受访妇女都会通过整个身体、夫妻俩的关系,以及她们对于自我身份的安全感来理解她们的高潮体验和所谓的美满性爱。

安吉和艾美不约而同在刚结婚的时候遇到行房上的问题。她们在性交的过程中均觉得插入带来无比的痛楚。艾美最后在朋友的介绍下接受专业的治疗,并在一年之后解决了她的问题。虽然她对于各种非插入的性爱都感到满意,但她还是非常刻意地去证明她可以跟一般人一样进行"插入式"的性行为:

> 如果年轻人可以这么容易做爱,为什么我不行呢?(艾美)

同时,她也感受到他先生也非常焦急地去解决这个问题。她这样说:

> 我无法确定我老公是否真的可以接受这样的婚姻(没有性交),虽然他一直都是非常支持,而且从来也没有责怪过我。但我知道他很希望我们能够有正常的性生活。(艾美)

相反的,安吉最关心的并不是自尊或者是先生的感受,她的考虑是,她已经三十出头,有传宗接代的压力。所以,她打算去参加性治疗小组:

> 我和我先生都很喜欢小孩子。没有小孩的家庭是不圆满的。(安吉)

---

① 阿一鲍鱼是其中香港最著名的一家食肆,以名贵鲍鱼见称。
② 大家乐为香港的廉价快餐连锁店。

安吉很享受与她先生互相爱抚的过程，但是她认为高潮并不是她生命中最重要的事情。显然，真正的插入式性交并没有其他的替代品，尤其是当夫妇二人都很想要小孩子。

完美性爱方程式中的亲密感

部分有模糊意识认为高潮是好的女性，又或那些真正知道高潮为何物的妇女，亦很少会真正以此作为准则来评价她们与伴侣的关系甚或是评价性的满足度。没有一位受访者提及讨论满足的性等同于生理话题，如性欲或高潮。不过，在谈论性体验的时候，她们提及很多其他跟欢愉相关的话题。社会政经地位、自尊、自我感觉、控制别人的欢愉、成就（家庭的团结和谐）及关系上的满足和亲密感，都是她们生活体验中的正面感受。说那是"男性为中心"的表述，恐怕过分简化了复杂的性关系，以及性意识中的人际联系本质。

另一组的六位受访者来自中上层背景。她们毫无例外地也抱持着性的满足不完全建立在高潮到达与否之上。平常生活中，从互动关系中得到的满足亦在评价的范围之内。苏珊这样说：

> 我们为什么要去计算性活动的得失？这是长久的关系甚至是一生一世的，所以不用每次给他评分。我们要计的话就要计很多的事情了——他对家庭是否在意和关心、他怎样照顾家人或他是不是有责任感。

一方面，帕兹的研究中描绘缺乏高潮的性会有"不完整"或"不消散"的性场面，但在访问中很少女性这样说。另一方面，受访女性相当看重高潮之前或之后的欢愉：

> 重要的是那种联系。高潮来临之前的事很重要。如果你得不到，那么性亦是次好的。（约瑟芬）

有三位受访者在个别面谈中谈到，她们的婚姻生活中其实甚少有性生活。莉萨跟丈夫在儿子出生后，差不多二十年没有性生活了，她说：

> 他待我很好。即使我们的儿子已二十岁了，我先生仍待我如小女生。去年我跟情人跑了，他知道我骗他时，叫我回家去。由那一刻开始，我跟自己说过我再也不会因为一时冲动的爱情破坏我的婚姻。

即使是现在，莉萨还是会跟她的男性朋友约会，只是她会比较小心和注意自己的行为。她这样解释说：

> 我还是想去参加不同的派对，不过我不会再跑掉了。我只想享受男人拥我腰间时的片刻温柔。

同样的，虽然贝蒂每天准时回家，也如常照顾家中大小事情，但是她的心和情绪却在另外一个男人身上。在偶然的机遇下他与她的初恋情人重逢："我很久没有对男性有这样的感觉。这是友谊吗，还是爱？我不管了！"

模糊不清的关系给予吉蒂很大的空间。与贝蒂一样，她能够在婚姻、母亲的框框内去跟别的男性约会，从而追求浪漫的元素。第二次访谈的时候，贝蒂已经搬离原本的家，一个人在外租房子。原因是她需要一个人好好思考他们的婚姻。虽然如此，她的家庭生活并没有很大的改变，她还是如常的打理家事，唯一的分别是，晚饭后，她回到自己的租屋去。

莱蒂承认说对"性爱的渴求"是她提出离婚的其中一个主要原因。她已经三年没有性生活。她说，如果一年有一两次性生活她也会感到满足，因为至少她知道是结了婚。莱蒂的先生来自相当富裕的家庭，而她本身是一位会计师。当她清楚看到，她先生连一个拥抱都不愿意给她的时候，她说他们的婚姻已经完了：

> 那座大楼起火。我从二十楼走到地下。走下楼的途中我有打电话给我先生，叫他赶快过来。当我看到他在大楼的外面的时候，我整个人就跑过去。那一刻我很想拥抱他。可是，他只说："那我们回家吧！"这根本就是一盆冷水过来。我非常非常的生气，所以我当下就给他一个耳光。

她的先生最后答应去接受性治疗，可是两次之后，他拒绝再去。他说："你为何不当我是一个病人，然后就随我的便吧。"

> 我们结婚之前他很热衷于性。最近五年则每况愈下，我们曾经找过性辅导但没有帮助。我老公说，当他是病人一样。他就真的没什么兴趣了，我不是很想要（性）的人。我只是希望有时候有点什么就好。

莱蒂非常的生气和沮丧。她曾经考虑把工作辞掉，然后到国外念书，她相信分居会是离婚前的过渡期。莱蒂并不认为高潮是良好性体验的终极标准，就她的婚姻关系来说，她所需要的可能只是一个拥抱，还有一些性的接触，好让她觉得她是被关怀的。

我们因此发现，其实有定期性生活的女性，亦很少会以高潮作性满足的指标。高潮并不是她们的理想，而她们也并不十分在意这个理想情境是否出现，或是"存在"。充满怜惜的、细心的肢体接触和关怀往往可以盖过性的失望。[①]

自称性生活美满的"师奶"，倒也认为高潮没有什么大不了，宁愿吃好一点的人（阿一鲍鱼）多过体验高潮的人比比皆是；也有人认为在平凡的性生活之中，高

[①] E. Frank, Anderson, C., Rubinstein, D., "Marital Role Ideals and Perception of Marital Role Behavior in Distressed and Nondistressed Couples." *Journal of Marital and Family Therapy* 6: 1, 1980, pp.55-63.

潮也慢慢地变得机械化、步骤化，成为寻常的事情。就所谓的性欲而言，很多妇女认为，她们从没觉得自己的性欲"过低"。相反，她们往往是因为与丈夫的关系感到失望。正如贝蒂说：

> 我常常都会有高潮，且我不会焦急或渴求什么。只要五分钟的接吻就能够让我生理有所反应。问题是，我的老公像一头老马，他懒到不愿意去做任何的调情；我需要一个来挑起我的欲望的人。

显然，对于贝蒂来说，所谓的完美的性爱不只是高潮。

她们大部分正在尝试从身体、两人的关系及她们的人生作理解高潮经验的背景；那么，阴茎中心主义便不成立。许多受访者以不同例子告诉我们，高潮之外的欢愉亦被视为重要的快乐。有些女性特别向往这种经验，却并不必然指向高潮式的冲击或结尾。尤其是生殖器外的性行为，及在非性行为及异常性行为的追求上。葛罗莉亚说：

> 想要有好的性生活，首要是良好的关系，要能够向伴侣表达自己的感受。我想女人真的需要感觉到有人关心自己。不要说大事了，就只谈平常生活，我只希望他会陪我聊聊天，有些亲密的举动，一个拥抱一个亲吻这样子。我们可以谈谈心里想些什么呀，我们未来的事情。有一件事我真的觉得非常重要，就是亲吻。我注意到很多对夫妇只是有性行为，但我认为亲吻是很有意思的，胜过千言万语。

美芳说了相似的话：

> 我想中国女人就是这样。男人应该多亲他们的女人，不要一下子就做。就像你关心一个孩子那样子亲她。两个身体接触越多，性的享受越好。

一些女性会觉得高潮和性对情欲关系的整体质量并不重要。她们宁可要浪漫，譬如跟丈夫约会（不一定要有性的）。有一位受访者详细叙述她与前夫的性生活中最刺激的一刻。她提起在那段婚姻中，她很少有机会跟前夫单独出外，每次身旁总有孩子或其他家人。有一次他俩要出席一位亲人的葬礼，她记得那是长久以来唯一的一次，他俩以"一对"的姿态外出。她乘小巴士到前夫公司附近等他，然后一起乘出租车去殡仪馆。她说：

> 说起来真的很尴尬呢，去殡仪馆也这么高兴？我跟他踏上出租车后，心就怦怦地跳了！我已经等了这一刻很久了，好像又跟他拍拖一样。

这里，震撼我们的是她言语的简单纯粹，根本不包括谈论性意识的传统词汇，却充分表现出这次体验对她的深刻程度。如果只聚焦于"出现／没出现"，我们可能要置讨论于"形而上的出现"，不能够容纳男男女女日常经验中广泛的欢愉范畴。我们需要去检视各式各样不能狭义标示为"性"的经验,或称之为情欲较恰当。① 当然,定义"性"或"色情"是无可避免有问题,因为情欲交织着欢愉的感受既复杂又深刻,根本无法以言语描述。

完美性爱方程式中的社会尊严

有些女性很清楚地指出,她们没有提出离婚,纯粹是因为她们希望维持自己身为"师奶"、"太太"的身份,以及家庭的和谐与完整性。

此研究中的凯蒂与祖,都因为踏入更年期而缺乏性趣。两人不约而同指出,在性交中,她们都会出现很干的情况,对插入感到非常痛楚。凯蒂指出,她还是会因为书本或电影中的性爱情节而感到兴奋。她承认,她跟她已退休的公务员先生沟通上的不良是导致性趣缺乏的主要原因:

> 我就是不想在屋子里见到他。我不知道为什么我要跟一个不看书,也没有任何兴趣的人住在同一个屋子里。

祖觉得她的性欲在一晚之间就消失:

> 我想应该是更年期。那是一个自然的过程,我想。他只能够接受吧。也许,我可以去看看医生,但是,我觉得现在的我完全地没有性欲,而我也不能再被挑逗。我不再是一个敏锐的人。在我的脸上已经没有任何敏锐感。

当被问及她会否在被形容为"青蛙王子"的前男友身上重新发现她的性欲,她这样回答说:"我无法确定。他有邀我一起去巴黎。我也很想去,但是我不想对我先生撒谎。"不难看出,这些女性都不愿意放弃从婚姻生活所得到的东西,以致甘愿以性爱欢愉来换取在先生、家庭与社会中的尊严。

那些所谓的社会尊严到底能否让这些女性有足够的能耐去包容她们对婚姻生活的不满呢?没有人能够回答这个问题。但是,她们设法通过自己的方法去压抑她们的性欲,目的只是为了维持某一种生活模式。

问题是,当她们通过性行为同时达到各自的目标(为着她们自己的身份、生计或对婚姻及家庭的理想),我们即可简单概括证明了她们的性是以男人为中心吗?或将之视为权力压制下的妥协或反抗的策略,作为维系个人的能力,扩展生活空间,寻找性欢愉的途径。

访问中的已婚女性如何游走或游玩于"性"与"社会"的界限之间,亦是相当有趣的课题。

---

① Adolf Ka Tat Tsang & Petula Sik Ying Ho, " Lost in Translation: Sex and Sexuality in Elite Discourse and Everyday Language. " *Sexualities*, 2007, 10:5, pp. 623-644.

为达到目的，珍姐当上了兼职的性热线主持。她同时利用机会去学得性知识，以及那些她从未接触过的性活动。"如果他们叫我做一些我未听说过的事，我就让他们教我，告诉我他们想我怎么做以达到他们的要求。那我便学到性的东西，例如SM（性虐待）。"珍姐在赚钱的同时，亦在扩展自己的生活空间，更增进性知识和体验。她的经验告诉我们，要了解她们的生活，不能够将性跟生活其他部分分割；她们其实并没有放弃爱欲的追求，只不过并非纯粹感官上的快乐，也当然不单只高潮。

综观晤谈的结果，最有趣的发现是，对香港华人女性而言，纯粹感官上的欢愉似乎不是最重要的。她们较少以达到高潮为目标，即使没有人否定高潮或性快感是美好的，但这绝对不是她们唯一的理想生活元素。她们大部分都从未听闻过马斯塔与琼森，所以比较信服于医学论述（正如陈太太说医生也告诉她不一定有高潮才是正常）。她们好像从未听说过，女人要寻求身体的快感才是理想，即使听过也不认为那是她们的个人目标。她们的性似乎从来不是如此直接及机械化的。她们所强调的是，结婚不同于一夜情。对她们而言，"有无高潮"的二元从来不是绝对，高潮的重要性要放在整个家庭关系的背景下去讨论。她们认为性的满足不是"逐晚逐次计"，而是看对方在长期关系中的互动与表现；再者，要计的不单是丈夫在床上的表现，而是对方是否对家庭尽责、对自己关心等。她们对于情感上、关系上的亲密非常重视；同时，她们也很希望维持她们作为"师奶"的身份，以及作为一个已婚妇人的社会尊严。她们的性是整体生活质量中的一部分，跟生活中其他元素不能分割，所以讨论时亦不可单单谈性、谈快感。

即使对性生活感觉不满的师奶，她们生活中仍有其他的顾虑，正因如此，性相比之下不是最重要的，例如她还需要安全感、社会认同、尊重等，性只是生活一部分而已。她们也不是说性不重要，只是她们认为它的重要性在于维系家庭和睦与夫妇团结，而很少说是追求自己的快感。

● 从师奶经验看情欲扩张

问及师奶的性生活，她会谈论自己跟不同人的关系；她们广泛的社交生活领域所涵盖的关系又不仅只于家庭／丈夫，对女性情欲和生活经验，视高潮或性快感为理想的说法看来并不成立，反而跟很多受访女性的生活脱节。她们的经验像千丝万缕交织在一起，同时追求各种理想。假如我们误以为她们心目中有某一种单一的理想，或备受某一种主流规范的压抑，这想法不免流于简化、远离个体的实际生活经验。因此，在晤谈中我也听取了她们心里面各种期望。

如果问及她们生活中最想得到的是什么，有人会说是家庭和睦最重要：

> 丈夫有了性满足，他对子女也会友善一点，不会家无宁日那样。（朱太）

也有人以夫妇团结为理想：

> 我常跟丈夫说，夫妇相处之道，第一是团结，第二是团结，第三也是团结，我和他是同坐一条船的，他不是跟他妈妈同船的。但他又不明白，使我十分生气。（阿芳）

另有人说，无论如何最重要的是子女的读书成绩，没有比子女成才更令她快慰：

> 兼职这么辛苦也是为了赚钱给子女上补习班。（玉姐）

有的受访女性以自我增值为理想，她们认为女人不要单为家庭牺牲，特别子女长大了，更加要有自己的发展：

> 我现在三分之一为我丈夫，三分之一为我女儿，另一分为自己，现在我要致力发展为自己那部分！我跟丈夫说我现在不当自己是他老婆了，我要学做二奶，我要扮靓、要撒娇。（阿美）

她跑去念书，取了心理学学位，最近又去学书法，取了文凭。有好几位炒股票，很满意自己的成绩。贝蒂说：

> 我一早起床便收听财经新闻，然后看电视和报纸怎样教人投资，好好参考。从前因为我不肯跟丈夫上床，他发脾气把电视机摔在地上，我很害怕，现在我一年中有一半时间都跟我自己的家人在新西兰，不需整天诚惶诚恐，情绪好多了。

其中一位受访者阿宝是保险经纪，她说：

> 我有自己的生意，我认为我退休后的生活应该怎样，我就为那目标争取，如果我丈夫肯合作，很好，如果他不肯，我自己也会继续。他只是我的伙伴。

有人参加了社会团体：

> 从前丈夫看不起我，我现在在小区中心教其他师奶用计算机，晚晚做笔记，我知道学员不明白些什么，笔记很合用的。（邓太）

很多师奶很热衷去追求性以外的、关于浪漫或色情的欢愉。她们去学唱粤曲、书法和跳舞。悠闲地追求是一个人意识到自己有权去享受人生的表现。我们访问了一群热爱粤剧的女性。她们大多是寡妇，表示通过学唱粤曲重拾生趣：

> 我们很多都已经没有老公了，所以宁可每星期四、五晚去唱戏。我想她们来不只是打发时间的，也是抒发情感吧。唱悲惨的曲目时大家都哭了，女人感

情丰富。如果她们可以处理得当自己的感情，她们来唱完了走的时候也会从角色抽离。（阿梅）

就我们跟研究参与者讨论所得资料，部分受访者认为我们应该进一步探究师奶如何跟酒楼部长、茶舞班和街市遇到的男人调情，如是我们方能看清楚某些师奶如何从日常社交互动、梦想和幻想中获得情欲的欢愉。

师奶的性意识使我们能明确地看到情欲的范畴并不仅止于高潮的瞬间，而是渗透于生活的各个层面，个体并不仅只有单一种理想满足欲望的方式，社会对个体的理想亦有多于单一的定义，所以我们应采取一个更为包容的方式去理解女性的性意识。为此，我们急需一个更广泛的情欲概念去理解构成这些女性们的快乐是多重面向，而不是单一的目标。

● 还是"好妈妈"、"好老婆"？

每一个女人生活其实都不只拥有一种理想模式，同一女性在不同场合、不同的人生阶段都有不同的追求或理想。高潮固然不是很多女性追寻快乐的终极目标，但其他所谓"传统"的理想、角色的要求也在不断转变中。师奶的生活经验反证出，很多女性主义者仍不能摆脱一种传统论调，她们依然把女人看为以妈妈老婆身份为主的"群体"而不是"个体"或"主体"。人人都以某一种身份作为自主核心，传统模式（母亲或妻子的角色）也不只是唯一一种。以哪一个身份、哪一种关怀成为中心完全取决于环境、人生阶段、历史与文化因素。

既然没有一个单一的"理想"（不管是否在香港而言），也没有所谓将自己生活与理想相比才能得到的相对快乐；又因为社会中总有多个不同的"理想"在互相竞逐又互相矛盾，所以，个体其实是有选择的。在矛盾的社会力量之间，仍保有游刃有余的自我形塑空间。[1]

社会定义这一群已婚女性为"师奶"，并不等于她们必须接受单一的社会压力，只能为迎合要求而疲于奔命，而无个体发挥自主、体验欢愉的空间。没有一个理想定义是"统摄"（totalizing）的，能全然地主宰个体。当有一个理想压向个体，例如被问及高潮是否重要，她们可以利用其他论述系统的意义来支持自己，转而谈论性生活对家庭的重要性。过程是一种协商而不是就范，即使真的存在着某些对师奶的强势的社会要求，压力的生产力量也总是被忽略的，访问中的师奶都有她们的

---

[1] Petula Sik Ying Ho, "The (charmed) Circle Game: Reflections on Sexual Hierarchy Through Multiple Sexual Relationships", *Sexualities*, 2006, 9:5, pp. 549-566.

方式去实践性生活，从而制造个体的自我身份。

香港的师奶其实非常清楚，在社会中她们并没有很高的评价，也因此，她们能够发现许多不同的方法去跨越所谓"好的异性已婚妇人"的界限；这当中包括了跟陌生男性的打情骂俏、婚外情、离婚，又或是参与各种不同形式的亲密关系。欲望的性质是非常模糊的，它能够通过不同的形态体现出来；而这些形态往往不能被我们现有的概念类型所涵盖或解释。

● 总结：超越高潮

这次研究跟某些指出性满足和整体关系满意度有高度相关的研究一致。① 已婚女性侧重关系本身的质量多于生理刺激，那是一种更复杂的性满足方式。② 如同在别的女性性意识研究范畴所指出的，我们的受访者并不当高潮是唯一，甚至是主要的性活动目标。研究者如巴森（Rosemary Basson）和马富与宾尼克（Kenneth Mah & Yitzchak Binik）均认为有必要用更复杂、精密的方式去理解女性的性反应。③ 我们的研究共同指出新的模式应该包括超出狭义的性元素，扩展为情欲的元素，即是说情欲的探讨应包括睡床以外的世界，甚至是酒楼、粤剧聚会或市场等。除了是和丈夫或主要的伴侣之外，这些情欲体验涉及不同的对象。我们应该留意女人在日常社交生活中追求情欲的欢愉的五花八门的途径——不论是社会的、文化的、美学的或知性的。罗德（Audre Lorde）曾写道："她们所受的压制有其生产力，见证于她们转移欢愉和最终的情欲扩充。"④ 参考这些理论家所呈现出女性的另类论述是重要的。

有些研究者认为主流论述根本没有给异性情欲解放的论述，女性并没有她们的语言可以建造一个主动的、有其爱欲的、强壮的性主体意识。⑤ 另有理论说女性的

---

① Byers, Demons, & Lawrence, 1998; Lawrence & Byers, 1995; Scott & Spercher, 2000.

② Myrtle Charissse Means, An Integrative Approach to What Women Really Want: Sexual Satisfaction. *Dissertation Abstracts International*, 61, 08, 4417, 2000.

③ R. Basson, 2000, The Female Sexual Response: a Different Model. *Journal of Sex & Marital Therapy,* 26, 2000, pp.51-65; Mah & Binik, The Nature of Human Orgasm: a Critical Review of Major Trends. *Clinical Psychology Review*, 21, 6, 2001, pp.823-856.

④ Audre Lorde, eds. Henry Abelove, Michele Aina Barale and David M. Halperin. The Uses of the Erotic: The Erotic as Power. *The Lesbian and Gay Studies Reader,* (London: Routledge, 1993), p.339.

⑤ Wendy Hollway, eds, Sue Wilkinson & Celia Kitzinger. Feminist Discourses and Women's Heterosexual Desire. *Feminism and Discourse: Psychological Perspective* (London: Sage, 1995), pp.87-105.

声音虽然不是"刺耳的反对声音",但从她们的"呢喃",亦可听到"贫乏的、微弱的"的声音中有着性欲的可能性。①总的来说,女性的欲望表述只不过是"低声耳语"而已。②近十年来的大部分研究描绘出的图画,大概是女性显著地改变了,不过仍受制于异性恋、男性为中心的主流论述,她们的性意识依然是从属于男人的。③虽然这些研究都能提出反抗的例证,但很多研究者并没有刻意地彰显反抗的声音。

本报告的问题是:我们还要听取多少声音、怎样的声音,方能确定它们不只是"呢喃"?当我们拆毁高潮规范时,是否同时制造出一种迷思让我们以为真有一种以高潮为中心的现实在管理着我们?为何我们要假设受压抑的历史,而不去思考,于反面同时存在的生产历史以及性意识的繁茂盛况?把高潮作为理想,也等于视已婚女性为妈妈／妻子,不能捕捉现今女性身份的多元性,以及多元身份下欲望的流动。其实我们要愿意从女性的真实生活出发,摆脱假设式的想象,才能承认独立的反抗声音。

本研究报告指出,香港女性对于美好性爱的想象来自许多不同的根源和场所。这些已婚妇女的情欲满足往往由许多不同的元素所组成,包括了爱和关怀,性爱亲密和满足,情欲的追求,社会的肯定,以及她们作为妻子、母亲等以外的精神补足,例如工作、教育、兴趣小组、投资、娱乐、婚外情、义工,我们不能忽视这些补足性的精神寄托,这些都是通往其他选择的"通行证"。这些精神寄托可能是能让她们默默忍耐妻子与母亲等繁重角色的最后依靠,她们生命的意义随着外在生活的扩充而被重新定义。④与高潮一样,一个异性已婚妇女所象征的社会认同以及尊严亦不见得是师奶唯一的考虑。没有一个婚姻能够同时满足所有的元素,在整个生命的过程中,这些妇女会不断地修改她们的期待,例如什么样的愉悦能借由何种方式获得,她们根据个人特有的社会处境与关系模式而修改在美满性爱中高潮与社会认同的意义。⑤总体而言,"高潮规范"并不适用于香港妇女的个案,而我们更不应该只

---

① Susan Jackson & Fiona Cram, Disrupting the Sexual Double Standard: Young Women's Talk About Heterosexuality. *British Journal of Social Psychology*, 42, 2003, pp.113-127.

② Michelle Fine, Disruptive Voices: the Possibilities of Feminist Research. (Ann Arbor: University of Michigan Press, 1992); Holland et al., ed. Jeffery Weeks. Reputations: Journeying Into Gendered Power Relations. *Sexual Cultures, Communities, Values and Intimacy* (London: Macmillan, 1996), pp.236-260.

③ Susan Jackson & Fiona Cram, 2003.

④ Petula Sik Ying Ho, Eternal Mothers or Flexible Housewives: Middle-aged Chinese Married Women in Hong Kong. *Sex Roles: A Journal of Sex Research*, 2008.

⑤ Petula Sik Ying Ho, Not So Great Expectations: *Sex and Housewives* in Hong Kong, *The Journal of Sex Research*, 2008b.

着眼于攻击它，而是要着手超越它。

（何式凝）

何式凝（2008）：《媒介拟想：日本情色/华人欲望》，*Envisage: A Joarnal Book of Chinese Media Studies,* 5, 83-106.

参考文献

Basson, Rosemary. The Female Sexual Response: a Different Model. *Journal of Sex & Marital Therapy*, 26, 2000, pp.51-65.

Bejin, Ande. The Influence of the Sexologists and Sexual Democracy. *Western Sexuality: Practice and Precept in Past and Present Times*, eds P. Aries and A. Bejin. Oxford: Basil Blackwell, 1986, pp.201-217.

Boyle, Mary. Sexual Dysfunction or Heterosexual Dysfunction? *Feminism & Psychology*, 3: 1, 1993, pp.73-88.

Braidotti, Rosi. *Patterns of Dissonance.* Cambridge: Polity Press, 1991.

DeLamater, John. D., & Hyde, Janet S. Essential Versus Social Constructionism in the Study of Human Sexuality. *The Journal of Sex Research*, 35, 1998, pp.10-18.

Frank, E., Anderson, C., Rubinstein, D. Marital Role Ideals and Perception of Marital Role Behavior in Distressed and Nondistressed Couples. *Journal of Marital and Family Therapy*, 6, 1, 1980, pp.55-63.

Fine, Michelle. *Disruptive Voices: the Possibilities of Feminist Research*. Ann Arbor: University of Michigan Press, 1992.

Forbes, Joan S. "Disciplining Women in Contemporary Discourses of Sexuality." *Journal of Gender Studies,* 5: 2, 1996, pp.177-189.

Foucault, Michel. *The History of Sexuality,* Vol. 1. NY: Pantheon, 1976.

Foucault, Michel. *Discipline and Punish*. United Kingdom: Penguin, 1977.

Foucault, Michel. Body/Power. *Power/Knowledge: Selected Interviews and other Writings*, 1972-1977, ed. and trans. C. Gordon. NY: Patheon Books, 1980.

Heath, Stephen. *The Sexual Fix.* London: Macmillan, 1982.

Hite, Shere. *The Hite Report: a National Wide Study of Female Sexuality*. New York: Dell, 1976.

Ho, Petula. Sik Ying. Beyond Orgasm: "Normal" Women Rearticulating Desire. Paper Presented at The Women's Studies Center, HKU, and March 27, 2003a.

The (charmed) Circle Game: Reflections on Sexual Hierarchy Through Multiple Sexual

Relationships. Sexualities, 2006. 9（5）, 549-566.

Desperate Housewives - the Case of "Si-nai" in Hong Kong. *Affilia*, 2007, 22（3）, 255-270.

Eternal Mothers or Flexible Housewives: Middle-aged Chinese Married Women in Hong Kong. *Sex Roles: A Journal of Sex Research*, 2007.

Not So Great Expectations: Sex and Housewives in Hong Kong. *The Journal of Sex Research*, 2008, 45（4）, 338-349.

Holland, Janet, Caroline Ramazanoglu, Sue Sharpe & Rachel Thomson. Reputations: Journeying into Gendered Power Relations. *Sexual Cultures, Communities, Values and Intimacy*, eds. Jeffery Weeks and Janet Holland. London: Macmillan, 1996, pp.239-260.

Hollway, Wendy. Feminist Discourses and Women's Heterosexual Desire. *Feminism and Discourse*, eds, Susan Wilkinson & Celia Kitzinger. London: Sage, 1995, pp.87-105.

Irigaray, Luce. "Women's Exile: Interview with Luce Irigaray." Ideology and Consciousness, 1, 1977, pp.57-76.

Jackson, Margaret. "Sex Research and the Construction of Sexuality: a Tool of Male Supremacy." *Women's Studies International Forum,* 7, 1, 1984, pp.45-51.

Jackson, Sue M. & Fiona Cram. Disrupting the Sexual Double Standard: Young Women's Talk about Heterosexuality. *British Journal of Social Psychology*, 42, 2003, pp.113-127.

Jeffreys, Sheila. *The Spinster and Her Enemies - Feminism and Sexuality 1880 - 1930.* London: Pandora Press, 1985.

Koedt, Anne. *Radical Feminism*. New York: Quadrangle, 1972.

Lorde, Audre. The Uses of the Erotic: the Erotic as Power. *The Lesbian and Gay Studies Reader*, ed. Henry Abelove, Michele Aina Barale and David M. Halperin. London: Routledge, 1993, pp.339-343.

Mah, Kenneth, Binik, Yitzchak. M. "The Nature of Human Orgasm: a Critical Review of Major Trends." *Clinical Psychology Review*, 21, 6, 2001, pp.823-856.

Means, Myrtle Charisse. "An Integrative Approach to What Women Really Want: Sexual Satisfaction." *Dissertation Abstracts International,* 2000, 61（08）, 4417.

Millet, Kate. *Sexual Politics.* New York: Doubleday, 1970.

Nicolson, Paula. Public Value and Private Beliefs: Why do Women Refer Themselves for Sex Therapy? *Psychological Perspectives on Sexual Problems: New Directions in Theory and Practice*, eds. Jane M. Ussher & Christine D. Baker. London: Routledge, 1993, pp.56-78.

Potts, Annie. "Coming, Coming, Gone: a Feminist Deconstruction of Heterosexual Orgasm." *Sexualities*, 3, 1, 2000, pp.55-76.

The Essence of the Hard on. *Men and Masculinities,* 3, 1, 2000, pp.85-103.

Rich, Adrienne. "Compulsory Heterosexuality and Lesbian Existence." *Signs*, 5, 4, 1980, pp.631-660.

Segal, Lynn. *Straight Sex: the Politics of Pleasure*. London: Virago, 1994.

Shrefey, Mary. *The Nature and Evolution of Female Sexuality*. New York: Random House, 1972.

Tsang, Adolf Ka Tat & Ho, Petula Sik Ying. Lost in Translation: Sex & Sexuality in Elite Discourse and Everyday Language. *Sexualities,* 10, 5, 2007, pp.623-644.

Tiefer, Lenore. *Sex is Not a Natural Act and Other Essays*. Boulder, CO: Westview, 1995.

Ussher, Jane M. The Construction of Female Sexual Problem: Regulating Sex, Regulating Women. *Psychological Perspectives on Sexual Problems: New Directions in Theory and Practice*, eds. Jane Ussher, & Christine D. Baker. London: Routledge, 1993, pp.9-41.

师奶的小狗、情欲与理想

一则听来的笑话——

孤独老女人守着一间家徒四壁的破屋,和她相依为命的只有一只猫咪。一天老女人不经意搭救了神仙,被恩赐了三个愿望。她说:"我要变得年轻貌美。我要有花不完的财富。最后,请把猫咪变成英俊的男子陪伴我!"神仙把她的愿望都实现了。她觉得自己简直是世上最幸福的女人。此刻,她跟英俊的男伴情欲高涨地亲热,他气咻气咻地缠住她,在她耳畔低声说:"宝贝……我近来埋首于研究计划'第二春',也曾访问过许多中年女人:假如你有三个愿望,你想要什么?二十二人中,没有人在自己的愿望名单上提过类似上述的童话式陈述。有人说:'我希望叮一声后眼前这房子立即就装修好!'但竟然没有人提及男女亲密关系。即使有人谈及跟丈夫的关系,顶多说'希望我们长命一点,可以看到子女长大成人'。师奶的愿望,一点也不情欲,一点也不浪漫!她们对子女的期望最大;丈夫呢?不知在哪儿。"

我发现,真正想了解这些中年女人的心底欲望,直接询问她们"三个愿望"是行不通的。传统的发问只会带来可以想的答案。要是我有神仙的奇妙法力,她们会否真的向我说出"让猫变情人"的心愿?女人到中年,还想要什么?

原来女人只想要一条"跟尾狗"?

我以往访问师奶,没有指定地点,这次带录像机到她们家中访问,目的是多看看她们生活的日常环境。二十二个受访者,全部要求上门。

那天约了朱女士在她家附近的巴士站等。才下车,赫然见她抱着小狗来欢迎我们,像拖着情人那么自然又温馨。我和助手以及朱女士三个女人、一只狗去了大排档吃面,朱女士跟小狗的亲密无间叫我们大开眼界。食物送上来,朱女士手执"仔仔"的前脚一起祈祷,"感谢主赐每日食粮"。再来一场母子吃牛腩面,"妈妈"

吃牛腩和面条，菜心全归"仔仔"，"妈妈"喂给"仔仔"吃，一条一条菜"反刍"，旁人看得惊心动魄，只因"母子"之间实在"烟韧"。当然，全程还有无数的接吻镜头。

我突然想到，平日在香港真的很少看见中年女人做出这些身体动作，如此热情，如此开放，眼前的朱女士为自己沾满"仔仔"口水的脸自豪，表现出被需要的光荣。她们同时也是庄严慈爱的母亲，又安全又浪漫的组合。如是，我发现，爱与狗同行，因为那是一种被接受的亲密方式。

当我们一行人走到河畔边逛边聊，朱女士碰到她的邻居阿美，她一个人到那里遛狗。朱女士："仔仔，叫阿姨早晨啦！"阿美："妹妹都叫阿姨早晨！"

阿美谈起她的生活："我和妹妹最喜欢来这儿散步。我曾经患抑郁症，如果不是妹妹，我也不会走出来。"这对"母女"又是每天亲吻无数次的。我问："阿美，妹妹算不算你的情人呢？"她说："也可以这样说啦，怎么称呼也无所谓。"

阿美家中除了小狗妹妹，还有三只猫。一只窝在上格床，一只躲在电视机后面，一只在沙发上，全体伴随妈妈演唱住家卡拉OK版"留给这世上我最爱的人"。那一刻，阿美从一个被遗弃的妇人摇身一变成为歌星，背后有四个忠心耿耿的歌迷，它们从不质问也不批评这个女人。

家访后的第二天，朱女士来电补充昨天被我们问及的"人与人的关系跟人与狗的关系有何不同"。"昨天我说两者是一样，想深一层其实不是。人与狗的关系近乎完美！人与人的关系比不上。"

这个强而有力的澄清让我想到，假如小狗仔仔可以变成朱女士的情人，她会不会更开心？抑或，她根本接受不了这种发问背后的种种假设，好像破坏了她们纯洁的母子关系？

香港女作家叶爱莲近作《男人与狗》，大胆承认女人的情欲，狗在故事中代表某种兽性，跟她过往的情欲存在共通。也因此，这一种并不是师奶们的情欲。叶爱莲笔下的狗，会发情，会随街当众交配；而自称狗妈咪的师奶们，怀中都是纯情如婴儿的小狗。

叶爱莲在小说集也提到"它们忠心、美丽、懂事，却又不脱动物的灵性。它们看到喜欢的食物张口就咬，看到倾慕的对象就追着对方不放，遇到讨厌的人还是张口就咬——所有动作都是本能"。（p. 138）

朱女士和阿美向我介绍第三位被访者，她们口中"全邨最爱狗"的阿冰。我们于是再次回到那个大排档，阿冰带着孙子、印佣和爱犬（另一只）"仔仔"——它不占座位，因为全程留在婴儿车上。她是邨中第一个以婴儿车遛狗的人，当时"所有人都有反应，有些人甚至反应很大，不知为什么！"回到家中，阿冰向我们展示婴儿车中的物品："有毛巾，仔仔日晒雨淋也不怕；有胶袋，仔仔呕吐和便便有用的；有纸扇，空气要流通嘛。"

阿冰说："很多人养狗为有个'伴'，我不是，它是我生命的一部分。以前屋邨不准养狗，人家问我怎么办，我说，哪有父母为了间屋放弃子女？他们赶的话，我便跟仔仔一起走！2003年，我们一班狗友去请愿，终于争取到户籍，居民只可继续养现有的狗，新来的再也不可以。房署叫我们提供文件、打针纸，又要我带仔仔去阉。我跟医生说：它年纪大，做手术很惨的，可不可以我照样付钱，你给我发个证明就好，医生拒绝了。"

好一场社会运动。好一句"爱与狗同行"。阿冰向社会挺身而出说明，养狗不是中产独有的权利。

暂时圆满的亲密关系

我们的被访者常常这样解释她们的人狗情缘：

（1）"子女长大了不会常在身旁，只有仔仔对我是至死不渝。"

（2）"老公也不是一生一世，只有仔仔没有异心，它对我永远是始终如一。"

回到我要研究的基本问题：女人，到底想要什么？一头始终如一、可供互相依靠、毫无异心、长伴身旁、忠心耿耿、永不背叛自己的……狗？

女人一生想找个"好男人"，一个既爱自己又可以一生一路同行的男人，可是愿望达成的人少，落空的人比较多。她说她男友爱上自己最要好的朋友，心都碎了，快要患上精神病。另一个她的丈夫搭上"北姑"，本想一味以死证明自己情比金坚，反而逼得丈夫害抑郁症……这些女人的伤心故事，访问计划中要多少有多少。再看电视剧里深受师奶欢迎的角色"阿旺"，智力有毛病但一往情深，竟然是理想对象的化身，相比之下，怎能怪女人退而求其猫猫狗狗去寄托情感？

你以为女人们不知道自己这种行为通常被标签为"狗痴"，会被人藐视为病态？但她们为何仍能昂首阔步、横行邨内任凭驱赶或威吓都死守狗旁？

女人有你看得见和看不见的种种辛劳：家务、工作、爱情……可是这些辛劳付出并没有得到对等的承认，没有人对她们的贡献表示感激。在她们和狗之间，反而能够找到实实在在的"交换温柔"（reciprocity）。

继续追寻

不过，从来没有任何一位"狗妈咪"认为，这些仔仔女女就是她们的终极快乐；师奶心里仍存理想。朱女士说："在人生终结之前，我仍希望能找到那个情投意合的人。"阿美很勇敢地说："假如让我遇到'那个人'，我肯定不会放手。再嫁要摆够六十围，要他用大红花轿来接我过门！"阿冰则说："如果我再结婚，我希望能够做得好一点。"

她们无疑是人们眼中的"狗痴"，但是，她们在生活中仍然没有放弃情欲的追求。丈夫、前夫、旧情人、丈夫跟别人的儿女等关系，甚至是梦中情人，她们一边努力经营和追求，一边爱狗如命。当下，小狗是她们生活中的动力，也是她们的身份象征。尽管，她们确实不处于最理想的生活状况。

看来无法实现的，幻想也好理想也好，由小狗们填补、保存着她们对情欲追求的热情（erotic energy）——至少当她们亲吻和拥抱小狗时，那温暖是实在的、可掌握的。还有，她们对小狗的情感可以公开展示，小狗不怕向全世界表现出有多需要妈咪，这些亲密举动的公开，一方面是对世界的挑战，同时给予女人一种特别的骄傲："我仍然是勇于去爱、愿意付出的女人。"

（何式凝）

何式凝（2008）：《文化现场》（ *C for Culture*, 11, 54-55. ）。

香港师奶的色与欲

◉ *Living history*: 香港师奶

看罢 *Living History: Hillary Rodham Clinton*（2003），眼前的第一夫人有军师又有参谋，全书共802页，最后在特别鸣谢出现的人名列长达数页。一村人争相记录她的过去，她的政治活动和爱情生活。虽然说到底她其实也是个师奶，但如果她"只是"一般师奶，谁在乎呢？

你未必留意到 *Sex and the City* 的故事里其实也有师奶。比起卡丽和萨曼莎，纵使单身生活有其苍凉、辛酸的一面，但仍有华衣美服，活得风流摩登、光鲜漂亮。师奶米兰达的生活又如何？婚后的她莫讲谈情说爱，揍仔揍老公还要揍老年痴呆症的奶奶。现实中的师奶没有爱情、没有性欲、没有靓衫、没有好身材，魅力欠奉，她们最大的筹码就是执住一份平凡的幸福。

假如要把眼光从纽约拉回本土，谈香港人性生活现状的话，可先参考杜蕾斯每年一度的调查：香港人一年的性交次数稳守在51、52次的关口，即约每星期一次。全世界排倒数第二的香港人当中，师奶的性活跃程度大概连平均数也达不到。年前新妇女协进会与港大社会学系进行的"香港女性性生活调查研究"，里面受访的香港女性，都是18—40岁单身的一群。40岁打后的师奶群，她们的情感和欲望，似乎真的乏人问津得可怜。

过往几年间，我分别进行了"In Search of Romance"和"Second Spring"两项研究：前者的访谈对象为45位已婚的中年妇女，旨在了解她们对师奶这身份的认知、她们的性欲和性生活状况；后者再将访谈对象的圈子扩展至单身、已婚或离婚的中年妇女，希望了解她们如何评价她们过往的生活，对未来又有什么想象。在接近70个她们第一身叙述的故事背后，我发现师奶的幸福并不尽是单纯的"平凡"，她们的向往成就了独特的生存之道。别看轻师奶，她们甚至手中持有另一个身份的护照，随时在人生中起飞！

◉ 不巴闭、不矜贵的师奶身份

一般人都会觉得一个人辛苦含屈打理头家细务，称她们为"师奶"或"小女人"，好歹冠以她们一点社会地位，让她们知道自己身处何种境地。虽然社会还算尊重那个师奶牌坊，但香港的师奶都知道自己被"笨化"。她们深知道师奶的真实价值：不巴闭，也不矜贵；顶多是海滩中的一粒沙，那么小又那么细。基于师奶都深知自己既平凡又不值一提，要是再雪上加霜地只得一个低学历，她们便更容易觉得气馁和懊悔。更何况，"师奶"所代表的已婚身份一点也不可靠，随时可以失去。

但是，面对他人认为她们拥有的囊中物——平凡的幸福，她们还是志在必得的。要知道，在这边缘的情况下，师奶对自己岗位的肯定，靠的不止是咬紧牙根，还要靠她们独特的人生洞察力和危机感。她们致力营造一份美满、幸福的婚姻，为的就是不要让劣势加剧。师奶的当前要务就是出尽法宝表演幸福满泻，就算不幸地只是场秀，仍坚持继续卖力演出。 她们心目中有盘数，千方百计要维系家庭，好让自己到底还有"乜太太"的身份。

然而人到中年，师奶也会发现，所谓平凡的幸福是，她们为着要"幸福"而付上了"平凡"的代价。师奶的家庭角色社会角色受多重规限。一日头上有个师奶标签，一日她便不能追求超凡的、不落俗套的、前卫的、极致的事物。中年的她们渐渐想去找寻属于自己的欢愉，哪怕只是一点点。

◉ 色欲都市——师奶版

这里说的欢愉，当然也包括性，但不止于此。性不只对单身艳女重要，对于师奶来说同样绝对有价值，我接触的师奶只有很少会说性毫不重要。但这不是指她们热衷于追求纯粹的感官欢愉，相反，她们绝少以达到高潮为理想。即使没有人否定高潮或性快感是美好的，但这很少是她们唯一的理想生活或性生活指标。性之所以重要，是因为性可以加强和巩固夫妻之间的关系，证明两人依然亲密和配合，确定互相仍然需要对方。性可以直接使家庭生活更美好和谐，让师奶进一步确认老公外面没有别个女人；当老公表示对家庭感到满意和对孩子爱护有加，师奶便能放下心头最大的一块石头。换言之，师奶看性是看在婚姻关系的分上，而绝非着重高潮的次数或随之而来的性快感。

连高潮也不重要？师奶追求的原来不是性欲满足，反而是情欲满足。师奶看重的并非性行为或性快感，而是情欲满足。婚姻中的性行为对师奶个人而言，绝非重要事项，反之，无性婚姻颇为常见；即使婚姻中性生活尚存，亦激烈不再。这都不能归咎于任何一方，皆因生活琐事万千，有太多其他需要率先处理的事项。

她们想象中作为妻子、母亲的回报，当然是梦寐以求的爱和关怀、性爱亲密和满足以及对情欲的追求。可惜事与愿违，这些往往只是她们一厢情愿以为婚姻全包宴内包含的附属条款。经过风雨磨炼，她们终于意识到要停下来，好好仔细想想究竟长久以来所为何事。

当师奶发现婚姻不能够同时包罗所有的满足元素时，在生命的过程中，她们会不断地修改她们的期待，例如什么样的愉悦能借由何种方式获得。她们根据个人特有的社会处境与关系模式，修改美满性爱和高潮的意义。

◉ 师奶的生存之道："进补"

灵活的"港人"随时起飞

快乐和情欲满足由许多不同的元素所组成，当师奶发现欢愉未必能够从婚姻可得，她们渐渐学会为自己找寻出路——离婚代价太高，她们选择为自己的生活"进补"，即在生活中添加一些"以外"的元素。师奶很清楚，美好关系与情欲满足的想象必须建基于不同的情节、现象和处境，一本通书看不到老。

师奶知道自己的身势，若单单做好别人的老婆老母，并不会真真正正被重视。故此，她们尝试超越妻子与母亲角色，建立收放自如的身份，获取多方面的回报，包括人生成就，社会肯定，还有她们作为妻子、母亲等以外的精神补足，例如工作、兴趣小组、跳舞、唱歌、饲养宠物、书法、唱大戏、插花，为生活增添一点姿彩。

别看轻这些活动，补足性的精神寄托样样都是通往其他选择的"通行证"。这些精神寄托，可能是能让她们默默忍耐妻子与母亲等繁重角色的最后依靠，也是她们的自我发展和艺术表达的活动。她们随着外在生活的扩充而重新确定生命的意义。因为她们都想表达心里面自己的女性特质、想法，发挥自己的光芒和敏锐的情感。为着想继续寻找作为一个女人可以拥有的感受，或是她们对世界的各种希冀，她们会从不显眼处策动改变，投资股票、经营小生意、兼职、参加进修班、当义工便是个中例子。这类活动虽与情欲满足无关，但师奶仍可通过这些机会扩阔社交圈子，提升个人形象，将自己与社会的距离拉近，这些都是她们继续推行长线发展的重要基石。

师奶是否不再需要性爱亲密和满足？不，她们对情欲的追求仍然存在，不过已被代替或升华到另一境界。师奶的性意识使我们能明确地看到情欲的范畴并不仅止于高潮的瞬间，而是渗透于生活的各个社会层面。她们善于将性欲置换成感性的情感，通过这种移情方法，她们并不仅只有单一种理想满足欲望的方式。

你听闻过日本主妇对韩剧男星（李秉宪、裴勇俊、元杉等）疯狂迷恋的情况吗？你见过师奶跟酒楼部长纯粹调情吗？这些活动当中都含有肉体上的满足，但又不是性行为，全都是一些没有危机或不会损害到婚姻的"踩界"活动。因为师奶非常清楚地明白，在社会中她们并没有很高的评价，所以她们能够发现许多不同的方法去跨越所谓"好妇人"的界线，就像先前提及过的各样精神补足和移情方法。

通过探索新关系、新浪漫的"踩界"经验，师奶得到一个机会去摆脱社会给予她们的社会角色，浅尝浪漫之味，重新审视甚至编写自己的剧本。不管师奶去找娱乐、兴趣还是什么，只要她采取第一步，就是踏出了家庭角色，自我引领到另一个新天地去。师奶去唱大戏，越唱越强，感情越来越投入，后来更有份献唱十九区粤曲晚会——她手上不只得一张师奶身份证了，她多了一本通往艺术追寻的通行证。尽管她未必是自觉的，那是一个她自己追求美好、追求满足感的新天地。她们的起步点，正是每一件看来很微小的尝试，想要为生活中的缺失"进补"，不过那些"补品"也可能会让她们更清晰地看见生活的核心如何匮乏，她们还可能因此逐渐向更高更远的向往进发。或许当时机一到，她就能凭着手上那本移民新天地的护照（可能是双程证也可能是单程证），干出更积极的事。

◉ 情欲公义？

以上提出的各点并不是为了要评论师奶的行为表现够不够勇敢，而是希望从中得知师奶的生活背后各种各样的包袱，从而认清在这所有的前设底下，她们无论如何也尝试去打破框框，而不是放弃自己，身体力行出一份"留得青山在，不怕没柴烧"的精神。

从师奶的多元化经验，我了解到快乐的追求是欲望的扩张，是人对美好的追求。社会对女人作为个体的理想有多于单一的定义，我们也应采取一个超越性行为及身份、更包容地理解女性的性意识。

事实上，在察觉到各类新机遇的背后，师奶要经过多重计算，做好排忧解难的准备，这一点就正正显示已婚男女的大不同。情欲是否可谈公义？已婚男人可享有的选择明显较多；年轻的、内地来的、没经济能力的女人多得是，最难得的是他们在越轨过后，还有力挽狂澜的可能。奈何，已婚中年女人在选择上的限制多如繁星，最困扰人的还是最终要付上的沉重代价——由自己一手策划的平凡幸福。如果我拥有幸福，我绝不介意生活过得平凡；但如果我执住的幸福筹码并不足够我开拓一个美好中年，那么就有必要为自己重新筹划，以免得一切来得太迟。可幸的是，我眼前已出现不少致力于要变身成为优秀中年女性的超凡师奶。我们需要理解师奶的快乐具多重面向，而不是单一的目标，当中最值得彰显的莫过于她们才华洋溢、机智聪敏和独特的生存之道。她们不是希拉里，但都享有一个专属空间来重新叙述自己的故事，策动变身成为一个个活生生的第一夫人。

（何式凝）

何式凝（2008）：《明报》，2008年6月20日。

网络自我中心？——香港年轻女性及其个人网站

我们不时听说，互联网怎么急剧普及，年轻人如何对其沉迷。① 根据米特拉和施华兹（Mitra & Schwartz, 2001）的报告显示，亚洲区互联网的增长率相当高。斯金纳、波斯哥和伯兰德（Skinner、Biscop & Poland, 2003）报告指出，环球的互联网应用都迅速增长，年轻人更往往是最先锋的一群。在日常生活中，我们大多数人都习惯在起床后首先打开电子邮箱，检视或回复新邮件。除了使用电邮和即时通信软件，建立或整理私人网站更是最热门的在线活动之一。②

香港青少年服务机构"突破"的2005年网上调查显示，在年龄介于10—29岁的受访者中，75.5%有发表网上日志的习惯。③ 正如米勒和阿诺德（Miller & Arnold, 2001）的文章所言，网络空间的真正空间也许是计算机屏幕以外的肉身世界，网站更成为愈来愈多年轻人自我发声、自我表述的渠道。据我们的观察所得，年轻网主通过对个人网站进行定期的更新，在彼此之间建立并维持了一个独特的虚拟联系，进一步开拓人际网络及社交空间。

---

① 青年委员会Commission on Youth (2002)的一个调查中，包括1218对香港父母，其中有1713个家庭的子女年龄介于9—24岁之间。调查显示这些年轻人比起他们的父母更能掌握计算机系统的操作。来自国内的新移民比香港的父母们情况更为严重。调查的详细内容刊于http://www.info.gov.hk/coy/eng/Report/it.htm。

② 个人网站有别于网上日志。虽然都具有一般网络空间的功能，可让作者上传和发表文章、形象和其他信息，但网志作者较受样式限制，而网页作者就需要处理较多技术上的问题。我们在下一个部分会进一步详述这两者间的分别。

③ 这是一个以汉语主导的调查。2005年4月，报告公布在一个非营利宗教团体——Breakthrough Ltd。报告结果由张贴在本地网页和新闻团体(Newsgroups)的网上问卷调查所得。回收了总共1064份问卷，回应率达五成（51%）。回复者中大部分为学生（80.9%），而女性占62.5%。http://wwwbreak-through.org.hk/ir/Research/29_onlinediary/onlinediary.htm[Retrieved 25 June 2005]。

大众普遍认同，网络使用者可通过网络空间表达及实现自我。"突破"的普查亦支持这一论点，更暗示青少年在网上发表日记的目的，多在于宣泄情感及表达想法。① 但我们相当惊讶，该项调查并未就受访者的性别进行分组探讨。在以下部分，我们将进一步披露，在分析新兴数码媒体（例如网络日志及个人网站）对社会文化的影响时，性别元素如何经常被忽视。

我们的研究绝不能只针对个体，更应同时顾及性别元素。扬斯（Youngs, 2002）曾提到："科技并非中性的领域……在广义层面上，男性及女性的社会建构与广义科技领域及其发展的关系，都充满了根深蒂固的历史差异。"事实上，很多研究员也渴望进一步探讨不同网络活动的性别差异。网络活动如何增强女性对现世认知的研究相当有意义，然而，现今针对女性在网络空间的自我的研究却极为有限。

在这个章节，我们将着眼于香港年轻女性在网络空间及现实生活中的自我表现方式，探讨她们如何在网络空间这个平台建立女性身份，特别是她们在他人眼中的女性形象。相对于另一比较深入人心、视女性为"科技白痴"（Van Zoonen, 2002）的说法，现今年轻女性对网络空间的运用，可以称为"科技达人"。她们在个人网站内表达的自我身份以及其各种面向，或许正是这些年轻女性的抵抗方式（Foucault, 1983; Garey, 1999; Ho, 2001, 2007; Ho & Tsang, 2005）。我们会剖析她们运用什么影像，以及这些影像如何反映她们内心的渴求、焦虑及欲望。同时，我们将观察这些女性如何利用互联网去扩展社交圈子，把虚拟世界融入现实生活之中（Aker, 1996; Mitra & Schwartz, 2001）。正如福柯（1986）曾提出："我们正活于一系列可以勾画场景的关系之中"（p. 23），虚拟世界与现实生活的融合，可让参与者创造新场景和空间，发挥他们内在的权力。

● 在网络空间中创造自我

不少学者曾论及个人网页和网主本人自我身份的关系。例如亚历山大（Alexander, 2002）的调查就尝试去探讨同性恋的身份是如何在美国网络服务器中建立并表现出来。罗宾斯（Robbins, 2001）的教育研究也探究了正值青春期的美国少女如何利用

---

① 根据Breakthrough 2005年所进行的调查所得，多数响应者认为网志的最大功能是提供一个表达自我和情感的机会。77.9%的回复中表示网志给予他们释放情感、想法和意见的空间。50.4%的回复中视这为一个表达的空间。同时，77.7%的响应者利用这个虚拟世界作为自由表达感想的平台。61.5%的回复者认为这个媒体能引导他们与别人分享感受。49.9%的回复者更认为网志给了他们勇气去谈论一些他们不敢涉及的事情。调查中甚至显示有67%的响应者更清楚了解自己的想法和感受。

互联网去"寻求个人身份、发展人际关系，以及探索个人能力和成就"（p.8）。亚力山大和罗宾斯（Alexander & Robbins）的研究基调是以个人网页作为对外沟通的媒介；网页制作是自发的、有意图及蓄意地向公众表达自我的实践行为。他们的结论是，通过分析互联网作为自我表现，是一项有意义的学术任务，有助提升我们在本土及国际领域对自我、文化和未来的理解（Alexander, 2002:85）。我们的研究观点也跟贝尔（Bell, 2001）所提及的"作为有自我意识的身份表达，网页是研究网络文化中身份议题的有效切入点"不谋而合。同样的，正如张（Cheung, 2000）相信"网页作为自我表现的平台，是一种全然自发的行径"，网站作者"可以选择性地表现出多面，甚至是自相矛盾的个性"（p.45）。张（Cheung）以自我表现作为前提，应用了戈夫曼（Goffman）的符号相互作用论概念去理解个人网页的作者，认为网主巧用各式各样的符号工具，建设成虚拟文本，营造出"比亲身接触还要修饰、更刻意让人留下深刻鲜明形象的印象管理"（p.45）。

与此同时，我们却对此种将私人网页理解为一种虚拟领域，"让网主尽情（在技术许可的情况下）地享有创作权利"，进而演绎为"让网主能尽情创造一个新的自我"（Bell, 2001:118）的论点有所保留。我们质疑，网络空间中的自我生产是否源自一种全然独立的存在，完全自主，不受约束，人们得以尽情地以各种内容和形式表现自我？虽然人们能随心地设计个人网页，但我们认为网主不能在网络空间创造出一个脱离现实生活的角色，因为他们需要面对其现实生活中的社会和文化限制。我们必须重新思考"网络空间中自我表述"这个课题，问题化"虚拟"与"现实"之间的二分法。

张（Cheung, 2000）指出，私人网页让网页创作人得到解放。网主们不必再因为顾虑在人前表现自己的各种想法而感到为难、羞怯或害怕被拒。对张（Cheung）来说，网页更可让使用者随心地把平日刻意隐藏，甚至被禁锢起来的面向表露人前。张（Cheung）进一步论述，私人网页"是一个让普罗大众有机会展示他们在现实生活中不为人知的一面的强大媒介"（p.48）。不过我们对此"个人网站解放其作者"的论点保持比较保守的态度，不是因为我们不认同"网络自我身份表述"的影响，而是因为我们非常在意此研究访问中受访年轻女性的叙述，以及她们对自身经历的理解。私人网站对网主到底有什么意义？她们又会否视之为自我表现？如若私人网站作为一个网主自身的情意结、复习性以及自相矛盾的情绪之交点，我们能否就可以把这个隐藏起的自我，简化地解释为一个自我解放的进程？

◉ 网络女性主义对女性网上活动的看法

网络女性主义者讨论网络空间与自我表现时，尝试引入性别观点，他们希望"从女性角度出发，去塑造和引入新的信息、新的科技，我们未来的社会应当有不一样的结构"（Arizpe，1999:xiii）。换句话说，他们认为网络空间可以成为女性对抗现存父权社会结构的新出路。Arizpe 呼吁女性唤醒她们的知觉："女性应主动介入，确保信息科技的发展能真正朝向以人为本这目标，而并非加强垄断者的势力。未来的意义，必须在今天由女性，特别是拥有着较多自由和创作经验的年轻女生来创造"（Arizpe，1999:xiv-xvi）。另一位网络女性主义者布雷顿（Brayton，1997）也认同，信息科技能使女性获得形式上的解放。布雷顿（Brayton）指出，"网络空间赋予女性一个独特的平台和环境，展示女性版本的现实、身体及身份；这地方的性别变得流动，身体重新体现"（http://www.unb.ca/web/PAR-L/win/cyberfem.htm, retrieved 4 May 2003）。网络空间有助于塑造并突破性别身份的观点，颇见流行并具影响力。

网络女性主义者期待女性，特别是掌握网络技术的年轻女生，去"瓦解现今网络空间的性别界限"（Brayton 1997, http://www.unb.ca/web/PAR-L/wincyberfem.htm, retrieved 4 May 2003）。另外一些网络女性主义者尝试利用电子艺术计划进行试验（Kaplan & Farrell，1994:II），他们发现男性一向利用网络作为避免与人正面接触的工具，女性网络使用者的倾向恰恰相反，年轻女生视网络为一种辅助或加深与人沟通的工具。我们不断发现网络女性主义者乐观的看法，网络空间对他们来说是一番寄望，女性去到"那儿"便能取得力量。然而，我们对其想象网络空间的根本假设便已有所质疑：网络空间是否一个完全异于现实生活的独立虚拟世界？根据他们的观点，现实世界中既成事实的性别结构，可以经由年轻女性于网络空间中得以改变。这个论点存在争议：他们没有详细考虑网络空间的"特质"与社会文化结构之间有何关系；更重要的是，他们并没有真正听取这些年轻女生的声音，并未了解她们在这个信息新纪元下的生活。

最近有不少研究项目，探讨女性运用网络空间来表达自己的可能。例如伽加莱（Gajjala）企图研究南亚妇女能否"就她们身份的论述提出相反语句，以致电邮讨论小组也能成为她们的自述空间"（Gajjala，2004:19）。可惜这一批研究主要集中于女性参与社会组织的故事，特别是一些组织完善的女性团体。要探求女性是否真正可能在网络空间获得力量，我们从网络女性主义者的见解得到启发。但是我们希望更进一步，去探讨个别女性是如何利用个人网页，作为自我实践或自我表现的方式，以应付她们在日常生活中遇到的种种困难。

● 重新思考虚拟生活和现实生活

莎拉·肯伯（Sarah Kember）批评道："网络女性主义者所面对的挑战，就如其他所有女权主义一样——是要去有承认不同的位置，有些同时削弱或加强他们的见解，有时是他们'反方'的见解……抵抗和反对不过是修辞法，在那些并不完整或稳固的敌人面前。"（Kember，2003：viii - ix）我们相当同意肯伯（Kember）的说法，当我们努力去尝试探索网络空间究竟是一个阻力，还是一个可以帮助人们达至提升的工具时，我们就必须超越其他在概念上类同的论点。最具争议性的纲领不会源于一个团结的范畴之内。与肯伯（Kember）相若，我们的讨论是试图着眼于构成这个范畴内的著作和理论的基础——被割分为对立的两个层面："虚拟生活"（Virtual Life，VL）和"现实生活"（Real Life，RL）。二元划分VL 和RL，令我们陷入一种对网络空间的想象之中，以为每一个网络使用者，无论在网上玩游戏还是在eBay竞投时，都只是在"虚拟"的空间进行，并无任何跟日常"真实"生活协商互动的痕迹。这种想象教我们看不清楚实在的情况，其实我们的生活早已是由虚拟和真实相互交织而成，难以在虚拟和现实之间一刀割裂。随着信息科技急速发展并与我们的生活丝丝紧扣，我们甚至对"网络空间入侵我们的现实生活"这样的说法也有所保留。如若我们具体地从历史以及文化方面去讨论香港年轻女性在网络空间的自我表现，我们更肯定，划清VL跟RL的界限，是近乎不可能的（Mitra & Schwartz，2001）。

现存有关网络空间和女性身份著作的不足，令我们研究的范围变得狭窄。若我们意图去分析全部来龙去脉的话，我们应倾听这些年轻女性谈及她们的生活是如何融合了"在线"和"线下"的两种元素。通过了解她们在线和离线时的对话内容，我们希望这个研究可引领我们理解多一点个人网站与网主自我认证之间的关系。特别是网站与女性身份，以及她们是否能通过网站得到某种提升的意义。我们会观察香港年轻女性建立个人网站的实际经验，去探讨性别和网络文化之间的相互作用。

● 网络女生

此研究的资料经由本文的第一、第二作者从四位分别自称为"童比（Toppy）"、"卡普莉丝（Caprice）"、"斯蔓（Sim）"和"蒂美兹（Dimzi）"的年轻女性的个人网站得来。四位受访者是由研究员经她们的非正式和虚拟联系中挑选而来。两位作者本身分别拥有自己的私人网站以及个人网站研究员的双重身份。凭借亲身经验，我们可更清楚地了解到年轻女性网络使用者的经历。第二位作者分享他对这些女性网站的观察，令参与者有更多话题性的讨论。在某种意义来说，这个研究是记录了这六位年龄由22—27岁人士的非正式"社会数码网络"的经历。受访者使用个人网站的时间由半年到五年不等，并不一定跟她们的职业有直接关联，她们每一位都精于网站设计。受访者中包括有大专学生、空乘人员、独立音乐导师和本地电视台撰稿人。

首先我们会简要说明私人网页是如何把"自我"这一概念转化为文字方式表达。我们会对这些自我公开的网站的内容和记述风格进行研究，然后进一步分析网主是如何堆砌出她们的个人身份，以及如何在这个虚拟空间代表自己。随后，通过更深入的访问程序，我们会试图了解这些网站设计者对自己网站的看法，并如何从中找到自身的意义。

要注意的是，我们早在这个研究开始前一年，已通过阅读并回应这些受访者网站的文章与她们接触；随后，在相互了解的情况下，我们从这些虚拟的联系，演变成真正的会面。我们也对网主在社交生活中所扮演的角色产生兴趣，特别是网络对她们和网上认识的朋友，甚至伴侣关系的影响。

由于我们的目标是去探讨网络经验的来龙去脉，我们希望通过在访问指引中所列出一系列的提问去理解，特别是她们在网络与现实社交生活中的复杂妥协和相互作用。其中一些主要的问题有：触发你建立个人网站的原因？网站更新有多频密？你最喜爱网站的哪一个部分？你最喜欢在网页上写什么样的话题？你认为你在其他浏览你网页的人眼中是怎样的？你的家人和朋友知道你拥有私人网页吗？他们有参与你的网页设计吗？他们对你的网页有什么意见？

◉ 本土女生的虚拟社群和私人网页

为了建立起在线和离线生活这一类话题，我们在面谈前先对受访者的网页进行分析。我们甄选这四位网络设计者作为研究对象的原因，并非单纯因为我们通过网络而在现实生活中认识了她们本人。更重要的是，我们发现她们是构成一个发展中的虚拟社群，并挣扎于网络自由和社会压力的一分子。这命题我们在稍后将进一步讨论。

这几位网站作家都是有着较高学历的本土年轻人，年龄都在20岁左右。最初会面时，她们看似与性别议题扯不上关系，但其实性别在个人网站的制作上的确扮演了相当重要的角色。例如本文第二作者的个人网页已有两年以上的历史，但他大部分的男性朋友都对此不闻不问。① 有别于女性网站，一般青年男性网站都充满主题性。内容包罗万象，有电影评论、唱片推介、阅读报告以及社会时事、政事议题、文化评论，等等。

我们亦发现为数众多的女性网站包含各式各样的超级链接联系。令人产生兴趣的是，她们很频繁地，通常是每天更新页面。这显示了她们对建立自我形象的主动和投入度。当她们不断加上新的元素，她们的自我形象就得以持续地更新及演化。虚拟世界的另一个特点是相互连接的超级链接网络。当我们经由其中一个受访者网站的超级链接到另一个网站时，会发现，原先网站的超级链接同时亦包含在这个转载的网站之中。

更有趣的是，当我们继续浏览该网址时，四位受访者的网站居然可互相链接转载。这种独特的网络系统可被视为一种"兴趣小组"的结合，他们因此在这个虚拟空间发展出各种有别于传统的人际关系（Rheing Old, 1993）。受访者解释，她们在网上结识的朋友通常都与她们拥有共同兴趣，例如电影和书籍，甚至有相同的生活态度以及世界观。她们感到这种由虚拟走到现实的友谊十分可贵。随着她们的友谊发展得更亲近，她们各自的生活也同时发生了不少改变。她们声称这是她们在网站所付出的时间和精力所得到的最大回报。这些女生在叙述她们的认识过程时都表现得很兴奋。

其中一个受访者蒂美兹说："就如快要到达一个前所未见的世界一样。"她感到她的生活圈子突然间扩阔了。这是由于她从此可以跟这班网友在咖啡店闲聊，谈一些和以前的朋友不一样的话题。② 更有趣的是，她们这个新的虚拟人际关系网络（socio-virtual network）都是年纪相若的年轻女性。其中只有一到两个男性参与。作为一个非正式的团体，这些会员或许并没有注意到，她们其实已经建立起一个小形的"姊妹联盟"。她们都十分热心于对方网站的生活动向，并且准备随时给予支持和鼓励。

另一受访者童比说，她们在计算机屏幕外亲身会面之后，精神上和情感上的支

---

① 除了建立他们自己的网站，一部分香港年轻男性更只会单单上传网络相片集与他们的朋友分享。如"雅虎！照片" "Yahoo!Photos" http://photos.yahoo.com。虽然这个观点现时并没有得到大量的调查和肯定，但据我们观察所得，年轻男性相对比较"实用性"（practical）地使用互联网。

② 除了在咖啡馆，蒂美兹通常与她的"真实"朋友到卡拉OK和一些流行的食肆如韩式烧烤等餐厅聚会。

持变得更加强烈。蒂美兹跟童比都一致认同,当她们的关系由网上的虚拟朋友转成现实生活的朋友时,她们之间的话题变得更生活化。就像和从前的朋友聊天一样,会谈到如购物和饮食的生活性话题。我们的受访者指出,她们之间的"离线"活动,通常都比她们在网上的留言来得"肤浅"。她们深信,她们之间的友谊得以如此深入,是由于她们同时能在"在线"或"离线"的空间发展她们友谊的原故。她们确切肯定了她们在网络上言论的真实性,并因她们在会面前事先浏览了对方的网站而令她们加深对彼此的了解。

● 网络自我?

我们四位研究对象的网站都建构得相当认真。有别于一些倒模式的公开日记(如在www.diaryland.com或www.blogger.com提供的网上杂志和weblog),她们的网页都有各自不同的独特设计。[①]虽然版面大多十分简朴,搜寻技术也不甚精湛,但所包含的内容却非常丰富。除了一些写作如日志、诗句和其他文学创作之外,一些多媒体元素,如照片和音乐等都非常系统地安排。她们通常都会配合一些互动工具,如留言板或其他网站的超级链接。这些网页虽然细节各不相干,但大体上我们都能找出一些共通点。例如她们的网页都有自传式的简介,提供不少作者的背景资料。不过,个人信息方面就要运用浏览者的想象;因为这些作者常挪用一些畅销书、电影、音乐风格、地点和食物等影像去淡化她们本身的数据。

其中一个较常见的简介方式是"列出一百件与她们有关的事情"。[②]虽然格式是统一的,但内容却存在着很大差异。范围由一些个人数据如姓名、绰号、出生日期、星座、就读学校,甚至于一些独特的词组如:"有能力一次吞服七颗药片"。这种种说明了作者们都能在网络空间自由地演绎她们多样的自我形象。

网志部分是另一个普遍存在的特点。在采访过程中,我们花了很多时间去讨论她们何以这样热爱网志这个项目,而她们明显地十分重视个人分享。个中有数不清的解释如:"去分享别人的感受。"无论在网上或在采访过程中,我们都发现在她们的故事中,透露出她们在现实生活中明显缺乏一些可供宣泄的渠道。而她们正极度渴求有这样的一个场所。除此之外,对这些年轻女性来说,她们正重质不重量地

---

① 网志和其他网上日记服务提供了一些标准的模板,让使用者能简单地把内容输入。但亦由于要在使用上简便,版面只能作出极为有限的修改。

② "100件关于我的事情"是一个极为普及的互联网方案,要求参与者用表列出关于他们的一百件事情并存放于网站之上。详见http://www.mizdos.com.100things.htm [Retrieved 19 February 2005]。

积极投入于建造这些私人网站。当问到她们期望通过这些创作达成什么目的时，蒂美兹坚定地回答："把我自己写出来。"其他受访者都有类似的响应，如："表达我对生命的看法"和"传达我的感觉"。当然，我们亦都发现她们网志上的题目大都集中在她们自己身上。这个现象很少于香港的年轻男性私人网页上出现。这些访问，似乎对我们起初观察这些年轻女性的意图作出了肯定。她们与其说是有意识地去表达她们的内心感受，倒不如说这些感性的表现比她们自我表现更为重要。

意外的，当我们问及她们在网志中倾向表达什么样的感觉时，她们都说偏向于记下和流露出生活中失落的一面。蒂美兹说她在自己感到迷惘时文章会写得比较好。童比更强调她情愿把那些感伤留在"那边，网上"。当我们考虑到其中一个受访者卡普莉丝上传的画作时，或许这些使人更注重痛苦的表达是不足为奇的。她的作品风格是台湾"插图故事"式的，这是结合文字和绘画的一种流行文化表达方式，用以表现感性和感伤，特别是痛苦的感觉（Figure 6.1）[①]。我们问到她们认为浏览网站的人会对她们有什么看法时，她们的回答都是关于痛苦和伤感的。她们清楚了解到她们在网上投射出的是"忧郁的人"、"伤感女生"和"感性女孩"等形象。

"其实我感到十分尴尬。"另外一位受访者童比说，她曾把自己的个人网页透露给她的旧同学及朋友知道。"当发现'在网上忧郁'的文章后，他们的反应很惊讶！我给他们的形象是一向都是宽容和平易近人的。或许对比太大，他们以为我有点精神分裂"。

网志给她带来的麻烦其实有两方面的。当她伤感的一面令她的旧同学们认为她是一个有精神病的怪人时，另一群意外地透过她的ICQ而得知她私人网址的同学，更因那感性的文笔送给她一个语带讥讽的绰号——"才女"[②]。这个故事教训受访者们：在现实生活中与人接触时，她们感到自己被给予一个快乐的角色；就算这是没有灵魂、纵使她们心里难受，她们就最好继续面带笑容地走在人前。童比和她的旧同学之间的故事，可以说是因为大家对彼此的期望和行径不同而引起的冲突。一方面，她的同事希望童比就能如"一般"同年纪的女生一样，即使在网络上都饰演着一如平常无忧无虑的年轻女性，就如他们在工作上认识的童比一样。另一方面，童比向"无名"的读者所流露的内心感受和伤感，与她们日常认识的那些跟童比同

[①] 其中一个台湾"插图故事"式的艺术家是广为香港接受的几米。有关他作品的详情请参考 http://www.jimMyspa.com[Retrieved 19 Ferbruary 2005]。

[②] 在香港以广东话进行的访问中，Toppy用一个华语名词"才女"。这原意为具有才华的女性，但在文中Toppy指的是具有挖苦意味的。

辈开朗的女生对比，令她的同事十分震惊。虽然我们的研究没有系统地揭露出一些固定的性别标准来规范香港的年轻女性，但我们似乎发现了一些给予她们"行为规范"的线索，不断地约束着她们在不同的人前的行为和表现。

● 在线生活和离线生活之间的冲突

"我的男朋友看似不大欣赏我的网页——但荒谬的是在我们发展为情侣之前，他很喜爱在'那里'浏览我的东西。他说过他曾经花了三日时间在网上'研究'我的作品，由此而对我发生好感并且产生希望跟我约会的意图。但当我们发展成情侣后，他竟然埋怨我把过多精神花在这些写作中。他说我对陌生人透露得太多。他觉得这会带来一些'危险'。"

明显的，卡普莉丝的男朋友觉得她过分公开自己的剖白可能会被人利用。我们以及卡普莉丝也没法断言她男朋友是否在暗示一些文字上的挑逗。这些不满又是否源于妒忌呢？男朋友所指的"潜在危机"又是什么呢？他是否感受到这些不知名浏览者的威胁呢？我们不能理解。我们只知道，此时卡普莉丝一反常态，以出乎意料的坚决态度向我们表明，她是绝对不会放弃她的个人网页的。她说："我们曾因为这件事吵过好几次。最后我只好跟他说，若然他感到不安的话，最好的解决方法就是以后不要再浏览我的网页。"她因此利用了私人网页作为一个反对强权的策略：爱惜她的人基于保护她的私隐，期望她能当一个好女生，这包括肉体上的、心灵上的或是社交上的。除了蒂美兹是单身之外，其余的受访者都有因此和伴侣产生过冲突，甚至对她们发出"禁制令"的经历。童比的男朋友更指控她竟然不跟他分享她的感伤，反而向这班"陌生人"倾诉。或许他反感的原因是，童比写的都是一些只会和密友才说的心底话，因而令她和这些陌生人的关系变得密切。在这争闹中，她发觉她无言以对，只好寄望若有机会再去发展另一段关系时，她将不会再对她的伴侣透露半点有关网页的事情。

有别于年轻女生工作空间所要遵循的"行为规范"，男女之间的关系更隐含了更多方面、更深入的，甚至可以贯串两个人之间的所有空间的问题。在男女关系当中，女性需要满足男性一些不言而喻的欲望，希望她们为一个只寻求她男友的保护、依赖的弱者。

这些规范只会在一个较少安全感的地带显示出来，这是一个会被第三者擅自侵入的地带。男朋友们的所有反应，包括他们口头上的投诉、争吵，以及对她们公开表达感受的危机感，都先以"温和的意见"表达出来。如果这些意见没有被遵从，他们或会以较重的语气重申他们的意见。对这些女生来说，网页包含了她们的"自治"空间，她们在其中能"真切地"把对生活的感觉表达出来，这些都是不容轻易遭到挑战或被轻视的。

除了男女关系外，受访者们同样感到，她们的私人网页也很有可能为她们的家庭关系带来冲击。四位受访者跟他们的家人的关系都十分融洽。以童比为例，她会在睡前倚在她父母的床上跟他们闲聊。受访者都认为，作为一个"好孩子"，她们不该让父母担心。

但这些女生复杂的表现与抑郁情绪的流露，看似正在破坏并颠覆她们作为一个无忧无虑的女儿的完美形象。蒂美兹说："就像赤身裸体地走在他们面前一样，通常我会在夜阑人静时才开始写作。一般在家人入睡之后，因为我不希望他们知道我的感伤。"有一次，童比在写作时被撞破了，她父亲高声朗读出她的文字，但童比辩称那是别人写的文章。自此以后，她意识到自己根本不想让家人知道她网页的事，即使她的父母并不很会使用计算机。蒂美兹的父亲就单单因为她阅读一本有着一个哀伤名称的书《百年孤独》①而感到不悦。她们都有告知兄弟姐妹关于她们的私人网页，并都默示他们不要让父母知道。但当我们问及她们是否有一天能脱下面具把网站展示给父母时，童比并没有正面回答。她说，如果有这个必要的话，为免把他们吓坏，她会尝试尽量解释为什么她要建立起她的私人网页。这个章节的第一位作者，亦同样有难以向父母透露她的个人网站的烦恼。她知道有朝一日如若网站被父母发现的话，他们会说她是"怪胎"和"任性"。

更重要的是，她想要把这个能让她流露她最脆弱一面的领域保留给自己。在她父母前流露的，都是那个让他们骄傲的既坚强又聪颖的女儿。因此这些女生的网页都要对她们的父母保持高度机密。

充当一个没有烦恼，如童比和蒂美兹这种乖巧的女儿的角色，是对香港年轻女性另一个层面的"行为规范"。作为一个女儿，这些年轻女性和父母间的矛盾既是短暂的、也是恒久的。这些女性会把这身份终身保存着。有别于那些具渗透性的男女关系的角色那般，而那无忧无虑的女儿也只会在家庭生活时才会扮演。当父母的目光稍为离开时，就如蒂美兹认为她应在深夜更新网页的例子一样，她会立刻松开这个义务的枷锁，就如她们已经长大成人一样，对这些家庭活动的投入享有更大的弹性。

通过不同角度去探讨这些私人网页，令人明白到她们各种的人际关系是如何受到打击和扰乱。我们观察到对完美年轻女生有一种三个层面的"行为规范"。在建立她们的个人身份时，她们往往要面对社会上、家庭生活上，以及男女关系上的

---

① Gabriel Garcia Marquez, *One Hundred Years of Solitude,* Dimzi读的是《百年孤独》中译版本。

三种主要制度性的约束。由一个层面到另一个层面，这些责任正一个个地加强。因此，她们选择避免，甚至杜绝她们的挚爱，特别是父母及伴侣接触到她们的网页。这企图和决心的隐瞒，可以解读为这些受访者为了避免她们的私生活受到操控而对她们的亲友所施展的一种反作用。她们分别扮演女儿及女朋友的角色，已剥夺了她们大部分自主权。这或许能解释她们当初建立私人网页的缘由。只有在这个她们自己创造出来的虚拟领域，方能让她们得到真正的自由去抒发她们内心深处的感受。

● 结语：网络个体的"真实"

从访问中，我们发现一众女权主义者所肯定的"网络空间能给人解放功用"的说法未必兑现。网络空间能给予精于信息科技的女生一个可以跟人高度接触的渠道，她们的在线自我表达可被理解为一种对她们的生活、想法和愿望的持续反射和认可。私人网页的构建是她们的自发性计划，与她们照顾自己这个行为可以说是不相伯仲。在这里，她们能体现作为一个女生的个人伦理标准（Foucault，1988），明显在性别规限中得到解放。但与此同时，这些自由的时刻，恰恰显露出自由的界限：这些阻力源于她们现实中是生活于一个以性别为导向的社会。而在网络空间所构造的自我表现，她们生活的社会和群体所能给予她们的支持，对她们为了挣脱各种在现实生活中所给予她们的枷锁，可以说没有多大的帮助。

相反，这些个人网页却令这些网主与她们男朋友之间经常发生冲突。这些女性感到她们对自身的投射，应该经常藏于她们父母所看不到的地方，因为她们在网上流露的复杂情绪，与现实作为一个好女儿所表现出来的她们存在着很大的分歧。我们越细看越会看清，她们是如何处理身为女儿、女朋友和社会所赋予她们的角色，以及她们自己所构造的角色之间的冲突。网络空间变成了一个她们和她们珍视的人之间产生争议的场所。更常见的是，她们在网络空间的行为进一步恶化从她们所珍惜的人而来的那些管制。因此，我们并不能妄下定论去假设网络空间能让女性享受到在现实中不能被满足的自由。

在"在线"和"离线"后的身份之间，结常会存在着某种紧张气氛。就如我们上述的讨论，妨碍这些女性寻求自由的障碍往往就是从她们的至亲和男朋友中出现的。而这些障碍不会因建造了一个私人网页而得到解除。要克服这些障碍是要从个人敢于向她们的角色伴侣提出自己的担忧和不满出发。如果在现实里没有一个适合的社交环境和言论自由，这类虚拟的自我形象塑造不能从根本上解决问题。原因是这些问题的核心在于她们与现实世界伴侣的关系。她们是被禁闭在一个以爱为名的枷锁中。"在线"虽然能让她们对自我的形象有所帮助,但现实生活所存在的固有问题,是"在线"不能轻易解决的。

(何翘楚　邓肇恒　何式凝)

附录：访谈选例

受访者：W女士（下简称"W"）
访问者：何式凝（下简称"H"）
访问日期：2003年7月
访问地点：受访者家中

H 嗯，你觉得自己基本上是"师奶"？
W 有点矛盾，传统上觉得自己是"师奶"，但同时又觉得"师奶"会贬低自己。
H 为何会觉得贬低了呢？
W 因为传统中国人的观念，我们小时候是称呼其他妇女做"师奶"的。嗯，即是称呼邻家的妇女为"师奶"。有点习以为常，无所谓。但到了这一代，三十多岁，觉得自己是"师奶"，但又不希望别人称呼自己为"师奶"。这就因为我们受过教育。其实我受教育仅到中学二年级而已，小时候因为我的兄长和姐姐十来岁就要到外边工作，在家中没有人告诉我读书是重要的。而且父母也没有受过教育……如果信命运的话，这就叫"先天不足"。
H 你有多少兄弟姐妹？
W 八个兄弟姐妹。
H 你排行第几？
W 我排行第四。
H 兄长和姐姐全都要工作？
W 对。那时候家庭重男轻女。家中最大的是大姐，排行第二的是哥哥。他最高只读到小学，而我大姐读到三年级……另外，我有一位姐姐有轻度弱智。然后，还有一位姐姐，她就仅读到小学。而我之所以读到中学，就因为我很幸运，那时候刚推出九年免费教育。

H 哦，你很年轻。

W 我现在四十岁，那时候是1975年。我很幸运地考上中学，因此就去继续学习。但始终是不行，因为家庭教育中没有一个"读书是很重要的概念"。尤其是女儿，反而会认为你要快点去工作。

H 是不是儿子就比较重视其学业呢？

W 那时候是的，就算现在都是一样。因为社会的传统观念仍未打破，主妇联盟其实很好，是在提醒"师奶"……其实为何会有一些主妇自杀？有女性患有抑郁症？就因为社会和政府的教育没有帮助到她们在结婚后让她们跟社会一起成长。我有一个理想……我困在家中十年，我很失落。自从我到了妇女中心后，简直判若两人。

H 是吗？那是怎样的分别？

W 那时候我很呆笨。

H 你那十年是如何被困家中的？

W 其实，你也可以说我很幸运。我工作的时候约七八十年代，经济起飞时，我的姐姐也投身制衣工业。我和姐姐们一起去上班，但很奇怪我认识了我先生。他住在我家附近，他是读大学的。

H 你们是如何邂逅的？

W 他是我邻居。

H 啊，是邻居喔。

W 正式来说，我年轻少女时，我的朋友都比较粗鲁……有点"师奶"。但当我认识了我先生……很奇怪，进入了中年，心态就有变化。在变化之余，也觉得有点不适应。因为丈夫越做越高级，就觉得丈夫不会让我跟他去社交或什么的。你明白吗？丈夫始终会有一个想法……觉得妻子不懂事，蠢，不懂英文。

H 英文是一个问题。

W 有时候丈夫跟外籍人士一起，当妻子不可能呆坐一旁什么都不懂。其实我明白，但一定要去进修。家庭主妇最忙的时候是小孩子在家，而晚上要烧饭……心中虽然知道自己学识不够，但是却有心无力。人家不喜欢表现"师奶"，就是觉得自己始终读过一点书，并非是单纯的村姑。

H 你是几岁认识你先生？

W 27岁认识我先生，29岁结婚，30岁生儿子。我14岁开始工作，一直到27岁都是做制衣业。

H 那你何时起没有工作?

W 结婚后就没工作。

H 那为何会27岁才认识他?

W 因为当时我哥哥买了一间屋,那时候楼价便宜。我哥哥结婚,然后我妈妈买了一间屋给我哥哥。那间屋有两间房,有时候我会到那里住住,就是在元朗。我丈夫当时刚进修回来,一个人去供楼,他是住在那里的,于是就认识了。

H 哦,那你是一见如故?

W 其实是自己年纪大,已经会去想……如果自己的丈夫学识好一点的话,自己的未来生活会好一点。

H 那么,你当时是一见到他就觉得他学识不错,已经开始去留意他的了?

W 对。

H 那你还喜欢他什么呢?

W 他为人颇聪明。

H 那他喜欢你什么呢?

W 喜欢我够傻……哈哈。不是……我是属于单纯的人。

H 那一拍即合,拍拖多久?

W 两年。差不多两年就结婚。

H 你之前有谈恋爱吗?

W 有。

H 多少个?

W 一两个吧。

H 都不合适?

W 怎么说呢?我太纯情了……以前。

H 怎么了?

W 人家一脚踏两船,那始终是要散。我那时第一个男友拍拖四年……懂事,爱情创伤后,总会学到一点。不会去贪"靓仔",通常初恋是觉得合眼缘,不会理会对方的身份。

H 第二个呢?

W 是无疾而终。

H 那你丈夫的第一印象是怎样的?

W 我丈夫不俊,有点丑,秃头。

H 那时候没有秃头吧?

W 那时候已经有,但外表不重要。以前"靓仔"的那一个已经不行,就觉得不要紧,倒要实在一点。我需要安全感。

H 结婚之后如何了?马上不工作了?

W 我怀胎时就不工作了。

H 你结婚后多久产子?

W 一年后。

H 没有避孕?

W 没有避。三十岁还不生吗?更待何时?

H 对对。

W 很幸运,儿子两岁时移民。

H 去哪?

W 到加拿大困了三年。然后在那儿生子,隔了三年半。

H 有计划的?有避孕?

W 有,男人避孕,安全套。后来,我生孩子后……可能是避孕丸的关系,我病了。

H 是吗?

W 我动过两次手术,都是割瘤。

H 子宫瘤?

W 不是,是在肋骨下的。我问医生是不是因为避孕丸……其实我本想生一个女儿,医生说肌肉出了点问题。后来感冒长期未愈,才发现有瘤。

H 害怕是癌症?

W 是啊。后来做手术才发现是良性,我问医生是不是因为避孕丸而起,医生否定了这个说法,那我就继续吃避孕丸……谁知半年后又有肿瘤。于是我自己停服,那是我自己估计的。之后再隔半年有医学报告指出避孕丸会影响荷尔蒙……医生也没有提及。然后我也动了手术,病了多年,困在家中。

H 是怎样?

W 就是以前我是不能说话的,没有气力。我是一说话就咳……

H 喔。

W 晚上也咳,不能睡,人很憔悴。

H 可怜,咳了多久?

W 几年。

H 其实是怎么回事?

W 敏感。因为我动过手术，而我气管附近的位置有组织要拿去验，于是我会较易受刺激。很奇怪，到妇女中心却全好了。

H 那你那时候身体不好。动手术几次，咳了几年……心情和身体也不好喽？

W 那倒不是，我天生比较乐观。那算幸运，否则就觉得抑郁。我并不属于那个程度，但不开心是一定的了……觉得自己有点"废"。

H 你如何生活？为什么感觉自己有点"废"？

W 整天在家中坐着，或到楼下跟管理员聊天。不停地咳……病是很惨的。所以我现在常常跟人说健康是最重要的。

H 怎么康复的？

W 去工作，当义工就全好了。我在妇女中心是教信息科技的……我是觉得自己没有受教育，但有些人却比我更差……我不用上班，为何不付出一点时间去教其他人呢？

H 那你是如何懂得数据科技的？

W 我是在职工联盟学习的。

H 是不是职业再培训？

W 是的。

H 何时打算去学的？

W 我见到人家学嘛……我的幼子读幼儿园时，我就外出几小时去学。

H 那你倒很有远见……你两位儿子现在多大了？

W 为何我能够当义工？就是因为我两个儿子读小学……

H 儿子几岁呢？

W 幼子七岁，升二年班；长子十岁，升四年班。

H 哦，那他读幼儿园时你已经想到要进修了……

W 其实，见到人家去学就自己试试。有时候很奇怪，路这样走。我见到其他人去学……因为有工人的关系，我在家中很闷，于是就跟人家去学了。

H 你见到谁去学？

W 就是邻居。有时妇女是要自强，也需要别人去提醒她。

……

H 那不算是命运……起码你见到人家去学就有这种去学习的意思。学多久？

W 很快，十堂、八堂左右。

H 那你现在怎样教？

W 我自己做笔记去教人。我知道妇女的处境，因为妇女放下书包太久了。职工联盟的课程却太深。因为我已经属于是后进的一批……有些因为社会转型，四十至五十岁、新移民的一群是跟不上的。就可能上三四课，学仓颉输入法，她根本跟不上那种快速的课程。自己又害怕，就算一直上足课，但却没有机会运用，自然就忘记了输入法。其实我希望妇女多学一点东西，未必一定要去学以致用，其实学习是一种享受。我们应提倡这种妇女并不止于照顾家庭和儿子的活动。有时许多妇女什么都不学，可能儿子和丈夫会觉得妈妈或妻子很蠢、不懂事，只懂打麻将。妇女会损失很多……可能她不自知，可能知道但又不懂得去改善。

H 你见到很多这样的人吗？

W 有，很多妇女就打麻将……妇女也有抑郁症，因为她不知道自己的生活有另一种选择。

H 为何会这样呢？

W 其实这种心态我经过了。

H 这个社会，她们身边有事继续发生，为何她们会不知道呢？

W 她身边的人，人人如是。社会没有提升她们，我现在构思的概念是从妇女中心做起。我去问问妇女：学不学上网？……对方可能说：上网？很难的……那我会说：你花那么多钱，买台计算机给丈夫和儿子使用，为何你不用？可以看报纸、看电视简介。

H 你就是用这种方法吸引她？

W 根本就是事实。她可能说：很难……其实她们是很渴望知道为何儿女会花那么多时间坐在计算机前？其实妇女也想去学学儿女那样上网……但她又怕自己会弄坏计算机，又怕儿女不高兴。怕万一错手删除计算机中的数据……所以我当信息科技义工就是专门教妇女如何开启及关掉计算机，教她们用浏览器去上网，根本是不会影响到计算机中其他数据的。其实她们害怕，同时又没有人教她们……有时候有人教她们，可是课程又太快太急。我发觉妇女联盟现在可以做到这种事……

H 你教一班多少人？

W 我是逐个逐个妇女去教的。

H 就像补习一样？

W 因为妇女是慢热的，而妇女如果要脱离自己所熟悉的家庭或生活模式，她会感到有点害怕的。

H 因为你明白她的心理，所以你就教得得心应手？

W 当她学懂后，你会看到她的改变，改变很大。

H 你现在已经教过多少人了？

W 我不是教很多人……但我们现在有个信息科技组，就是陈先生所负责的。陈先生训练我们，我们去训练其他人。这就是信息科技组，用信息科技去帮助妇女的生活，点子不错。你可以看到成效，会很开心的。

H 但你自己呢？你自己就没病痛了。你自己的转变还是你教过的人的转变大呢？

W 我看到她们人也变漂亮了。

H 真的？

W 信心会增加的。以前儿女们会说妈妈很蠢……但现在儿女们刮目相看，妈妈懂计算机会上网，而又不会弄坏计算机。我以前教一个妇女很有趣，我问她如何开关计算机，她说关总闸。我说笑地告诉她如果想早一点换新型号的话就关总闸吧。

H 哈哈，是的。

W 其实就不是这样关机的，是用程序去关机，这样就不会弄坏计算机。轻松有趣的手法会较有效果。

H 其实你自己在家真的有上网吗？

W 有。我为何会学计算机呢？是因为我丈夫买了一台计算机，然后我叫他教我，他不愿意。就算肯教，他也会跟我吵架。因为他没有耐性，觉得我很蠢。于是我就去职工联盟学习。而培训……政府有资助。但名义上一定要失业的人。

H 那你没有工作，就算是失业。

W 就是。其实，从这一点可以知道政府是没有为妇女提供学习机会。其实在社会的模式上，是忽略了家庭妇女。很多时候，如果有免费的学习课程，妇女们会去学的，其实很多妇女知道自己是要去学习的。

H 只是花不起钱，或不舍得花钱去学。

W 一来有些是真的没有钱，但有一些就算有钱却都只会花在家庭上。

H 不会拿出来交自己的学费，只会交子女的学费。

W 她没想到学习对自己是重要的，她知道自己不足，但没意识去学。就算有，也会考虑钱或其他她要配合的事，例如儿女。

H 那你说你以前……

W 唉，最可惜没有带照片给你看。

H 你自己认为……

W 我最胖的时候是在加拿大，118磅。

H 现在呢？

W 现在105磅左右。

H 为何那时候会那么胖？

W 你知道在外国嘛，有时候一天会吃几餐。

H 对对，就吃东西来当消闲？

W 有时，我丈夫比较大男人，我觉得又理所当然。……我思想未转化，很多妇女也如此，结婚后嫁给了丈夫，家庭是很重要的。女人就要搞好家庭，男人当然不愿意太太外出、也不希望太太太聪明。

H 但你丈夫也会这样想吗？你丈夫受过高深教育……

W 会的。否则，他怎会找我这种蠢女人来当妻子呢？如果他选个大学生当妻子，那妻子就可能不太听话了。

H 那，你是很听你丈夫的说话吗？

W 是的。

H 哪一方面都是吗？

W 是的。

H 那他可很好。

W 我不懂反抗，但现在不同了。如果他说话无理，我就会跟他争执。有时候要让步，他发觉妻子有改变……

H 他有说你自从去了妇女中心后就改变吗？

W 那倒没有。因为我始终……他发觉妻子是进步了。

H 他怎么得知的？

W 因为我常做笔记给其他妇女嘛……

H 他见到你做？

W 其实……我试图去挑战自己。未必是完美的，但至少能够做到。其实我还在走，希望能够提升一点是一点。

H 你是如何接触到她们呢？

W 在妇女中心，太和那边。

H 你住哪？

W 我住大埔墟。

H 那你是不是见到她们的妇女中心在哪里？

W 我去过……有时我要教信息科技。其实妇女中心有很多成人教育课程，是专门为妇女而设的。例如"健康"，有些社工又推介妇女中心。而有些妇女是有病的，她们要多点接触其他人。

H 什么病？

W 不一定的，妇女病居多。抑郁的也有，我上星期就跟一位妇女谈过，聊了一个小时，其实我是一个很主动的人。有些妇女因为儿女或家庭的影响很紧张，其实抑郁症并非一时间发生的，而是"冰冻三尺，非一日之寒"。

H 你如何知道这个病？有课程？

W 不，我留意到。我比较喜欢聊天，而我附近的妇女都有这个问题，我经常会去帮助他人。可能是因为我有闲暇吧，喜欢开解别人。

H 为何很多人说没空，但你却有闲暇呢？很多觉得有儿女的话就没时间了。

W 我懂得去安排，我安排时间，我有时间去玩计算机游戏。但，有时候我会觉得别强迫小孩子去学太多的东西或补习，我觉得太勉强反而不好，这样是会令人很紧张、过度紧张的。你要求什么？就好像要求孩子读书很棒……但，其实他有能力就自然会成功；他只有几岁，如果这小小年纪也被逼得要紧，那十几岁时就会很反叛。

H 对。

W 但很多人不了解，太多妇女过分紧张儿女的学业。派位，儿子获派第二等的中学也不高兴，反而要相拥而泣……我觉得那简直是傻的。

H 为何你会有这种跟其他人不同的清晰思想呢？

W 呢？大部分人都有这种错误想法。
你想象你的人生是要求什么？你要求快乐还是要求烦恼？

H 那你这样说很明显是要求快乐，你又觉得目前生活快乐吗？

W 都不错，因为我想到如何令自己快乐。

H 起码你懂得如何令自己快乐。

W 但人生一定会遇到不快乐的事。自己也不可能安排自己的所需，你又如何可以要求别人去怎样？除非是自己改变。

H 你，在家中有四个成员，你……

W 我的子女很喜欢、经常玩计算机游戏。其实我的子女很乖，也愿意读书。不过是不是最好呢？那不是。而同时我也不要求子女们是最好的……我只要求他们知道读书为何物。让他们理解读书……

H 你有跟他们说？

W 有，我解释得很有趣。我跟他们说那些早上七点起驾驶屋邨区公交车的司机，工作至晚上十点多，很辛苦。我问子女们想不想那么辛苦？我就解释，是司机小时候不用功读书，所要要做这些辛苦的工作。

H 你认为读书可以帮子女觅得一份理想工作？

W 多学一点东西，工作会高尚一点，没有那么辛苦。让他们理解，有时候他们不知道为何要读书，以为是为了父母。要让子女明白读书是为自己的，为学养。那就不要逼他们，他们自己会想。

H 但你现在所学的，都不是为了份理想工作。

W 当然。

H 但你很开心，是一个享乐。

W 对，是很享受。

H 但你跟子女们说就为了将来的生活，但你却为了享受，为什么呢？

W 小孩子嘛，我觉得小孩子在十几岁前……有一半事情应是由父母安排的。之后呢，就靠他自己去成长。始终子女是要去引导的。

H 但你会不会觉得你的子女能够明白学习是一种乐趣和享受呢？这一点他们可以在这种小小年纪就明白吗？你自己当然就懂啦。

W 哈哈，你提醒了我。

H 你自己的观念跟你教他们的观念有出入。因为你一直都告诉我你如何学习，为何要学？你学习，是为自己、为教人，不为钱、不为工作，只为开心。可是子女却不同，学习未必是如此，而是希望子女能够找到理想工作。这是不是因为你自己不用找工作，但子女未来就要找工作呢？

W 可能，我觉得自己的观念嘛……社会会认为钱很重要。香港的观念是很看重钱的。

H 那你自己呢？不去找工作？

W 那我有丈夫照顾嘛，但虽然如此，我也有一种危机感。所以我就去学习，就例如我有能力当个文员。

H 那危机感是从何而来的？你也说你丈夫貌丑，不怕他讨小老婆。

W 不行的，人永远都会有危机感。

H 危机感是很普遍地存在于妇女之间，还是只有懂得思想才会有这种危机感？

W 我想并非能一概而论。不同一个阶层想的事情也会不同。很难说她们有没有进步，而其实是她们懂得思考，会去选择。因为她没有想去选择，那她的子女或丈夫……譬如底下阶层、内地公干的、在北方玩、去包二奶……其实，内地开放是一种吸引……妇女不懂去……我只能这样说。

H 那是都有关系的？

W 有关。

H 但你那个危机感有否令你强化自己？还是让你去学习？

W 我是不懂如何去做。譬如丈夫，你知道公干是在东莞、广州……那我丈夫、他老板陈大文都打高尔夫球嘛。很多时候他公司整个高层去内地开会，上午开会下午打球。那他以前不会常打高尔夫，但现在打高尔夫才是高级人员嘛。那他打高尔夫，我会有危机感，很不高兴。

H 他每星期都去？

W 几乎每星期都去。

H 据我所知是每星期也会去的。

W 我自己试过回深圳罗湖商业城。自己很失落也不敢走得太远……那时候还没去妇女中心。之后回家，回家后觉得不知所措……有认为很多妇女也有这种情况。连我这种开朗的性格也会有……后来，我的邻居也恰巧到妇女中心学东西……然后当我到妇女中心，又当上义工后，自己也有个目标了。那就可以处理自己的情绪了。

H 处理情绪……那跟你丈夫是否真的有什么事？

W 但发觉其实是没有什么事的。

H 原来没有。

W 那是一种突然出现的信心危机。

H 你以前未出现过这种信心危机的？

W 没有。

H 就是因为他经常打球才出现吗？

W 对。怎么说呢……我会怀疑自己是不是很蠢。在家，我丈夫会不会不理我呢？这是一种情绪问题，但很幸运……妇女其实是真的需要一些事情去平衡。

H 平衡心理就会发觉，其实很多事情是没有的？

W 对。

H 那你丈夫仍有打高尔夫吗？

W 有。

H 但你没事了？

W 没事了。

H 随便他喜欢去打高尔夫就打吧……

W 是。

H 打得开心一点吧。

W 是。

H 那，丈夫又不是不理会你……

W 刚刚还去了日本旅行。

H 你一年去几次旅行？整家去？

W 是的。

H 那有没有两个人去的？

W 没有。一定带子女去的，结婚后就没有两个人去。

H 他很紧张子女的？

W 是。

H 那你没有跟他拍拖，你没有这种生活？

W 没有。

H 那你如何感受到丈夫对你好？

W 顾家。例如我妈妈前阵子有病，他也去探望她，给她一点钱。过节也有给钱，我自己也没有私房钱。我觉得……可能这是不对的……就是他自自然然会给你用。你问他，他自然会给钱你用，虽然这可能会让自己失去一点尊严……

H 你会觉得这样没有尊严吗？

W 有的，但……

H 过了这么多年仍有这种感觉？

W 我们的模式就是如此，我也不想去改变。

H 问题是，既然你已经恒定了习惯，那为什么在这个模式上你会觉得无尊严呢？

W 嗯……当少女时，我自己赚钱，自己花钱。但现在钱要问丈夫要，有时候花得太多，花完就要……其实我丈夫很聪明……

H 他心中有数。

W 对了！变成虽然他不是不给钱让你用，但也会有一句话说给你听。

H 啊，起码就有一句，如果自己赚钱就不用听那一句话。

W 但，始终会妥协。就是夫妇之间一定要有协调。我也不是一个太节俭的人。

H 你算是节俭的人吗？

W 不。

H 你丈夫呢？

W 也不是，应花则花。

H 就是不会特别吝啬。

W 不会。

H 总之开口问就有钱。

W 对。

H 但你自己也觉得如果是自己赚钱，就不用听那一句话了？

W 对。

H 那他是每月给你钱？

W 花光就问他拿。

H 啊？不是每个月以家用的形式啊？

W 不是的。

H 呵，所以他可以控制你了。

W 对啊。我丈夫很聪明。

H 就如他给你多少钱，你就可以自己预计数目。可是你现在是没有一个数目的。

W 没有。

H 花光就向他要？

W 我每月花一万元左右的。

H 那你都是每月向他拿？

W 是。

H 但并不规定月初还是月末？

W 没有。

H 总之差不多花光就问他要。

W 对。

H 你花一万元左右是家中事务全部包括了？

W 是的。

H 其实大数目如供楼就由他付？

W 是，他已经处理好。

H 你那一万多元是处理家中基本事务的？

W 买菜、逛街……

H 买衣服。你喜欢买衣服吗？

W 并不太喜欢，一般买便宜的。

H 家中有关人情世故都是由他付钱的？

W 是。所以我一定要靠他。

H 那失去他你如何是好？

W 我暂时又不担心。

H 以前就害怕。

W 是，现在提升了妇女的信心。我觉得世事……要走就自然会走，要留就自然会留。我不会担心。

H 万一有事也会自己处理。

W 如果有事的话，大家会协调、会协商。大家都有个……未来不知道，现在颇安定。但想象一下，将来如果真的是破裂，那就要谈谈。

H 可以谈？

W 可以，不说什么。如有破裂的情况就可以静心谈谈。

H 那你丈夫关心你妈妈，你会高兴吧？

W 我会觉得他是个负责任的人，是一个好丈夫。

H 一个好丈夫。那你如何知道他喜欢你呢？有些女人会说，没有标准说喜不喜欢，总之他负责任就是了。反正已经结婚很久，喜欢与否已经不是重点。

W 但其实女人是喜欢浪漫的。

H 对。你会有时想想丈夫还喜欢你吗？你会问问他吗？

W 想是会想，但开不了口。

H 是不是认识深了就不会去说？

W 因为已经是太了解。他全知道我的一切，有时眼神已经交代一切。

H 你不会问。

W 有时会觉得很尴尬。问他还爱我吗？

H 拍拖时会问吧？现在不会了？

W 已经几十岁了。我想他还会觉得这样问很奇怪。

H 他比你大多少？

W 半年。

H 你们都是四十岁。

W 不知道为什么，可能觉得我们就是这样的，不会再想这种事。

H 有没有牵手逛街？

W 没有。经常跟在后边。

H 他走得快？

W 他常拉着两个儿子，我在后面追他。

H 一个人在后面？那在子女面前，会牵手吗？

W 没有。

H 完全没有？那算是一般男人，完成了所有责任，你没有事可以批评他。但就没有浪漫。

W 完全没有。所以如果让他遇上另一个好女人我就惨了。

H 对，太久没好事。那你会否觉得他觉得你很漂亮？

W 没有。

H 性感呢？

W 没有。

H 那你性生活呢？

W 你转移话题？

H 要问一下的。

W 还可以。

H 那你如何看可以和不可以的程度和分别呢？

W 很难表达。

H 你自己心中觉得如何如何就有问题了。

W 可以是说大家都满足到对方。

H 嗯，我听到一些说法。妇女因为太靠丈夫，所以她会很努力去满足丈夫。相反丈夫就不会那么满足到妻子。

W 他会的。

H 他为什么会有这个观念呢？

W 我觉得我丈夫是……要求高的人。我觉得很奇怪，为何他这样要求高的人会选一个这样的妻子呢？可能……他不需要妻子太聪明。

H 可能，他会不会觉得你漂亮。

W 没有……我觉得是普普通通。

H 但你是眼大大、娇嗲的那种？

W 不知道，我不觉得自己漂亮。

H 你其实是，我可以想象你以前的样子应该是很娇嗲的。

W 不是。

H 不是？你现在也是的。

W 声线吧？

H 是那一类。

W 我后来也不是，我以前很粗鲁，不懂门面功夫。

H 那你何时开始会装扮、涂口红？

W ……生了儿子后就没有。后来自从接触社会后才会变得注重打扮……

H 回到之前的话题，你说性生活可以。你我那个年代没有性教育……

W 上六年级时有卫生巾。

H 你如何学？

W 看《姐妹》，那时候很流行。

H 我有看，好像是粉红色还是黄色的边页。

W 我以前……女孩们看《姐妹》、《新女性》。

H 有用的。

W 对。

H 那你新婚时，也知道一些性知识。

W 通常男人主动。

H 那自己不用知道的吗？

W 哈哈……

H 当自己不用知，你自己不知道不会麻烦吗？

W 不会。不会完全不知道。

H 就是因为温习了那些杂志？

W 哈哈。

H 那你有婚前性行为吗？

W 其实我们那一代很多都有。

H 我访问的那一批就是了。

W 坦白说就是，我也不会掩饰。

H 但有跟其他人吗？没有？跟他是第一次？

W 那不是。我很坦白，你别写我的名字啊。

H 他不知道？

W 不说的。

H 是。

(暂完)

H 十来岁的初恋情人，目前都是十来岁而已？你那时候十七岁。即是你指目前……

W 我丈夫不是我的初恋情人……

H 我知道，我说你呀……有性行为也是十来岁，现在的人也是十来岁。没有什么……

W 不是，现在的人是十二三岁而已。现在的一代早熟……

H 那么你那时候害怕吗？怕让丈夫知道吗？

W 那时候不同……

H 呃？你不问丈夫的吗？

W 为何要问呢？难道我……要问他何时不是"青头仔"吗？

H 对啊对啊。你又不会问他？

附录：访谈资料

W 当然不问，这些事情内心知道。社会转变了，那时候已经20来岁。

H **那大家不会拿出来说笑的吗？**

W 不会，即使有时候你不知道对方能否接受。

H **到目前你仍然不确定？**

W 嗯，我不会说的。说来有什么用？过去的事说出来只会让大家的关系出现裂痕。有些事情是不能忘记的嘛……我们为何要破坏一些完美的事呢？噢……我是不是说得太过高深呢？

H **我明白。即是说，你开始时不是什么都不懂的。当然也不是说非常懂得，因为都不能说在这方面"训练有素"。但总之都可以应付……**

W 其实，那时候我们知道在工厂工作的很多都是怀孕的。

H **都有的，那时候很多人都是在结婚摆酒时已经怀孕。**

W 幸好我不是。

H **幸好你不是。哈哈哈。总有点尴尬的，现在倒没什么吧。**

W 会有点尴尬，我们那一代其实正好在中间。

H **新的又没完全来到，而旧的事却又令人觉得老套。**

W 对对。

H **即是不会似妈妈的……**

W 不会。

H **但又不至于豁出去成为新潮的人。那，你多少岁才知道什么是性高潮？**

W 哦，结了婚不就知道啰。

H **是不是子女长大了，人比较放松才会知道的，是不是？**

W 可不是。

H **结了婚，未有子女也知道性高潮的？**

W 是的。

H **那你如何感受到的？因为很多人都感受不到。就是没有这种经验，要之后摸索才找到。**

W 我不知道别人如何。但我觉得是双方配合。

H **如何配合？**

W 就是一男一女，一个"倒嗑牙"，一个"哨牙"，完全配合。

H **那是属于身型的配合还是什么？是动作的配合还是什么？我也知道配合，但难嘛。是性格、外表、思想还是什么的配合会令自己有性高潮呢？**

W 嗯，大家都要付出。但你知道身型大家不同的……像他跟我刚好能配合。

H 他是什么型？就是说你小时候会否喜欢胖一点、瘦一点……

W 瘦一点。

H 你喜欢瘦一点的？

W 高高瘦瘦的……

H 就是你觉得那一类身型好一点。即是胖子……

W 不喜欢。

H 现在这年纪赘肉总会有的。

W 少许吧。

H 即是他自己可以保持。

W 因为他本身较少吃脂肪高的东西。

H 就是目前只胖了一点。假如……十来岁的女学生，可能她已经有这回事，那你会不会向她解释性高潮这回事。或者，你觉得有没有需要向她解释何谓性高潮？

W 不需要。我认为自己仍然不算太开放，我仍然保留一点传统。如果男女双方配合的话，她当然会感觉到的。

H 靠她自己领悟，父母不用教的吗？

W 父母教授避孕。这是一定要教的。千万别"搞出人命"。

H 小时候也要教？不要等结婚才教？

W 不是等结婚才教。因为现在社会不同了。其实很多男孩在十来岁已经知道什么是射精。

H 要教的吗？

W 要教！而且要教他千万不要"衰十一"(与未成年少女发生性行为)，哈哈。

H 是，这些你会教。总之别吃亏、别出事，这些你会教导。这是父母的责任。但如何享受性则不用父母来教导？

W 不需要。

H 真的吗？

W 子女长大后自己会去享受的了。

H 正如我的同学，新婚时出问题。

W 这样反而是一种缺憾……

H 对，没错，就出了这种问题。她对我说学校没教过、家里没说过……她只有一个大概观念，实际如何就不知道。

W 她就是……

H 没高潮。没有，有做但没有高潮。但这并非仅是我这一个姐妹，我现在的受访对象也有这样说。

W 可能男女双方不配合。

H 对，但人人说的不同。

W 对，所以为什么有些男人在结婚后有外遇。然后这个男人说新欢跟他非常配合的话，那原配妻子就非常麻烦了。

H 所以夫妻两人在性这方面都很重要。

W 重要。

H 否则丈夫就可能会去找其他女人？

W 嗯，他试过其他女人，觉得"正"嘛……他会觉得妻子在感觉上不适合他。

H 何谓"正"？

W 这是想象嘛。

H 当然，那你身为妻子想要留住丈夫。你当然要让你丈夫觉得"正"，总之你丈夫能射精就可以。可是倒过来，丈夫一般都没什么特别问题，但女方自己却没性高潮。

W 女人没感觉的话会寂寞。

H 就是嘛。你若只是侍奉丈夫无所谓，你可以很快学到……

W 女人没感觉的话会寂寞，可是一般来说她能够忍耐得到。

H 对啊。所以女人会觉得性好像不重要啰。你说，性高潮对女人重要吗？还是做过爱就算，高潮出现与否并不重点。

W 我觉得女人比较保守。未必一点会想……嗯，假如她有自慰的话……

H 假如她有自慰的话就会明白一点？

W 对。

H 但有些女性真的不会。结婚之后就没试过自慰。就很难理解的吧？

W 但她为何会问呢？

H 不是她会问，而是当我问她的时候她的回答是不知道。

W 啊，那是没有人提点她。没有人提点她有自慰这回事。

H 其实有很多讲座、课程，但有部分家庭主妇不知道、不参加。就因为没有人提点她。我的姐妹就是这个情况，她以为随随便便可以做爱……

W 那其实你姐妹跟她丈夫的关系好吗？

H 老实说是一般而已。

W 就是嘛。

H 如果关系好的话就没问题吗？

W 其实在性行为上男方很重要。

H 对，性对于男性来说很重要，所以女性会尽量侍奉到丈夫满足。

W 但如果女人是假装的话，男人是会察觉到的……假如他曾经试过其他女人。

H 那是不是说男人也很重视女人能否得到性高潮？还是他自己觉得满足就成？还是男方有没有性欢愉跟女方的感觉是有关系的？

W 这个很高深啊……这根本是凭空想象啊。

H 如何想象？就例如男人完成了，射精后就睡觉不理女人了。那就成了吗？还是男人会觉得仅自己有性高潮是不够的，一定要让女人也得到性高潮才算圆满？

W 男人可能会认为女人得不到高潮的话，感觉上可能会有一点"假"。就可能算是"没反应"的一类……

H 可是性高潮是可以装出来的，可以叫床，然后装成很兴奋的样子，但其实自己无感觉。

W 如果女人能够伪装，而男人又觉得没问题、或者察觉不到的话，那倒可以。不过女人只能欺人不能自欺。

H 其实绝不能欺骗自己。那她若长期都没有性高潮会否引起不快或抑郁。

W 这就比较难掌握。

H 对，这是很难知道的，我总是觉得或多或少有点影响。

W 我见过很多丈夫要北上工作的妇女，她们要在家带孩子，比较不开心，同时也较易有抑郁症。

H 可能是性生活有问题，问题是不会随便跟其他人说。

W 社会很多时候会认为这类事情很"淫荡"，她们绝少会寻求心理医生的帮助。

H 那你的妇女中心有没有举办这类型的讲座？

W 妇女中心……我其实并非太清楚。健康那方面倒有，如艾滋病等，就有举办讲座。但可以这样说，可能会确立这种情况成为一种病态、情绪病。得不到满足是一种女性的情绪病，可能牵引出很多问题。

H 得不到满足是因为女性自身的情绪有问题？

W 不是，而是得不到满足导致她……就像目前很多男人北上公干。我之前接触一个个案，七个月内仅返港十次。那假如女方在那星期是经期的话，那岂不是不能发生性行为？

H 对对对。

W 那就是……她是要服药的，因为她试过责打女儿，更甚的是打完之后竟然忘记了自己曾经打过女儿，后来社工介绍她去精神科医生求诊。妇女没有得到性高潮而导致她出现抑郁症病征的。

H 当然没有数据。也不能说出来，一旦我们这样说出来会被人家责备。同时其他女性也不会承认。

W 假设我是当事人……其实我算是思想开放的人。你如果跟我说那些事情，一般人也会不承认，不想说。

H 若是很抑郁，很多事情都情郁于中。她会觉得很寂寞啊……

W 除非有渠道让她发泄情绪。不是每个女人都结婚，有的守寡、有的当修女。可是她们都很正常，是因为她们总有其他渠道去发泄。

H 即是不一定是处理性问题，只要找到渠道去发泄其他东西也可以。但会不会你找到其他渠道去发泄，但性这回事在你心中还总会有一点点的……毕竟夫妻……

W 可能她会自慰……

H 当然，这样也可以帮助自己。

W 就是，这种事不会随便跟其他人说。有的结婚以后也自慰……

H 结婚后也当然会，那是很正常的性生活，但会觉得说出来很怪。那譬如口交又如何？你会做吗？

W 不会。

H 不会，那么色情影带呢？有看过吗？

W 有看过。

H 那总有那回事的呀。那你有试过其他性爱技巧吗？

W 试过，但感觉不好……主要是他要求才做。

H 那是他有要求，你才会考虑？

W 男女双方，让对方满足，大家开心，大家都要付出。大家在这方面都……

H 那如果他要你口交，你也会同意。

W 对，无所谓。

H 但……那是你的感觉不好？还是他的感觉不好？

W 就例如试一试……无妨嘛，就做了。

H 那有没有倒过来，他为你口交？

W 没有，那事我接受不了。

H 他为你而已，你也不要？

W 我接受不了。虽然没试过，但我接受不了。

H 为何？

W 不知道，我觉得……

H 觉得"核突"？有什么"核突"呢？就像吻你一样。

W 不不不，我觉得如果自己不需要的话，那就不需要啰。

H 不需要他为你口交而你自己也能满足的话……你就觉得不需要？你不想尝试新事物吗？

W 新事物？

H 那你们的性行为来来去去还不是那一个模式，你已经完全了解了，没有新鲜感。

W 我本身并不追求新尝试。就如看到那些鞭打或什么的……我会觉得有那个必要吗？

H 嗯，那些可能你觉得过分了。但其他……嗯，这样吧。性是很重要的，但其重要性却又不会令人认为自己要积极地去学习。就如四十岁去听一个讲座，像再培训、兴趣班一样，通过这些方法去学习有关性的事物。你认为女人有需要去学这方面的事吗？

W 我想没有太多人有这个勇气。

H 首先你认为要不要学呢？就如大家都学信息科技。还有没有什么东西要去学呢？还是到这个年纪已经懂得很多事情了，即使不懂也都可以算了，需要学吗？

W 我觉得课程一旦开办了，应该是一般感觉到夫妇之间出现不协调、心理上有障碍……可能有一部分女人觉得自己有病态而不敢出声。我想课程的存在可以提醒妇女如果你有什么什么情况的话，就应该寻求协助。

H 但是课程不是为一般妇女开设的，而是为部分觉得自己心里有不快的女性。

W 大概是。如果太开放的话，部分人可能会觉得尴尬……但部分人是需要提醒的。

H 如果当做健康教育呢？很多人都会来参加有关性的课程……

W 如果是健康教育课程的话，那通常都会有人去学。

H 为何人都担心让其他人知道自己在性方面出现问题呢？

W 因为中国人社会的传统风气是这样。

H 是怎样呢？

W 就是一个女人如果太过易说出有关性的事情就会令人觉得她不太正经。

H 那不是性方面出现问题，而是不正经。那是不同的。问题不是我要如何放纵自己，而是在性方面出了问题。我才说出这个问题……

W 如果你在课程简介上说明是在夫妇双方的性方面有问题而需要协助的，反而可能有人来报名。

H 那么你的心态是：如果关于婚姻关系的事大家就会去参加的；反而仅说性

的……正如妻子知道丈夫北上"包二奶",而想到是否自己有问题呢?

W 那她就会去参加课程……

H 我不知道我的表达……

W 我明白。

H 女人通常一牵涉到这方面的事情她就会去思考。就如健康生活教育,她就会怕别人闲言闲语。

W 就是让其他人知道就不好啦。

H 对。但相反,是基于想了解婚姻的话,就没问题。那你会不会觉得女人很怕让别人知道自己的事?很担心别人的看法。为什么?

W 这个社会,人的自处并非仅做好自己就可以。这个社会还有其他人的存在,一个人是不可以脱离整个社会。人,总会在意别人的看法。

H 会不会是妇女特别在意别人的看法?还是社会如此,整个社会所有人都是?

W 妇女在这方面可能会较为敏感。因为有部分人如果要出外工作的话,职业妇女……比较注重。

H 我也觉得女性会较为注重,可是我不知道为何。人人都要面子,也想让人家觉得自己很成功……

W 可能是空间太小,人往往都只想到这个层面的事。

H 因为家庭主妇有较多时间去想?

W 对。

H 她不是不想,反而是想得太多。

W 因为她们没有什么选择。其实这个社会是很忽视妇女的。如果全香港的家庭妇女罢工一天,香港就完了。

H 肯定完了。

W 其实妇女是如此重要的话为何不培养、培育她们?

H 你觉得要培育她们好让她们不会跟社会脱节吗?

W 对。有些人会觉得妇女特别易跟社会脱节。

H 有时候妇女要反思,为何妇女会失落?为何人家会觉得家庭主妇有"妇人之见"?

W 特别不重视家庭主妇的见解?

H 对对。

W 因为她们的范围就仅如此而已,水平就止于此。其实很多家庭主妇很棒的。

H 对,绝对是。

W 如果能够让她们的眼光开阔一点、观感远一点的话，她们会对社会有很大帮助。即使是带小孩子，那教育下一代也很不错。

H 其实，我跟你谈了很久。你对于小孩子的教育已经说了部分……但你的子女好像没有令你觉得很苦恼。那你会觉得……如果让你再选一次，你会否也选择结婚生孩子？还是会当个职业女性？

W 其实某方面……我很信命运，我不会再去选择了。

H 那你回想你的一生呢？你觉得是否走了那一步后就改变了你很多事情……

W 我是随遇而安的。

H 但你觉得自己很顺利，一生无波折？

W 那不是说顺利与否。如果你说一个遗憾……我没有受过什么教育。不过我知道原来自己倒不是太差，自己也可以去学习的时候……我，我已经走了人生的一半。

H 所以如果可以再选一次的话，希望多读一点书？

W 对。

H 那是自卑？

W 我很自卑，但如果你说跟我那个妇女圈子比……我倒觉得自己比她们好一点，例如有时候遇上什么难题……嗯，我的理想，我目前不需要担忧生活，所以我会去帮助别人。

H 以前有没有当过义工？

W 没有。

H 是现在才开始，那你的理想是最近才有的？

W 一个目标。对。

H 那为什么你会有这个目标呢？你从前都没有？

W 因为我病过。我病过几年……由我病到我产子，我在家中困了十年。我觉得人生很糊涂。而且病过，心态会转变。觉得既然自己做的事可以令一些妇女多去思考的，为何不去做呢？

H 那为何你要去做呢？社工也可以做。

W 不是的，我认为重点不是谁去做，关键是由自己开始。你不能要求别人如何做……就可能……我姓N的。"N太太，为何你要做义工那样傻呢？都没有钱赚的。"可能有些人会那样说……不过，我倒觉得我付出的时候其实收获更多，是意想不到的收获。

H 其实那是自信心，觉得自己可以帮助别人，觉得自己有目标。那是用钱买不到的。

W 我很开心,我觉得我丈夫也没有像从前那般小觑我。

H 会的,有时候丈夫会小觑妻子。他可能觉得妻子无论如何也不能有任何突破。

W 我觉得妻子有进步的话,丈夫会有点另眼相看。其实大家都会好一点、平等一点。

H 而且也会更尊重你,大家也开心一点。其实这样的事情很多妇女都没想到,她们打算日复一日……你就这样过了10年,可能其他人已经过了20年才觉醒。所谓的觉醒是指20年后子女都长大了,她……

W 其实我很希望提醒妇女,其实女人结婚后,你的一切都不应因为将家庭放在首位而放弃自己的理想和抱负。这是很重要的,当你放弃了,本想付出自己的一切……在那一刻你已经停下了。但你的儿女会长大、丈夫会跟社会接触,他们会继续前进,你却停下了。本来女人三十多、四十岁是黄金时间,你停下了,但其他人继续前进,那到你五十岁时蓦然回首,你的子女已经大学毕业,但你自己却一无所有。那是很重要的,就算女性选择了家庭那方面,她也同时可以做很多事情。

H 但你说别放弃自己的理想和抱负,但可能她本来就没理想和抱负。她的理想和抱负就仅仅是结婚产子……

W 因为这个社会长久以来就教育她们没有。其实这个概念是以前也存在的,但一直也没有女人说出来,后来妇女联盟、主妇联盟提出来。就是有几个方向,妇女终身教育、社会保障,其实如果妇女日后有病的话,的确有需要协助的。而且经济上,家庭妇女其实是一个无酬的劳工。那如何可以让她们透过合作社的形式让她们赚钱呢?

H 那是大家合作搞合作社?

W 其实没有一定的模式。其实妇女只是需要考虑如何保障自己日后的生活……很多家庭主妇,当她们的子女在读小学时,其实她们是有几个小时很空闲的。她们不可能整天都在处理家务吧?其实她们要反思,她们空闲的时间是不是真的用来打麻将或聊聊天呢?其实她应该去学一些东西或搞一个妇女俱乐部。

H 其实女人很喜欢跟其他女人聊天的,她们自己也会上茶楼吧?你不会吗?

W 我以前嘛,说是非,道东家长西家短……其实可以说其他的话题,例如政治也可以。或者是策划一个俱乐部让大家去消闲……话题不一定要说人家的丈夫、孩子。

H 那你说"联盟",那是跟什么人联起来呢?为何要叫联盟呢?好像很有规模。你那时候并未加入吗?

W 其实她们去年开始筹备,三月八日成立。

H 对,我记得是妇女节。那你是几月开始加入她们的?六月?

W 对。

H 所以你不知道为何叫做"联盟"。

W 其实有简介的,"联盟"其实是想将各妇女团体的宗旨整合起来。

H 那是可以以团体名义加入的?

W 对,其实是专门为主妇……其实是找一班有理想的人共同协力才可以。中国人的传统思想就是女人一定要在家中。你不理家务就不可以,你不理家务就罪大恶极。但其实女人并不一定只可以带孩子当家庭主妇,她也可以做其他事。因为她不是反传统,她不是不理家庭。但我想知道为什么社会还是觉得家庭主妇好像低一等呢?其实现在妇女是列入了失明……那些叫什么组织?

H 啊……伤残、残障。

W 对,类似那一种。其实是弱势群体……

H 政府当你们是弱势社群?

W 弱势群体。其实妇女可以不是弱势社群……都说如果全港主妇罢工一天的话全港就完了。但为何是弱势群体?因为传统以来中国人的看法是妇女一定要在家,你不在家就罪大恶极。

H 我们仍然受这种思想影响?

W 没能放下这一套思想……但你有一定的安排就可以了。

H 其实她们正是先要学这一套想法。

W 所以就需要妇女的思想教育。其实这是很初步的构思,这并非一个人的力量可以完成。要有心人帮忙,正如我以前制衣时并无前四后六,而是一些人挣取了十几、二十年才有,可知凡事不可一步登天。

H 那你的兄弟姐妹,你觉得你的生活跟你的兄弟姐妹有何不同?

W 不同的,大家的想法不同。但有些想法也是最近才出现,一个转化……

H 那这种转化会不会让你觉得自己跟其他人有不同之处?

W 没有什么大分别,大家也可以一同聊天。起初我加入主妇联盟时,大家都是一起去学习。每个人都不同,关键是大家想不想一起进步。

H 如果女人进步了的话,可能她们就不想要目前的丈夫了吧?

W 不会的。一个家庭的关系可不会那么容易破裂,有可能妻子学到更多东西的时候,会使关系更好。

H 一个家庭不会那么容易破裂?那近年这么多人离婚又如何解释呢?

W 如果是稳固的时候……很多事情也是"冰冻三尺非一日之寒"。可能丈夫觉得妻子无用、愚蠢,甚或不事生产。你的受访对象有没有这样的说法?

H 会。

W 但如果她在当主妇的过程中，妻子是有去学习的话。那丈夫觉得妻子虽然是当家庭主妇，但是她在家也有上网保持跟社会的接触、甚至在家中还当义务编辑。那就会更欣赏妻子。

H 嗯，那你觉得自己被欣赏？是在这几个月内吗？最有目标的这几个月内？

W 其实不是说被欣赏，而是可以做自己想到的事情，或是尝试去做。其实，欣赏我是没有用的。

H 你不是要别人欣赏你，而是想传达这一个信息给其他人。让其他人的生活再好一点，那你自己想象你的生活再好一点的话是如何呢？

W 我的生活？没想过。我现在做这些事情，人总会有目标去做的，但将来环境的变化你是预计不了的。你可以做的是做好自己的分内事，目前的事。当然有些计划总是会有的，就如子女吧。希望子女将来如何、希望丈夫将来如何。但你不是去想一些很虚无的事。也不会只考虑现实……

H 你父母呢？

W 家父已故。

H 那最亲的亲人呢？

W 妈妈。

H 仍然健在？

W 是的。

H 高寿？

W 七十多了。

H 那你还有去探望她吗？

W 当然有。

H 那你算是一个踏实的人，但还不算是固执。你就像是糊里糊涂去学东西……其实你也不是完全糊涂，其实对外边的世界是有点野心的。

W 我丈夫觉得我很蠢。

H 反而就这样激发了你。

W 其实他的心里是希望选一个蠢妻子的，但娶回来后又会说你蠢。人是会变的，不断的变。他当年那一刻所要求的，到十年后是会变的。

H 感情也是，会变的。

W 对，是会变的。

H 那你觉得你跟你丈夫结婚十年，最好是哪个阶段？

W 生下次子后开始出现分歧。他的注意力已经转移到事业方面……

H 事业也开始有进展了是吧？

W 工作上，是升级了。

H 他在哪里工作？

W 工程师。

H 那他可能……

W 他其实是很照顾家庭的人。他赚钱回来让家庭变得更好，我很欣赏他。但当家庭富裕一点的时候，人的心已经变了层次。女人的要求是拉手、亲脸等，都要求不了。

H 会的，有人这样跟我说。为什么我会问你有没有跟丈夫"拍拖"呢？因为有人跟我说，她等了很多年，等到她已经放弃了……但丈夫觉得没有这种需要。

W 男人的层次已经更上一层楼。

H 但女人始终未能放弃这种事情。

W 但男人如果认识了第二个女人的时候，他却又可以做这些事情。

H 唔，是的。为什么呢？

W 男人跟女人的构造不同。男人是播种的。

H 所以他一认识到就有欲望去播种？

W 不，说笑而已。男人在先天上的确……女人始终是较专一，注重安全感。男人真的比较重视新鲜感，以及较多情。男人很容易受感动……这是我读书知道的。

H 是吗？你认为是真的容易受感动的吗？

W 这我不清楚，但这些说话是从书中读到的。就例如报纸副刊的专栏、小品文。

H 你读的吗？

W 对，因为每个人写不同的事情，是每个人不同的经历。

H 你可以从那里汲取。

W 对。

H 有没有任何一方面是我忽略了，没有去了解的？

W 目前的妇女普遍在结婚后将家庭放在第一位、子女放在第一位……丈夫是第二位，自己是放在最后的。而妇女其实自己是有要求的，每个人的要求不同。

H 即你认为我可以问问她们想要些什么？希望她们可以说出来。

W 你要哄她们说出来……如其实你理想中的家庭是怎样的？

H 你说得很对。因为我一般都假设了家庭就是如此……

W 其实妇女很喜欢说话，你如果是哄到她们说话，她们会有很多话告诉你。

附录：访谈资料

H 对的。是不是因为没有人跟她说话？

W 这并不是因为没有人跟妇女说话，而是一旦打开了话题她就可以说很多故事。

H 那你小时候是否对将来有很多想象？

W 不会的。

H 没有吗？你是一个不喜欢想太多虚无的事的人。你会走一步算一步吗？

W 我小时候很"白痴"，不去想的。因为我的家庭是不会开导我去思想的。做事、赚钱……我小时候，家中放一张小桌，上面放一碟菜、一碟咸鱼那几兄弟姐妹就抢着吃了。那时候家母很节俭，而且生活困苦，妈妈就买杂碎回来吃……我家中是有吃就可以了，钱是首位。思想是很后期才出现，就是认识了我丈夫才出现的。他引导我的思想，我很感激他。有学识、读过书的人始终是不同的，他引导我去想。我以前不去想的、也不懂得去想。人又"白痴"、粗鲁。

H 那你那时候……

W 就是希望认识到一个人跟我一起……不会特别有要求。人一成长，就会有更多要求。我丈夫……喜欢……谈恋爱……结婚，然后觉得大家有工作就好了。然后生儿育女，带大他们。对于一个有思想的人不会止于此的。

H 除了这些外，还会要求什么呢？

W 会追求实质一点的事。

H 那，你说是享受？

W 人生当然是要享受。

H 一些实质的享受、玩乐。一个有思想的人应该会多了这些要求，例如会觉得要多认识些什么人？跟哪些人交往？你说的那些享受是包括什么的？玩？玩什么呢？

W 旅行那一类。因为我是低层次的，在内地随便有宾馆，随便玩玩就好。或者是星期六、日去吃些好东西吧。你的享受要高层次一点。

H 那是你认为所谓高层次是物质享受，物质享受有要求喔。

W 例如酒店要住高级一点的。

H 那是不住普通酒店？

W 辛苦的话就不要去。

H 如果条件不好的话，情愿不去是吧？

W 对。

H 有思想的人会开始追求物质上的事物、实质上的享受。那或者会辛苦……因为你未必会达到，物质的享受是你幸运才会有。

W 其实会有一点不同,你要负担得起。因为当你享受的时候,你的家庭也一样。例如要一些人在摊子吃鱼丸粉的话就很难了。我会体验到高低之别……

H 低是指没开始有追求的意欲,要高的话是会追求高级的享受?

W 不,而是她有能力负担。

H 那你会不会觉得那些所谓"高级"的妇女和"低级"的妇女相差很远呢?在生活上……

(暂完)

W 家庭是很重要的。跟自己、属于自己的东西是开心的。当然也有一点不开心……其实你身边的人影响你很大。你自己要懂得去想、去做。有时候……感觉,觉得幸福与否。这一刻你觉得自己幸福,下一刻可是未必。身边的人会影响你,自己也在影响别人,是相互的。如果你问何谓幸福,其实是很难说的,要自己去看。有些人觉得幸福是开心,不愁食宿。但有些人会觉得丈夫很好,发薪就拿钱回家,照顾家庭,但也有人会觉得不幸福,觉得不够钱花……觉得自己应该有更好的享受。其实,很多情况是看自己如何去理解一件事,也在乎身边的人如何影响自己。

所以你现在就做这种事。接触身边的人,然后就透过她们接触外边的世界倒过来影响自己。你觉得这就是好的生活,一个女人的理想生活。因此其他事情反而对你的重要性就减轻了,心中不止于家庭。

H 对了,女人不一定只有家庭子女。她内心有需要,若她能找到这种东西,就会少情绪病。要找到自己内心需要的事。

W 而且要知道自己找寻什么。不要追求不可能达到的事。

H 你不会的?

W 我不会,不是这种人。

H 你比较踏实,不会要求得不到的事。

W 有些人很奇怪,例如要这个人如何如何?为何要要求这个人呢?当你要求这个人如何如何时,你能否要求自己迎合这个人呢?

H 就是可以转转身份。

W 永远也不开心,要懂得去放低。你追求一些事,如果你得不到,你一是改变自己去迎合,二就是放弃,别埋怨。

H 你有试过要求一件事很久也不成功?

W 那倒很难说。

H 我知道这些事常在变,但你在一生中,印象中,有没有一件事是很难得到?还是……

W 我想得到一件东西，我会尝试。如果没有可能的话，我就会放弃啦。想令自己开心就别再去碰它。

H 不太明白，给我一个例子。

W 就如我喜欢刘德华。

H 是。

W 就例如偶像，女人始终追求浪漫、开心，我常看他的演唱会。我很喜欢他，他当我丈夫有可能吗？想象中是有，但得不得到的是另一回事，既然是得不到，只可以去欣赏他。如果你要得到，就会痛苦。

H 你有试过认识其他人吗？在结婚后？

W 没有。

H 想想也算。

W 好感也一定会有。

H 结婚后也会有？

W 有，我想很多人也一样。但会不会牺牲自己的家庭……那个人自己也有这种感觉，这种感觉也很强烈。强烈到可以值得牺牲自己的家庭去走在一起，而他也能给你想要的……最重要这件事。

H 对，肯牺牲自己的家庭但他不能满足你要的，那是多余的。

W 当然不会这样做。但有些女人却会，结果她的生活一塌糊涂，很看人的本质，有些结婚有家庭有子女，她却很轻易爱上其他人。就算那个人可能在某种程度或角度去看的话是很差，她也会跟他一起。有时不明白是什么心态，可能她内心有种需要……

H 也可能他懂得取悦她，很难说。但你觉得这样不好，你不会轻易爱上其他人。

W 是的，我不会。

H 你会对人有好感，但不会破坏家庭。

W 不会。

H 你有一个清晰的思想。

W 我会分析是否值得，这是一个价值观。就如其实知道自己在干什么是很重要的，人如果不知道自己在干什么……知道自己做什么就要承担后果。有些不知道后果也不承担后果，结果就自残自杀？

H 可能是让她有机会去做某些事。我想觉得要组织她们去做一些有发挥的事情，我觉得妇女中心是好的。如果全港的家庭妇女……有多少呢？

W 七十多万。

H 已婚吧，七十多万人每人付出一小时那也是很多时间。

W 其实，妇女……我想象。妇女的力量如果能够培养的话是很强的。

H 而且她们到这个年纪也累积了人生经验，也不是老，可以有实质的成效。

W 当然也要培养，像我也要经过训练。要看人家如何做事的，自己也要学习。

H 你，起初打印文件也不懂吧？你不是当文员就不会懂的吧？

W 觉得自己能够做到……有时，我在妇女中心教信息科技，我说……很惊奇，为何会懂的。我……其实是哄她们，妇女是需要人去开导和鼓励。

H 对，你很适合做这种事。我想我问的都差不多了，你有没有什么想补充的？

W 嗯，其实补充就没有了。你也引导我说出很多事了。其实有很多事是我心中所想的，但我丈夫不会跟我说这些事。我有时候说，他就没兴趣听。

H 为何呢？

W 他不听……我觉得……做出成绩来他就会知道了。

H 那如果他能够听的话，你会高兴很多了吧？

W 他肯当然好。

H 如果他愿意听，你就觉得自己有价值。

W 对。

H 觉得自己蠢，就是因为这种想法。

W 对。

H 除了丈夫不听，其他人也不一定听你说话。

W 不是的，有人愿意听我说话。

H 不，我说以前嘛。所以你有这种错觉……

W 我以前不知道自己可以说话……

H 可能你一直都有这种天分，就是擅说擅分析。你有潜质……

W 我认为适合的人，我可以说很多话；相反，说不出。我的表达能力并不是很好，我需要别人引导我说话。

H 对对。这是妇女的特质。

W 女人都要其他人引导吧？因为其他人不听嘛，就习惯不说了。只可以跟其他妇女说话，那就将话题停留于生活话题，未必会说到心中的说话。她们喝茶时也很多说话，但未必会说心中的期望。

但通常说的都是负面的，正面的倒不会说。

H 一轮负面说话，积极作用的都不太说。你倒好，一个女人没什么聆听者，她人生经历很多，但没有人听。因为没人听，妇女就更觉自己的说话没分量，如果她觉得自己的说话有分量，她就可以发挥。我说……

W 当有一件事情吸引到自己去学习，她就会有信心。觉得自己重要嘛……例如我教信息科技，你会觉得她说话有趣也中听于是就用心去学习。这是吸引妇女的重要元素……

H 那种吸引力来自于？

W 多方面的。一则是妇女觉得说话中听，这是很现实的。家庭主妇觉得有利可图，中听就有吸引力。如一个人聪明，她觉得对，就会吸引到她。

H 明白。对了，你知道她们的需要。

W 因为我是妇女。

H 你知道心态。你刚才说到妇女要有利可图，就是你要让她们知道妇女可以从学习中有什么好处。

W 因为她在家习惯了万事都要去计算。

H 所以她……

W 事事都计算。

H 因此你抓住这种心理了。

W 你试试吧，很好的。可以上网看报纸，那你就不用买报纸了。

H 那妇女就觉得，对了，节省金钱。

W 很有趣。你懂得说这种事。除了笔记以外……笔记也很棒，妇女可以将笔记拿回家，忘记了也可以看看，马上开心啦。

H 你很厉害。

W 我教书也一样。有笔记才可以，学生是这样，明明不读也要先拿一份。安全感嘛，真不应该。

H 你先生姓N？

W 对。

H 你住青衣区？那你惨了，你一会要乘很多转车。你要……

W 不是，我预订好时间就可以了。

H 成绩……

W 我不知道，我忙就很忙。到了榾休息，但发觉没有人帮。丈夫回来，男人并不喜欢做家务。这可能是家庭自小就培养出这种性格，以为女人做家务。这是传统……

H 其实你想帮的……

W 女人是传统思想嘛……虽然是辛苦，但丈夫赚钱回来已经很苦了。就算叫他做家务，他也可能不肯做；也可能越帮越忙，有些太太是一边做家务一边骂丈夫，那丈夫还做来干啥？对吧？女人有时要学学如何去表达……

H 对。丈夫愿意做家务，你还要去骂他，那他当然不做啦，反正他已不愿意做。很多女人也是如此，她根本将自己不快的情绪发泄在丈夫身上。其实她不是生丈夫的气嘛。

W 所以你说妇女心底有很多要求。

H 有要求。

W 有希望，但关键是是否能达到。最关键是达不到目标，妇女就修正目标，免得生气。很多女人都有这种技巧。

H 所以女人就要有另外的地方让她发挥潜能。

W 对。

H 就是她将自己的情绪发泄出来，倒不如做些有建设性的事。

W 反正要发泄，这种情绪情郁于中会有情绪病，倒不如用去做有建设的事。所以她们真的不可以困在家中。

H 其实妇女总有空闲时间。社会……应该有妇女学院，弹性上课，有学分制……其实妇女是很聪明的。终身学习应该做这些……

为保障受访者隐私，部分个人资料曾作出修改。

（完）

后记一

何式凝

● 中文学术写作：一种"重新创作"

在写作与出版此书的过程中，我反复思考语言对我的重要性。长期以来，我主要都是用英文进行写作，在西方学术界的框架下书写自己的思考。随着年月增长，事业方向渐趋稳定，我不愿意再受西方学术语言与话语的限制。我相信，在不同语言之间的转换可以开拓另一种空间，因为不同的语言是通往不同世界的桥梁。因此，我学习使用中文进行学术写作和思考，希望可以与内地学界和读者进行更深入的沟通和交流。当我用中文再次呈现之前用英文表达的话语与事件时，种种问题不期而至。这些问题促使我再一次从翻译、校译、编辑等不同角色以及中国内地读者的不同身份的视角去审视和反思自己的写作。所以，这本书的出版不是一个简单机械的翻译过程，而是一次个人"重新创作"或"改写"(Bassnett & Lefevere, 1990)的冒险历程。

这种"重新创作"或"改写"，其实也可以用来形容我与迥然一新的内地出版文化之间的交流。也许可以把从前未能表达，或想表达而不敢表达的话语，一一尽诉：有些是可以多说的，例如在学院派、理性化的学术之外，还可以多一些个人化、感性化的词句篇章；有些是应该多说的，例如不能想当然地为同样使用中文的内地读者略去关于香港的背景介绍，因为从某种意义上说，结束英国殖民统治后的香港对中国内地来说，依然是一个有着不同语境的"他者"；而有的东西，在特殊的国情之下应当如何提及，则是另一种学问。

我曾自问：为什么本书的出版要同时使用中文和英文，横跨两种截然不同的文字世界？从某个程度上说，这种做法反映了我们对时代变迁的适从与反映。我们知道这与香港的地缘政治有关。当中国越来越强大，香港对于中国内地的意义也就有所变化。出版此书就是为了证明香港仍有其重要性，作为整个中国的一部分，香港是认识中国内地的有用的切入点。最终我希望，通过这本书，让中国内地与西方的读者都能深入认识与了解香港这个拥有特别的历史、文化和社会背景的城市。

本书的理论意义，与作为研究地点的香港本身的驳杂与多元是对应的：它在一百多年内经历了两次剧烈的身份认同变化。与同样遭遇多次身份认同变化的台湾相比，香港又更多地受到原宗主国的西式影响，更多地被纳入到西方体系中去，但同时又更紧密地保持了与中国内地的联系。这代表了一种传统与现代、开放与保守、本土化与全球化的碰撞，代表了一种东方与西方的对话。在港英当局时代，香港在殖民统治体系中居于"边缘"地位，但在内地与香港的关系中又居于"先进"地位；在中华人民共和国的特别行政区时代，香港的"自主"地位在名义上得到宣扬、自我意识得到提升。但是，近年来随着中国内地的崛起，香港头顶上的光环不再如往日一样光鲜。我期望香港能够走出"自我东方化"（Tsang et al., 2008），并鼓励读者对香港的意义作批判性思考。

关于语言的思考的另一个问题是：有了中文版本，为什么我还要推出英文版本？一直以来，我尽量对文化霸权、殖民主义保持着一份敏锐的警惕和批判，更无意表示英文比中文更高贵、更优越，不想跌入这个语言霸权的陷阱。当全球权力有所转移时，我深信这种转移能够在学术界有所反映，而此书就是这种权力转移的体现与印证；但必须承认的是，英文至今在国际学术界仍拥有短期内难以取代和无可争辩的语言领导权，而已有的英文研究成果与学术积累也是难以忽视和回避的。使我感到欣慰的是，我与中国社会科学出版社、香港大学出版社都不约而同地认为应提倡中英文平等出版。当然，中英文版本未必能够完全相同；但我们希望各个版本的内容与风格能够互相补充、有所增益。而我长期的战友曾家达教授在中英文平等出版写作这件事上的坚持不懈以及给予我的鼓励，对我心愿的达成功不可没。

同时推出中文版与英文版，也是应不同读者群的需要。在我心中，中英文版本的读者群体可能会有不同。英文版本可能更会受西方的学者与专业读者群体关注，同时也能吸引对这类题材的深入研究。它也可以面向那些习惯于阅读英文著作的海外华人。而中文版本的读者范围可能会更广，因为这个领域的中文学术作品数量毕竟有限，针对这些中文读者，我会坦诚相待，以赋权的立场，介绍西方的最新思潮与华人地区的相关事实，让他们能认识和理解这些理论与现实。我会将自己的立场和见解，以中文清晰表达出来，甚至包括一些超越当下西方的观点。我相信，只要能运用适当的语言，表达出来的意念、论述，就能使那些从未接触西方社会理论，但有广泛阅读经验的读者，也能够理解我所要表达的意思。

在中文版里，我收入了多篇首次译为中文的学术文章。我希望，通过这个再创作的过程，能让某些所谓的西方"精英论述"与中文日常生活的语言与鲜活的世界有所互动，从而丰富实践与体验。从这个意义上来说，中文的写作也隐含了某种颠覆性的意图。

我曾批判一些人在研究性与情欲时，好像研究物理世界一样，把它们当做完全的客体来研究。我自己当然不会步其后尘，因为我们的研究不能像物理学对待客观世界那样去对待情欲。我们研究情欲，同时也生活在情欲世界中。所以，我不会以一种旁观者的视角和姿态在"情欲"的外围研究它，而是会身处"情欲"世界中去研究它。我也会与他人分享自己的个人感受与体验。

● 中文学术写作：书面等于口头？

其实如果用中文的口头语言（即广东话）来表达，对我来说是稍为轻松愉快的。无论是我主持电台节目[①]，还是我接受周刊报章的各种访问，使用的主要都是广东话的口头语言。而我在过去所参与的小区服务和教育活动中，都尝试着把学术的概念和研究结果结合起来，用普通民众可以理解的语言表达和交流。通过这些服务与活动，我可以说是更好地"接地气"，更好地理解了自己学术研究的对象、语言、思路、逻辑以及互动过程，而这些与我所拍的影片一样[②]，其实都是知识生产的过程，因此也都需要去总结。过去我总是将中文的、口头的对话以及研究访谈的日常语言转化为英文的、书面的、学术的语言，这一次，我试图改用中文的书面语言记录下自己的学术思考与个人感想。

现在执笔来写这个序，仿佛在主持电台节目，自己接受自己访问，不用句句引经据典，我手写我心，非常快乐。能够在学术规则以外开创一个空间，真是轻松自由。我让自己从个人的角度去写下这篇序言，因为我相信，需要去挑战学术界的规范，拓展知识生产其他的可能方式。理论构建与个人生活之间是紧密相连的，我们的思想与态度不时有所变化，并受到个人经历的影响。但我们的个人经历不应该只是偏见的来源，更应当成为研究的动力与资源。

当然，这并不等于说从口头语言到书面语言的转化是轻而易举的。我倒是惊讶

---

① 除了教学与研究，何式凝曾主持多个电台节目，包括《形形色色何式凝》、《黄色讯号》、《一盏茶论尽天下》、《自由风，自由Phone》等。近年来，何式凝与颜联武合作主持《今夜阳光灿烂》、《有武心情》和《颜式生活》等节目。

② 参见《香港廿二春：师奶列传》（DVD），"Sik Ying HO & Jolene Mok Production"制作，2011。

地发现，用书面语言出版中文书原来是这样一项庞大的工程。这几年间，我不断请研究生和专业人员翻译自己的英文文章，所花费的时间、精力、人力、物力不计其数。没想到校对的过程同样繁重，幸得我的朋友庞溟拔刀相助，才能成事。整个过程体现出我对此书的承担：越艰巨，才越能见证当初的决心，也算是完成了一个心愿。无论如何，我充分享受着中文写作给我带来的愉悦，这让我回想起当初学普通话的过程，虽然艰辛与漫长，但却推开进入另一个精彩世界的大门。

我在二十几年前参加一个在北京举办的学术会议时，对自己用普通话发言的水平感到沮丧，无法帮助海外学者与内地学者们进行对话与沟通。回到香港后，我立即决定参加普通话学习班。在学习普通话的过程中，我更加深刻地感觉到，自己有可能与整个中国内地社会进行更频繁、更深入的沟通。我现在希望面向中国、以中文写作，也是出于同一个原因。回首这二十多年，从日常对话到书面写作，再到课堂教学与应用，想不到对普通话的学习与掌握，是这样一个"学然后知不足，教然后知困"的过程。

● 中文学术写作：两代人和跨学科的交流

我曾下定决心参加中文打字班，但缺乏练习，速度欠佳；再加上我的字迹向来潦草，只有侄女何翘楚认得出来，曾多次求助于她。这几年来，我也曾在报章杂志上发表中文文章。每次都是我先用手写了初稿，再交由何翘楚修改和输入。本书中收入的数篇原先在报纸和杂志上刊载的文章，也是这样辗转完成的。这种整理文稿的过程，给予了我们对话的机会，因为她修读的专业和主要的研究方向都与传媒有关，而我的专业背景则包括社会工作与政治哲学。收入本书的《网络自我中心？香港年轻女性及其个人网站》一文，便是我和她以及同样从事媒体研究的侄婿邓肇恒三人合作的成果。一直以来，他们对新媒体的兴趣与心得以及他们对我的学术越界行为的鼓励与支持，都使我获益良多。

我们也希望写作过程能与自己的学术立场一致。生活本应是对信念的实践。起初，这本书对我们两人来说，只是自己对情欲的学术观点的整理。但我们逐渐改变了这种想法，希望其他人也可参与进来，形成一种族群/社区建设（community building）或群体建设的氛围。我们还希望能实践一个构思，那就是透过一个集体计划，创造出另类社群，这一社群无须每周集合，亦没有定期聚会，但仍可邀请成员（绝大多数是我们的朋友与学生）参与翻译、校对、讨论、交流和分享。而参与本书的翻译、校对或曾提供意见、建议的朋友们，全都是年轻人，并有着不同的学科背景。从这个意义上说，这本书的编辑与出版过程，也促进了两代人和跨学科的交流，让写作成为一个特殊场景，让其他人也可一起参与，共同建构这个另类社群。

◉ 身在香港，面向中国内地

我们这个横跨英文、繁体中文与简体中文的出版计划，用意在于与中国学者和研究者沟通交流。在我们研究项目的发展过程中，我们的学术出版工作主要是以英文为载体发表的。尽管我们也曾引用了一些中国学者的研究成果，但其实以英文为尊的"出版游戏"并不要求这样做，甚至并不鼓励这样做；在香港回归前，这一点尤为明显。我们由此意识到以两种不同语言为载体的学术体系之间是缺乏对话的。近年来，我们注意到越来越多的中国学者在性与性别的研究范畴能够提出有趣的研究发现与独特的视角/观点。这让我们越发相信，必须建立中文学术世界与英文学术世界之间的联系与交汇。希望本书的出版，能对这种沟通与交流有所帮助。

从本书中可以看出，在过去的二十年间，性如何在香港社会、在学术圈中被边缘化，逐渐发生了前述各种转变，以及我自己个人的、学术上的转变。背后也可以反映出"大时代"的变迁，结束英国殖民统治后的历史背景，香港大学在社会科学领域的创新求变，以及我自己个人生活与学术生涯的发展。当然，在这过去的二十年里，中国内地所发生的翻天覆地的变化同样是惊人的和令人难忘的，这种变化甚至比香港曾经与正在经历的变化还要剧烈，让中国已经成为了一个难以忽视甚至必须重视的存在。

性学，包括性社会学与性社会工作理论，曾经是香港学界和香港大学学术版图中空白的或者无足轻重的部分。这十几年来，通过诸多同事的努力，香港大学在这方面有所进步。我开设了"人类的性"、"性社会学"、"男人、女人与性"、"性文化与身份认同"、"身体政治"、"文化、传媒与身份认同"等相关课程。其中有一部分课程是与郑诗灵、陈洁华、江绍祺等同事共同开设和教授的。我近来在香港大学开设名为"现代中国：爱、婚姻与性"的课程，并期望引入更多跨学科的学术合作与研究。感谢社会学系李淑仪和徐建华的支持，令内容更加充实。

对中国内地读者来说，本书所涉及的性别研究领域及其研究视角、策略、方法，在中国内地开展类似研究的学者只是极少数，故而本书有助于让内地普通读者更好地了解和熟悉这一领域，以及与内地现有研究不甚相同的别种面向，以便拓宽思路，增广见闻。本书所收论文不乏在国际顶级刊物发表者，对内地专业研究人员来说，阅读本书也有助于了解国际学术界的关注话题、主流理论与撰稿标准。在性别研究领域之外，本书对社会学研究中的性别社会学、家庭社会学、转型社会学、社会变迁以及文化研究、全球化研究、政治学研究、社会工作、港澳台研究等相关领域的研究者亦有帮助，并且对中国内地一些较为"边缘"的研究领域也有参考意义，如种族或族裔研究、性别研究、区域研究、传媒研究等。

我在指导香港本地和来自内地的研究生时，也有着同样的感受。在过去的十数年间，我有机会从自己的博士生与硕士生身上学到不少东西，她们是：伍嘉敏、王曦影、裴谕新、丁瑜、杨文、吴海雅、胡一倩、钟晓慧、沈蔚、黄鹏丽、郑静等。感谢她们与我展开的各种有趣对话与学术讨论。

我特别需要感谢自己曾指导过的每一位来自中国内地的研究生。我和她们之间的沟通、互动越来越多，这既是因为我越来越关注中国内地，又是因为内地越来越面向世界。我发现，有必要对中国的现实状况合作开展研究项目，积极地理解和参与中国的种种现实；有必要对通过支持内地学者在学术上的发展，在中国学者群里建立评论作家群，让他们参与国际交流和语言政治。这里还要真诚感谢译者的辛勤劳动，他们是：伍嘉敏、胡一倩、王曦影、姚守贤、廖铭欣、董薇、何翘楚、吴丽英、丁瑜、庞溟、黄鹏丽、郑静与小风。同时感谢孟繁铭、范丽雯、郑慧钦、郭晓娟等几位译校认真细致的工作。

在我计划出版的另一本新书（暂名《*Sex and Desire in China*》）中，将会收录我和一群内地研究生的一系列论文，并会探讨中国再次成为世界中心和焦点的一些核心问题。那本新书也将分别以中文和英文出版，并会收入一些因为版面有限而不能被收录在本书中的研究议题，例如当代社会的网络性爱及网络研究、性工作者、亲密伴侣间的暴力行为，等等。读者通过阅读本书，也能更好地理解与把握另一本新书中所采用的"香港视角"的缘起、内涵与外延。

鉴于此书是我们人生经历的一部分，我们期望将来能有更多的学习机会和发展空间，能在关于Sexuality与desire的理论、方法与语言选择上更为深入地进行思考与探索，并衷心希望日后的历程充满喜悦和挑战。

参考文献

Bassnett, Susan., & Lefevere, André (Eds). (1990). *Translation, History, and Culture*. London : Pinter Publishers.

Tsang, Adolf Ka Tat., Sin, Rick., Jiac, Cunfu., & Miu, Chung Yan. (2008). Another Snapshot of Social Work in China: Capturing Multiple Positioning and Intersecting Discourses in Rapid Movement, *Australian Social Work*, 61 (1)72—87.

后记二 "三姑姐"

何翘楚

爸爸的妹妹，我们广州话一般叫"姑姐"。我爸爸是大哥，何式凝是三妹，所以她是我的三姑姐。

关于她，我可以写上洋洋万字的文章，毕竟我们是一辈子亲密无间的姑姑和侄女情份。当然，为此书写这一小文，最主要的还是纪念，在学术研究的道路上，她是怎样的一位良师益友。

重读书稿，发现自己原来已经跟三姑姐合作超过十年。从翻译她的学术文章，到一篇篇报道访问，凡是要用中文发表的内容，她都会找我帮忙。《靓太不易做：香港"师奶"的故事》，是我在完成香港中文大学新闻及传播学院的哲学硕士论文后，替她翻译和整理的文章。后来我在香港大学社区书院教授媒体及文化研究，同时尝试开展网络媒体跟女性自我呈现的研究，我跟邓肇恒和她组成了不同背景的研究小队，写成了《网络自我中心？——香港年轻女性及其个人网站》。此外，我们两姑侄又为香港《明报》的"世纪版"合写了两篇文章，关于不同世代的香港女性，其中《还看世代：论香港女人"三十世代"香港新师奶》也收录于本书中。

但是，我和三姑姐的合作，在这两三年间已完全停顿下来。

原因是……吾儿见山出生了。那孩子喊她"三姑婆"，是她的心肝宝贝。记得我刚成为母亲不久，她对我说过，她会支持我在这条她没有选择的道路上找寻我的快乐。想来我曾经替她的某篇文章起名为《一个女人在途上》（本书没有收录）——我们是来自同一个家庭同一个城市的女子，然而婚姻和生育断定了我们是"殊途"，仅仅可能在学术上"同归"（希望不必"于尽"）。

唯愿我们在做女人和做女人研究的种种乐与苦之中，继续互相扶持，互相分享。